"一带一路"
国情文化
丛书

南亚国家网络信息检索导论

NANYA GUOJIA WANGLUO XINXI JIANSUO DAOLUN

何杰 ◎ 主编

 世界图书出版公司

广州·上海·西安·北京

图书在版编目（CIP）数据

南亚国家网络信息检索导论 / 何杰主编.—广州：
世界图书出版广东有限公司，2018.11
ISBN 978-7-5192-5173-4

Ⅰ.①南… Ⅱ.①何… Ⅲ.①网络检索－研究－南亚
Ⅳ.①G254.92

中国版本图书馆 CIP 数据核字（2018）第 231551 号

书　　名	南亚国家网络信息检索导论	
	NANYA GUOJIA WANGLUO XINXI JIANSUO DAOLUN	
主　　编	何　杰	
策划编辑	刘正武	
责任编辑	张东文	
出版发行	世界图书出版广东有限公司	
地　　址	广州市海珠区新港西路大江冲 25 号	
邮　　编	510300	
发行电话	020-84451969　84459539	
网　　址	http://www.gdst.com.cn/	
邮　　箱	wpc_gdst@163.com	
经　　销	新华书店	
印　　刷	广州市迪桦彩印有限公司	
开　　本	787 mm × 1092 mm　1/16	
印　　张	23	
字　　数	495 千字	
版　　次	2018 年 11 月第 1 版　2018 年 11 月第 1 次印刷	
国际书号	ISBN 978-7-5192-5173-4	
定　　价	65.00 元	

目　录

CONTENTS

第一章　南亚国家互联网发展概况

第一节　互联网概述

一、Internet 简介

Internet（因特网），又名互联网，它是一个开放的、互联的、遍及全球的计算机网络，是一个能使世界上各种不同类型的计算机之间交换各种数据信息的通信媒介，是一个国际间的通信网络集合体。

Internet 集现代通信技术和计算机技术于一体，是计算机之间进行信息交流和实现资源共享的良好手段。通过 Internet，人们可以实现全球范围的电子邮件、信息查询与浏览、文件传输、电子新闻、语音与图像通信服务等功能。目前，Internet 已经成为覆盖全球的信息服务基础设施之一。

（一）Internet 的发展历程

Internet 从 20 世纪 60 年代末开始研究到现在，经历了以 ARPAnet 的诞生为标志的起源阶段，以美国国家科学基金会网络 NFSnet 的建立为标志的实用化阶段，以美国国内商业互联网 ANSnet 的形成为标志的商业化阶段，以及世界各地互联网纷纷加入的公众化阶段。

1. Internet 的起源

20 世纪 60 年代末，美国国防部考虑到，对于传统的用于军事指挥的计算机网络，一旦遭受到敌国的核打击，摧毁军事指挥中枢中的某一台关键计算机，或切断这台计算机与其他部分的联系，整个网络就会瘫痪，后果不堪设想。美国军方认为，有必要开发一个新型的计算机网络，当其受到攻击时，即使部分网络被摧毁，其余部分可以自动建立起新的联系，保持正常工作。1969 年，美国国防部高级研究计划局（Defense Advanced Research Projects Agency，DARPA）将美国的几个军事及研究中心的计算机主机连接起来，从此诞生了以军事为目的的 ARPAnet，这就是当今 Internet 的雏形。

美国国防部高级研究计划局从一开始建网，就考虑到在这个网络上可以使用不同类型的计算机和不同类型的操作系统，这样可使每个原有的计算机不必更换操作系统就可以加入 ARPAnet 运行。为此，他们开发研制了至今仍在使用的 TCP/IP（传输控制协议/网际协议）通信协议。因此，人们通常认为 ARPAnet 是 Internet 的起源。1990年，ARPAnet 在完成了历史使命后停止运作。

2. Internet 的实用化

ARPAnet 的成功，使许多人清楚地意识到网络的巨大潜力。20 世纪 80 年代中期，美国国家科学基金会（National Science Foundation, NSF）建立了一个支持科研和教育的全国性计算机网络 NSFnet。NSFnet 使用 TCP/IP 协议，把美国的五个超级计算机中心连接起来。随后，许多大学、政府科研机构以及私营科研机构都纷纷将自己的局域网并入 NSFnet。这一时期的 NSFnet 以惊人的速度增长。到 1988 年，NSFnet 已经接替原有的 ARPAnet 而成为这一时期的 Internet 主干网，是 Internet 发展的又一个里程碑。

3. Internet 的商业化

20 世纪 90 年代以前，Internet 的使用一直仅限于教育、军事和科学研究领域，商业性机构一直受到限制。1992 年，专门为 NSFnet 建立高速通信线路的高级网络和服务公司（Advanced Networks and Services）建立了一个传输速率为 NSFnet 30 倍的商业化 Internet 骨干通道——ANSnet。Internet 的主干网由 NSFnet 更新换代为 ANSnet，这是 Internet 向商业化过渡的关键一步。一些公司开始利用 Internet 提供商业服务、收集资料、发布商业广告等，甚至还出现了专为个人或单位接入 Internet 提供产品和服务的公司——互联网服务供应商（Internet Service Provider, ISP）。随着 ANSnet 的不断发展，曾在 Internet 发展中起过重要作用的 NSFnet 于 1995 年 4 月正式关闭。

4. Internet 的公众化

随着世界各地无数的企业和个人纷纷涌入 Internet，Internet 在通信、信息检索和客户服务等方面的巨大潜力不断被挖掘出来，从而给 Internet 带来了一个新的飞跃。

Internet 的应用范围从过去单纯的通信、教育和信息查询等领域向更具效益的商业领域扩张，许多公司和信息服务商在 Internet 上建立了自己的网站。人们可以通过 Internet 进行网上购物、网上就诊、网上教育、网上求职、网上休闲等。可以说，Internet 已经深入到人们日常生活的各个角落。

到 2014 年 8 月，全球活跃社交用户突破了 20 亿人；到 2014 年 11 月，全球活跃互联网用户突破了 30 亿人。脸谱（Facebook）是全球最受欢迎的社交平台，拥有超过 13 亿活跃用户；腾讯 QQ 紧随其后，拥有活跃用户 8.2 亿；微信（WeChat）排在第 6 位，拥有活跃用户 4 亿。

（二）Internet 的结构与组成

1. Internet 的结构

Internet 是覆盖全球范围的一个大型网络，由无数个分布在各个国家、各个地区的各个政府、企业、学校、社区等局域网，通过路由器而连接成的国际互联网络。从逻辑结构来看，同一般的计算机网络一样，Internet 也可以将整个网络划分为通信子网和资源子网。通信子网包括全球范围的广域网通信线路、分布在世界各地的大小不等的局域网中的通信设备和传输介质以及用于将这些网络连接起来的路由器；Internet 的资源子网则是由世界各地局域网中的服务器、客户机、信息资源以及其他相关的网络资源等组成。从 Internet 使用者的角度来看，Internet 是一个由分布在世界各地的无数个计算机连接而成的巨大信息服务平台。Internet 的内部结构对于 Internet 用户来说是完全透明的。接入 Internet 的主机既可以是信息资源的使用者，也可以是信息资源的提供者。

2. Internet 的组成

Internet 主要是由通信线路、路由器、局域网以及信息资源组成。

（1）通信线路

通信线路是连接各个局域网和路由器，从而使它们连成一个更大的覆盖全球范围的国际互联网络的基础通信设施。通信线路一般分为有线和无线两种，有线如光纤、双绞线等，无线如卫星通信等。

目前，Internet 使用的广域网通信线路主要是光纤和卫星通信。光纤的数据信号传输距离达几百甚至几千千米，且具有带宽较大、误码率较低、安全性较好、抗干扰性较强等特点；卫星通信的覆盖范围较大，一颗同步卫星可以覆盖地球 1/3 面积。局域网中一般采用光纤和双绞线。

（2）路由器

路由器是 Internet 中最重要的设备之一，其主要作用是将各个局域网或广域网连接起来，从而形成一个覆盖全球的信息网络。

路由器的功能是在不同的网络之间存储、转发、分组数据，并进行路由选择、协议转换、多路重发和错误检测等。当路由器接收到从某一个网络传输来的数据包时，它根据数据包的包头信息中所指示的目的地址，通过路由选择算法为数据包选择一条最佳的输出路径，并负责存储和转发数据包。一般情况下，数据从源主机到达目的主机，中间要经过多个路由器和多个网络。

（3）局域网

采用 TCP/IP 通信协议的局域网是 Internet 的基本组成细胞。每个局域网通过通信线路和路由器连接在一起就成了 Internet 的一部分，千万个局域网互联就构成了 Internet。在这些局域网中除了包含有必备的网络通信设备及传输介质外，还有成千上万台主机。根据在网络中扮演的角色不同，这些主机又可分为服务器和客户机。

服务器是信息资源与网络服务的提供者，它一般是性能较好、存储容量较大的计算机。服务器中可以安装各种提供一定服务和信息资源的服务器程序。根据所提供的服务不同，服务器又可分为 WWW 服务器、FTP 服务器、Mail 服务器、文件服务器、域名服务器等。

客户机是信息资源和服务的受用者，它可以是普通的微机或移动终端。用户通过使用客户机中的各种客户端软件，来使用服务器所提供的相应资源和服务。

（4）信息资源

在 Internet 中，信息资源是最宝贵的资源。信息资源一般都存储于分布在世界各地的局域网的服务器中，人们可以通过访问这些服务器来得到他们想获取的各种信息。在这样一个庞大的信息海洋中，如何能方便快捷地获得自己所关心的信息呢？WWW 服务的出现使得信息资源的组织方式更加合理，而搜索引擎的出现使信息的检索更加快捷。目前，全球有许多优秀的门户网站和搜索引擎，如：雅虎（www.yahoo.com）、谷歌（www.google.com）、百度（www.baidu.com）等。

二、互联网基础

（一）TCP/IP 协议

为了保证计算机网络中每台计算机都能正常通信，就必须有一套网络中各个节点共同遵守的规程和约定，这些规程和约定就是网络协议。

　　TCP/IP 协议是在 Internet 中使用的通信协议，是以传输控制协议 TCP（Transmission Control Protocol）和网际协议 IP（Internet Protocol）为核心的一组协议。其作用是连接在 Internet 中的每台计算机，不论是否属于同一类型，也不论是否使用相同的操作系统，都能方便地进行数据传输和实现资源共享。

（二）IP 地址和域名系统

　　为了在网络环境下实现计算机之间的通信，网络中的任何一台计算机必须有一个不允许重复的地址，这个唯一的地址将保证数据传输准确无误。Internet 用两种方法来标识网络上的计算机，即 Internet 地址（IP 地址）和域名系统。

1. IP 地址

　　IP 地址是指互联网协议地址（Internet Protocol Address），又译为网际协议地址。IP 地址是 IP 协议提供的一种统一的地址格式，它为互联网上的每一个网络和每一台主机分配一个逻辑地址，以此来屏蔽物理地址的差异。

　　IP 地址是一个 32 位二进制数字，通常表示成 4 组十进制数字，每个数字可取值 0—255，其间用"."号间隔。如百度首页的 IP 地址是 202.108.22.5。

　　IP 地址现由互联网名字与号码指派公司 ICANN（Internet Corporation for Assigned Names and Numbers）分配。

　　IP 地址分为 A、B、C、D、E 五类，它们适用的类型分别为：大型网络、中型网络、小型网络、多目地址、备用。其中 A、B、C 较为常用，D、E 类为特殊地址。

表 1-1　A、B、C 三类 IP 地址

类别	最大网络数	IP 地址范围	最大主机数	私有 IP 地址范围
A	126（2^7-2）	0.0.0.0—127.255.255.255	16777214	10.0.0.0—10.255.255.255
B	16384（2^14）	128.0.0.0—191.255.255.255	65534	172.16.0.0—172.31.255.255
C	2097152（2^21）	192.0.0.0—223.255.255.255	254	192.168.0.0—192.168.255.255

2. 域名系统

　　Internet 的域名结构由 TCP/IP 协议中的域名系统（DNS）进行定义。Internet 使用一种称为域名的层次命名方式。整个 Internet 划分成多个顶级域，每个顶级域都有规定了的国际通用域名。顶级域名的划分有两种方式：一是根据所从事的行业领域；二是以国家或地区代号作为顶级域名。

表1-2   通用顶级域名

机构	商业机构	网络服务机构	组织机构	政府机构	教育机构
域名	.com	.net	.org	.gov	.edu

表1-3   南亚国家顶级域名

国家	阿富汗	孟加拉国	不丹	印度	斯里兰卡	马尔代夫	尼泊尔	巴基斯坦
域名	.af	.bd	.bt	.in	.lk	.mv	.np	.pk

域名的一般结构如下："计算机主机名.机构名.网络名.最高层域名"，每个层次为域，各个层次之间用"."号分隔，从左向右域名层级逐级上升。如，新浪网域名为：www.sina.com.cn，其中www表示这台主机的名称，sina表示新浪网，com表示商业，cn表示中国。在域名中不区分大小写字母，域名在整个Internet中是唯一的，当高级域名相同时，低级子域名不允许重复。

Internet实际使用的是IP地址，一个IP地址可以对应多个域名或无域名，但一个域名只能对应一个IP地址。例如：中央电视台的Web服务器IP地址是202.108.249.206，但它有2个域名，分别是www.cctv.com和www.cctv.com.cn。

3. DNS

DNS（Domain Name System）域名系统，是一种组织成域层次结构的计算机和网络服务命名系统。它用于TCP/IP网络，最主要用于Internet中通过用户的友好名称来定位计算机和服务。当用户在应用程序中输入DNS名称时，DNS服务可以将此名称解析为相关的其他信息。

比如，用户在访问北京大学网站时，在浏览器地址栏中敲入一个很容易记忆的友好名称（域名）：www.pku.edu.cn即可。但是计算机在网络上通信时，只使用数字的IP地址：162.105.129.12。显然，IP地址要比域名难记得多，人们更喜欢使用容易记忆的域名来访问网站。DNS可以使IP地址与域名之间建立起映射关系。

（三）统一资源定位器

为了确定具体信息资源在网络中的位置，Internet使用统一资源定位器（Universal Resource Locator，URL）来描述具体资源和位置。URL的组成结构为：应用协议、主机地址以及文件名。其中，主机地址可以是域名，也可以是IP地址。URL的一般格式如下：

协议+""://"+主机域名（或 IP 地址）+路径及文件名

如访问百度首页可以输入"http://www.baidu.com"，也可以输入"http://202.108.22.5"。

1. WWW

WWW 即 World Wide Web，又称为万维网、3W 等。WWW 起源于 1989 年 3 月，是由欧洲量子物理实验室所发展出来的主从结构分布式超媒体系统，其特点是可以方便迅速地浏览和传递分布于网络各处的文字、图像、声音和多媒体信息。访问 WWW 信息资源服务器时激活的第一个页面称为主页，每个主页都是超文本的。

2.超文本

在互联网中每一文件在描述一定主题的同时还涉及许多其他概念，这些"其他概念"又被其他文件作为它们的主题内容予以描述。超文本（Hypertext）就是在这个文件所包含的这些概念与描述这些概念的其他文件之间建立一定的链接关系，并通过一定机制标记这些链接关系，帮助用户在浏览文件时使用简单方法直接调用描述这个概念的另一个文件。

在传统的纯文本中，我们只能看到文字信息本身，不能进行字号的变换、字体的着色，也不能添加图形、声音、动画，更不能链接到其他相关的文本。纯文本的这种信息组织方式，很难适应人们在互联网中交换信息的要求，于是人们研究出了超文本标记语言 HTML（Hyper Text Markup Language）。超文本（Hypertext）和超文本标记语言（HTML）是组织 WWW 信息资源的重要方式和手段。HTTP（Hyper Text Transfer Protocol），即超文本传输协议，是 WWW 客户机与服务器之间的应用层传输协议。

（四）网站

网站（Website）是指在互联网上，根据一定的规则，使用 HTML 等工具制定并展示特定内容的相关网页的集合，这些网页通过超链接联系起来。简单地说，网站就是互联网上一块固定的面向互联网用户发布信息的平台，包括网站地址和网站空间两个部分。

根据网页的性质，可以分为静态网站和动态网站。静态网站是没有采用任何脚本程序开发的网站，其网页完全使用 HTML 语言编写，无法直接在网络上更新内容。动态网站则有一个网站管理后台，以管理员的身份登录后，可以对整个网站的内容进行修改，并在互联网上即时更新。

1.网页

网页（Webpage）是计算机连接网络时，浏览器窗口中显示的一个页面，是网站的基本组成单位。网页是一个实实在在的文件，存放在服务器中。当用户输入访问命令，网页文件通过互联网进行传输，并显示到用户屏幕上。

2.主页

网站的首页被称为主页（Homepage），一个好的主页是网站成功与否的关键。一般来说，主页包含站点名称、网站标志和主要服务项目等信息。不同类型的网站，其主页风格也不相同。例如导航类网站的首页，按照类别将各种网站的信息整齐排列；门户网站则以丰富的信息量和栏目导航为主；搜索引擎网站的主页则通常简洁明了。

（五）浏览器

浏览器是浏览 Internet 信息的客户机软件，又称万维网导航工具，是用于检索、查询、采集、获取和管理网络信息资源的一种交互式应用软件。浏览器不只是浏览 Web 页面，它还可以用来收发电子邮件、阅读新闻、下载文件以及播放音乐、动画、视频等。目前比较流行的浏览器有微软公司的 Internet Explorer（IE）、谷歌公司的 Chrome、Mozilla 公司的 Firefox、苹果公司的 Safari 等。美国网站通信流量监测机构 StatCounter 的数据显示，2012 年 7 月，谷歌 Chrome 全球市场份额达到了 33.8%；微软 IE 紧随其后，为 32.04%；Firefox 为 23.7%；苹果 Safari 排名第四，为 7.12%。

下面以 IE 浏览器为例，简单介绍几种浏览器使用技巧，以帮助用户更好地利用网络信息资源。

1.保存网页

在 Internet Explorer 中，可以通过"文件"下拉菜单的"另存为"一项将当前页面的内容保存到硬盘上，既能以.HTML 文档（.HTM/.HTML）或文本文件（.TXT）的格式存盘，又能实现完整网页的保存。在"文件名"框中键入网页的文件名，在"保存类型"下拉列表中选择"Web 网页，全部（*.htm;*.html）"选项，可将当前 Web 页面中的图像、框架和样式表全部保存，并将所有当前页面显示的图像文件一同下载并保存到一个"文件名.file"目录下。Internet Explorer 还将自动修改 Web 页中的链接，方便用户进行离线浏览。最后，单击"保存"按钮即可。

2.收藏夹

将网页添加到收藏夹列表。用户需要再次打开该网页时，单击工具栏上的"收藏夹"按钮，然后单击列表中的快捷方式。

将网页添加到收藏夹栏。将经常访问的网站放到收藏夹栏中，单击一下就能访问这些网站。

3.主页

如果用户有一个需要首先访问的入口网页，则可将其设置为主页。如果用户有多个需要经常访问的入口网页，可将这些网页设置为一组主页选项卡，使其在每次启动 Internet Explorer 时显示。

4.历史记录

如果需要访问最近浏览过的某个网页，但是没有保存其链接，可以单击工具栏中的"收藏夹"按钮，然后单击"历史记录"。

（六）搜索引擎

随着信息时代的到来，Internet 上的信息资源呈爆炸式的增长，并且分散存储在全世界各个地方的服务器中。用户无法获知所有服务器的地址，那么如何迅速方便地找到自己所需要的信息呢？搜索引擎正是为解决这个问题而出现的。

搜索引擎本身也是 Internet 上的一个 Web 站点，它的主要功能是在 Internet 上主动搜索 Web 服务器信息并将其自动索引，其索引内容存储于可供查询的大型数据库中。当用户输入与所需信息相关的关键词时，搜索引擎会给用户提供包含该关键词的所有网页，并提供访问该网页的链接，用户通过这些链接可方便快速找到自己所要的信息。

目前网络上的搜索引擎一般可分为两类：

1.通用搜索引擎

通用搜索引擎在国外代表有谷歌（Google），国内则有著名的百度，用户可用其查找广泛综合性的信息。这些搜索引擎从互联网提取各个网站的信息（以网页文字为主），建立起数据库，并能检索与用户查询条件相匹配的记录，按一定的排列顺序返回结果。

谷歌主要收录大级别网站的页面，按照一定程序对输入关键词进行排名，搜索响应时间较快，支持中英文检索，可进行关键词检索、词组检索和高级检索，不区分英文字母大小写，所有字母均当作小写处理。谷歌界面简洁、检索精确度高、质量高，是目前国际使用最广泛的搜索引擎之一。

百度是当前国内最大、使用率最高的中文通用搜索引擎，其功能完备，搜索精度高，在支持中文搜索方面甚至超过了谷歌。

2.垂直搜索引擎

垂直搜索引擎是专为查询某一学科或主题的信息而产生的查询工具，是对网页库中的某类专门的信息进行一次整合，定向分字段抽取出需要的数据进行处理后再以某种形式返回给用户。垂直搜索引擎的特点是"专、精、深"。垂直搜索引擎往往是针对某一个行业的，多为专业化搜索引擎，相比较通用搜索引擎的海量信息无序化，其为用户提供的不是成百上千万个相关网页，而是范围极为缩小、极具针对性的具体信息，如物流搜索、CNKI 文献搜索等。

第二节　南亚国家互联网发展的历史与现状

一、印度互联网发展概况

印度互联网起步早，发展慢，进入 21 世纪，随着移动互联网的出现和普及，印度互联网发展开始提速。

（一）印度互联网发展历史

1.印度互联网的起步

（1）教育与科研计算机网（ERNET）

印度互联网的前身可以追溯到 1986 年投入运营的教育与科研计算机网（Education and Research Network，ERNET）。教育与科研计算机网由印度电子部（Department of Electronics）发起，隶属于印度交通和信息技术部旗下，由印度政府和联合国开发计划署资助。该网络起初为局域网，是当时印度最大的全国性地面和卫星网络，其终端连接印度首屈一指的教育和科研机构，包括：孟买的国家软件科技中心、班加罗尔的印度科技学院、印度理工学院德里分院、印度理工学院孟买分院、印度理工学院坎普尔分院、印度理工学院克勒格布尔分院、印度理工学院马德拉斯分院以及德里的电子部。教育与科研计算机网的作用在于信息互联以满足教育和科研的整体需求。起初，教育与科研计算机网应用 TCP-IP 和 OSI-IP 双协议栈，直到 1995 年才全面应用 TCP-IP 协议栈。

（2）国家信息中心网

在教育与科研计算机网之后，1988 年，印度国家信息中心组建国家信息中心网（National Informatic Center Net），该网络为印度全国性局域网，主要用于政府各部门之间的信息互通与决策支持。目前，国家信息中心网已连接印度中央政府所有部门，35 个邦政府和联邦属地（Union Territories），以及 600 多个地区。

（3）首个互联网运营商 VSNL

1995 年 8 月 14 日，印度首个互联网运营商 VSNL（Videsh Sanchar Nigam Limited）投入运营，标志着印度正式跨入互联网时代。

VSNL 全称为对外通信有限公司，为印度国有，当时为印度垄断性的国际电信服务企业，其他私企不允许涉入互联网业务。VSNL 提供的互联网服务名称为"网关互联网接入服务"（Gateway Internet Access Service，GIAS）。VSNL 为用户提供多种上网选择，可选网速从一般拨号线路的 9.6 Kbps，到高级专用线路的 128 Kbps。

表 1-4 VSNL 公司互联网套餐价格

价格（单位：万卢比） / 上网方式及速率	用户类型	专业	非商用	商用	出口	互联网服务供应商
拨号	9.6 Kbps	0.5	1.5	2.5	2	-
专线	9.6 Kbps	-	24	60	48	72
	64 Kbps	-	60	150	120	180
	128 Kbps	-	100	250	200	300

资料来源：印度技术型经济学家（The Indian Techonomist）。

GIAS 首先在孟买、德里、加尔各答和马德拉斯投入运营，1995 年底拓展至浦那和班加罗尔。其他地区的用户可以通过印度电信部的 I-Net 网接入 GIAS 连接互联网。GIAS 业务投入运营以后，在 6 个月时间里，印度诞生了 1 万名互联网用户。由于 VSNL 公司对印度互联网潜在用户量预估不足，导致硬件设备和网络设置方面都显得滞后。拨号上网所用的调制解调器质量差，每三分钟就会发出蜂鸣并不间断地掉线，互联网服务的质量广受诟病。随后，VSNL 公司投入 1.5 亿卢比改进互联网服务。

1996 年在孟买尼赫鲁中心举办的印度软件和服务员企业行业协会上，VSNL 公司的互联网展示取得巨大成功，互联网在印度逐渐开始普及。

2.印度互联网的发展

（1）窄带运行时期

在 VSNL 推出互联网服务后的十年里（1995—2004 年），印度互联网一直依赖窄带（56kbit/s）运行，发展受到制约。VSNL 公司同印度电信部合作，开始增设新的互联网入网点（POP）。1997 年，在坎普尔、勒克瑙、昌迪加尔、斋浦尔、海德拉巴、巴特纳、果阿增设入网点。1998 年，印度实行新的电信政策，允许私营公司设立网络，经营电子商务、远程教育和其他信息服务，一些有实力的私营公司崛起。互联网入网点达到 40 余个。

（2）宽带网络的到来

2004 年起，印度政府开始推广宽带工程，即 "一种始终在线的，下载速度在 256kbit/s 以上的网络"。2004 年 10 月，印度电信管理局（Telecom Regulatory Authority of India）针对信息和通信技术的发展专门制定了一系列新的管制政策，对于宽带的管制政策就是其中的重点。当时，印度互联网用户只有 236 万，普及率为 0.2%，远远低于其他亚洲国家。有鉴于此，印度电信管理局发布了推动宽带基础设施建设的政策文件，以提高网络普及率，尽快赶上其他亚洲国家。文件提出：要使用更多的光纤技术取代铜线来提高宽带接入水平；提供能高速上网的网络设备；进一步推动卫星和无线技术设施建设。

印度政府分阶段投入资金，试图将城镇和村庄用国家宽带网络连接起来。为了促进互联网 "最后一公里" 高速接入的快速发展，印度电信管理局制定了技术中立政策，即允许互联网服务供应商使用任何介质（包括光纤、铜线和无线）来建设自己的 "最后一公里" 线路。由于政府宽带管制政策的倾斜，再加上投资小、见效快的优势，ADSL 成为印度宽带运营商的首选接入技术，各运营商纷纷在已有铜线资源的地区选择铺建 ADSL 来连接"最后一公里"。

相对落后的宽带网络与印度自诩的信息技术大国显得格格不入，因此在 2010 年 12 月，印度发布了新宽带计划。该计划将采用开放式光纤接入，对所有人口超过 500 人的村庄进行光纤普及。到 2014 年，63 个大城市家庭的固定宽带下载带宽达 10M，城镇和农村地区的宽带达到 2M。

印度提供宽带业务的运营商有 BSNL、MTNL、Tata Indicom、Sify Broadband、Airtel Broadband、Reliance Broadband 等。

（3）移动互联网发展

2010 年，印度政府陆续推出 3G 和 4G 牌照。印度网民上网方式多种多样，既有 2G 手机拨号上网，也有 xDSL、coaxial cable、Ethernet、FTTH、ISDN、3G、WiFi、WiMAX 等上网方式。2014 年，印度手机用户达到 9.07 亿，其中 2G 网络用户 2.74 亿，智能手机占 15%，约 1.36 亿，移动上网逐渐成为主流。2015 年，印度政府提出"数字印度"政策，计划在 4 年内投资 1600 亿卢比（23.8 亿美元），普及移动互联网，实现移动网络覆盖无盲区。2015 年 11 月，印度互联网和移动协会（IAMAI）以及市场调研公司 IMRB 共同发布《2015 印度互联网报告》显示，截至 2015 年 10 月，印度移动互联网用户人数占用户整体规模的 87%。爱立信发布的《移动市场报告》预测，到 2021 年底，印度移动互联网用户总数将接近 13.7 亿，3G 和 4G 网络用户总数将达到印度网络用户总数的 65%。

（二）印度互联网发展现状

1.互联网使用人数

2009 年以后，印度互联网用户增幅加快，2014 年，随着移动上网的普及，印度互联网用户大幅增加，同比增长 33%。根据印度电信管理局数据，截至 2015 年 12 月，印度互联网使用人数为 33166 万。其中，有线网络用户 1998 万，无线网络用户 31169 万；宽带网络使用人数 13653 万，窄带网络使用人数 19513 万；城市网络用户 21950 万，农村网络用户 11216 万；每 100 人中城市网络用户为 55.71 人，每 100 人中农村网络用户人数为 12.86 人。

新增网民中，农村网民增幅快速，截至 2015 年 10 月，印度农村网民数量达 1.08 亿，同比增长 77%。预计到 2016 年，印度农村网民数量将增至 1.47 亿，年龄 18—30 岁网民占比达 76%。

印度宽带网络发展迅速，宽带用户数从 2005 年的 18 万增加到 2011 年的 1330 万。根据印度电信管理局 2017 年 2 月发布的数据显示，截至 2016 年 12 月，印度宽带网民数量增长至 23609 万。其中，有线宽带用户为 1814 万，移动设备用户为 21736 万，固定无线用户（Wi-Fi、Wi-Max、Point-to-PointRadio 以及 VSAT）为 59 万。

2.互联网服务供应商

2007 年，印度通信与信息科技部电信司（Department of Telecommunication）推出互联网服务供应商牌照制度，牌照分两种，A 类牌照（全国范围）需要缴付 200 万卢比（约合 3 万美元），B 类牌照（大城市范围）100 万卢比（约合 1.5 万美元），牌照为期 15 年。2010 年，电信司将牌照期限延长到 20 年，相应增加费用，A 类牌照 300 万卢比（约合 4.5 万美元），B 类牌照 150 万卢比（约合 2.25 万美元）。

根据印度电信管理局定期公布的数据，2015 年，印度有 129 个互联网服务供应商，排在前十位的服务商占据了 98%的市场。印度最大的移动电信运营商巴帝电信（Bharti Airtel）占有最高市场份额，约为 25%，跨国移动电信运营商沃达丰（Vodafone）占 21%，印度国有电信公司 BSNL（Bharat Sanchar Nigam Limited）、Idea Cellular 和 Reliance 各占大约 10%。其中，私营企业占比高达 90%，国有企业仅占 10%。对比 2006 年的数字，印度电信行业私营企业的市场份额不断扩大，国有企业的市场份额不断缩小。以印度国有电信公司 BSNL 为例，2006 年市场份额约为 40%，但到 2015 年，下降到 10%。

根据印度电信管理局 2017 年 2 月发布的数据显示，截至 2016 年 12 月，印度排名前五位的（有线和无线）宽带服务供应商占据了 83.93%的市场份额。Reliance Jio Inforcomm Ltd 有无线宽带用户 7216 万，占市场份额的 30.56%；巴蒂电信有无线宽带用户 4153 万，有线宽带用户 204 万，占市场份额的 18.45%；沃达丰有无线宽带用户 3501 万，有线宽带用户约 1 万，占市场份额的 14.83%；Idea Cellular 有无线宽带用户 2704 万，占市场份额的 11.45%；BSNL 有无线宽带用户约 1041 万，有线宽带用户 995 万，占市场份额的 8.63%。

3.印度互联网在全球互联网发展中的地位

据世界经济论坛（World Economic Forum）发布的《全球信息技术报告（2015）》网络就绪指数（Networked Readiness Index，NRI），2015 年印度网络空间综合就绪指数为 3.7，在 143 个国家中排第 89 位，较 2013 年的 68 位和 2014 年的 83 位，排名有所下降。根据国际电信联盟（International Telecommunication Union，ITU）发布的《衡量

信息社会发展报告（2015）》（Measuring the Information Society Report 2015）所采用的通信技术发展指数（ICT Development Index，IDI），印度通信技术发展综合指数为2.69，在167个国家中排名第131位。可见印度互联网在基础设施建设、互联网接入、应用、技能指数上均较为落后。

根据美国最大风险投资基金 KPCB 发布的 2016《互联网趋势》报告，2015 年印度互联网使用人数同比增长 40%，拉高全球增长率 2%。印度已超过美国成为全球第二大互联网市场，仅次于中国，印度是全球唯一还在快速增长的互联网市场。

（三）印度互联网规划

1.电信产业规划

印度第十二个五年规划（2012—2017 年）中，对电信产业和互联网发展专门做出了规划。印度十二五规划指出，为 12 亿人口提供通信服务，手机信号将覆盖所有村庄，宽带网络连接人数达到 1.75 亿。

2.国家光纤网络

2011 年，印度启动国家光纤网络工程（National Optical Fibre Network），计划通过此项工程，将宽带服务延伸到 25 万个村庄，同时将电子政务和应用延伸到广大农村地区。该工程起初只允许国有企业参与，计划 2013 年建成。由于工程一再拖延，2016 年引入私营公司，力求加快工程进度。

3.数字印度

2015 年 7 月，印度总理莫迪提出"数字印度"战略。该战略内容包括，加速宽带和移动互联网建设，推行电子政务改革，推行国家电子政务计划，推动全民信息计划，增加 IT 就业岗位等。该战略旨在完善数字互联网基础设施建设、给予印度公民数字权、培养公民数字素养，为印度经济增长创造良好条件。

（四）印度互联网管理

1.印度互联网立法

1998 年，印度政府提出"信息技术超级大国"计划，开始为促进国家信息技术发展制订政策法规。2000 年 5 月，印度内阁、议会通过《信息技术法》，于 2000 年 8 月15 日正式生效。该法案共 13 章 94 条，法案规定了电子签名的法律地位，对政府机关使用电子文档和电子签名做了规范，明确规定了 8 类行为构成"破坏计算机和计算机系统"犯罪，规定了"网络上诉法庭"用以专门受理计算机和互联网领域的争议案件。法案于 2006 年和 2008 年进行了两次修订，对新型的网络犯罪做出了规定，对网络恐怖主义的内容进行了规定，将网络反恐上升到了新的高度。

2.印度互联网监管机构

在政策层面上，印度设有电信和信息技术部，同司法部紧密合作，共同制定立法政策。电信与信息技术部部长在政策层面领导印度网络管理体系。在行政层面，《信息技术法》规定印度中央政府有权任命认证机构主管，认证机构主管有权在涉及印度主权和统一、国家安全、公共秩序等情况下，下令监听和解密任何通过计算机资源传送的信息，有权搜查、查封和获取计算机数据。在司法层面，中央政府有权任命裁判官，用以裁决任何违反《信息技术法》的行为。印度还专门设立了网络法规上诉法庭，作为高等法院的一个独立机构，负责审理针对裁判官特许令管辖权内无法处理的争议。此外，印度设有计算机应急响应小组，作为国家级的计算机事件响应机构，执行事件响应和追踪以及发布安全准则、漏洞分析，开展培训研究。

二、巴基斯坦互联网发展概况

巴基斯坦互联网起步较晚，发展滞后。根据联合国国际电信联盟关于信息通信技术发展的最新报告，巴基斯坦在全球 166 个参评国家中排名第 142 位，属于网络连接最不发达的国家之一。不过，信息和通信产业却是巴基斯坦发展最快的行业。巴基斯坦互联网顶级域名为".pk"，注册在该域名之下的次级域名超过 3 万个；联网主机超过 36 万台，分配得到的 IP 地址超过 5200 万个。2001 年，约有 1.3%的巴基斯坦人使用互联网；2006 年，这一数字增至 6.5%；2012 年，巴基斯坦的互联网普及率约为 10%；2016 年，达到 18.8%。

（一）巴基斯坦互联网的初期发展

巴基斯坦互联网的发展始于 20 世纪 90 年代初。1992 年，伊姆兰网络公司（Imran-Net）将拨号式电子邮件服务引入拉合尔，正式开启了巴基斯坦的互联网发展进程。1993 年，在联合国开发计划署（United Nations Development Program）的资助下，巴基斯坦开始实施"可持续网络发展计划"（Sustainable Development Networking

Programme，SDNPK），在伊斯兰堡建立起了拨号式电子邮件服务网络。该计划旨在为民众提供拨号上网和基于 UUCP 的电子邮件服务，并为教育机构和非政府组织提供通信支持。"可持续网络发展计划"提供的电子邮件服务方便快捷，且收费远低于国际传真和国际拨号服务，因此备受巴基斯坦民众青睐，短时间内签约用户数量激增。随后，卡拉奇、拉合尔和白沙瓦等城市也相继建立起该服务网络。

1994 年，布兰网络公司（Brain Net）利用拨号上网方式共享了拉合尔管理科学大学 128KB 大小的文件，正式开启了巴基斯坦国内的拨号互联网服务。1995 年，数字通信公司（Digicom）利用一颗直播卫星的单路单载波在卡拉奇推出主干网网速为 64KB 的在线拨号网络服务，标志着巴基斯坦网络产业的开端。同年，巴基斯坦电信有限公司（Pakistan Telecommunication Company Ltd）的子公司——巴基斯坦网络公司（Paknet）通过全国性的拨号网络开始提供文本传输服务。1996 年，巴基斯坦网络公司开始在卡拉奇、拉合尔和伊斯兰堡等城市提供基于互联网的拨号图形传输服务，传输速度在 14.4KB（含）到 28.8KB（含）之间。通信卫星公司也于当年在卡拉奇、拉合尔和伊斯兰堡推出传输速度为 28.8KB 的网络服务。随着互联网服务供应商相继进入巴基斯坦互联网市场，巴基斯坦的互联网产业发展进入到新阶段。

1996 年，巴基斯坦成立电信管理局（Pakistan Telecommunication Authority，PTA），负责管辖互联网产业。1997 年，巴基斯坦互联网供应商协会（Internet Service Providers Association of Pakistan，ISPAK）正式成立。该协会旨在为巴基斯坦的互联网服务供应商提供统一的公共平台，以便它们能共用基础设施并实施高效的网络监管。与此同时，巴基斯坦的互联网技术也逐步走向成熟。1997 年，巴基斯坦的拨号上网速度达到 33.6KB；1998 年，提高至 56KB。为了鼓励互联网产业发展，巴基斯坦政府于1998 年免除了对互联网电话的复式计次。

（二）进入 21 世纪以来巴基斯坦互联网的发展

进入 21 世纪后，巴基斯坦政府继续推行积极发展信息技术的政策，希望借此促进国内经济现代化并开创软件出口产业。在国家政策的支持下，巴基斯坦互联网事业取得跨越式发展。2001 年，Micro Net 公司在巴基斯坦首次推出数字用户线路（DSL）服务。2006 年，NayaTel 公司在伊斯兰堡启动"光纤入户"（Fiber to the User）工程，标志着巴基斯坦的互联网进入光纤时代。与此同时，巴基斯坦电信有限公司开始对其全部固定电话用户提供免费拨号上网服务。2006 年，环球联合公司（Transworld Associates）在卡拉奇和阿联酋之间建立起了巴基斯坦第一条交互式海底电缆。2007

年，Wateen、Witribe、Qbee 等互联网公司相继开始提供 WiMax 宽带无线接入服务，标志着巴基斯坦互联网发展的又一次飞跃。

截至 2007 年，巴基斯坦的互联网服务供应商大约有 128 家，其中比较重要的有：巴基斯坦电信有限公司（PTCL）、Wateen 公司、Micro Net 公司、NayaTel 公司、Maxcom 公司、Multi Net 公司、World Call 公司、Cyber Net 公司、Speed Net 公司、Gerry's Net 公司、Fiber to Home 公司、Witribe 公司、Brain Net 公司、SkyNet 公司、COMSATS 公司等。

巴基斯坦互联网发展初期，几乎所有的网站都使用英文。随着互联网普及率上升，出现了一批访问量较高的乌尔都语网站，尤其以乌尔都语报纸网站居多。然而受制于技术条件，网站中的乌尔都文基本采用罗马字母拼写。随着互联网用户的不断增加，单纯的英文网站和用罗马字母拼写的乌尔都文网站已不能满足用户的需求，因此部分主流网站专门开设了乌尔都文版本。政府网站逐步采用"乌尔都文/英文"策略，用户可根据自身实际情况选择浏览乌尔都文版或英文版，两个版本间可随时切换。网站语言条件的完善很大程度上促进了巴基斯坦互联网事业的发展。

目前，巴基斯坦主要城市均提供宽带接入，一些规模较大的城市通过无线本地环路网提供无线宽带上网服务，WiMax 服务也逐步推广。巴基斯坦的宽带资费比较低，每月约 13 美元，为互联网普及提供了有利条件。巴基斯坦电信管理局 2010 年 4 月公布的数据显示，宽带用户数量呈快速上涨趋势。2009 年 9 月至 2010 年 4 月，巴基斯坦宽带用户数量从 564352 增长至 816807，增幅约 44.7%。其中，DSL 仍是主要的联网方式，占全部宽带用户的 55%，其后依次是 WiMAX、无线网卡（EvDO）、光纤同轴电缆混合网（HFC）和光纤入户（FTTH），所占比例分别为 30%、9%、5% 和 1%。截至 2016 年 3 月，巴基斯坦宽带用户总数接近 3100 万，电信宽带全国人口覆盖率达到 15%，但仍远低于亚太地区的 37%，甚至低于非洲地区的 21%。

在发展固定互联网产业的同时，巴基斯坦还十分重视移动互联网产业的发展。2003 年，巴基斯坦政府解除了对移动电话的管制，开放了投资市场，使得电信业出现爆炸式增长。2008 年，巴基斯坦电信业的增长率排名世界第三。截至 2014 年 5 月末，巴基斯坦移动电话用户已达 1.392 亿人次，占全国人口 76.2%。在 2014 年 4 月 23 日举行的巴基斯坦 3G/4G 电信运营执照拍卖会中，中国移动巴基斯坦分公司——Zong 以 5.16 亿美元（其中 3G 牌照 3.069 亿美元）的出价成为巴基斯坦唯一可同时运营 3G 和 4G 移动网络的运营商，其他三家公司仅获得 3G 牌照的运营权。巴基斯坦人对手机上网非常向往，希望能够更多地分享互联网在教育、金融、信息工具等方面的便利，市场潜力巨大。巴基斯坦 3G/4G 注册用户从 2015 年 7 月的 1461 万猛增至 2016 年 4 月底的 2868 万，增长将近一倍。不过由于收费相对较高而信号质量较差，巴基斯坦识字率较低，人均收入增长缓慢，各运营商在营销上投入大量精力和财力，但是没有做好基础网络的覆盖工作以及培育好围绕 3G/4G 技术的产业链条等原因，巴基斯坦 3G/4G 用户增长缓慢，增长速度低于预期。数据显示，2015—2016 财年巴基斯坦手机用户增至总人口的 69%，达 1.33 亿人，比上财年增长 9 个百分点，绝大部分用户仍然使用传统的功能机和 GSM 通信技术，新一代通信技术的手机用户数量仅占所有手机用户的 22%。

三、孟加拉国互联网发展概况

互联网革命在世界上许多地区已经步入成熟，而孟加拉国的互联网仍处于起步阶段。孟加拉国互联网的发展起步很晚、基础较差，但是近年来逐步发展并呈现出日益繁荣的景象。

（一）孟加拉国互联网发展的历史

互联网进入孟加拉国，初始于 1993 年的 UUCP 电子邮件服务以及 1996 年的 IP 连接。孟加拉国开始使用一些本地供应商提供的电子布告栏系统（BBS）来拨号收发电子邮件，但用户数量总共不超过 500。用户按千字节缴费，电子邮件通过 UUCP 国际拨号从 BBS 服务提供商处发送到世界其他地方。1995 年，孟加拉国政府允许私有部门通过 VSAT（Very Small Aperture Terminal）卫星通信系统提供互联网服务后，互联网在孟加拉国开始正式应用。1996 年 6 月，孟加拉国第一条联入 Internet 的 VSAT 开通，使孟加拉国开始踏上了信息高速公路，融入了遍布世界的计算机网络。随后，孟加拉国电报电话局向信息服务网（ISN）和格莱珉电话公司（Grameen Cybernet）两家互联网服务供应商发放许可证。到 1999 年，孟加拉国互联网服务供应商发展到 10 个，其中 8 个位于首都达卡，2 个位于吉大港。不过由于 VSAT 的使用成本高，带宽有限而且价格昂贵，上网速度慢，孟加拉国互联网用户并不多。

进入 21 世纪，更为宽松的政策促进了孟加拉国互联网行业的迅速扩展。2000 年 4 月，孟加拉国政府解除了对 VSAT 的管制，企业只需向孟加拉国电报电话局（BTTB）每年缴纳 3500 美元，就可以选择无限发射应答服务。受益于此，互联网使用费用开始下降，孟加拉国互联网服务供应商及互联网用户数量不断增加。2007 年，孟加拉国共有 203 个互联网服务供应商。其中，77 家是全国性互联网服务供应商，可以向孟加拉国全境提供互联网服务。

2006 年 5 月，作为东南亚—中亚—西欧-4 号（SEA-ME-WE 4）海底光缆项目的一部分，孟加拉国新的海底光缆投入使用。登陆站设在临近孟加拉湾的南部城市科克斯巴扎尔（Cox's Bazar）。2008 年 7 月，以海底电缆项目为基础成立了孟加拉国海底电缆有限公司（BSCCL），负责有关海底电缆的所有服务。孟加拉国仅有的这根海底电缆可提供 200 Gbps 的带宽。受限于孟加拉国互联网市场的发展水平，孟加拉国本国消费只占光缆总带宽的少部分，孟加拉国海底电缆有限公司将闲置的部分带宽用于出口。2012 年 6 月至 8 月，孟加拉国东南亚—中亚—西欧-4 号海底光缆东段被切断，只能使用海底电缆的西段供应宽带连接，国际互联网连接速度大幅降低。宽带连接的稳定性和速率逐渐成为影响孟加拉国互联网发展的重要掣肘因素。为此，孟加拉国政府积极参与筹建东南亚—中亚—西欧-5 号（SEA-ME-WE 5）海底光缆，希望能有效缓解国内宽带连接的现实压力。根据项目白皮书，2.5 万千米的东南亚—中亚—西欧-5 号海底电缆将从新加坡部署到孟加拉国，途径马来西亚、印度尼西亚、斯里兰卡和缅甸。该项目斥资 66 亿塔卡，由孟加拉国海底电缆公司负责实施。项目建成后，即使东南亚—中亚—西欧-4 号海底电缆出现问题，东南亚—中亚—西欧-5 号海底电缆仍能使孟加拉国保持同信息通信技术高速公路的连接，孟加拉国的带宽将达到 1300 Gbps，比目前的连接速度大约快 10 倍。孟加拉国第二条海底电缆建成后，还将推动和促进孟加拉国 4G 服务的发展。

经过多年的发展，孟加拉国互联网产业规模快速增长，基于互联网的服务也迅速发展，比如电子商务、远程教育、网上银行、在线医疗等新兴产业不断涌现。据孟加拉国《每日星报》报道，2015—2016 财年，孟加拉国移动通信技术和服务行业产值达 128 亿美元，占当财年 GDP 总额的 6.2%，直接或间接提供 76.5 万个工作岗位，已成为孟加拉国重要的产业之一。

（二）孟加拉国互联网发展的现状

1.基本现状

随着孟加拉国政府对于互联网的逐渐重视以及投入的加大，在当地运营商的大力推动下，孟加拉国的互联网产业实现了迅猛发展。

根据孟加拉国电信监管委员会 2016 年 10 月统计数据显示，孟加拉国互联网活跃用户（指过去 90 天内使用过互联网连接的用户）已达 6696.5 万，其中使用移动互联网的用户达 6307 万。移动互联网用户已成为孟加拉国互联网用户中的主力军，青年一代和农村地区的群众主要通过移动终端接入互联网。据孟加拉国《每日星报》报道，截至 2016 年 6 月底，孟加拉国可连接互联网的手机 SIM 卡共 5970 万张，其中接近一半的用户可享受 3G 网络服务。

目前，孟加拉国主要的互联网服务供应商有 Grameenphone、Banglalink、Robi、Airtel、Citycell、Teletalk、Qubee、Ollo 等。其中，Telenor 公司下属的 Grameenphone 截至 2014 年 10 月用户已经突破 5000 万，到 2014 年底市场份额达到 42%。Orascom 公司下属 Banglalink 市场份额为 26%，Axiata 公司旗下的 Robi 为 21%，Airtel、Citycell 和国有的 Teletalk 总共为 11%。2015 年，除 Citycell 外，Grameenphone、Banglalink、Robi、Airtel、Citycell、Teletalk 均提供移动 3G 服务。2016 年 10 月，孟加拉国电信监管委员会正式批准 Robi 和 Airtel 两大移动运营商进行合并，Robi 公司将全面接管 Airtel 公司。为了改善孟加拉国的通信联络和网络连接服务，孟加拉国的主要互联网服务供应商加大了通信基础设施建设力度，力争提供覆盖全境的 3G 网络。目前，孟加拉国许多重要城市和城镇都可通过 3G 连接互联网。据《每日星报》报道，2015—2016 财年，孟加拉国 3G 网络用户总量为 2880 万，比上一财年增长 60%，是 2013—2014 财年的 6.5 倍。4G 技术随着东南亚—中亚—西欧-5 号海底电缆的建设也列入发展计划。

由于孟加拉国互联网服务内容单一乏味，很多用户不得不转而访问和使用国外的网站和软件来丰富互联网体验。调查显示，孟加拉国互联网用户中访问和使用 YouTube、Facebook、WhatApp、Twitter 等国外网站和应用的比例非常高，搜索引擎使用最多的是 Google 和 Yahoo 搜索。近年来，孟加拉国政府和相关企业大力推动本土网站和软件的开发及应用。孟加拉国国内网站内容和形式日益丰富，ProthomAlo、BDNews24 和 Banglanews24 等本土新闻网站的点击量和关注度日益提高。孟加拉国还开发了本土搜索引擎 Pipilika，支持孟加拉语和英语双语检索，极大地提高了孟加拉国的网络应用水平。目前，孟加拉国互联网的服务内容已经拓展到教育、医疗、金融、农业、社交等方方面面，在线课堂、网络办公、电子商务、博客等互联网服务新形式方兴未艾，许多政府职能部门的服务也扩展到互联网领域，服务质量和时效性逐步获得大众认可。

尽管互联网产业得到了快速发展，但是由于没有能适应互联网服务快速发展的通信系统，只有生活在主要城市的人群才可以享受到高效的互联网服务，孟加拉国仍然是世界上互联网普及率最低的国家之一。2000 年，孟加拉国的互联网普及率为 0.1%，2015 年、2016 年分别为 12.1% 和 13.2%。国际电信联盟发布的《2000—2014 年个人使用互联网比例报告》（*Percentage of Individuals Using the Internet, 2000-2014*）显示，孟加拉国个人使用互联网的比例从 2000 年的 0.07%缓慢增长至 2005 年的 0.24%，从 2006 年开始以每年不低于 0.5%的增长率迅速增长。2006 年，个人使用互联网的比例为 1%，到 2013 年、2014 年分别增长到 6.63%和 9.6%。根据国际电信联盟发布的《信息社会测量报告》（MIS）显示，孟加拉国 2010 年 ICT 发展指数（IDI）值为 1.61，在全球 167 个国家中排名第 148 位，2015 年增长到 2.22，排名上升至第 144 位。根据世界经济论坛发布的《全球信息技术报告》显示，2001 年，孟加拉国的网络就绪指数（The Networked Readiness Index，NRI）在总共 75 个国家中仅排名第 73 位。2013 年，在 144 个国家中排名第 114 位，2015 年上升至 109 位。根据国际电信联盟 2016 年 7 月公布的数据显示，孟加拉国网络覆盖率为 14.4%[①]，全球排名第 144 位。在南亚地区其他国家中，马尔代夫网络覆盖率以 54.46%排名第一，印度为 26%，巴基斯坦为 18%，尼泊尔为 17.58%，孟加拉国为南亚地区最低。

2.孟加拉国互联网快速发展的原因

（1）政府的大力支持

孟加拉国互联网起步晚，基础差，但政府对发展互联网具有清晰的思路，采取务实的决策来推动互联网的繁荣。

首先，孟加拉国制定互联网发展政策，加强基础设施建设，推动互联网的发展。2009 年，孟加拉国政府提出"数字孟加拉国"（Digital Bangladesh）构想，作为国家长远战略规划"2021 愿景"的重要组成部分。孟加拉国第六个五年规划也将"数字孟加拉国"作为国家发展战略的组成部分。在第六个五年规划期间，孟加拉国利用技术大力提高总理强调的"四个关键优先点"并取得了重大进展。孟加拉国政府积极参与东南亚—中亚—西欧-4 号海底光缆项目的建设。随着海底光缆的建成使用，2008 年，孟加拉国电信监管委员会大幅下调互联网宽带价格，从 8 万塔卡每兆/秒下调至 1.8 万塔卡每兆/秒。目前，孟加拉国只占用东南亚—中亚—西欧-4 号光缆带宽的 33%，预计到 2021 年带宽消费可达到 210 Gbps。东南亚—中亚—西欧-5 号光缆建设完成后，将增加 1300 Gbps 的带宽。

其次，加强立法，成立相应部门机构，促使孟加拉国互联网的运营和监管更加规范有序。1998 年，孟加拉国国家电信政策（UNPAN）正式颁布。该政策鼓励私人投资、倡导市场竞争，为孟加拉国开放电信领域提供了法律基础。2001 年 4 月 16 日，《孟加拉国电信法》（The Bangladesh Telecommunication Act）正式通过，于 2006 年进行

---

① 孟加拉国政府称孟加拉国网络覆盖率为 40%，并要求 ITU 更新孟加拉国数据。

了第一次修订，2010 年进行了第二次修订。2013 年 8 月 19 日，孟加拉国对《信息和通信技术法》（The Information and Communication Technology Act）进行修订。该修正案加大了信息通信违规行为的处罚力度。这在一定程度上降低了互联网犯罪率，网络安全环境得到相应改善。根据 2001 年颁布的《孟加拉国电信法》，孟加拉国成立了电信监管委员会。孟加拉国电信监管委员会成立的宗旨是开放电信市场、引入竞争机制、鼓励私人投资，主要负责监管孟加拉国电信及其相关信息和通信技术问题。2010 年，孟加拉国电信监管委员会成为邮电部下属机构，电信监管事务由邮电部负责。2015 年，信息和通信技术部与邮电部进行整合，希望促使孟加拉国的互联网监管更加科学规范，共同推动孟加拉国互联网产业的健康发展。

第三，重视发展教育，培养行业技术人才，为互联网发展储备人力资源。依据孟加拉国 2003 年初级教育执行监测部门调查数据，孟加拉国的识字率为 62.66%，其中男性为 65.94%，女性为 58.69%，成人识字率为 54.80%。低识字率不利于互联网人才的培养和互联网服务的推广。目前，孟加拉国政府一方面积极抓好学制教育，另一方面积极推动在线课堂、远程教育等新型互联网教育方式，在全国设立 UISC（联合服务信息中心），带动互联网与教育的相互促进。早期孟加拉国 IT 人才十分匮乏，1999 年，IT 领域每年的毕业生大约只有 500 人。为提高 IT 人才队伍的数量和质量，孟加拉国政府通过增加公立大学计算机系的规模，开设计算机专业研究生课程，设立 ICT 业务中心，与其他国家开展人才培养合作等方式来建设本国的 IT 人才队伍。

（2）寻求国际社会的支持与合作

由于本国资金短缺、技术设备落后，孟加拉国政府积极寻求国际社会的资金援助，鼓励企业与国外行业翘楚开展技术合作和人才培养等来推动国内互联网产业的发展。

首先，孟加拉国政府改善投资环境，吸引外国企业投资。孟加拉国在全国范围内有计划地陆续建立起多个 IT 产业园，其中杰索尔（Jessore）软件园即将建成，Kaliakoir 高科技园（占地 332 英亩[①]）进展迅速。通过出台投资优惠政策，为外国投资者创造良好的投资环境。孟加拉国在达卡举办数字博览会——"2016 数字世界"，孟加拉国总理谢赫·哈西娜出席开幕式。该博览会向国际社会展示了孟加拉国 ICT 领域取得的最新技术创新成果。孟加拉国政府希望通过该博览会的举办，进一步加大招商引资的力度，推动孟加拉国互联网产业的开放融合式发展。

---

① 1 英亩约等 4046.86 平方米。

其次，积极争取国际社会的资金支持。2016 年 10 月，孟加拉国同中国签署了数字联通项目（Digital Connectivity Project）。该项目总金额为 850 亿塔卡（约合 10.6 亿美元），其中 94%资金将由中国进出口银行提供。据孟加拉国信息通讯技术部报道，该项目将为学校等教育机构建设计算机房、数字图书馆，建立孟电信监管委员会监管实验室、媒体工作者多媒体实验室和大学网络安全实验室，实现公民健康服务信息采集数字化，建立数字支付网关平台等，从而提高孟加拉国数字信息化水平，促进贸易、数字金融服务和电子商务发展。孟加拉国高科技园区管理局积极同孟加拉国驻美国大使馆联合举办孟加拉国 ICT 发展圆桌讨论会，旨在寻求美国加大对孟加拉国 ICT 行业和高科技产业园投资。

第三，积极同国际通信巨头开展技术和商业合作。2016 年 9 月，孟加拉国电信监管委员会与芬兰 AniteFinland 公司签署合作协议，购买技术服务和专业设备提升首都达卡等地区的通信质量，其中语音、数据、音频等服务是重点提升领域。同年 9 月，孟加拉国本土软件及数字传媒公司 Tradeshi 宣布与中国阿里巴巴公司签署合作协议，本地企业可通过 Tradeshi 在阿里巴巴购买或出售商品。Tradeshi 主席 RajibHossain 表示，阿里巴巴公司代表将来孟加拉国出席电子商务活动，并计划在未来三年内发展 5000 家左右电子商务企业。孟加拉国负责信息通信技术的国务部长帕拉克（Palak）表示，与阿里巴巴的合作将为孟加拉国带来不一样的品牌效应，其他电子商务企业，如亚马逊、Flipkart 也将陆续进入孟加拉国市场。为提升孟加拉国互联网接入的便捷性，孟加拉国政府与谷歌共同实施"谷歌巴士计划"。该计划旨在向孟加拉国 35 个地区 500 所学校提供可连接入网的"数字巴士"，帮助当地学生和企业家通过互联网获取新的技术，并开展自己的创意设计。"谷歌巴士计划"将帮助孟加拉国进一步普及互联网接入，并结合利用 Android One 计划发展该地区移动用户。目前，孟加拉国首都达卡已经启动了"谷歌巴士计划"，未来陆续将在其他城市启动。

（3）民众对互联网的需求

孟加拉国民众对于互联网的需求，是国内互联网市场发展的内在动力，也是孟加拉国互联网发展的根本原因。当前，孟加拉国互联网用户主要利用互联网浏览网络社交媒体、网上办公、开展电子商务等。据《金融快报》报道，英国咨询公司Wearesocial 近期研究成果显示，自 2015 年 3 月以来，孟加拉国社交媒体用户增加了67%，达 2200 万人（即总人口的 14%），为南亚地区增速最快的国家。根据孟加拉国央行统计数据，2016 年前三季度，孟加拉国电子商务支付额为 5000 万美元，同比增长约 67%，上一年同期为 3000 万美元。不断丰富的互联网服务给人们生活带来了便捷，而民众对于互联网的需求又给孟加拉国互联网的发展提供源源不断的内在动力。

3.制约孟加拉国互联网发展的因素

可以说，制约孟加拉国互联网发展的因素很多，但与绝大多数发展中国家一样，主要受制于国家经济与国民素质。一是人们早期对于互联网缺乏认识与远见，政府重视与投入力度远远不够。二是孟加拉国基础设施较差，一定程度上制约了互联网连接的发展。三是孟加拉国经济基础较差，人均购买力较低，普通大众没有能力负担高额的互联网服务费以及相应终端购置费。四是互联网配套服务发展不够及时，本地内容缺乏，互联网的高效与便利尚未惠及普通大众。五是孟加拉国人民的识字率低，缺乏使用互联网的相应能力水平。

四、斯里兰卡互联网发展概况

斯里兰卡是南亚地区第一个拥有未加限制商业互联网服务的国家，其互联网历史可以追溯至 20 世纪 80 年代末，1995 年正式开始互联网的使用。在此后的 20 年里，斯里兰卡的互联网发展一直呈现比较缓慢的趋势，每年全国互联网使用人数均未超过总人口的 10%。这很大程度上是受到国家内战和国家局势不稳定的影响。此外，经济发展滞后不仅制约了信息通信技术的发展，也使得民众收入不高，家庭电脑持有率较低，严重影响了互联网的普及。内战结束后，在政府的政策支持下，斯里兰卡的互联网发展呈现出了强劲的增长势头。2011 年全国互联网用户比 2009 年增加了近一倍，家庭电脑持有率也增长了近 50%。互联网不再是学者、公司、富裕家庭才能拥有的奢侈品，而是成为普通大众日常生活中越来越不可缺少的工具。截至 2015 年底，斯里兰卡互联网使用人数已达 640 万左右，占总人口的 30%。根据国际电信联盟预测，随着经济的稳步增长，越来越多的斯里兰卡家庭将拥有电脑，到 2020 年，斯里兰卡的互联网用户有望比 2015 年再翻一番，普及率也将至少保持 50% 的增长速率。

（一）斯里兰卡互联网的初期发展

1.斯里兰卡互联网的起步

20 世纪 80 年代，兰卡通信局（Lanka Communications Services）把使用电话或者 ISDN 设备作为网络硬件设备来架构广域网的 X.25 分组交换网引入斯里兰卡，该网络被命名为 DataNet。拥有 X.75 节点的斯里兰卡 DataNet 网络通过新加坡接入全球分组交换系统（Global Packet Switching System）。该网络能够实现稳定、可靠、安全的数据传输，但其昂贵的价格也让绝大部分企业和机构望而却步。

1989 年，斯里兰卡第一个电子邮件系统，即马拉德邮箱系统（Mallard Mail Box system）由亚瑟·C.克拉克现代技术研究所（Arthur C. Clarke Institute for Modern Technologies）创立，不过该内部邮件系统并未接入互联网，且用户寥寥无几。1990 年，在"斯里兰卡互联网之父"阿博亚·因杜鲁瓦教授（Prof. Abhaya Induruwa）的带领下，由斯里兰卡莫勒杜瓦大学（University of Moratuwa）开发的兰卡实验性学术研究网（Lanka Experimental Academic and Research Network，LEARN）第一次开始提供真正意义上的互联网邮件服务。该网络被称为 LEARNmail，使用 UUCP 协议，不能提供实时的互联网连接，而是由莫勒杜瓦大学为用户在服务器上存储邮件，并定期将它们传至互联网。起初为一周三次，后为一天两次。互联网连接则由美国加利福尼亚大学、普渡大学和斯坦福大学的志愿者提供。直至 1995 年，LEARNmail 连接互联网产生的费用才由斯里兰卡学术网（LAcNet）提供，其使用者主要是大学和研究机构的学者。

1995 年初，斯里兰卡的首次在线连接由全球第一家网络服务提供商 CompuServe 通过其在斯里兰卡的本地访问节点实现，但仅对 CompuServe 客户开放。同年 4 月 26 日，斯里兰卡首家互联网服务供应商——兰卡互联网服务有限公司（Lanka Internet Service Ltd.）创建了斯里兰卡本地服务器，网络连接美国且传输速度达到 64 Kbps。这是斯里兰卡真正意义上的开放式互联网服务，也使得斯里兰卡用户第一次能够通过电话拨号直接连接互联网。兰卡互联网服务有限公司除了为用户提供电子邮件和网络浏览服务以外，还提供网络广告服务。

在 1995 至 1996 年期间，不少机构纷纷以互联网服务供应商身份进入市场，斯里兰卡成为南亚地区第一个拥有未加限制商业互联网服务的国家。这其中主要的互联网服务供应商包括：

（1）斯里兰卡电信公司（Sri Lanka Telecom）：继兰卡互联网服务有限公司之后涌现的第二个互联网服务供应商，于 1995 年 11 月推出连接至美国 JVNC 网络的速率为 64 Kbps 的互联网服务。除了电话拨号访问，斯里兰卡电信公司还提供互联网专线访问业务。

（2）兰卡实验性学术研究网（LEARN）：于 1996 年 2 月实现了与互联网的联通。LEARN 并不是一个公共互联网服务供应商，而是专为大学和研究机构的学生和科研人员提供服务。LEARN 的拨号服务器位于莫勒杜瓦大学，为斯里兰卡大约 15 个学术机构提供互联网访问服务。LEARN 还拥有数个网络服务器，提供资讯和信息。

（3）电子技术网络服务（Electroteks Network Services）：于 1996 年 3 月推出互联网服务，同样通过卫星以 64 Kbps 的速率联网至加拿大，虽然它也提供电子邮件和拨号访问，但主要面向集团、公司用户，而非个人。

（4）兰卡通信服务（Lanka Communication Services）：于 1996 年 7 月以 LankaCom 为商标推出互联网服务。LankaCom 通过卫星以 64 Kbps 的速率连接至新加坡电信网络，提供拨号电邮、拨号访问和互联网专线访问业务。

2.斯里兰卡互联网初期发展及其面临的问题

（1）互联网服务供应商

从 1995 年初到 1999 年底，斯里兰卡电信监管委员会（Sri Lankan Telecommunications Regulatory Commission，SLTRC）向 14 家公司颁发了执照。不过市场上还有大量未取得执照提供互联网服务的机构存在。据估计，截至 1999 年底，斯里兰卡服务器数量达到 1000 个左右。这一时期，斯里兰卡互联网发展存在的主要问题有：一是，缺乏统一的本地中控系统，这导致即便斯里兰卡国内的邮件传输也需要连接海外的服务器。二是，与南亚地区邻国之间没有直接的网络连接。三是，网络系统缺乏统筹规划，造成网络资源的不平等分配。四是，未能建立起全国性的网络体系。五是，政府的宏观管控机制和监管机制缺失，互联网服务供应商权限过大，恶性竞争导致网络资费价格虚高、网络服务参差不齐，对互联网的普及带来严重负面影响。

（2）互联网用户

根据斯里兰卡国家统计局的数据显示，1996 年，斯里兰卡互联网使用人数约 1 万人，占全国总人口的 0.05%。其中，固定用户约 2500 人，占全国总人口的 0.01%。2000 年，斯里兰卡互联网使用人数上升到 12.15 万人，占全国总人口的 0.63%。其中，固定用户约 4 万人，占全国总人口的 0.2%。由此可见，斯里兰卡早期互联网受众只占到人口的极小一部分，而普及率偏低的情况主要受到以下三个因素的影响：

一是，国家基础设施建设薄弱。斯里兰卡人均拥有电话的数量远低于全球平均水平 10 部/100 人，更不用说调制解调器、电脑终端这样的设备了。电话线路老旧、连接性差、偏窄的带宽严重影响了网络的连接速度和质量。斯里兰卡的大部分网络连接速率只能达到 28.8 Kbps，即便是 ISDN 网络，速度也只能维持在 56—115 Kbps。

二是，上网设备费用和网络资费超出普通人的收入水平。1997 年买一台电脑需要花费约 7.5 万卢比（约合 960 美元），这是大部分斯里兰卡普通民众难以负担的。在网络资费方面，由于缺乏市场监管，互联网服务供应商收费高的现象屡见不鲜，通常高峰时段平均每分钟网费 6 卢比（折合 0.07 美元），非高峰时段为 3.5 卢比（折合 0.05 美元）。因此，早期的互联网用户来源主要集中在首都科伦坡的精英阶层和大型企业集团。

三是，提供上网服务的公共设施极不健全。斯里兰卡全国能够提供上网服务的场所极少，即便在首都科伦坡，也只有少数的网吧能够提供付费上网服务。人们通常需要提前几天预约并支付昂贵的网费，才能够享受到上网服务。

（3）网络资源与服务

斯里兰卡网络资源发展迅速，内容十分丰富，主要包括政府机构类、教育和院校类、新闻和报纸杂志类、大众传媒类网站。截至 2000 年，斯里兰卡绝大部分国家部委、市政机关、事业单位、法定机构都开设了官方网站，不过网站内容更新较慢。科伦坡大学、凯拉尼亚大学、开放大学等也都开设有官方网站。新闻和报纸杂志类网站是斯里兰卡发展最早也最为成熟的。早在 1995 年 9 月，斯里兰卡英文报纸《每日新闻》和《周日观察》就在 Lanka Internet Service 网上发布了电子版。不少僧伽罗语和泰米尔语报纸的电子版也在 1997 年后陆续发布。到 2000 年，斯里兰卡几乎所有的英文报纸都发布有电子版。大众传媒类网站方面，最早进军网络的是广播。1996 年 11 月，TNL 广播推出了自己的网站。不过早期的广播、电视类网站并没有节目内容，只有节目信息介绍。1999 年，以 BBC 为首的国外传媒网站开始进驻斯里兰卡。2000 年上半年，以 Sirasa FM 为首的广播网站开始推出网络实时节目。其他类别网站还包括金融、法律、贸易、宗教、国际组织、外国驻斯里兰卡机构等。

除了提供传统的邮件、网页浏览等服务外，斯里兰卡互联网的发展从一开始就对电子商务保持了关注。1995 年，斯里兰卡商务部组建了电子商务信息网络（Computerised Trade Information Network，简称 TradenetSL），旨在推广斯里兰卡的电子商务服务。1999 年，TradenetSL 推出服务品牌 Cyber Trader，旨在帮助私营企业与海关、港口、投资局等政府部门建立高效对接，减少办事流程，极大地提高了办事效率。2000 年，银行业也开始进军互联网并推出网络银行服务。

（二）21 世纪以来斯里兰卡互联网发展情况

进入 21 世纪以后，斯里兰卡加入世界信息科技高速发展的潮流，开始大力发展互联网以及周边产业。尤其是 2009 年内战结束后，国内政治环境和经济市场的稳定使得斯里兰卡互联网进入蓬勃发展阶段。

1.有关互联网的国家级项目工程

（1）全国性互联网普及工程——电子斯里兰卡（e- Sri Lanka）

2002 年，斯里兰卡政府正式开始推行名为"电子斯里兰卡"的信息通信技术发展工程，旨在于 2007 年前在全国实现行政电子化和电子治理。2004 年 9 月 1 日，电子斯里兰卡项目得到世界银行 8300 万美元的资助，项目为期十年，其宗旨是：通过改进信息与通信的获取和使用、鼓励企业与民众使用网上公共服务、加强私营企业尤其是信息产业小企业的竞争力来实现国家的发展以及社会资源的有效、公平分配。世界银行在 2013 年 12 月发布的结项审查报告中，肯定了斯里兰卡 10 年来在电子斯里兰卡项目中获得的成就。报告显示，斯里兰卡企业和公民使用网上政府服务的人数从 2004 年的零升至 2011 年 9 月的 580 万，80%的项目覆盖区域都成功地改进了对信息与通信技术的使用。

2013 年 9 月，斯里兰卡政府决定开始实施电子斯里兰卡项目的第二阶段。通过对信息与通信技术的进一步普及和使用，助力国家经济的发展和人民生活水平的提高，进而减少或消除贫困，第二阶段项目计划需要 5 至 6 年的时间。

（2）互联网教育工程——校园网络（School Net）

2006 年，斯里兰卡教育部启动名为"校园网络"的互联网教育工程项目，旨在帮助全国的公立学校进行教育创新，提高教学效率和教育质量。校园网络项目基于一个虚拟专用网 VPN 平台，由斯里兰卡电信公司提供设施和服务。位于莫勒杜瓦大学的网络运行中心装载有网络运行程序、数据库、局域网等信息，通过 155 Mbps 的光纤接口连接互联网。校园网络使得全国各地，尤其是偏远贫困地区学校的师生能够方便地从互联网获取所需教学资料、辅导教程、电子邮件和其他教学相关资讯。到 2009 年，校园网络项目已使斯里兰卡全国超过 1000 所的学校和教育机构受益。

（3）政府云工程——兰卡政府云（Lanka Government Cloud）

2012 年 8 月，斯里兰卡信息通信技术局（Information and Communication Technology Agency，ICTA）启动了"兰卡政府云"项目，旨在为斯里兰卡政府机构提供统一的云服务，节约政府的行政开支。该项目将提供七种不同类型的服务器，内存从 2 GB 到 32 GB，存储空间从 200 GB 到 1600 GB 不等。继兰卡政府云项目之后，斯里兰卡信息通信技术局还推出了"政府网络"（Lanka Government Network）、"兰卡门户"（Lanka Gate）等互联网项目。这两个项目将使政府能够实现在互联网上为民众提供公共服务。

2.互联网服务供应商的发展情况

1999 年以前，斯里兰卡共有六家互联网服务供应商，其中最大的是 SLTNet 和 Lanka Internet。进入 21 世纪后，为了普及互联网、提高网络服务质量、吸引良性价格竞争，主管互联网事务的斯里兰卡邮政、电信、媒体部（Ministry of Posts, Telecommunications and Media）为多家互联网服务供应商颁发了执照。之后，斯里兰卡网络资费得到了显著的降低，从每分钟 20 卢比降至每分钟 1 卢比。目前，斯里兰卡拥有执照的互联网服务供应商约 20 家，其中主要有 SLTNet、Suntel wOw、BellNet、ITMIN Ltd、Eureka Online 等。

SLTNet 是斯里兰卡最大的互联网服务供应商，是斯里兰卡电信公司的网络品牌，中枢网络带宽为 108 Mbps。SLTNet 提供电子邮件、拨号上网、专线租用网络、域名服务器（DNS）托管、虚拟邮件服务、网络托管、网络漫游、电子传真和虚拟专用网（VPN）等服务。目前，斯里兰卡电信公司的互联网用户占到全国总用户量的 60%以上。

3.宽带市场的发展情况

2010 年，斯里兰卡宽带用户的普及率仅 1%，相比较其他国家和地区宽带的普及率，宽带发展速度可谓十分缓慢。2010 年 3 月，斯里兰卡政府建立国家宽带咨询委员会（National Broadband Consultative Committee，NBCC）。国家宽带咨询委员会首任主席由总统秘书、斯里兰卡国家电信管理委员会（Telecommunications Regulatory Commission，TRC）主席拉立德·维拉通嘉（Lalith Weeratunga）担任。由此可见斯里兰卡政府把网络和宽带发展作为国家战略大力推行的决心。

国家宽带咨询委员会成立后对斯里兰卡网络基础设施进行了一定的整改和建设，固定宽带和移动宽带的发展都获得了一定的成绩。根据阿卡迈技术公司（Akamai Technologies Inc.）2015 年 8 月发布的《2015 年第二季度互联网发展状况报告》（State of the Internet Report），斯里兰卡的平均宽带连接速度达到 5.3 Mbps，高于 5.1 Mbps 的全球平均速度，年增长率为 50%，在全球位列第 65 位；斯里兰卡平均宽带峰值连接速度为 31.4 Mbps，年增长 30%，排在全球第 67 位；4 Mbps 宽带接入率达到 77%，年增长 223%，排在全球第 47 位。这些数据在南亚国家中均排在首位。

（1）固定宽带的发展

2000 年，斯里兰卡电信公司推出带宽为 10 Mbps 的宽带服务，其主干光缆通过海底光缆连接，网速通过 ISDN 能达到 128 Kbps。2003 年，斯里兰卡电信公司首次推出 DSL 宽带服务。其速率和价格与 ISDN 以及租用专线比起来优势明显，故受到网络用户青睐，一经推出便常年占有市场超过 80%的份额，且用户年增长率保持在 50%以上。2003 年斯里兰卡固定宽带用户为 3400 户，其中 DSL 宽带用户为 3000 户。到 2010 年，固定宽带用户增长到 22.83 万户，其中 DSL 宽带用户为 21.38 万户。2014 年，斯里兰卡的固定宽带仍以 DSL 平台为主，固定宽带用户为 56.76 万户，其中 DSL 宽带用户为 50 万户。

（2）无线宽带的发展

宽带服务虽然进入斯里兰卡的时间较晚，但发展十分迅速。随着手机、平板电脑等移动设备的日益普及，无线宽带更是在短时间内吸引了大量用户，成为斯里兰卡互联网发展的主力。

1）WiMAX

斯里兰卡电信公司于 2006 年在供应商 Aperto 公司的帮助下推出 WiMAX 服务。为了加快互联网覆盖偏远地区的政策实施，2006 年，12 家斯里兰卡公司向斯里兰卡电信监管委员会申请 3.5 GHz 频段 WiMAX 的运行许可证。2007 年初，斯里兰卡最大移动电信公司 Dialog Telekom 旗下的信息通信公司 Dialog Broadband Networks(DBN)首次推出了商业性的 WiMAX 宽带连接服务。截至 2008 年，DBN 已拥有超过 1600 个 WiMAX 用户。随后，Lanka Bell 公司和 Suntel 公司也推出了 WiMAX 宽带连接服务，三家公司 WiMAX 用户总数约有 12000 人。2011 年 1 月，斯里兰卡电信公司下属的 Sky Network 公司推出了基于 802.16e 标准的 WiMAX 无线宽带网，并将此品牌命名为"Skymax"。Skymax 首先覆盖 Colombo（科伦坡）、Gampaha（岗巴哈）和 Kalutara（卡鲁德勒）三个行政区，并计划逐步推向全国。

2）WiFi

2015 年初，斯里兰卡政府在全国范围内推行免费 WiFi 工程，计划在全国建立 1000 个热点，到 2015 年 5 月，已建成热点的数量超过 100 个。这一工程将使用户每月能够享受 100 MB 免费流量网络连接服务，若超过此流量，运营商将按照每千兆字节 2 美元的标准收费。这一工程得到了大部分大型网络运营商的支持。

表 1-5   2010—2015 年斯里兰卡宽带用户发展情况

年份	固定宽带用户（万户）	固定宽带用户普及率	无线宽带用户（万户）	无线宽带用户普及率
2010	22.83	1.1%	29.4	1.4%
2011	35.9	1.7%	48.5	2.3%
2012	35.4	1.7%	163.57	7.7%
2013	42.35	2.0%	166.4	7.8%
2014	56.76	2.6%	279.02	13%
2015	70	3.2%	360	17%

资料来源：斯里兰卡国家电信管理委员会数据。

4.互联网用户情况

2001 年，斯里兰卡互联网用户为 15 万，到 2015 年，达到 640 万，增长了近 43 倍。互联网固定用户从 2001 年的 6.2 万增加到 62.7 万，增长了 10 倍。斯里兰卡全国互联网普及率从 2003 年的 1.3%增长到了 2015 年的 30%。但与世界其他国家相比，斯里兰卡的互联网普及率并不算高。这背后很重要的一个原因在于斯里兰卡的电脑普及率偏低。由于斯里兰卡是个农业国家，电脑及其周边工业产品完全依赖进口，过高的关税使得电脑对于普通家庭来说仍属于奢侈品。不过随着国家 GDP 的逐年增长，这一情况正在逐渐改善。斯里兰卡政府与世界银行和亚洲开发银行合作，为学校提供免费电脑、建设电脑中心，大力发展建设公共网吧。这些措施为电脑在斯里兰卡的进一步普及、缩小城乡网络普及差距等方面做出了不少贡献。

表 1-6   2005—2014 年斯里兰卡互联网使用情况

年份	互联网用户（万人）	互联网普及率	互联网固定用户（万人）	互联网固定用户普及率	家庭电脑普及率
2005	35	1.7%	11.5	0.6%	5%
2006	50	2.5%	13.01	0.6%	6.3%
2007	78	3.9%	20.23	1%	8.2%
2008	116.3	5.8%	24.62	1.2%	9.5%
2009	177.62	8.8%	24.9	1.2%	11%
2010	250	12%	30.2	1.5%	12.3%
2011	313.9	15%	35.9	1.7%	13.6%
2012	385.9	18%	42.32	2%	15%
2013	465.9	22%	50.78	2.4%	16.4%
2014	553	26%	62.7	3.5%	17.8%

资料来源：国际电信联盟数据。

五、尼泊尔互联网发展概况

由于尼泊尔经济发展常年缓慢、教育水平低下等原因，互联网在尼泊尔的总体发展状况尚处于一个较低的水平。随着 2006 年尼泊尔内战结束，国内政治局势趋于稳定，尼泊尔的互联网发展速度较之前有了较为明显的提高。尼泊尔政府对国内互联网行业发展的干预，是影响尼泊尔互联网发展的重要因素。

（一）互联网在尼泊尔的发展

2000 年，尼泊尔互联网用户数量为 5 万，占总人口数量的 0.2%。2005 年增长到 17.5 万，占总人口数量的 0.7%。从 2007 年起，尼泊尔的互联网发展逐渐提速，互联网的普及率有了较为明显的提高。2007 年，尼泊尔互联网用户数量为 24.94 万，占总人口数量的 1%。2010 年互联网用户数量增长到 62.58 万，占总人口数量的 2.2%。2012 年这一数字迅速增长到 269.01 万，占总人口数量的 9%。根据尼泊尔通信部公布的统计数据显示，截至 2014 年 8 月，尼泊尔互联网用户数达 894.65 万，同比增长 7%。其中，手机上网用户数达 851.8 万。在手机上网用户中，尼泊尔电信（Nepal Telecom）公司的手机上网用户数约为 452.43 万，尼泊尔另一大电信公司 NCELL 的手机上网用户数约为 399.37 万。截至 2015 年 11 月，尼泊尔全国有互联网用户 1219.93 万，占总人口的 43.1%。

到 2016 年，尼泊尔共有 31 家私营的互联网服务提供商为尼泊尔的企业和消费者提供互联网接入服务。其中主要的 4 家互联网服务提供商 Worldlink、Subisu、Websurfer 和 Mercantile 占据了尼泊尔互联网服务 70%以上的市场份额。

在尼泊尔，公共网吧是尼泊尔普通民众最重要的上网途径，尼泊尔国内的网吧也被认为是世界上平均海拔最高的网吧。尼泊尔的互联网接入服务大部分集中在经济较发达的加德满都谷地地区。随着尼泊尔电信公司在全国推广基于 WiFi 热点的 WiMAX 服务，互联网在尼泊尔的覆盖范围已经有了较为明显的扩大。其中，尼泊尔的宽带普及率，尤其是移动宽带普及率，实现了持续的增长。尼泊尔的固定宽带普及率从一个非常小的基数开始了缓慢的持续性增长，从 2012 年的 0.8%增加到 2014 年的 0.9%，并在 2016 年达到了 1.2%，预计到 2021 年将达到不低于 3.0%。与此同时，尼泊尔的移动宽带普及率则从一个相对较小的基数开始了较为快速的持续性增长，从 2014 年的 17%

增长到 2015 年的 21%，再到 2016 年的 25%。

尼泊尔电信公司是尼泊尔国有的电信服务公司，一直是尼泊尔国家电信网络的主要建设者和运营商。2016 年 5 月，尼泊尔电信公司完成了到中国边境的光纤线路的部署工作。尼泊尔电信公司将与位于香港的互联网数据中心直接连接，同时也计划与新加坡的互联网数据中心建立联系。2016 年底，尼泊尔电信公司开始使用 1800 MHz 频谱提供 4G 服务，成为尼泊尔境内第一家推出 4G 服务的移动电信运营商。随着 4G 服务的推广与普及，尼泊尔的互联网将得到进一步的快速发展。

（二）尼泊尔政府对互联网的管理

1993 年和 1995 年，尼泊尔政府先后颁布《国家广播法》和《国家广播条例》，对尼泊尔的广播行业进行了规范。《国家广播法》和《国家广播条例》规定，如果在广播中出现了可能导致种族冲突或社会动乱，破坏国家安全或道德，或与尼泊尔外交政策冲突的广播内容，相关责任人将被处以罚款和（或）监禁。互联网进入尼泊尔后，网络广播这一新兴传媒手段在尼泊尔出现并快速发展。尼泊尔政府曾下发文件，明确原有的《国家广播法》和《国家广播条例》也适用于新出现的互联网广播。

2004 年，尼泊尔政府颁布了《电子交易和数字签名法》（ETDSA）。该法律主要对互联网在线商业和金融交易进行管理，并将某些互联网在线行为，如黑客和欺诈等，定性为犯罪行为。《电子交易和数字签名法》还对在互联网上发布"非法内容"或可能触发仇恨的言论的行为规定了刑事处罚手段，包括罚款和最多五年的监禁。但是，《电子交易和数字签名法》并没有提供对"非法内容"的定义。

2005 年 2 月，尼泊尔当时的国王贾南德拉控制了政府和军队，在尼泊尔实行专制统治。随后，尼泊尔爆发大规模的平民抗议活动，贾南德拉被迫恢复议会，最终将所有主要权力交给了总理和议会。贾南德拉国王在这段专制统治时期，对传统媒体采取了关闭或是严格审查的措施，以确保只发布有利于君主的新闻。在此情况下，基于互联网技术的博客成为全世界了解尼泊尔国内政治状况的一个重要的信息来源。贾南德拉国王在专制统治时期还颁布了《国家媒体法》，试图扼杀独立媒体和新兴的互联网媒体。该法规禁止尼泊尔境内媒体批评国王和王室家族，禁止在独立的广播电台上播放新闻，而独立的广播电台是尼泊尔独立新闻的重要来源。除此之外，《国家媒体法》还将诽谤罪的处罚增加了十倍。2006 年 5 月，尼泊尔恢复议会，《国家媒体法》宣告废除。

2006 年 12 月，尼泊尔 7 个政党和毛派人士达成了重要的政治协定，经过尼泊尔议会颁布了临时宪法，为毛派人士加入尼泊尔主流政治和尼泊尔王室财产国有化铺平了道路，并决定举行大选以决定在尼泊尔废除或是继续保留君主制。尼泊尔临时宪法明确保障公民的言论和表达自由，包括在互联网上发表信息的自由。同时，尼泊尔临时宪法也作出规定，那些发布导致社会混乱或诋毁他人的信息的人将会受到相关法律的惩罚。

六、阿富汗互联网发展概况

由于常年战乱、经济发展和教育水平低下等原因，大部分阿富汗人长期以来无缘接触互联网。随着阿富汗战后和平重建的开启，阿富汗政府积极制定互联网发展战略和相关法规，加强互联网基础设施建设，不断培养信息技术人才，推动阿富汗社会信息化建设，并取得一定成效。阿富汗互联网用户从 2002 年的 100 人增长到 2012 年的 200 万人。截至 2014 年底，阿富汗个人使用互联网比率已达 6.39%，互联网在阿富汗从无到有，并开始逐渐呈现日益发展和普及之势。

（一）互联网在阿富汗的发展现状

阿富汗战后重建程序启动以来，在阿富汗政府的积极推动及明确的政策引导下，互联网管理工作开始展开，域名、网站数量逐步增长，互联网用户不断增加，互联网服务质量不断提升，阿富汗互联网迈入了一个新的阶段。

1.互联网管理

阿富汗政府十分重视互联网管理和相关政策法规的制定。2002 年 7 月，阿富汗总统卡尔扎伊签署了第 4517 号法令，赋予阿富汗通信和信息技术部（Ministry of Communication & Information Technology）向私营投资者颁发电信牌照和频谱许可证，以及批准新的相关政策、法律、法规的权力。2003 年 7 月，阿富汗部长委员会批准了新的《电信和互联网政策》。根据该政策，阿富汗通信和信息技术部于 2004 年 5 月建立了负责发放、监督牌照和频谱许可证的临时机构——电信管理委员会（The Telecom Regulatory Board）。2005 年 12 月，阿富汗颁布了新的《电信法》。根据该法第二章第四条，2006 年，阿富汗电信管理局（Afghanistan Telecom Regulatory Authority）正式成立，取代之前过渡性质的电信管理委员会。该局建立了一整套电信牌照管理体系（牌照类别、互联网服务供应商牌照、GSM 牌照、申请牌照程序等）以及若干法规、程序和规范条例。根据阿富汗电信管理局的相关规定，互联网服务供应商牌照申请者必须提交详细的商业计划、在授予牌照之前缴纳 4000 美元（或者 20 万阿富汗尼）的银行保证金。2011 年，阿富汗国民议会对《电信法》进行了一定的修订。新的《电信法》增加了对互联网服务供应商的相关要求，例如，用户保护以及有关通信保密的条款。

阿富汗通信和信息技术部下属有信息系统与信息安全局（Information System & Security Directorate of Afghanistan），其主要任务是保护阿富汗网络空间的数据、信息以及信息技术基础设施的安全，提高应对网络威胁的能力，保护阿富汗儿童和青少年的上网安全，通过建立各种标准化的体制结构、政策、程序、人员、技术以及行政程序，减少网络威胁和事故造成的漏洞和伤害。2009 年，阿富汗通信和信息技术部建立了第一支网络紧急响应小组（Cyber Emergency Response Team），用于抵御、打击网络威胁和犯罪，并且为政府和私营部门在网络安全方面提供相关的解决方案。2014 年 11 月，该小组起草的《阿富汗国家网络安全战略》（National Cyber Security Strategy of Afghanistan）得到了阿富汗通信和信息技术部以及信息通信技术委员会的正式批准。该战略的主要任务和目标是建立一个弹性的网络生态系统，建立完善的信息安全法律体系，提高网络紧急响应小组的能力，实现安全和可持续的电子政务，建立专业的软件和应用认证、检测机构，维护政府、企业和公民的数据隐私，加强网络安全的国际合作。

阿富汗全国互联网服务供应商协会（National ISP Association of Afghanistan）成立于 2006 年 3 月，是阿富汗互联网服务供应商行业的非营利性的社会组织，协会的目标是保护互联网服务供应商的权利，协调解决互联网服务供应商间的纠纷。该协会设主席 1 名（选举产生），副主席 1 名，执行委员会成员 6 名。协会每两个月举行一次会议，截至 2012 年，该协会有供应商会员 21 名，会费每月 200 美元。这些政府机构和行业协会的成立以及法律法规的出台对于阿富汗互联网的健康发展起到了重要的推动作用。

2.互联网基础设施建设状况

（1）互联网服务供应商

截至 2016 年 5 月，阿富汗共有 57 家互联网服务供应商，大部分互联网服务供应商总部设在首都喀布尔。其中，46 家是全国性互联网服务供应商，可以向阿富汗全境提供互联网服务。11 家是地区性互联网服务供应商，只能向个别省份或地区提供互联网服务。

阿富汗大部分互联网服务供应商提供卫星接入、微波接入、Wi-Fi 接入、拨号连接等互联网接入服务，一些互联网服务商还提供 WiMax 这一新兴宽带无线接入技术。由于阿富汗缺乏可靠开放的物理基础设施，大部分私营互联网服务商依靠昂贵的卫星骨干网络连接。阿富汗无线通信公司（Afghan Wireless）、罗尚电信公司（Roshan）、阿联酋电信公司（Etisalat）、MTN 阿富汗公司（MTN-Afghanistan）等四家电信运营商在其网络覆盖地区也提供基于 GPRS/EDGE 网络的移动互联网服务。内达电信（Neda-Telecom）于 2004 年 11 月获得阿富汗第一张互联网服务供应商牌照。由于拥有包括国家光纤骨干网在内的国有网络基础设施，固话运营商阿富汗电信公司（Afghan Telecom）迅速成为阿富汗第一大互联网服务供应商，向政府部门和机构、银行、学术机构、互联网供应商和终端用户提供互联网转售服务。阿富汗电信提供的互联网服务包括光纤（STM-1 和 SDH）接入、无线微波接入、全球微波互联接入、Wi-Fi 接入、价格低廉的拨号接入以及通过其代理商因斯塔电信提供的 DSL 上网服务。阿富汗较大的互联网服务供应商还有因斯塔电信（Insta-Telecom）、拉纳科技（Rana Technologies）、IO 全球（IO Global）、新世界（New Dunia）、复网（Multinet）、网络地带（Netzone）、阿西克斯（Asix）、阿富汗网络（Afghan Cyber）等。

（2）网站

阿富汗几乎所有的媒体和政府机构都创办了自己的网站，除了一些民族主义倾向严重的机构，大部分网站同时提供普什图语、达里语甚至是英语服务。阿富汗的网站主要包括有政府机构的网站，如阿富汗总统办公室、外交部、商工部、通信和信息技术部等网站；教育及院校网站，如喀布尔大学、坎大哈大学、喀布尔教育大学、喀布尔医科大学、喀布尔理工大学、阿富汗银行和财政学院等网站；新闻及报纸杂志网站，如《阿富汗时报》、《喀布尔时报》、《阿富汗日报》、《阿富汗每日评论》等相继上网；经贸网站，如阿富汗投资促进局、阿富汗商业和工业协会、阿富汗银行协会等网站；还有法律、宗教网站及国际组织和外国驻阿富汗机构网站等。但迄今为止还没有出现一家本土的大型门户类网站，这主要是受到阿富汗国内基础设施水平低、运营资金匮乏和潜在用户数量少等多方面影响。此外，阿富汗大部分网站所涉及的内容十分有限，多为新闻报道和商业信息以及该政府部门或公司的介绍，缺乏特色，缺少专业性的学术网站和学术文章。有的网站制作形式十分简单，很多点击后出现的网页还处在建设之中。

（3）域名

2003 年，阿富汗被赋予域名 ".af" 的合法控制权。阿富汗通信和信息技术部随即成立了阿富汗网络信息中心（Afghanistan Network Information Center）来管理域名。.af 下二级域名数量从 2006 年的 309 个增加到 2012 年的 6525 个。阿富汗域名注册费用较高，三级域名一次性缴纳 5 年费用有 10% 的折扣。

表 1-7 阿富汗域名注册费用结构

	国内		国际		域名转移	
	1 年	5 年	1 年	5 年	国内	国际
.af	3350 阿尼	16750 阿尼	50 美元	200 美元	200 美元	500 美元
.gov.af	1350 阿尼	6750 阿尼	20 美元	90 美元	40 美元	200 美元
.com.af	1350 阿尼	6750 阿尼	20 美元	90 美元	40 美元	200 美元
.net.af	1350 阿尼	6750 阿尼	20 美元	90 美元	40 美元	200 美元
.edu.af	1350 阿尼	6750 阿尼	20 美元	90 美元	40 美元	200 美元
.org.af	1350 阿尼	6750 阿尼	20 美元	90 美元	40 美元	200 美元

资料来源：阿富汗信息系统与信息安全局网站。

3.互联网用户情况

互联网用户数量是衡量阿富汗互联网络发展状况的一项重要指标，它反映出阿富汗互联网的普及程度。2002 年时，阿富汗全国互联网用户仅为 100。随着阿富汗电信业的发展，越来越多的人接触到互联网，到 2006 年阿富汗已有互联网用户 30 万。随着互联网服务价格的下降，2006 年到 2013 年间阿富汗互联网用户数量的增长速度加快，每年都以近 50% 的速度增长，到 2013 年已接近 250 万。但由于宽带互联网接入成本较高，到 2014 年底，阿富汗固定宽带接入用户仅为 1500 户，大部分都是移动互联网用户。

此外，阿富汗大部分互联网用户都居住在城市。这一现象的出现一是互联网的使用需要一定的物质基础，由于阿富汗近 35% 的人口生活在绝对贫困标准以下，相对贫穷的下层民众不仅很难接触到互联网，而且也很难承担相应的必要开支。二是，由于基础设施以及安全问题的限制，阿富汗很多网络运营商主要在城市进行经营。

（二）阿富汗互联网发展面临的问题

缺乏稳定的互联网设施，教育水平较低，识字率低，互联网连接的高昂成本，这使得"触网"对于大多数阿富汗人来说还是显得遥不可及。

1.基础设施建设落后

长期以来，阿富汗一直处于贫穷落后的状态，国家经济发展缓慢，各项基础设施建设十分落后。2007 年 4 月 15 日，由中国中兴通讯有限公司承揽的阿富汗国家光纤骨干网建设项目破土动工。该项目铺设光缆全长 3131 千米，站点 70 多个，环绕和覆盖了阿富汗全境，是阿富汗有史以来首个全国性规模最大、容量最高的传输网络。该网建成后将承载包括语音、视频和数据等各种业务，并提供与巴基斯坦、伊朗、乌兹别克斯坦和土库曼斯坦等国的国际业务接口，充分保障跨区域业务运营。2012 年，该项目正式投入运营，大大改善了阿富汗通信联络和网络连接服务。但是，目前阿富汗电信公司仅能在喀布尔、赫拉特、马扎里沙里夫、昆都士、坎大哈、贾拉拉巴德等大城市的部分区域提供 DSL 上网服务。虽然阿富汗政府十分重视电力资源的开发和利用，发电量增长较快，但阿富汗还是处于"电荒"之中。2015—2016 年度，阿富汗国内发电量 10.3 亿千瓦时，进口电力 37.8 亿千瓦时。阿富汗城市停电频繁，大部分农村地区尚未通电，电力供应短缺一定程度上制约了阿富汗互联网的发展和普及。

2.教育水平较低

教育水平低下，导致阿富汗信息技术人才十分缺乏。计算机教育在阿富汗并没有得到良好的实施和发展。阿富汗的中小学没有条件开设计算机课程，只有喀布尔大学、信息和通信技术学院等少数高校开设了通信和信息技术的相关课程。此外，英语在阿富汗普及率不高。由于大多数计算机软件为英文版本，这制约了计算机和网络技术在阿富汗的进一步普及和发展。

3.个人互联网用户接入成本高

2005 年，阿富汗通过卫星提供互联网服务，但是成本极高，大约 3000—4000 美元/Mbps。随着国家光纤骨干网在阿富汗部分大城市和省份的投入使用，2010 年互联网服务价格下降到 1500 美元/Mbps。为进一步降低互联网服务价格，阿富汗政府向阿富汗电信公司提供补贴，帮助其通过国家光纤骨干网进口国际互联网流量。2011 年，阿富汗接入邻国的光纤网络，互联网服务价格进一步下降到 900 美元/Mbps。2016 年 1

月，《阿富汗每日瞭望报》报道，阿富汗和伊朗签署了互联网过境传输合同，阿富汗将以每 10 G 流量 10.5 万美元的价格从伊朗购买互联网过境服务。而目前阿富汗从国外购买同样服务的价格为 25 万美元。据此估计，阿富汗国内居民的上网费用可能将降低20%—25%。不过，由于缺乏可靠的通信基础设施以及大部分互联网服务供应商依靠昂贵的卫星通信，这使得阿富汗互联网连接的价格仍旧偏高，具体费用标准如下：

表 1-8　阿富汗电信公司互联网服务价格（单位：美元/Mbps）

价格　　　　用户类型　　光纤网络	互联网服务商和 GSM 运营商	个人
非冗余-巴基斯坦线路：喀布尔	96	120
非冗余-伊朗线路	153	180
非冗余-乌兹别克斯坦线路	320	336
冗余服务	240	256

资料来源：阿富汗电信公司网站。

表 1-9　阿富汗电信公司 DSL 上网价格

网速	256 K	512 K	1 M	2 M	4 M
价格	1000 阿尼	2000 阿尼	4000 阿尼	8000 阿尼	16000 阿尼

资料来源：阿富汗电信公司网站。

4.安全问题

安全问题已成为各互联网服务供应商投资面临的最大风险。2015 年初，美国及北约正式结束在阿富汗的作战任务，阿富汗安全部队开始独立应对包括阿富汗塔利班（简称阿塔）在内的反叛势力的挑战。然而，阿塔袭击频率和活动范围不断攀升，"伊斯兰国"也着手在阿富汗境内攻城略地。2015 年 12 月，阿塔在巴基斯坦奎塔市附近与阿富汗多家电信公司秘密召开会议，要求后者交纳"保护税"，以保证其设施和员工的安全。阿富汗目前共有 6501 个移动通信基站，其中大约 40%位于塔利班活跃地区。近年来，塔利班经常袭击基站、绑架工程师，还威胁运营商在特定时段掐断基站信号以阻止当局监听追踪塔利班人员。阿富汗安全形势的持续恶化使得国家光纤骨干网无法覆盖全境，一定程度上制约了互联网在阿富汗的发展和普及。

（三）阿富汗互联网发展的发展前景

尽管目前阿富汗是世界上互联网普及率最低的国家之一，但在世界信息化步伐日益加快的进程中，阿富汗互联网事业必将走上一条快速发展的道路，也会给投资者带来无限商机。首先，大量的国际援助可在某种程度上帮助阿富汗摆脱资金和技术困扰，成为其互联网发展的坚实外部力量。通信和信息技术产业是阿富汗的优先发展产业，阿富汗政府非常重视互联网发展，通过改善公共互联网服务、实现电子政务以及推出一系列优惠措施，吸引地区和国际伙伴投资，促进通信和信息技术产业发展。其次，阿富汗电信业是目前阿富汗竞争最激烈的行业之一。在激烈的竞争环境下，各互联网供应商会通过牺牲利润降低资费来保持和争夺市场份额。一些互联网服务供应商计划升级阿富汗各省市的全球微波互联接入设施，在阿富汗各地建立分支机构，以合理的价格使互联网服务覆盖阿富汗全境。部分互联网服务供应商与 O3b（other 3 billion，即"另外的 30 亿"）互联网接入服务公司签约，购买其提供的廉价卫星互联网服务，再以较低的价格提供给阿富汗民众。再次，由于阿富汗大部分地区是山地且地广人稀，加之境内安全形势时有恶化，给传统互联网及客户端的基础设施建设造成了诸多困难，然而，这反倒加速了移动互联网在阿富汗的迅速发展。在阿富汗国家光纤骨干网的支持下，目前移动互联网 3G 业务在阿富汗大部分地区展开，且资费相对便宜。截至 2015 年底，阿富汗移动电话用户总数约 2538 万户，移动电话人口覆盖率达88.7%，其中有 191 万是 3G 用户。最后，阿富汗庞大的年轻人群体以及受过良好教育的人是其互联网事业蓬勃发展的生力军。这部分人对于互联网有浓厚的兴趣，互联网已成为他们生活中不可或缺的事物。这一群体对于互联网在阿富汗的发展与普及将发挥重要作用。

七、不丹互联网发展概况

互联网服务进入不丹的时间非常晚。1999 年 6 月 2 日，互联网才被引入不丹。不丹电信公司（Bhutan Telecom），又称德鲁克网（DrukNet），是一家国有电信公司，是当时唯一的互联网服务供应商。最初，不丹电信公司只能提供拨号上网服务，网速最高理论值为 56 Kbps。2000 年，不丹全国互联网用户仅为 500。根据国际电信联盟数据显示，截至 2006 年底，不丹有 2 万名互联网用户，占全国人口的 3.1%。世界银行2011 年报告显示，到 2010 年 12 月，不丹的固定互联网用户比例从 2000 年的 0.1%增加到 2010 年的 1%，互联网用户从 2000 年的 0.4%增加到 2010 年的 7.2%，拥有个人计算机的比例从 2000 年的 0.045% 增加到 2010 年的 0.1%。

2008 年 5 月，不丹电信公司开通了 3G 网络。2012 年，不丹电信公司在全国范围扩建其 3G 网络，在现有的 14 个基站基础上再增 6 个基站，3G 网络覆盖从首都廷布市中心扩大到中部和西部。2013 年，塔什通信公司（Tashi InfoComm Limited）推出 3G 移动宽带，不丹电信有限公司在廷布推出了 4G 互联网服务。2016 年初，塔什通信公司在不丹西部推出了 4G 服务。截至 2015 年底，94.3% 的互联网用户使用 3G 网络，只有 5.7% 的客户使用固定网络（专线或 ADSL 网络）。随着移动互联网的迅速发展，不丹互联网用户数量大幅增加。互联网在不丹从无到有，并开始逐渐呈现日益发展之势。

表 1-10　2000—2015 年不丹互联网用户发展情况

年份	互联网用户	人口	普及率
2000	500	812184	0%
2007	30000	812184	3.7%
2009	45000	691141	6.5%
2010	50000	699841	7.1%
2012	150548	716896	21%
2015	254998	741919	34.4%

资料来源：国际货币基金组织。

八、马尔代夫互联网发展概况

马尔代夫最早于 1943 年 12 月由政府启动电信服务建设。1977 年 5 月，英国大东电报局（Cable & Wireless）开始为马尔代夫提供电信业务服务。1988 年 10 月，迪拉阿古电信公司（Dhivehi Raajjeyge Gulhun Pvt Ltd）成立。该公司是马尔代夫政府与英国大东电报局（Cable & Wireless）的合资企业，前者拥有 65% 的股份，后者拥有 35% 的股份。该公司是马尔代夫第一家本土电信服务商，在基础设备建设方面发挥了重要的作用。1989 年，迪拉阿古电信公司对首都马累网络进行电缆升级，并于 1996 年实现拨号连接互联网。迪维希网络（DhivehiNet）项目的正式启动，标志着马尔代夫互联网时代的开始。1999 年，迪拉阿古电信公司移动电话服务平台升级为 GSM。2002 年，迪拉阿古电信公司首次采用 ADSL 技术向用户提供网络服务。

2005 年 9 月，迪拉阿古电信公司与斯里兰卡电信公司签署了一项海底光缆系统协议，该光缆全长 837 千米，由日本 NEC 公司负责施工，工程总耗资 2270 万美元。

2006 年，马尔代夫与斯里兰卡的电信路线实现连接，网络初始传输速度为 3 Gbit/s，最高上限速度为 160 Gbit/s，支持 WDM。该线路的连通大大降低了国内电话和互联网服务的资费水平，提高了服务质量。2007 年，马尔代夫完成穿越一度半海峡（One and Half Degree Channel）的国内海底电缆的铺设。到 2008 年，马尔代夫已实现 199 个有居民居住的岛屿、所有度假岛屿和主要的工业岛屿移动电话业务的全覆盖。

迪拉阿古电信公司在马尔代夫拥有垄断经营的地位。20 世纪 80 至 90 年代，其昂贵的服务价格就已饱受各方批评。直至 2004 年，政府才向第二家公司发放电信运营牌照，而新的移动运营商 Wataniya 直到 2006 年才正式运营。有分析指出，由于政府拥有迪拉阿古电信公司的股份并从中获利，促使政府主动帮助其排除竞争。虽然市场竞争的引入进程缓慢，但一定程度的竞争立刻带来了电信市场的空前繁荣。2009 年，Wataniya 公司已拥有超过 10 万手机用户，约占市场份额的四分之一。

2009 年，迪拉阿古公司开始提供移动 3G 网络服务。2011 年，该公司与日本 NEC 公司签订国内海底电缆部署合同，开始实施高速网络部署计划的第一阶段方案，为马尔代夫本岛及其环礁提供高速互联网服务。2014 年，该公司推出马尔代夫国内最大的移动 4G LTE 网络服务，并启动名为"超速宽带"的 VDSL 互联网服务。2015 年，该公司启动名为"迪拉阿古光纤宽带"的国内互联网 100 M 光纤入户服务。

目前，马尔代夫国内的互联网服务提供商只有迪拉阿古电信公司（Dhiraagu）和聚集信息通信有限公司（Focus Infocom Private Limited）两家。聚集信息通信有限公司是一家成立于 2003 年 2 月的私营互联网服务公司，公司旗下互联网服务品牌拉杰在线（Raajjé Online）于 2004 年开始向公众提供服务。

自 20 世纪 90 年代末互联网开始进入马尔代夫，到 2000 年，国内互联网用户达到 6000 户。进入 21 世纪，在全球互联网飞速发展的环境下，马尔代夫的互联网有了迅速的发展，互联网普及率不断提升。截至 2013 年 12 月底，互联网用户总数为 173575，占全国总人口的 44.1%，十几年间增长了近 29 倍。

表 1-11 2000—2010 年马尔代夫互联网用户发展情况

年份	互联网用户	总人口	普及率
2000	6000	298841	2.1%
2005	19000	298841	6.4%
2007	20100	303732	6.6%
2009	71700	396334	18.1%
2010	87900	395650	22.2%

资料来源：国际电信联盟。

第二章　南亚国家网络信息资源检索与利用

第一节　网络信息资源检索与利用

一、网络信息资源

网络信息资源（Network Information Resources），一般可以理解为"通过计算机网络可以利用的各种信息资源的总和"，但并非包含所有互联网信息，而只是指其中能满足人们信息需求的那一部分。具体是以电子数据的形式将文字、图像、声音、动画等多种形式的信息通过网络通信、计算机或终端等方式再现出来的信息资源。由于网络信息资源是随着国际互联网的普及而产生的，因此它实际上是指"通过国际互联网可以利用的各种信息资源"。

（一）网络信息资源的特点

网络信息资源相对传统信息资源而言，在数量、内容、结构、特性等方面呈现出很多独特之处。

1.数量巨大，增长迅速

随着网络覆盖范围的不断扩大以及网络技术的发展，网络上的信息资源得以广泛传播并迅速增长。目前全球互联网信息日增长累计达 1 EB（Exabyte，艾字节），这意味着每天产生的信息量可以刻满 1.88 亿张 DVD 光盘。人们每天上传的照片数量相当于柯达发明胶卷后拍摄的图片总和。据国际数据公司（International Data Corporation，IDC）的研究报告《数字宇宙》（*Digital Universe*）表明，2020 年全球信息量将超过 40 ZB（Zettabyte，泽字节）。

2.内容丰富，形式多样

网络信息资源极其丰富，包罗万象，其内容涉及农业、生物、化学、数学、天文学、航天、气象、地理、计算机、医疗、保险、历史、法律、政治、环境、文学、商贸、旅游、音乐和电影等几乎所有专业领域。网络信息资源是知识信息的巨大集合，是人类的资源宝库。

3.结构复杂，分布广泛

互联网是开放性的，通过 TCP/TP 将不同的网络连接起来，对网络信息资源的组织管理并无统一的标准和规范，信息广泛分布在不同地区的服务器上，服务器有不同的操作系统、数据结构、字符集、处理方式等。

4.不稳定性，强交互性

网络信息资源的地址、链接及内容本身处于经常变动之中，使得信息资源的更迭、消亡无法预测。因此，网络信息资源的状态都是不稳定的。同时，与传统的媒介相比，交互性是网络信息传播的一大特点，具体体现在它具有主动性、参与性、交谈性和操作性。

5.无序混乱，良莠不齐

互联网改变了信息发布和评价的程序，网络信息分布具有很大的自由度和随意性，缺少必要的质量控制和管理机制；各种虚假信息、劣质信息充斥互联网，信息污染程度日益加深，信息内容繁杂、混乱，质量良莠不齐，安全存在隐患，给用户选择、利用网络信息资源带来了障碍。

（二）网络信息资源的组织方式

相对传统信息资源，网络信息资源的组织方式更加形式多样。了解并掌握网络信息资源的组织方式，有助于我们更好地利用网络信息资源检索系统。

1.文件组织方式

文件包括数据、程序和字符，是计算机保存处理信息的基本单位。以文件方式组织网络信息资源简单方便，可以降低信息组织的难度和成本；文件还能存贮各种图形、图像、图表、音频、视频等非结构化信息。但是，随着网络信息资源利用的不断普及和信息量的不断增多，以文件方式组织的信息会使网络负载越来越大，当信息结构复杂时，就难以实现有效的控制和管理，从而降低信息组织的效率。

2.数据库组织方式

数据库是在计算机存储设备上合理存放的相互关联的数据集合。数据库组织方式就是将所获得的信息资源按照固定的记录格式组织存储，用户通过关键词查询就可找到所需要的信息线索，再通过信息线索连接到相应的网络信息资源。它能高速处理大量结构化和非结构化数据。当今的关系数据库、面向对象数据库和传统数据库相比，还能提供数据信息之间的知识关联。

3.主题树组织方式

主题树组织方式实际上是提供一种界面机制，用户通过这个界面只与网络信息资源的主题目录进行交流，并通过主题目录间接地连接并使用多个实际数据资源。这种组织方式提供了一个基于树浏览方式的简单易用的网络信息检索和利用界面，用户按照规定的分类体系逐步查询，查准率高，树形目录结构具有良好的可扩充性和严密的系统性。

4.超媒体组织方式

超媒体技术是超文本技术与多媒体技术相结合的产物，可以把文字、表格、声音、图形、图像、视频等多媒体信息以超文本方式组织起来，使用户可以通过高度链接的网络结构在各种信息库中自由穿行，找到所需要的任何媒体信息。超媒体采用非线性的由节点和链接组成的网状结构组织块状信息，类似于人类的联想记忆结构，同时把数字、文本、声音、图形、视频等有机地整合，方便地描述和建立各媒体信息之间的语义关系，能满足用户与信息自然交流的过程。

5.主页、页面方式

主页、页面方式是通过页面对某机构、个人或专题做全面介绍，用主页将这些信息集中组织到一起，相当于网上的档案全宗。

（三）网络信息资源的评价标准

互联网信息资源浩如烟海，处于高度离散状态，只有对这些无序信息进行搜集、筛选，提炼出有参考价值的信息，并对已掌握的信息进行评价、分析和提炼，有针对性地解决实际问题，才能实现它们的价值。

一般来说，对网络信息资源的评价标准应当强调：

1.重视信息内容的准确性

高校师生查找利用信息主要是为满足教学科研的需要，对信息质量要求较高。应选取某学科范围内有学术价值、有一定深度、能反映本学科的前沿发展水平和发展动态的网上学术资源。学科的内容范围和准确性应是首先考虑的重要指标。

2.重视信息发布的可靠性

选择印刷版图书时，著者、出版社是一个重要参考因素；选择期刊时首选核心期刊；网上信息的制作发布者也是一个重要考虑因素。权威信息中心或情报机构、本学科学术刊物的出版单位、各种社会组织（政府、大学、研究机构、图书馆）所制作发布并提供上网的信息是学术性信息的主要来源。

3.重视信息存取的稳定性

网络信息资源呈动态变化性，网站、网页形式相对稳定，有利于用户使用。印刷型文献的数字化、网络期刊、联机数据库、图书馆 OPAC 目录等都是比较稳定、准确可靠、方便存取的信息资源。

4.重视信息使用的便利性

教学科研任务的前沿性要求使得高校师生必须面对数量极大的最新专业文献，因此网站能否方便使用，是否符合专业人员查找相关文献的习惯，是否允许多种访问工具，是否能在较短的时间内进入并搜索到所需的最新资料，这些都是应考虑的便利性因素。

目前，对网络信息资源常见的评价标准还有"10C"原则和 CARS 检验指标体系等。所谓"10C"原则的标准包括内容（content）、置信度（credibility）、批判性思考（critical thinking）、版权（copyright）、引文（citation）、连贯性（continuity）、审查制度（censorship）、可连接性（connectivity）、可比性（comparability）、范围（context）等十个方面。CARS 检验指标体系则包括置信度（credibility）、准确性（accuracy）、合理性（reasonableness）和支持度（support）。

二、网络信息资源检索

互联网的广泛应用和发展，使世界范围内的信息资源交流、共享成为可能，同时也对传统的信息组织、检索和获取方法形成了很大冲击。一方面，互联网为人们提供了一个更为广阔的信息检索空间；而另一方面，网络信息资源的发展特点就在于无限、无序、优劣混杂、缺乏统一的组织与控制。用户首先面对的是大量纷繁复杂的信息、数据，明显感觉到的是由信息过载（Information Overloaded）引发的困惑和茫然。在网络世界这个浩瀚、混乱的信息海洋中，准确、及时、有效地获取与自身信息需求相关或适用的信息资源，对所有互联网用户来说都是十分重要的，同时也具有一定的挑战性。

网络信息资源检索不仅代表着在网络环境下发展起来的一种新型检索模式，而且将发展成为信息检索领域一个重要的学科分支。

（一）网络信息资源检索模式

常见的网络信息资源检索模式有如下几种：

1.漫游模式

漫游时偶然发现是网络信息资源检索最原始的方法，即在日常的网络阅读、漫游过程中，意外发现一些适用的信息资源。这种方式的目的性不是很强，具有不可预见性和偶然性。

漫游时顺"链"而行，指用户在阅读超文本文档时，利用文档中的链接从一个网页转向另一相关网页。此方法类似于传统手工检索中的"追溯检索"，即根据文献后所附的参考文献追溯查找相关的文献，从而不断扩大检索范围。这种方法可能在较短的时间内检索出大量相关信息，也可能偏离检索目标而一无所获。在使用漫游法检索信息时，应及时地把检索到的相关的站点和网页存入浏览器的收藏夹中，以备今后查询时使用。

2.直接模式

直接模式是直接在浏览器的地址栏中输入网址进行浏览查找的方法。此模式适合于经常上网漫游的用户，其优点是节约时间、节省费用、目的性强，缺点是信息量少。采用直接模式进行检索的用户还需注意平时多收集相关站点的网址。

3.搜索引擎模式

搜索引擎模式是最为常规普遍的网络信息检索模式。搜索引擎是提供给用户进行关键词、词组或自然语言检索的工具，用户提出检索需求，搜索引擎代替用户在数据库中进行检索，并将检索结果反馈给用户。搜索引擎一般支持布尔检索、词组检索、截词检索、字段检索等功能。利用搜索引擎进行检索的优点是：省时省力，简单方便，检索速度快、范围广，能及时获取最新信息资源；其缺点是由于采用计算机软件自动进行信息加工、处理，且检索软件的智能性不是很高，造成检索的准确性不是很理想，与用户的检索需求及对检索效率的期望有一定差距。

为提高使用搜索引擎的效率，下面介绍几种搜索技巧：

（1）布尔逻辑检索

布尔逻辑检索，就是将多个关键词之间按照一定的逻辑运算关系组合在一起形成的组合检索。常用的运算符有：逻辑"与"（AND）、逻辑"或"（OR）、逻辑"非"（NOT），即同时满足、满足任一方、不满足所要搜索的关键词，或使用括号将检索词分别组合等，有助于使检索结果更加精确。如：检索环境治理方面的信息，可输入"环境 AND 治理"进行检索；检索有关旅行包或行李包的信息，可输入"旅行包 OR 行李包"进行检索；检索有关植物但不包括花卉的信息，可输入"植物 NOT 花卉"进行检索。

（2）加/减号检索

加/减号检索即在关键词前输入"+"或"-"，其作用相当于布尔逻辑运算符中的"与"和"非"。用"+"表示检索内容必须包括该关键词，而用"-"表示排除该关键词所包含的内容。例如"中国美食+烤鸭"的关键词组合，表示搜索的是中国美食与烤鸭，结果一定出现烤鸭；当输入"中国美食-烤鸭"的关键词的组合，表示搜索中国美食但不包括烤鸭。

（3）限定词检索

对检索结果的范围限定大体可分为：文档类型限定、分类限定、地域限定、域名限定等。常用的如：输入"检索词 filetype：文档类型（.doc、.ppt、.pdf、.swf 等）"，就能检索到文档、图片、视频或动画等想要的不同文档类型结果；输入"intitle：检索词"可只搜索网页标题含有该关键词的页面；输入"检索词 site：网站"进行网站限定，表示只在指定的网站中查找该资源。

（4）词组检索

词组检索是用双引号将一个词组或短语作为一个独立单元进行严格匹配，使搜索结果绝对符合检索要求，是精确检索的一种方法，对现有主要搜索引擎都适用。

（5）利用网页快照功能

由于"网页快照"存储于搜索引擎服务器中，所以查看网页快照的速度通常比直接访问网页要快。网页快照中，输入搜索的关键词用亮色显示，用户点击呈现亮色的关键词可以直接找到关键词出现的位置，便于快速找到所需信息。当搜索的网页被删除或连接失效时，也可以使用网页快照来查看这个网页的原始内容。

具体应用如百度快照。打开百度官方网站（www.baidu.com），输入需要查找的关键词，比如说视频网站。可以看到在红色方框表中的区域有"百度快照"的字样，如图2-1。鼠标单击百度快照就能打开浏览网页，而不会再受死链接或网络堵塞的影响。

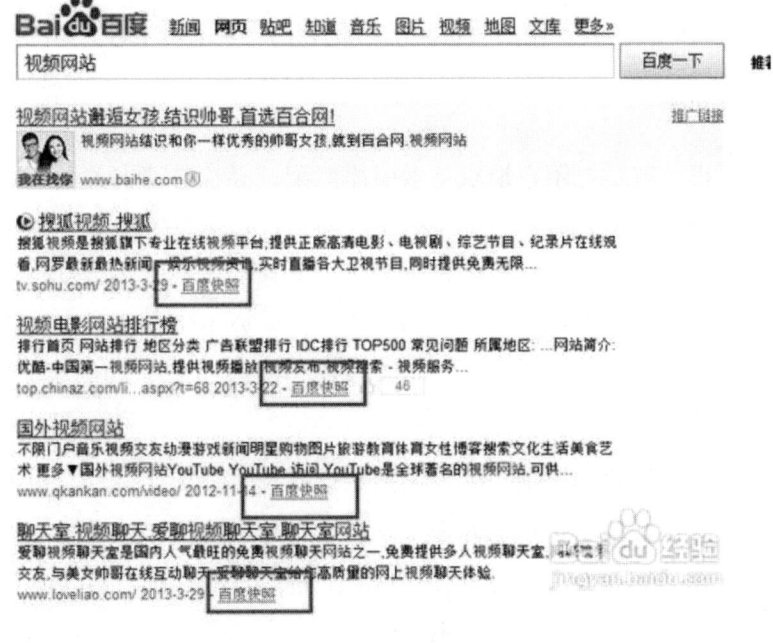

图2-1　百度快照应用实例

4.未来检索模式

（1）智能化信息检索

智能化信息检索是基于自然语言处理的检索形式。检索工具是对用户提供的以自然语言表达的检索要求进行分析，从而形成检索策略进行检索。检索工具智能化的内涵在于检索工具具有学习、分析、辨别和推理的能力。

近年来，互联网上不断涌现的人工智能产品，如智能搜索引擎、智能浏览器、智能代理等，将提高网络信息检索的智能化程度，促进智能信息检索的发展。网络中的智能代理通常是一个专家系统、一个过程、一个模块或一个求解单元。智能代理可以获得用户的信息需求，自动检索信息和推送检索结果信息。多智能代理系统还具有信息发现、信息筛选、信息推送和信息导航功能，可满足专业研究人员的特定需求，实现网络信息检索与服务的智能化。

（2）可视化信息检索

可视化指的是运用计算机图形学和图像处理技术，将数据转换为图形或图像在屏幕上显示出来，并进行交互处理的理论、方法和技术。据统计，人们获取信息有70%—80%靠视觉，20%靠听觉，10%靠触觉。用图像取代文字帮助人们检索的优点在于：图像的表达更生动、形象、准确，效率更高，具有交互性、多维性、可视性等特点，可以大大加快检索速度，使实时产生的海量数据得到有效利用。

（3）知识化信息检索

信息检索过程，就是把用户请求与索引库匹配，寻找与请求关联的网页并返回排序的命中信息的过程。运用截词、词位限定、布尔逻辑运算等技术可以控制用户请求与数据库匹配的精度，但是信息检索难以避免丢失相关信息或产生大量冗余信息，即出现信息漏检与误检。信息检索效率是衡量信息检索效果的重要指标，是检验信息检索技术成熟与否的标准。知识是信息加工有序化的产物，是高浓度的有序化信息，知识检索必然是高层次的信息检索。

知识发现技术也称数据挖掘技术，包括数据库技术、统计技术、机器学习、模式识别技术以及信息检索技术。知识处理系统以人工神经网络、传播激活模型、联想网络及并行分布处理等处理方法进行自我处理，通过大量的处理节点及其相互联系之间的交互达到一种智能行为；知识学习系统从样本中自动学习，最常用的知识学习算法有归纳学习算法、多层前向反馈神经网络和遗传算法等。知识发现技术的信息检索，模拟人的思维行为模式，认知信息概念、潜在信息及相关成分；同时，以知识为单元，可以使检索结果深入到知识单元，提高信息检索的有效性。

（4）多媒体信息检索

多媒体信息是文本、图像、音频和视频的混合体，多媒体信息检索技术是信息检索研究的热点。

MPEG-7 专家组正在制定多媒体内容描述标准，内容包括摘要、查询、索引、检索、浏览、过滤等技术。MPEG-7（"多媒体内容描述接口"，Multimedia Content Description Interface）标准由描述符（D，Descriptors）、描述方案（DS，Description Schemes）、描述定义语言（DDL，Description Definition Language）以及系统工具等四个部分构成；通过 MPEG-7 所定义的 D、DS 和 DDL，可以对各种形式存储的多媒体内容进行结构化的描述，对多媒体信息的这种描述使用户在信息资源检索的过程中具有更加灵活的资源过滤方式。

多媒体信息检索技术的关键是图像、音频和视频检索技术。信息特征是联系信息标引与信息检索的唯一桥梁，图像、音频与视频信息的检索也是以其自身的形式与内容特征描述为基础。图像信息包括描述对象的主题，颜色、纹理、形状、轮廓等视觉概念；音频信息包含音频、音调、响度、频宽、音色和节奏等；视频信息则是指对象的镜头、场景及视场的运动等。

基于内容的多媒体信息检索技术的基理：a.计算机自动抽取多媒体信息特征，编制多媒体信息特征倒排文档索引数据库；b.从用户接口获得多媒体信息检索标识，诸如输入草图、轮廓图、音频、镜头或从检索库中调用的相似多媒体信息；c.计算机理解用户多媒体信息查询请求标识（查询样本）并与索引数据库中的对象进行相似度匹配；d.排序与输出多媒体信息检索结果。

（二）网络信息资源检索典型代表

网络信息资源检索的典型代表有很多，其中最为著名的是 Google（谷歌），谷歌网络覆盖全世界大多数国家，当然也包括南亚大部分国家。下面简单介绍一下谷歌公司及其在网络信息资源检索方面的应用。

谷歌是一家美国的跨国科技企业，致力于互联网搜索、云计算、广告技术等领域，开发并提供大量基于互联网的产品与服务。Google 由当时在斯坦福大学攻读理工博士的拉里·佩奇和谢尔盖·布卢姆共同创建。

Google 搜索引擎主要的搜索服务有：网页、图片、音乐、视频、地图、新闻、问答等。其他的检索应用还包括：

1. Google Web API

Google Web API（网络应用程序接口或网络服务）是谷歌公司为开发者提供的公共

接口。使用 Simple Object Access Protocol（SOAP，简单对象访问协议），程序员可以依据 Google 搜索结果开发搜索服务和进行数据挖掘。同样的，网虫们也可以访问页面缓存然后对页面提出建议。

2. Google Book Search

2004 年 8 月，谷歌公司开始提供一项名为 Google Print 的新服务，2005 年 11 月17 日更名为 Google Book Search。该工具可以在搜索页面提供由内容出版商提供的书本内容的搜索结果，并提供购买该图书的网页链接以及相关广告。

3. Google Desktop Search

2004 年谷歌公司推出本地资源搜索工具 Google Desktop Search，需要安装一个不到 2M 的程序在硬盘，便可通过电脑桌面搜索本地硬盘里的文档。这个工具主要通过关键词方式搜索安装了该软件的计算机硬盘上的 MS Office 和 TXT 文档。

4. Google 网页目录

Google 网页目录先由全球各地的义务编辑人员精心挑选，再经由谷歌著名的PageRank（网页级别）进行技术分析，让网页依照其重要性大小进行排列，是一个包括了世界多种语言网页的翔实目录集。当用户搜索范围涵盖太广时，可使用网页目录缩小范围。例如查看"中文/新闻/杂志"分类子目录，则可知道有哪些中文杂志有网页，网页目录可略去类似但无关的网页。

5. Google Scholar

2004 年 11 月，谷歌公司发布学术文献资源搜索引擎"Google Scholar"（谷歌学术搜索）。搜索结果根据"相关性"排列，这与 Google 网站使用的 PageRank 非常类似。2006 年 1 月 11 日，谷歌公司宣布将谷歌学术搜索扩展至中文学术文献领域。

6. Google Video

2005 年 1 月 25 日，谷歌公司推出 Google Video 服务。该服务可以通过 Google 网站搜索网络上的各种视频文件或播出的电视节目。Google Video 根据关键词提供相关的视频内容的浏览或下载服务，还可提供视频内容的预览画面。在电视节目搜索方面，仅能搜索美国播出的电视节目。在收购视频网站 YouTube 后，谷歌公司将 Google Video 资源整合到了 YouTube 网站。

三、网络信息资源利用

（一）信息素养

信息素养（Information Literacy）的本质是在全球信息化条件下，人类需要具备甄别和利用有用、有效的信息资源的技能，从而提高自己的独立学习能力、研究能力、创新能力。联合国教科文组织 2003 年 9 月召开首次信息素养会议，并发表了布拉格宣言：走向信息素养社会。

1.信息素养概述

早在 1974 年，美国信息产业协会主席保罗·泽考斯基（Paul Zurkowski）就在美国全国图书馆与情报科学委员会上，首先提出了"信息素养"这一概念，并将其概括为"利用大量信息工具及主要信息资源使问题得到解答的技术和技能"。1979 年，该协会又将这一概念解释为"人们在解决问题时利用信息的技术和技能"。1989 年，美国图书馆协会进一步阐述为："要想成为具有信息素养的人，应该能认识到何时需要信息，并拥有确定、评估和有效利用所需信息的能力——从根本意义上说，具有信息素养的人是那些知道如何进行学习的人，他们知道如何进行学习，是因为他们知道知识是如何组织的，如何去寻找信息，并如何去利用信息。他们为终身学习做好准备，因为他们总能找到决策所需的信息。"

美国大学和研究型图书馆协会（ACRL）董事会于 2000 年 1 月 18 日通过《美国高等教育信息素养能力标准》（Information Literacy Competency Standards for Higher Education），于 2004 年 2 月得到美国高等教育协会和独立学院理事会认可。此标准中将信息素养定义为个人"能认识到何时需要信息，有效地搜索、评估和使用所需信息的能力"。

由此可以看出，对于信息素养的内涵阐释可以理解为：在信息社会中个体成员在获取和利用信息的过程中，自身具备的多项基本条件及其有机构成，主要包括信息意识、信息观念、信息能力、信息道德、信息心理等方面，这是高等教育的一个重要组成部分。

2.信息素养的培养

培养良好的信息素养，主要从 4 个方面进行。

（1）信息意识

意识是人特有的对于客观世界的主观映像。信息意识就是信息这个客体在人脑中的反映，是人对信息的认识和态度，表现为对各种信息的注意力、敏感力和分析力，以及大脑对信息进行识别、分析、综合、判断的过程。

信息意识主要由个体性的信息心理、信息观点构成。从个体信息意识的表现形式来看，信息意识又可以划分为信息主体意识、信息吸收意识、信息传播意识、信息更新意识等，它们都是个体适应环境、实现自我发展的重要基础，既影响个体的信息需求及其表述，支配信息吸收者的行为，又可推动信息主体创造新的知识信息。

因此，可以说信息意识是信息素养非常重要的组成部分，信息意识的强弱直接影响信息主体的信息行为效果。养成良好的信息意识目的在于把个体潜在的信息需求意识转化为显在的信息需求，并能充分正确地表达、辨析、鉴定信息价值和合理利用信息，从而形成一种对信息所特有的恒久注意力。

（2）信息观念

信息观念是指人们关于信息的看法，对待信息的态度，对信息本质特征、价值的认识等，即信息价值观，其核心是对信息重要性的认识。

在现代社会中，信息、物质、能量一起构成了社会的经济基础，从某种意义上说，信息是比物质与能量更为宝贵的资源与财富。没有信息，人类就无法认识外部世界，更不可能对外部世界进行有效的改造。信息对社会进步、经济发展、科技突破、军事斗争都有不可估量的作用。

最有希望、最有生命力的民族已经不是最能利用物质和能量的民族，而是最能利用信息的民族。人们应该形成"信息就是资源"、"信息就是财富"、"信息有偿"等思想观念。

（3）信息能力

信息能力是指人们在进行各种活动时，灵活运用各种方式获取、评价、处理、利用、交流信息并创造新信息和新知识的本领，是整个信息素养的核心内容。

具体来说，信息能力包括获取和评价信息的能力，组织和保持信息的能力，传译和交流信息的能力。使用计算机处理信息的能力，其核心是对信息进行筛选、鉴别和利用的能力。

信息能力的概念是社会发展到一定阶段的产物，而且它是一个动态的概念，是一个含义广泛和综合性较强的概念。其内涵必将随着社会信息化程度的提高而不断扩展。

（4）信息道德

信息道德是整个信息活动中的道德，是调节信息创造者、信息服务者、信息使用者之间相互关系和行为规范的总和。要求在人们使用信息资源时，遵循信息法律和法规，抵制违法信息行为，尊重他人的知识产权，恰当使用和合理发展信息技术等。

3.信息素养培养的意义

（1）良好的信息素养是获取知识的捷径

美国普林斯顿大学物理系一个年轻大学生约翰·菲利普，在图书馆借阅有关公开资料，仅用 4 个月时间，就画出一张制造原子弹的设计图。他设计的原子弹体积小、重量轻、威力大、造价低，致使一些国家纷纷致函美国大使馆，争相购买他的设计拷贝。

同样的，在 20 世纪 70 年代，美国核专家泰勒收到一份题为《制造核弹的方法》的报告，他被报告中精湛的技术设计所吸引，惊叹地说："至今我看到的报告中，它是最详细、最全面的一份。"但使他更为惊异的是，这份报告竟出自哈佛大学经济专业的青年学生之手，而这个 400 多页的技术报告的全部信息又都是从图书馆那些极为平常、完全公开的图书资料中所获得的。

（2）良好的信息素养是科学研究的向导

美国在实施"阿波罗登月计划"中，对阿波罗飞船的燃料箱进行压力实验时，发现甲醇会引起钛腐蚀，为此付出了数百万美元来研究解决这一问题。事后查明，早在 10 多年前，就有人研究出来了，方法非常简单，只需在甲醇中加入 2%的水即可，而检索这篇文献的时间是 10 多分钟。

在科学研究领域，重复劳动在世界各国都不同程度存在着。据统计，美国每年由于重复研究所造成的损失，约占全年研究经费的 38%，达几十亿美元之巨。日本有关化学化工方面的研究课题与国外平均重复率在 40%以上。

（3）良好的信息素养是终身教育的基础

联合国教科文组织提出，教育已扩大到一个人的一生，认为唯有全面的终身教育才能够培养完善的人，可以防止知识老化，不断更新知识，适应当代信息社会发展的需求。终身教育的基础是养成良好的信息素养，能够利用掌握的信息获取能力及时更新知识，激发创新能力。

（二）网络信息资源的收集、整理和分析

南亚国家的网络信息资源主要是指互联网中以数字化形式记录，以多媒体形式表达，广泛存在于南亚各国网站的各种信息资源的综合。通过互联网信息检索工具，用户可以搜索并利用这些分布式存储在网络计算机的存储介质，以及在各类通信介质上，通过计算机网络通信方式进行传递的信息资源集合。

1.网络信息资源的收集

针对南亚国家网络信息资源的分布特点，主要有以下四种网络信息资源的收集方法。

（1）浏览

浏览是指使用浏览器对互联网上的网页信息进行阅读。在浏览时，用户可以利用超文本文档中的超链接从当前网页转换到另一个相关网页。浏览是在互联网上阅读、检索信息最基本也是最原始的方法。这种检索的特点是具有随意性，不依靠任何检索工具，因此检索结果具有不可预见性。

（2）利用目录型网络信息检索工具

互联网中的目录型信息检索工具主要指各种目录型搜索引擎。用户登录此类网站后，通过浏览其分类目录索引数据库，在目录体系上下位类的从属、并列等关系引导下层层递进，随着目录类范围的缩小而不断提高检索的专指度，逐步接近检索目的，并最终检索到自己所需要的信息。

在进行南亚国家网络信息检索时，由于大部分国家的门户网站都是目录型网络，如果用户对外文检索关键词把握不准，使用该检索方法可以扩大检索范围，提高检索的准确性。

（3）利用搜索引擎

搜索引擎是互联网信息检索中使用最普遍的网络信息资源检索方式。用户通过检索关键词，能够方便快捷检索到所需信息。

利用搜索引擎进行网络信息检索的基本步骤为：a.在浏览器中打开搜索引擎网站主页；b.在页面检索框内输入检索关键词，并提交检索；c.显示检索结果，结果页面通常

包含相关信息资源标题、资源描述、资源链接等内容；d.点击标题，可以转换到目标网页进行浏览、下载、保存所需的信息。

（4）利用权威机构网站

国家政府部门和机构网站通常是官方信息发布的权威途径。在检索南亚国家信息资源时，重点检索与所需信息相关的政府部门或机构网站，往往能获得很多既有用又可靠的信息。通过一级域名，用户基本能够识别网站所属部门或机构的类型，从而判断所获取信息是否可靠，如表2-1所示。

表2-1 域名信息可信度排名

域名	机构类型	信息可信度
.gov	政府部门	可信
.org	团体、机构	比较可信
.edu	教育、学术机构	比较可信
.net	网络服务供应商	需进一步判断
.com	商业机构	（信息可能会与实际情况存在偏差）

2.网络信息资源的整理

互联网中的信息资源无论国别、地区，都存在着一些共性。与传统信息资源相比，网络信息资源有着显著的优点：具有较强的共享性和交互性；具有高度的整合性；资源海量、形式多样且不断增长更新。同时，网络资源也存在着分散无序、难于快速准确查找、缺乏永久保存的缺点。因此，在收集到大量的网络信息资源后，还需要使用一定的方法对其进行整理和归纳，形成有利于自己使用的信息资源库。

（1）分类

网络信息资源分类就是按照检索的目的和要求，对所收集的网络信息资源进行分类，相同类别的资源归为一组，然后从总体上按一定的分类标准将各组资源加以划分，形成适合自己查找和使用的资源系列。通常，网络信息资源分类的依据是资源的性质、内容或特征。

以印度经济类网络信息资源的分类为例，可以以"经济"为总类名称建立一个经济资源库，资源库中包括经济范畴的各子类资源库，如经济政策类、经济数据类、对外贸易类等，然后对收集而来的经济类信息资源依据资源库的类别进行分类，最后形成一个完整的印度经济类网络信息资源库。

（2）汇编

网络信息资源汇编就是根据研究的目的和要求，对分类后的信息资源进行汇总和编辑，使之成为能够客观反映研究对象的系统翔实材料。从汇编的步骤上看，通常要完成三项工作。

①审核信息资源内容的真实性、准确性和全面性，确保信息资源的真实、客观和全面。对同一个情况的描述，不同网站来源的信息可能存在不一致的现象。信息审核最主要的目的就是过滤不准确的信息，尽量保证所使用信息的真实可靠。例如，在检索印度经济数据时，从印度国家统计局获取的数据应该是最权威和最可靠的，如果其他来源的同一类数据与其存在偏差，在审核中应以国家统计局的数据为最终标准。

②整理信息资源的逻辑结构，对资源进行简单的加工，按照逻辑顺序对资源进行排序，重要部分还要进行标注。

③注明资源的来源和出处，方便在使用时对资源进行标注。

网络信息资源的收集是一个持续的过程，因此对信息资源的整理也是一个经常性的工作。持续收集是指对某类网络信息资源进行定期的跟踪，包括对主要的信息来源网站进行动态检索，使资料和数据达到最新、最全的标准。持续整理是指对收集的信息资源进行定期整理，及时补充，满足研究开展的需求。

3.网络信息资源的分析

网络信息资源分析是指根据研究目的和要求，对已收集和整理好的信息资源进行综合、分析、对比、推理，重新组成一个新的有机整体。信息资源分析是一种定向选择和科学抽象的研究活动，目的是从大量繁杂的原始信息中提取具有共性特征的内容，为研究提供论证材料和依据。

综合法和分析法是网络信息资源分析中常用的两种方法。

（1）综合法

综合法是把信息资源中与研究对象相关的情况、数据、素材进行归纳和综合，把各个部分、各种属性、各种要素联系起来进行总体上的考虑和研究，探索它们之间的相互关系，从而达到对事物全貌以及本质和规律的把握，获得新知识，得到新结论。

综合法的实施主要分为三个步骤：

①从整体把握信息资源中被分析出来的各个方面；

②确定各个方面的逻辑关系、有机联系和结构形式；

③对信息进行更高层次的概括、加工，从中找出规律，成为研究或决策的佐证和依据。

（2）分析法

分析法是将复杂的事物分解为若干简单事物或要素，根据事物之间或内部的特定关系进行分析，从已知的事实中分析得到新的认识与理解，产生新的知识与结论。分析网络信息资源常用的方法有对比分析法和相关分析法。

对比分析法是对信息资源进行定性分析的一种方法，通常，进行对比分析的目的主要有三个：a.对同类事物不同方案、技术、用途进行对比分析，从中找出最佳方案、最优技术、最佳用途；b.对同类事物不同时期技术特征进行对比分析，从中了解发展动向和趋势；c.对不同事物进行类比分析，从中找出差距，取长补短。对比的方式有文字分析对比、数据分析对比、图表分析对比等。

相关分析法也是对信息资源进行定性分析的一种方法，主要是利用事物之间或内部各组成部分之间经常存在的某种关系，如事物的现象与本质、起因与结果、目标与途径等关系，从一种或几种已知事物特定的相关关系来预测和推知未知事物，获得新的结论。

分析法的实施主要分为三个步骤：

①分解网络信息资源中具有多样性的各个部分；

②考察各部分的结构形式和本质；

③研究各部分的地位、作用和相互联系，从中得出结论，为研究或决策提供佐证和依据。

（三）网络信息资源的使用规范

高校师生检索网络信息资源主要服务于两个需求：学习和研究。用户在搜集和整理了大量的网络信息资源后，如何正确、规范地使用这些资源，是一个值得重视和学习的课题。

1.信息引用规范

2004 年，教育部颁发《高等学校哲学社会科学研究学术规范（试行）》，其中对文献信息资源合理利用做出如下具体规范：

（1）引文应以原始文献和第一手资料为原则。凡引用他人观点、方案、资料、数据等，无论曾否发表，无论是纸质或电子版，均应详加注释。凡转引文献资料，应如实说明。

（2）学术论著应合理使用引文。对已有学术成果的介绍、评论、引用和注释，应力求客观、公允、准确。伪注、伪造、篡改文献和数据等，均属学术不端行为。

（3）不得以任何方式抄袭、剽窃或侵吞他人学术成果。

（4）应充分尊重和借鉴已有的学术成果，注重调查研究，在全面综合相关研究资料和学术信息的基础上，精心设计研究方案，讲究科学方法，力求论证缜密，表达准确。

因此，用户在使用相关网络信息资源时，一定要注意符合学术规范的要求，正确和全面标明所引用资源的来源。

2.国家标准《文后参考文献著录规则》(GB/T 7714—2005)

参考文献著录是指在各类型出版物中，凡是引用前人或他人的观点、数据和材料等，都要对它们在文中出现的地方予以标明，并在文末列出参考文献表。

（1）参考文献标注

参考文献是为撰写论文而引用的有关文献的信息资源。参考文献著录采取顺序编码制，即按参考文献在正文中出现的先后顺序，用带方括号的阿拉伯数序号如"[1]"顺序编码。

国家标准 GB/T7714—2005 规定，同一参考文献在正文中出现多处，使用同一序号，起止页标注在文中参考文献的标号后，如"[1]15-17"。

同一处引用多篇文献时，只需将各篇文献的序号在方括号内全部列出，各序号间用"，"。如遇连续序号，可"-"标注起止序号。示例：裴伟[570, 583]提出……；莫拉德[255-256]对稳定区的节理模式的研究。

还有一种类似此种情况的，文中同时列出多个作者，作者之间用顿号隔开，对其标注时，就在其列出的每个作者上方用标号注明，如张三[1]、李四[2]、王五[3]，标号要尽可能地靠近引文处。示例：此外，各类反思文章也比较多，其中比较在代表性的有刘洪波[2]、黄宗忠[3]、裴成发[4]、邱五芳[5]等人的文章。

（2）参考文献类型标志

以纸张为载体的传统文献不标载体类型，非纸张型载体文献需在文献标志的同时标注载体类型。

以纸张为载体的参考文献类型标志为：M——专著，C——论文集，N——报纸文章，J——期刊文章，D——学位论文，R——报告，S——标准，P——专利，Z——其他未说明的文献类型。

电子文献及载体类型标志为：M/CD——光盘图书，DB/MT——磁带数据库，CP/DK——磁盘软件，J/OL——网上期刊，DB/DL——网上数据库，EB/OL——网上电子公告。

（3）参考文献著录项目与著录格式

①专著（普通图书、古籍、学位论文、技术报告、会议文集、汇编、多卷书、丛书等）

[序号]主要责任者. 文献题名：其他题名信息[文献类型标志]. 其他责任者（任选）. 版本项（任选）. 出版地：出版者，出版年：引文页码. 获取和访问路径.

示例：

[1] 余敏. 出版集团研究[M]. 北京：中国书籍出版社，2000：179-193.（如为两个以上作者或译者，作者或译者姓名之间用逗号","分隔）；

[2] [美]约翰·罗尔斯. 正义论[M]. 何怀宏，何包钢，廖申白，译. 北京：中国社会科学出版社，1988.

[3] Piggot T M. The cataloguer's way throng AACR2: from document receipt to document retrieval [M]. London: The Library Association, 1990.

[4] 辛希孟. 信息技术与信息服务国际研讨会论文集[C]. 北京：中国社会科学出版社，1994.

[5] World Health Organization. Factors regulating the immune response: report of WHO Scientific Group[R].Geneva: WHO, 1970.

[6] 张志祥. 间断动力系统的随机扰动及其在守恒律方程中的应用[D]. 北京：北京大学数学学院，1998.

[7] 王夫之. 宋论[M]. 刻本. 金陵：曾氏，1845（清同治四年）.

②报纸

[序号]主要责任者．文献题名[文献类型标志]．报纸题名，出版日期（版次）．

示例：

丁文详．数字革命与竞争国际化[N]．中国青年报，2005-11-20（15）．

③期刊

[序号]主要责任者．文献题名[文献类型标志]．期刊题名，年，卷（期）．

示例：

[1] 陈驰．论人权的宪法保障[J]．四川师范大学学报（社会科学版），2000，27（1）．

[2] 汤巧巧．新生代报告文学文体的突破[J]．西南民族大学学报（人文社会科学版），2006（9）．

④标准

[序号]主要责任者（任选）．标准编号，标准名称[文献类型标志]．出版地（任选）：出版者（任选），出版年（任选）．

示例：

[1]GB/T7714—2005，文后参考文献著录规则[S]．北京：中国标准出版社，2005．

⑤析出文献

[序号] 析出文献主要责任者．析出文献题名[文献类型标志]．析出文献其他责任者//专著主要责任者．专著题名：其他题名信息．版本项．出版地：出版者，出版年：析出文献的页码[引用日期]．获取和访问路径．

示例：

[1] 白书农．植物开花研究[M]//李承森．植物科学进展．北京：高等教育出版社，1998：146-163．

[2] 徐新．阿尔泰运动及相关的地质问题[M]//陈毓川，王京彬．中国新疆阿尔泰山地质与矿产论文集．北京：地质出版社，2003：1-11．

⑥专利文献

[序号] 专利申请者或所有者．专利题名：专利国别，专利号[文献类型标志]．公告日期或公开日期[引用日期]．获取和访问路径．

例如：

[1] 姜锡洲. 一种温热外敷药制备方案：中国，88105607.3[P]. 1989-07-26.

⑦电子文献

[序号] 主要责任者. 题名：其他题名信息[电子文献/载体类型标志]. 出版地：出版者，出版年（更新或修改日期）[引用日期]. 获取和访问路径.

示例：

[1] 萧钰. 出版业信息化迈入快车道[EB/OL].（2001-12-19）[2002-04-15]. www.creadercom/news/20011219/200112190019.html.

第二节　南亚国家互联网搜索引擎的使用

一、印度互联网搜索引擎及其应用

由于英语和印地语同为印度的官方语言，英语在印度各级教育和社会生活中得到广泛使用，印度大多数互联网用户都能够熟练使用英语。印地语、孟加拉语等本土语言的网络信息量根本无法与英语相比，加之印度政府对国外的 IT 巨头没有实施限制，因此，谷歌、雅虎（Yahoo）等公司占据了印度的搜索引擎市场，导致印度国内并没有比较出名的本土搜索引擎。

（一）通用型搜索引擎

1.谷歌印度（www.google.co.in）

（1）概况

由于英语是印度的第二官方语言，因此，印度最大、最常用的搜索引擎便是谷歌印度（Google India）。谷歌印度是全球规模最大的搜索引擎谷歌在印度设立的分站，主要提供有关印度本地的搜索。谷歌公司还在印度组建实验室，面向本地市场开发产品和服务。印度也成为谷歌第七个设置产品实验室的国家。美国谷歌公司有多名印度裔高管，2015 年 8 月 10 日，印度裔桑德尔·皮查伊（Sundar Pichai）当选为谷歌公司新任执行长兼董事长。2014 年谷歌推出新款手机 Android One 时宣布，这款手机将首先在印度上市，可见谷歌公司对印度市场的重视。

谷歌印度的界面语言有英语（English）、印地语（हिन्दी）、孟加拉语（বাংলা）、泰卢固语（తెలుగు）、马拉地语（मराठी）、泰米尔语（தமிழ்）、卡纳达语（ಕನ್ನಡ）、马拉雅拉姆语（മലയാളം）、旁遮普语（ਪੰਜਾਬੀ）等，可以提供包括中文、法语、德语等世界大部分语言的信息搜索。谷歌提供基本搜索方法和高级搜索方法两种搜索方法。

1）基本搜索方法

谷歌印度首页默认语言为印地语，但在首页可以进行网站语言设置，即在搜索框下方，可以选择供选择的语言作为界面语言进行搜索，如点击 English，则变换英文界面。

关键词搜索是谷歌的基本搜索方式。在搜索框中输入要搜索的内容时，浏览器就会自动进入搜索页面，用户可在搜索页面继续进行输入，输入完成后在键盘按回车键或在页面点击图标，即可进入搜索，而不用在首页点击"Google Search"搜索键。Google 会自动识别大小写，而且其拼写检查工具会自动使用给定字词的最常用拼写形式。Google 也具有自己的关键词语法结构，其主要搜索可以无形地用布尔结构"AND"来结合。如果关键词是两个或以上的单词，Google 会自动默认单词之间为"与"的逻辑关系。例如，当输入 राहुल गांधी 时，它表示搜索"राहुल AND गांधी"。

谷歌印度还可以用语音进行输入，点击搜索框右侧的话筒，浏览器将会自动识别语音，然后用界面语言显示识别结果，并进行自动搜索。其局限性是用户必须用所选择的界面语言进行语音输入，否则系统无法识别。比如，在谷歌印度中就无法用汉语进行语音输入。

一般情况下，在搜索框中，输入的关键词是什么语言，往往搜索结果就显示什么语言，与选择的界面语言无关，但是当输入的关键词的语言与界面语言不一致时，有时在搜索结果中也会用界面语言或英语列出搜索结果

在谷歌印度中，可以搜索网页（वेब）、新闻（समाचार）、地图（मानचित्र）、图片（चित्र）等多种类型的资源，点击"अधिक（更多）"选项右侧的倒三角，还可以搜索书籍和应用等信息，英文主页中还可以搜索视频（vedios）和航班（flights）信息。谷歌印度默认搜索结果为"网页"类，但用户可以在搜索框下方进行选择更改。搜索框下方还有一个选项是搜索工具（Search tools），在搜索工具中可以对搜索结果的范围进行设置，如搜索结果的语言、时间和位置等，还可以选择对结果进行精确匹配（Verbatim）。

2）高级搜索方法

a.高级搜索设置

在"Google India"印地语主页的右上角可以找到"设置"图标，包含六个选项：搜索设置（खोजसेटिंग）、语言（भाषाएँ）、开启安全搜索（सुरक्षित खोज चालू करें）、高级搜索（उन्नत खोज）、搜索历史（इतिहास）、搜索帮助（खोज सहायता）。选择高级搜索，进入高级搜索页面。

उन्नत खोज

इसके साथ पृष्ठ खोजें...		इसे खोज बॉक्स में करने के लिए.
ये सभी शब्द:		महत्वपूर्ण शब्द लिखें: tricolor rat terrier
केवल यह शब्द या वाक्यांश:		सटीक शब्दों को उद्धरण चिहनों में रखें: "जर्मन शेफर्ड"
इनमें से कोई भी शब्द:		अपने सभी इच्छित शब्दों के बीच OR लिखें: चित्र OR चित्र
इनमें से कोई शब्द नहीं:		आप जो शब्द नहीं चाहते उनके ठीक पहले ऋण का चिहन लगाएं: -मूषक, -"गिलहरी"
इस संख्या से:	तक	संख्याओं के बीच 2 विरामचिहन रखें और माप की कोई इकाई जोड़ें: 10..35 lb, $300..$500, 2010..2011

फिर इसके द्वारा अपने परिणाम संकीर्ण करें...		
भाषा:	किसी भी भाषा में	अपनी चयनित भाषा में पृष्ठों को ढूंढें.
क्षेत्र:	कोई भी प्रांत	किसी विशिष्ट क्षेत्र में प्रकाशित पृष्ठ खोजें.
पिछला अपडेट:	कभी भी	आपके द्वारा निर्दिष्ट समय में अपडेट किए गए पृष्ठ खोजें.
साइट या डोमेन:		एक साइट खोजें (wikipedia.org) या अपने परिणामों को किसी एक डोमेन तक सीमित करें जैसे .edu, .org या .gov
दिखाई दे रहे शब्द:	पृष्ठ में कहीं भी	शब्दों को पूरे पृष्ठ, पृष्ठ शीर्षक, या वेब पते, या आपके द्वारा खोज जा रहे पृष्ठ की लिंक में खोजें.
सुरक्षित खोज:	सर्वाधिक प्रासंगिक परिणाम दिखाएं.	सुरक्षित खोज को बताएं कि स्पष्ट यौन सामग्री फ़िल्टर करना है या नहीं.
फ़ाइल प्रकार:	कोई भी प्रारूप	पृष्ठों को अपने पसंदीदा प्रारूप में खोजें.
उपयोग अधिकार:	लायसेंस द्वारा फ़िल्टर नहीं किया गया	ऐसे पृष्ठ खोजें जिनका आप स्वयं उपयोग करने के लिए स्वतंत्र हैं.

图2-2　谷歌印度高级搜索页面

如图所示，用户可以用关键词的多少和范围来限定搜索条件，也可以按照语言、地区、更新时间、网站或域名、字词出现位置、文件类型和使用权限等条件限定缩小搜索范围。

用户可以根据以下条件来搜索网页：包括"以下所有字词"（输入重要字词）、"仅完整匹配以下字词"（用引号将需要完全匹配的字词引起）、"以下任意字词"（在所需字词之间添加 OR）、"不含以下字词"（在不需要的字词前添加一个减号"-"）。用户还可以设定搜索数字的范围，通过在数字之间加上两个英文句号并添加度量单位来搜索相关的结果，如"नरेंद्रमोदी2015..2016"，则可以搜索印度总理莫迪 2015 到 2016 年的相关网页。

用户也按以下标准缩小搜索结果范围：

①भाषा（语言）：语言选项中可以选择搜索结果页面的语言，共有 46 种语言可供选择，谷歌默认为任何语言。

②क्षेत्र（地区）：用户可以查找特定地区发布的网页，谷歌共提供了 236 个国家或地区供用户选择。默认为任意国家或地区。

③पिछला अपडेट（上次更新时间）：更新时间可以选择"一天内"、"一周内"、"一个月内"和"一年内"，用户可搜索限定时间内发布的网页，对用户查找最新或某个时段内的网页非常有用。

④साइट या डोमेन（网站或域名）：搜索某个网站（比如 www.wikipedia.org），或将搜索结果限制为特定的域名类型（比如.edu、.org 或.gov）。

⑤दिखाई दे रहे शब्द（字词出现位置）：字词出现位置有以下选项："网页上任何位置"、"网页标题中"、"网页文本中"、"网页网址中"、"指向网页的链接中"。用户可以在所指向的位置中查找网页。

⑥सुरक्षितखोज（安全搜索）：用户可以打开安全搜索过滤色情内容。

⑦फाइल प्रकार（文件格式）：文件格式选项中用户可以选择搜索结果包含 pdf、ps、dwf、kml、kmz、xls、ppt、doc、rtf、swf 中某一格式的文件。

⑧उपयोग अधिकार（使用权限）：使用权限选项包括"不按照许可过滤"、"可随意使用或共享"、"可随意使用或共享，也可用于商业目的"、"可随意使用、共享或修改"、"可随意使用、共享或修改，也可用于商业目的"。通过这几个选项用户可以按照搜索结果页面的知识产权信息对搜索结果进行过滤，查找可自己随意使用的网页。谷歌默认选项为"不按照许可过滤"。

b.标点、符号和搜索运算符

通常情况下，谷歌会忽略关键词中的标点符号和其他运算符，但通过在关键词中添加某些例外的特殊符号可以帮助用户获取更具体的搜索结果。这些符号及其功用如下：

①标点和符号：

"：如果用户将字词或词组置于引号中，则搜索结果中将仅显示以下网页：包含引号中的字词且字词顺序也与引号中相同。用户可以在需要搜索某个精确字词或词组时使用这种搜索方式，例如搜索短语时，为了保证信息的完整性，就可以将短语放在引号里。这种方法的缺陷在于可能会错误地排除掉很多有用的搜索结果。

+：搜索 Google+ 信息页或血型。例如：+Chrome 或 AB+。此外，Google 在对英文关键词的搜索过程中还会自动忽略 to、by、with、then、if、from 等普通词语，这些词语被称作停滞词语。但如果用户不想忽略这些词语，则可以通过添加+将停滞词语纳入搜索之中。

@：查找社交网络账户。例如：@agoogler。

$：查询物品的价格。例如：Nikon : $400 to $500。

#：查找热门 # 标签以了解相关热门话题。例如：#मोदी सरकार का रिपोर्ट कार्ड，则会显示莫迪政府工作报告的热门新闻或其他信息。

-：在某个字词或网站之前添加一个减号可在搜索结果中排除包含该字词或来自该网站的网页。在搜索有多种含义的字词时，这种方法尤为实用。例如，搜索"गांधी – महात्मा"，则主要显示 राहुलगांधी（拉胡尔·甘地）或 राजीवगांधी（拉吉夫·甘地），而不会优先显示圣雄甘地。值得注意的是，印地语中通常有用短横线链接而成的词组，搜索时谷歌会默认为搜索带短横线的词组。所以，在使用"-"运算符时，最好在"-"之前添加一个空格。

：""是常用的通配符，也可以用在搜索中。添加一个"*"，以表示任何未知或不确定的字词。在用户不清楚或不记得关键词中的某一个字时，这种方法非常有效。例如，搜索 हिंदी *का *，则可能出现 हिन्दी भाषा का इतिहास, हिन्दी साहित्य का इतिहास, हिंदी का आदि-वैयाकरण 等结果。

|：在谷歌搜索中可以在关键词间添加 OR 表示"或者"，可以查找包含多个字词中的某个字词的网页。例如，搜索 राहुल गांधी OR सोनिया गांधी，则会显示出有关 राहुलगांधी 或 सोनियागांधी 的结果。在实际运用中，像 AND 和 OR 这样的布尔结构对大小写十分敏感，它们必须都是大写，为了方便，可以用 | 来替代 OR，如 राहुल गांधी | सोनिया गांधी。

②高级搜索指令

为了提高搜索的效率和准确率，谷歌提供了许多搜索语法和指令。以下将对比较常用的搜索语法和指令进行简要介绍。

site:仅搜索特定网站或网域中的网页。有时候，如果用户知道某个站点中有自己需要的信息，就可以直接把搜索范围限定在这个站点中，提高查询效率。"site:"后不能有空格，否则"site:"将会被作为一个搜索的关键词。网站的域名不能有前缀，也不能有任何"/"的目录后缀。例如，输入 मोदीsite:mea.gov.in，就可以搜索印度外交部网站中关于印度总理莫迪的信息。

related:这个指令只适用于 Google，返回的结果是与某个网站有关联的页面。例如，输入 related:hindustantimes.com，则可以搜索到与印度斯坦时报主页和内容相似的网站，如 The Hindu（印度教徒报）、Times of India（印度时报）等。

info:获取某网址的相关信息，包括网页的缓存版本、相似网页和链接至该网站的网页。例如：info:timesofindia.indiatimes.com。

cache:用来搜寻 Google 服务器上某页面的缓冲暂存，通常用于查找某些已经被删除的死链接网页，相当于使用普通搜寻结果页面中的"网页快取"功能。

link:搜索所有链接到某个网站的网页。由于"link:"不能与其他语法混合使用，所以后面即使有空格也会被 Google 忽略。

inurl:把搜索范围限定在 URL 链接中。第一个搜索关键词包含在 URL 链接中，后面的关键词出现在链接中或者网页文档中。"inurl:"后面不能有空格，Google 也不对 URL 符号如"/"进行搜寻，而是当成空格处理。例如，搜索印度著名女演员 आलियाभट्ट 的电影，可以输入 inurl: फिल्मआलियाभट्ट，谷歌会搜索包含 फिल्म 的链接，其网页中包含 आलियाभट्ट。

allinurl:可以将关键词（可以包含多个关键词）都限定在 URL 链接中。例如搜索 allinurl: फिल्म आलिया भट्ट，则 फिल्म 和 आलिया भट्ट 都只会出现在链接中，可能不会存在于网页文档中。

intitle:关键词包含在网页的标题中。例如搜索 intitle:Aamir Khan，则可以搜索标题包含"Aamir Khan"的网页，显示结果有 466000 条。

allintitle:多个关键词包含在网页的标题中。例如搜索 allintitle:Aamir Khan Shah Rukh Khan，则表示搜索标题中同时包含"Aamir Khan"和"Shah Rukh Khan"的网页，显示有 16200 条结果。

inanchor:限制搜索关键词包含在网页的"锚"（anchor）文字中的页面。例如搜索 inanchor:taj mahal，谷歌仅仅会返回在网页 anchor 说明文字里边包含了关键词"taj mahal"的网面。

allinanchor:限制搜索结果必须是那些在 anchor 文字里包含了用户所有查询关键词的网页。例如搜索 allinanchor:agra fort history，谷歌则会返回同时包含两个关键词"agra fort"和"history"的网面。

intext:限制搜索的关键词包含在网页的正文中，忽略文本链接、URL 和标题。

allintext:可用于搜索多个关键词包含在网页正文中的网页。

define:当用户用"define:"进行查询的时候，谷歌会返回包含查询关键词定义的网面。例如：搜索 define:आतंकवाद（恐怖主义），谷歌则会显示与恐怖主义的定义和解释相关的结果。

filetype:限制搜索的文件为特定的格式，支持搜索的文档包括 office 文档（如.xls、.ppt、.doc、.rtf）、WordPerfect 文档、Lotus1-2-3 文档、pdf 文档、ShockWave 的.swf 文档（Flash 动画）等。如果要排除某种格式的文件，则可以使用前文提到的"减号"布尔句法："- filetype:"。

daterange:限定在特定时间段内的网页。

上述指令大部分可以同时混合使用。在语法输入正确的情况下，可以大大提高用户的搜索效率。例如：输入 हिन्दीभाषाकाइतिहासविकास-site:google.co.in，则可以在 Google India 中搜索包含"印地语文学史"而没有"发展"这个关键词的结果。但是混合使用缩小了结果的范围，如果搜索指令不准确或语法输入出错，则会导致用户找不到需要的结果。

2.雅虎印度（www.in.yahoo.com）

雅虎印度（Yahoo! India）是雅虎在印度的分站，除了提供新闻、邮箱、即时通信、体育、财经、购物、游戏、影视、汽车、旅游、天气、图片、视频等综合网络服务，还具有搜索引擎功能。

（1）基本搜索方法

雅虎印度主页上方的显著位置有搜索栏，搜索栏下方有雅虎印度推荐的新闻和网页。左侧目录栏中有邮件（mail）、板球（cricket）、财经（finance）、新闻（news）、游戏（games）等分站版块，用户可以按照目录逐级展开，直接找到所需资源。

在搜索栏中输入搜索内容，就可以获得搜索结果。雅虎印度的界面语言使用英语，不能使用印地语，但是如果输入搜索内容为印地语字体，则显示印地语结果。例如，在搜索栏中输入关键词"ताजमहल"（泰姬陵），点击"Search Web"按钮或按下回车键，即可得到图 2-3 的搜索页面。

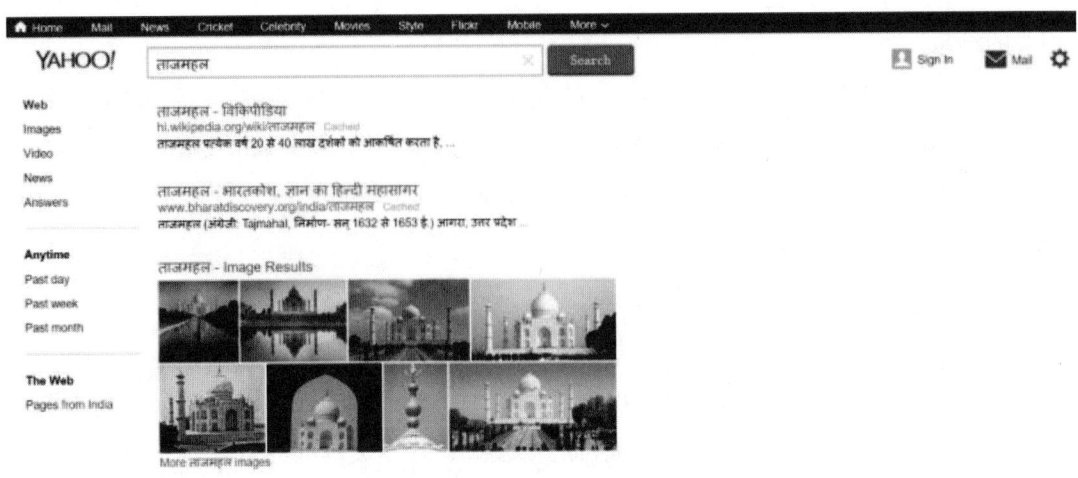

图2-3 雅虎印度关键词搜索结果页面

　　页面正中部分是搜索结果，每条结果的网络地址后有网页快照（Cached）。由于雅虎与维基百科合作密切，因此维基百科的相关网页往往在搜索结果中排序靠前。雅虎的官方 Logo 下方是显示结果的分类，分别为 Web（网页）、Images（图片）、Video（视频）、News（新闻）、Answers（讨论区），选择某一类别则只显示相关的搜索结果。如选择图片，则只显示与泰姬陵相关的图片。在搜索结果栏上方还可以根据尺寸大小、颜色、类别、时间等进行筛选。在视频搜索结果中，用户可以根据视频长短、发布日期、分辨率和视频来源进行筛选。若是选择"新闻"，雅虎网站的搜索结果默认按照与关键词的相关度进行排列，用户也可以选择按时间排列。

　　分割线下方还有搜索结果的时间选项，分别有"任意时间"、"一天内"、"一周内"、"一月内"，分别显示相应时间内的相关结果。用户还可以通过"The Web"选项来选择网页来源，网站默认搜索结果来源于全网页，但如果用户选择"印度的网页（Pages from India）"，雅虎网站则只显示来自印度各网站的相关结果。

（2）高级搜索方法

　　点击雅虎印度网站右上方的"设置"符号，有"账户资料"、"使用偏好"、"高级搜索"和"搜索记录"四个选项。选择"高级搜索"，进入高级搜索设置页面。用户可以根据自身需要设置特定的搜索条件，以缩小搜索范围。

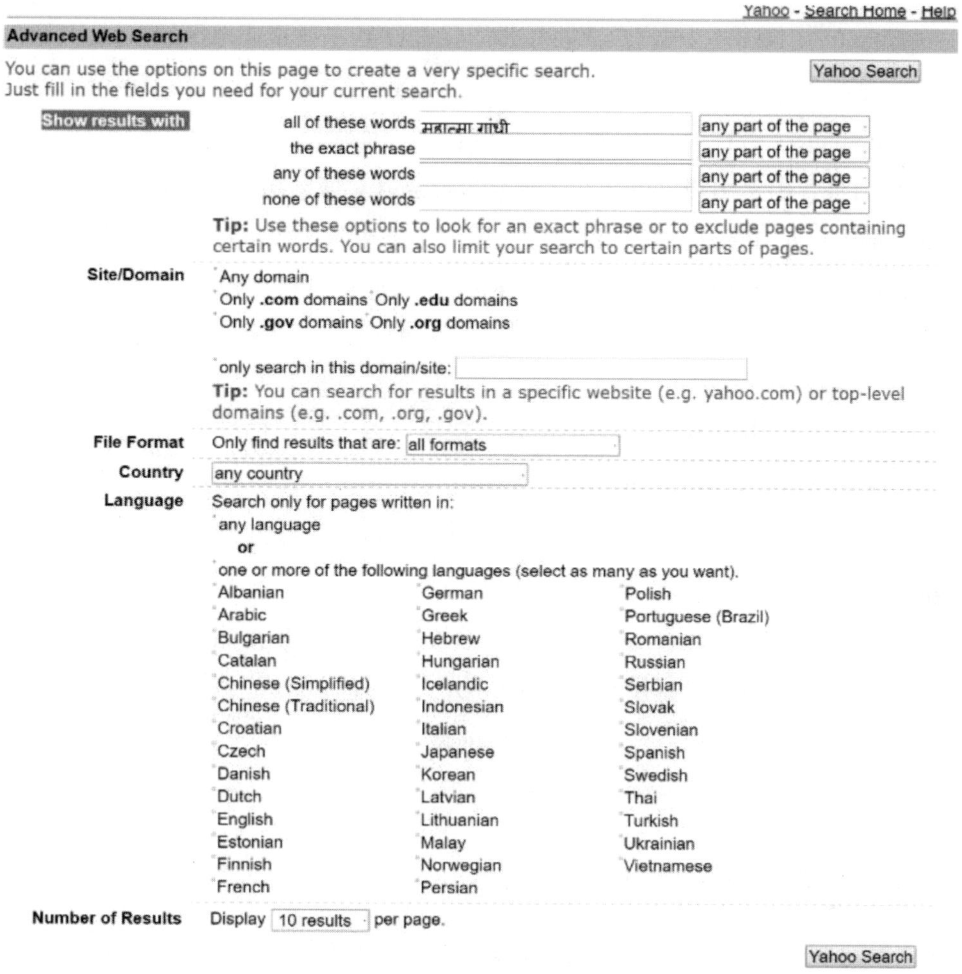

Yahoo - Search Home - Help

Advanced Web Search

You can use the options on this page to create a very specific search.
Just fill in the fields you need for your current search.

Yahoo Search

Show results with

all of these words	महात्मा गांधी	any part of the page
the exact phrase		any part of the page
any of these words		any part of the page
none of these words		any part of the page

Tip: Use these options to look for an exact phrase or to exclude pages containing certain words. You can also limit your search to certain parts of pages.

Site/Domain
Any domain
Only **.com** domains　Only **.edu** domains
Only **.gov** domains　Only **.org** domains

only search in this domain/site:
Tip: You can search for results in a specific website (e.g. yahoo.com) or top-level domains (e.g. .com, .org, .gov).

File Format　Only find results that are: all formats

Country　any country

Language　Search only for pages written in:
any language
or
one or more of the following languages (select as many as you want).

Albanian	German	Polish
Arabic	Greek	Portuguese (Brazil)
Bulgarian	Hebrew	Romanian
Catalan	Hungarian	Russian
Chinese (Simplified)	Icelandic	Serbian
Chinese (Traditional)	Indonesian	Slovak
Croatian	Italian	Slovenian
Czech	Japanese	Spanish
Danish	Korean	Swedish
Dutch	Latvian	Thai
English	Lithuanian	Turkish
Estonian	Malay	Ukrainian
Finnish	Norwegian	Vietnamese
French	Persian	

Number of Results　Display 10 results per page.

Yahoo Search

图 2-4　雅虎印度高级搜索页面

①Show results with（搜索结果）：包括"所有这些字词"、"这个完整字词"（相当于引号功能）、"包含任意字词"和"不包含以下字词"（相当于"-"功能）等，每个选项后的选择栏中还有两个限定选项，分别为"在网页任意位置"和"在网页标题中"，分别能够搜索到"在网页任意位置包含该关键词的结果"和"在网页标题中包含该关键词的结果"。这些限定条件可以同时使用，用户可以借此方法缩小搜索范围，以达到精确搜索的目的。

②Site/Domain（网站或域名）：用户可以选择"任意域名"、"仅.com"、"仅.edu"、"仅.gov"或"仅.org"等单选框，也可以在地址框中手动输入域名或网址。

③File Format（文件格式）：用户可以将搜索结果限定为 html、xls、ppt、doc、pdf 等格式的文件，雅虎默认搜索结果为全部格式。

④Country（国家）：用户可以将结果限定在 94 个国家或地区的网页中，雅虎默认为任意国家。

⑤Language（语言）：可以将结果限定在 41 种语言（或文字）的网页中，雅虎默认为任何语言，但是用户可以选择一种或多种语言对搜索结果进行筛选。

⑥Number of Results（结果数量）：用户可以在此选择每页显示的结果数量，选项有 10 个、15 个、20 个、30 个、40 个和 100 个，雅虎默认为每页 10 个。

（3）使用偏好

选择"设置"符号中的"使用偏好"选项，进入使用偏好设置界面。页面左侧包含三个选项："偏好设定"、"语言"、"搜索记录"。

①偏好设定：用户可以在偏好设定中设置是否开启搜索记录以便日后查询，也可以选择开启搜索结果的位置为"目前分页"或"新分页"，还可以设定每页显示的结果数量。用户可以通过登录自己的账户，存取其他装置上的搜索记录。

②语言：用户可以设置搜索结果显示的语言，雅虎默认为任何语言。

③搜索记录：用户可以在此查询自己的搜索记录。

设置完成后，点击"Save"保存设置，偏好设定则开始运行生效。

（二）印度本土的搜索引擎

20 世纪 90 年代以来，印度相继建立了许多搜索引擎，以服务于印地语等印度本地方言使用人群，印度的搜索引擎市场也逐渐呈现出百花齐放的特征。

1. Sifysearch（www.search.sify.com）

（1）概述

Sifysearch 是印度 IT 业巨头萨蒂扬软件技术有限公司旗下的搜索引擎。在技术开发与资源来源方面，Sifysearch 得到了谷歌的支持。

（2）主页介绍

Sifysearch 主页比较简明。用户在文本输入框中输入想要查找信息的关键词后点击"search"按钮即可进行搜索。"Web"和"Sify"则表示资源来源，"Web"表示从全网页中搜索，"Sify"表示仅从萨蒂扬门户网站中搜索。

图 2-5　Sifysearch 网站主页

（3）检索功能

Sifysearch 仅提供关键词检索，用户在文本输入框中输入关键词，点击"search"按钮，Sifysearch 就会自动显示搜索结果。检索结果包括找到的网页数目、所耗时间、网页标题、网址等，并默认按照相关度进行排序，但用户可以自行更改为按时间排序。此外，用户还可以在结果显示页面切换资源来源渠道，并可以将搜索内容从搜索网页更改为搜索图片，但 Sifysearch 不能搜索视频材料。Sifysearch 不能进行高级搜索设置，也不能更改每个页面显示的结果数目，而且在数量上，同一关键词的搜索结果也比谷歌少很多。

2. 123Khoj（www.123khoj.com）

（1）概述

123Khoj 是液网公司（Liquid Web）于 2000 年建立的索引型搜索引擎。据统计，123Khoj 的每日访问人数约 3000 人，访问网页数约 7000 个。

123Khoj 设计十分人性化，在主页为用户提供了专业名词的解释和具体的搜索方法说明，使用起来非常方便。但是，其缺点是收录网页数量少、信息量少，引擎界面仅支持英语，而且其搜索结果主要是英语内容，关于印地语、孟加拉语等印度本地方言的结果几乎没有。

（2）检索功能及结果显示

123Khoj 仅支持关键词检索。用户在搜索框内输入关键词、短语或问题，然后点击搜索图标或回车键，网站即显示在本网站或其他站点所检索到的有关结果。用户可以在页面上方的文本输入框中输入关键词，当有多个关键词时，也可以在其下方的另一个文本输入框中进行输入，并选择符合所有关键词还是任意一个关键词；用户还可以选择在所有站点上搜索或仅限于本站点搜索。123Khoj 支持"+"、"-"、"*"和双引号等搜索运算符以及 "link:"、"text:"、"title:" 等高级搜索指令。123Khoj 会在搜索框下方显示结果总数，显示结果按照相关度进行排序，显示的内容包括网站或机构名称、简单介绍、网址等信息。

3. Zatka（www.zatka.com）

（1）概述

Zatka 是美国网络托管服务公司 InterServer 于 2001 年在印度建立的搜索引擎站点。该搜索引擎具有鲜明的印度特色，标榜为 "来自印度的印度搜索引擎"（An Indian search engine from India）。Zatka 主打图片、公司、软件、IT 和商业信息检索，是一个具有 "专、精、深" 特点的垂直型搜索引擎。

（2）主页介绍

Zatka 主页下方是网站的分类目录，包括音乐、资讯、交流、旅行、网络、购物六大版块。Zatka 的主要特点在于 "谷歌自定义搜索"（Google Customed Search），这不仅扩大了网站的信息量，而且还可以对搜索结果排序进行编辑，优先显示与 Zatka 关联度高的结果。在谷歌自定义搜索框下方还有 "热门关键词" 和 "最近检索的关键词"，用户可以通过点击对应的链接进入网页查看网站的热门搜索和访问历史记录。

图 2-6　Zatka 网站主页

（3）检索功能

Zatka 提供关键词检索和谷歌自定义搜索功能。Zatka 主页的六大分类目录并不表示网站提供分类检索，每个版块下的子目录仅仅是作为关键词，并不能进入相关版块进行浏览。音乐浏览和下载是 Zatka 的特色。搜索音乐网站会优先显示"宝莱坞音乐"、"电影音乐"等相关的网站链接。如果没有得到相关的结果，Zatka 在结果显示页面提供谷歌自定义搜索功能，用户可以在页面中找到谷歌自定义搜索框，输入需要查询的内容。

结果显示：Zatka 默认每页显示结果 30 条，在搜索框下方会显示结果总数以及所用时间。搜索结果按照相关性进行排列，内容包括标题、简要介绍、网址、网站名称等。

4. IndiaBook（www.indiabook.com）

（1）概述

IndiaBook 由梅格里软件有限公司（Megrisoft Limited）创建于 1998 年，旨在让公众享受到最好的网站服务。IndiaBook 是一个具有综合性网络词典和百科全书性质的搜索引擎，也是目前印度搜索功能最齐全的搜索引擎。该网站提供网页、图片、音乐、博客、电影、体育、购物等信息的检索，可以检索印度各种公司、机构的联系方式，还可以快速查询各种网站的网址。

（2）主页介绍

IndiaBook 主页设计比较复杂，主要有 Add Site（添加站点）、Jokes（笑话）、Classified（分类栏目）、What's New（新讯息）、Chat（聊天）、Yellow Page（黄页）等六个栏目。为了方便读者快速查询和浏览所需信息，网站以图标的形式将这六大栏目放在首页的醒目位置。搜索框正下方的 Indian Yellow Pages（印度黄页）提供印度公司、产品、服务、进口商、出口商、制造商、供应商、工厂、批发商、零售商、印度商展等信息以及德里、阿哈默达巴德、哈里亚纳邦、古吉拉特邦、卡拉拉邦、班加罗尔、马哈拉施特拉邦、旁遮普邦、拉贾斯坦邦、北方邦等城市或地区的相关信息的查询服务。"印度黄页"还提供分类目录查询，包括艺术、汽车、生意、社团、计算机、教育、美食、医疗保健、住宅区、金融、个人、房地产、体育运动、旅行等共 14 个子目录，用户可以从中快速检索所需信息。"印度黄页"下方左侧是 Special Offer for IndiaBook Listing（特殊服务清单），包括 IndiaBook Premium Listing（网站优先列表）、Looking for India SEO Services Company（寻找印度搜索引擎优化服务公司）、Improve your Link Popualrity by Guest Blog Posting（发布客户博客提高网站知名度）等面向网站开发者的商业广告服务。付费客户的站点可以在检索结果中优先显示。"特殊服务清单"下方是 India Web Site Directory（印度网站名录），包括艺术、工艺品、新闻报刊、财经、购物、图书馆、计算机软件、地区或城市、教育、科学、娱乐、文化、政府、体育、医疗、旅游等方面的网站目录。主页右侧是分类浏览版块，包括印度婚介、印度热点、青年专栏、一周热门站点等。主页的最下方是论坛和博客，供用户交流讨论。

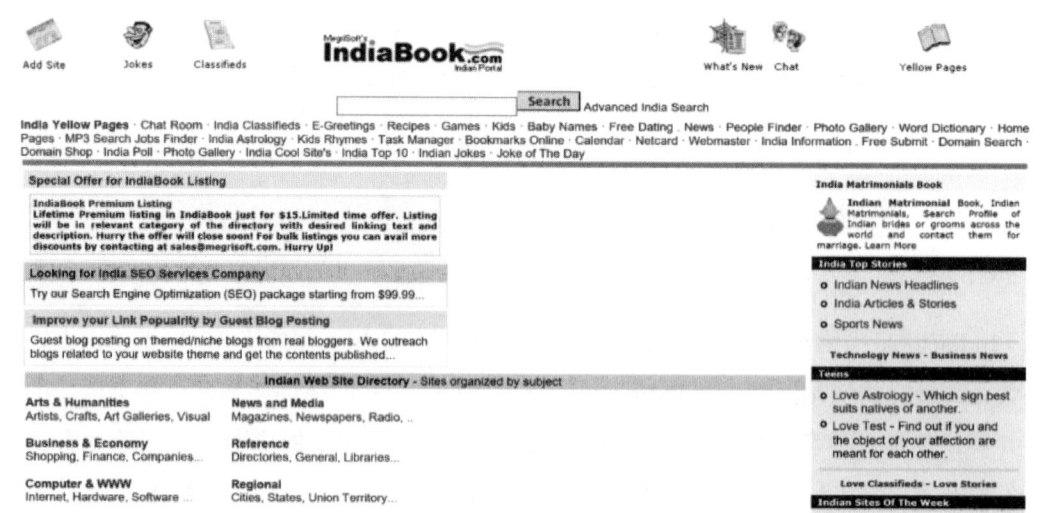

图 2-7　Indiabook 网站主页

（3）检索功能

IndiaBook 提供简单搜索和高级搜索。

①简单搜索

用户在主页的搜索框中输入关键词，点击"Search"图标就可以进入搜索结果显示页面。IndiaBook 只提供英语检索服务，没有印地语、马拉地语、孟加拉语等本地语言以及汉语、法语等外语资源。

②高级搜索

点击首页搜索框的"Search"图标之后的"高级搜索（Advanced India Search）"链接，进入高级搜索设置页面。

IndiaBook 有 Rusults must contain all words（结果必须包含所有关键词）或 Rusults can contain any of the words（结果可以包含任意一个关键词）、Find similar words（模糊搜索）或 Find exact words（精确搜索）等选项。当用户进行简单搜索而没有相关结果时，IndiaBook 也会进入高级搜索页面。

③结果显示

IndiaBook 的搜索结果以目录或链接的形式呈现。在显示搜索结果时，IndiaBook 会显示该搜索内容所属的栏目及子栏目、网站名称及网址、投票数目等信息，以供用户挑选。例如，输入 Indian film 进行搜索，搜索结果如图 2-8 所示。

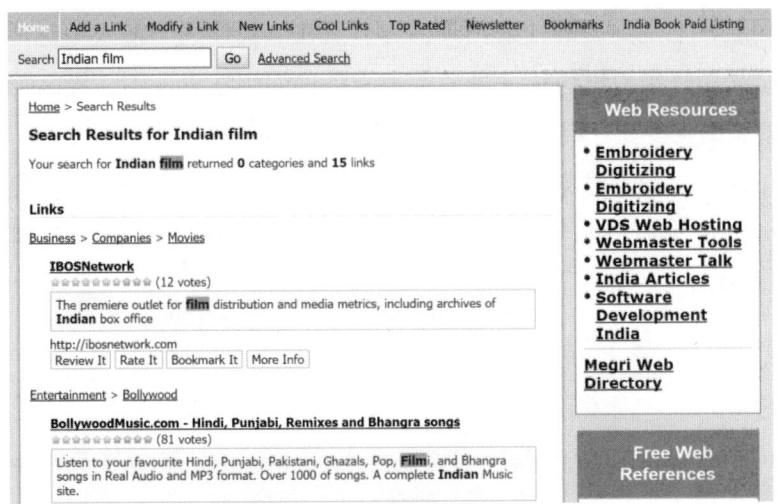

图 2-8　Indiabook 网站搜索结果显示页面

二、巴基斯坦互联网搜索引擎及其应用

巴基斯坦互联网搜索引擎通常以英文为媒介语言，支持英文的关键词搜索。随着巴基斯坦政府对 Unicode 编码的推广，部分搜索引擎具备了乌尔都文关键词搜索的功能。

在巴基斯坦，最常用的搜索引擎是"Google 巴基斯坦"，网址为"www.google.com.pk"。除此之外，该国常用的互联网搜索引擎还有发现巴基斯坦网、Jobrapido 巴基斯坦等网站。

（一）发现巴基斯坦网（www.findpk.com）

1.概述

发现巴基斯坦网是网络城市在线（Cyber City Online，CCOL）公司旗下的搜索引擎，也是巴基斯坦最大的黄页网，覆盖 256 个国家，在世界范围内拥有众多用户。该网站主要提供企业、非政府组织、电话、电子商务、娱乐、巴基斯坦网站、世界网站等检索查询服务。

2.主页介绍

发现巴基斯坦网提供目录检索、关键词检索和高级检索等三种服务，其主页可大致分为三个部分。最顶端的导航栏有黄页、实体企业、出口商、买家、私人有限公司、非政府组织、电话簿、电子商务、娱乐、指南、巴基斯坦网站和世界网站等 12 项检索目录。导航栏下是关键词检索栏。访客可以在该检索栏中输入关键词，点击搜索键即可得到结果。高级检索版块通过设定搜索条件缩小搜索范围，提高搜索效率。访客可以设定搜索的主要业务类别、对象首字母和目标属性（如产品/服务、企业名称/类型、电话等）从而对搜索对象的范围进行限制。主页底部按商业类型对检索项目进行了细化，划分出农、渔、林产品，服装与配件、汽车、职业服务、计算机与通信等二十余条分类检索项目。

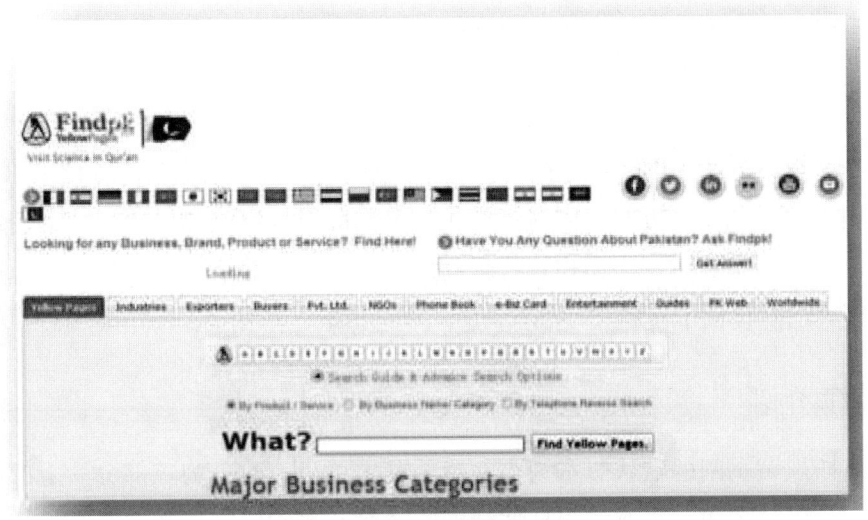

图 2-9　发现巴基斯坦网站主页

（二）Jobrapido 巴基斯坦（www.pk.jobrapido.com）

1.概述

Jobrapido 巴基斯坦是 Jobrapido 在巴基斯坦的分站，以英文为网站语言。Jobrapido 是一个工作搜索引擎，用户可以通过网站中的关键词或地点等搜索到工作招聘信息。Jobrapdio 巴基斯坦提供的职位空缺是从 Jobrapido 的广告商或第三方网站上自动获取的。如果工作信息来源于第三方网站，那么 Jobrapdio 会为其提供索引和网页摘录，同时还提供链接以便用户浏览原始网站上有关空缺职位的全部信息。

2.主页介绍

Jobrapdio 巴基斯坦的主页极为简单。在网页中部设置了三个醒目的文本框，由左至右分别用于设置用户希望寻找的工作、地点和距离范围。用户分别通过输入和下拉菜单选择等方式设定检索条件后，点击文本框下的搜索按钮即可看到结果。

此外，该网站还在主页底部提供条件检索服务，所设检索条件包括首字母、地区和行业种类。当用户无法通过关键词检索出所需工作时，可通过上述三种检索条件查询符合自身要求的工作岗位。例如，用户想在旁遮普省找一份会计工作，并且对比提供该岗位的所有企业，则可先点击"行业种类"分类下的"会计"（Accounting）选项，打开的页面会细化会计这一行业，并在每一分类下提供"区域"选项，用户可在所需分类下点击这一选项，并根据提示选择相应地区，从而查询到符合条件的所有岗位。

（三）巴基斯坦黄页网（www.pakistan-yellowpages.com）

1.概述

巴基斯坦黄页网（Pakistan Yellow Pages）提供了巴基斯坦国内各种企业、驻外使领馆的基本信息和联系方式，同时还提供部分国际黄页网站的链接。作为传统黄页的网络版，巴基斯坦黄页网为用户查找最新的企业资料、联系方式、广告、电子邮件和网站地址等信息提供了便利。

2.主页介绍

巴基斯坦黄页网的默认版本为英文版，其主页可大致分为三部分。上部由导航栏和关键词检索栏构成。导航栏包括"帮助"、"联系我们"、"提交列表"、"会员登录"、"巴基斯坦驻外大使馆"、"国际黄页"、"最好的巴基斯坦网站"、"统计数据"以及"价格"等项目。关键词检索栏提供用于输入关键词和公司名称的文本框以及选择地点的下拉菜单，此外还提供了 Detail Search（详细搜索）、Reverse Lookup（反向搜索）和 Alphabetic Search（字母搜索）等三种选项。

主页下部是类型搜索列表，其中包括 19 个一级类别，如农业、农场及相关业务，汽车和相关业务，建材与建造，计算机、通信和互联网，教育、科学和文化，电器和电子设备，娱乐、健身和体育俱乐部，金融、贷款及商业咨询等。每个一级类别下又包含数量不等的二级类别，用户可根据需求快速查找相关门类下公司、企业的联系方式和详细资料。

主页右边由通知公告栏和意见反馈栏构成。通知公告栏显示网站的最新通知；意见反馈栏则通过投票方式反馈用户最需要的信息类型，所提供的投票选项包括"地址"、"电话"、"电子邮箱"和"其他"。

巴基斯坦黄页网还提供乌尔都文版本，用户可点击主页右上角的"乌尔都文"选项切换显示语言。乌尔都文版本和英文版本的内容设置基本相同。

（四）贾马尔网（www.jamals.com）

1.概述

贾马尔网是美国出版商有限公司（U.S. Publishers Limited）出版的贾马尔黄页（Jamal's Yellow Pages）的网络版，网站语言为英语。该网站作为巴基斯坦黄页类网站中的先驱，在商业信息管理方面拥有丰富经验，在利用互联网访问商业数据库和企业业务推广方面拥有独特优势。

2.主页介绍

贾马尔网的主页以黄色为基调，页面设置简单明了。主页顶部的导航栏包含五项内容，分别是"首页"、"搜索"、"产品"、"服务"和"联系我们"。导航栏下从左至右可分为三部分。

左侧由 Home（首页）、Sponsors（赞助商概况）、Latest News（最新消息）等三大版块构成。其中，首页版块的功能与导航栏中的"首页"选项相同，用户可在该版块查询网站基本信息、巴基斯坦概况、世界黄页网站、常见问题的解决方案，此外还可以进行登录操作。

中间部分是检索栏，也是主页的主体部分。检索栏提供关键词检索和类型检索两类服务。在类型检索版块，网站可显示搜索频率最高的八种商业门类，另外还按首字母顺序显示全部门类，供用户检索。

图 2-10　贾马尔网站主页

右侧由 Advance Search（高级搜索）和 Super Net（超网）两个版块组成。高级搜索版块主要在用户不清楚所检索公司的类型的情况下使用。用户点击进入高级搜索版块后，可在提供的文本输入栏中输入公司名称、电话、用户账号、城市等内容进行检索。超网版块是巴基斯坦主要的公司数据库入口。

（五）电话簿在线网（www.phonebook.com.pk）

电话簿在线网（Phone Book Online）是一款针对商业的英文在线搜索引擎。网站主页色彩艳丽，版块设置贴近时尚，整体设计充满现代气息。

网站顶部是搜索栏，用户可通过输入关键词并设置地点条件来检索与之相关的商场、公司和工厂等企业的电话、地址和经营者等信息。搜索栏下是热门话题版块，该版块显示在该网站中搜索频率较高的关键词所属的门类。热门话题版块之下是分类搜索版块，其中包括休闲、饮食、电影、服装、教育培训和换季产品等六方面内容。此外，用户还可在网站中部的实时通信版块输入自己的电子邮箱地址和所在城市等信息进行注册，从而接收该网站的推送。

（六）维基百科乌尔都文版（www.ur.wikipedia.org）

维基百科乌尔都文版是维基百科网站为乌尔都语使用者专门设计的版本。网站首页的设计风格与维基百科英文版相似。主页左上角为搜索框，用户可通过输入乌尔都语关键词检索相关内容。主页中上部为分类检索区，设置的检索分类包括 مذاہب（宗教）、ریاضیات（传记）、سوانح（历史）、تاریخ（技术）、ٹیکنالوجی（文化）、ثقافت（地理）、جغرافیہ（数学）、طب（医药）、ہوا بازی（航空）、علوم（知识）、کھیل（体育）、کیمیا（化学）等 12 项。分类检索区下面分左、中、右三栏。左边栏是网站提示区，包括 ویکیپیڈیا کا حصہ بنیں（加入维基百科）、آج کا لفظ（今日关键词）、آج کی بات（今日要事）、عالمیہ موضوعات（近期主题）、ویکیپیڈیا صارفین（维基百科用户）等版块；中间栏是网站精选区，包括 منتخب مضمون（精选文章）、عالیہ واقعات（近期大事）、کیا آپ جانتے تھے（你知道吗）、منتخب فہرست（精选内容）、تصویر（精选图片）等版块，所显示内容不定期更新；右边栏为功能区，用户可根据喜好实现调整首页显示内容、发起互动交流、使用工具、打印页面、选择显示语言等功能。

（七）未来网（www.mustakbil.com）

未来网（مستقبل/mustakbil）是一款为就业服务的英文搜索引擎。该网站正式成立于 2004 年 10 月 7 日，网站创始人纳维德·艾哈迈德（Naveed Ahmed）出任网站首席执行官。未来网以线上申请功能、简单的检索界面、快速的浏览体验和丰富的条件设置赢得了用户们的青睐，成为巴基斯坦首屈一指的就业与招聘网站，为应聘者和雇主提供了可靠的接触平台。

未来网首页整体采用纵向设计，简单明了。网站提供关键词检索和条件检索。在关键词检索部分，用户可选择"工作"、"公司"和"人员"等三个选项，通过输入相应关键词检索符合条件的工作岗位、用人单位和应聘者。在条件检索部分，用户可点击不同选项查看伊斯兰堡、卡拉奇、拉合尔、白沙瓦、奎达等地的招聘信息，此外还可浏览最近更新的招聘信息。检索栏下是线上申请功能区，分应聘者申请和雇主申请两个版块。申请功能区之下是内容显示区，所显示内容包括 Premium Jobs in Pakistan（优质工作）、Hot Jobs in Pakistan（热门工作）、Jobs Gallery（岗位展览）等三部分。

三、孟加拉国互联网搜索引擎及其应用

外国主流搜索引擎和社交网站在孟加拉国的点击使用率很高。在孟加拉国，Google 搜索是最受欢迎的搜索引擎，并且专门设有孟加拉国分站 "www.google.com.bd"。尽管 Google 搜索在孟加拉国占据领导地位，但是由于 Google 的检索结果缺乏孟加拉国本土的相关内容，孟加拉国用户的使用体验常常受到影响。本土化的需求推动了孟加拉国自主型搜索引擎的开发与应用。截至目前，孟加拉国共有两款自主研发的搜索引擎，分别是 Pipilika 和 Chorki。

（一）Pipilika（www.pipilika.com）

Pipilika（পিপীলিকা）是孟加拉国历史上的第一款网络搜索引擎。该网站由孟加拉国锡尔赫特市 Shahjalal 科技大学（SUST）计算机工程专业的学生开发，支持孟加拉语与英语双语检索。Pipikila 搜索引擎的设计内存空间为 4TB，使用孟加拉国学术拼读规则词典进行备份，能够对语言中的所有错误提供修改建议。经过数年的发展，目前 Pipilika 已经开发成为提供新闻、求职检索、图书检索以及教育游戏、拼写检查等综合性检索平台。

Pipilika 网站导航栏有 প্রথম পাতা（首页）、সাম্প্রতিক সংবাদ（最新要闻）、কেনাকাটা（购物搜索）、জব সার্চ（求职搜索）、লাইব্রেরি（图书馆）、শব্দকল্পদ্রুম（shobdokolpodroom[①]）、স্পেল চেকার（拼写检查）、নিয়মাবলী（规则）、মতামত（意见）、আপনার ওয়েব সাইট যোগ করুন（加入你的网站）、আর্কাইভ（档案）等 11 个栏目。导航栏下方是搜索框，支持孟加拉语和英语双语检索。搜索框的右下方是 সর্বশেষ（最新）、সর্বাধিক（热议）、আলোচিত（精选）三类常见要闻。

---

① Shobdokolpodroom 是 Pipilika 开发的一款角色扮演式教育游戏，通过寓教于乐来练习孟加拉语的拼写。

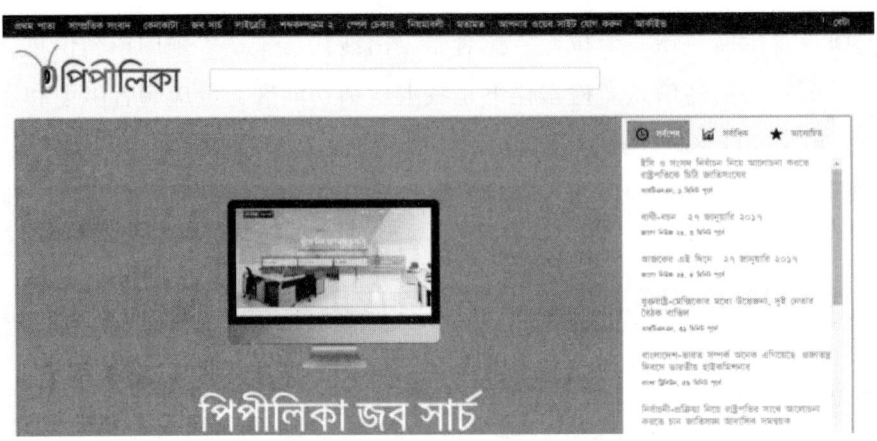

图2-11　Pipilika 网站主页

（二）Chorki（www.chorki.com）

Chorki 是孟加拉国第二款自主型搜索引擎，也是孟加拉国首个商业和电子商务类搜索引擎，于 2015 年开放使用。目前，在 Chorki 搜索引擎中包含超过 200 万种商品，另外大约 150 家电子商务网站也加入 Chorki 搜索当中，并且网站的数量正与日俱增。用户可通过 Chorki 检索到本地产品并在线购买。同时，Chorki 致力推出孟加拉国最好的新闻搜索，大约 30 家全国性新闻网站嵌入到 Chorki 搜索引擎当中。Chorki 正在引入美食、工作及其他搜索内容，其目标是做到 "Search Bangladesh"（搜索孟加拉国）。

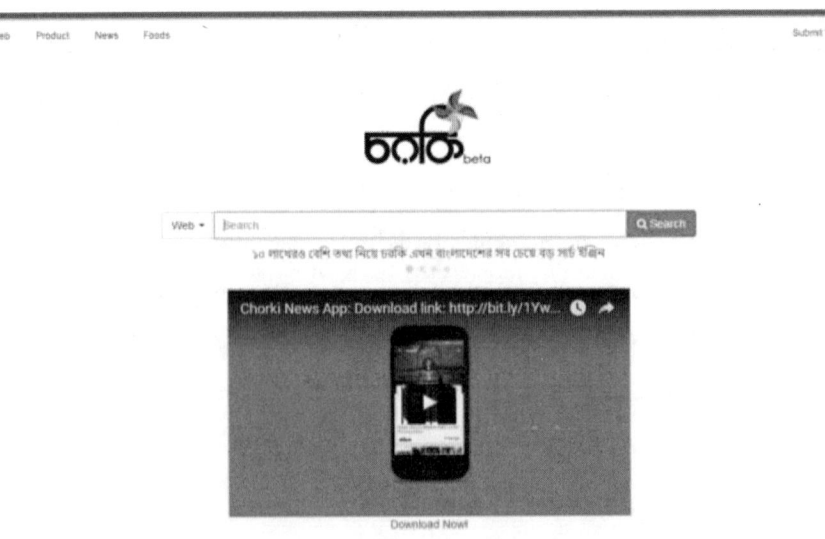

图2-12　Chorki 网站主页

Chorki 主页相对于 Pipilika 而言更为简洁。Chorki 目前主要能检索到 Web（网站）、Product（商品）、News（新闻）、Foods（美食）等信息。点击网站主页左上角的四个导航按钮，或者选择搜索框左侧下拉列表中的四种搜索内容之一都能跳转到所选搜索的子页面。

四、斯里兰卡互联网搜索引擎及其使用

斯里兰卡互联网的搜索引擎主要分为两类：目录型搜索引擎和索引型搜索引擎。斯里兰卡的官方语言为僧伽罗语和泰米尔语，但使用僧伽罗语的人口远多于泰米尔语。英语为斯里兰卡通用语言，使用也十分广泛，尤其是涉及现当代科学技术各领域时，英语更是超越僧、泰二语成为常用语言。在互联网领域，英文为较为常见的媒介语言，大部分搜索引擎是针对英语资源进行搜索的。不过随着僧伽罗语 Unicode 编码的推广，面向僧伽罗文网页的搜索引擎也迅速发展，目前不少搜索引擎都具备了僧、英双语关键词搜索的功能，甚至出现了斯里兰卡自主研发的僧伽罗语搜索引擎。

（一）常用目录型搜索引擎

1. Lanka Link（www.lankalinksystems.com）

（1）概述

Lanka Link 是一个英文网站，创建于 2003 年 4 月 28 日，目标是面向全球用户免费提供斯里兰卡相关信息。该网站用户除了斯里兰卡本国人外，还遍布印度、意大利等世界各地，每月访问量达 4 万。Lanka Link 目前是斯里兰卡最大的目录型搜索引擎，共收集了超过 700 个网址。Lanka Link 收录的网络信息资源有网站、网页、新闻、域名、机构名录等。

（2）主页介绍

Lanka Link 网站主页由四个版块构成，分为左、右上、右中、右下排列。左边版块主要包括 Sri Lanka News & Articles（斯里兰卡新闻和文章）、Sri Lanka Entertainments（斯里兰卡娱乐）、Love, Marriage & Relationships（爱情、婚姻、关系）、Sri Lanka Classifieds Ads（斯里兰卡商业广告）、Useful Online Tools（实用的在线工具）等目录。右上版块为一个文本输入框和"Search"按钮，按钮右侧为"Advanced Search"（高级搜索）。右中版块包括 Business & Economy（商业与经济）、Government（政府）、Education（教育）、Health（健康）、Community（社区）、Society & Culture

（社会与文化）、News & Information（新闻与信息）、Entertainments（娱乐）、Holiday & Travel（假期与旅行）、Hotel Directory（酒店目录）、Places to Enjoy（休闲去处）、International Links（国际链接）等 12 个分类搜索的内容标题。每个标题的下面还列有内容简介。右下版块包括 Sri Lanka Web Directories（斯里兰卡网站目录）和 Useful World Links（实用的全球链接）两个搜索分类。其中，"斯里兰卡网站目录"包括 9 个类别，如：商业、新闻、旅游、IT 等；"实用的全球链接"包括 63 个类别，如：教育、家庭、园艺、汽车、古董、食物、娱乐、社会、健康、宗教、历史、环境、书籍、语言、金融、社区、下载等。

（3）检索功能

Lanka Link 提供分类目录浏览、关键词的简单检索、高级检索三种检索方式。

a.分类目录浏览。Lanka Link 以等级式分类目录的形式链接斯里兰卡国内和国际互联网上的各类站点，分类总目在主页面上显示，每一总目录标题下方排列有若干一级子目录，而单击该一级子目录，则可进入其下的二级分类目录页面，再点击具体分类目录后进入该目录收录的网站列表页面。对于不包含二级分类目录的一级子目录，点击该子目录标题后直接进入该子目录收录的网站列表页面，点击网站标题后可直接进入该网站进行浏览。

b.关键词的简单检索。在 Lanka Link 主页右上版块的文本输入框中输入需要检索的关键词，单击 Search 按钮即可进行检索。

c.高级检索。点击主页右上版块的 Advanced Search 按钮进入高级检索页面，用户需在 Search 文本框中输入关键词，然后在 Results must contain all words（搜索结果必须包含所有关键词）、Results can contain any of the words（搜索结果可以包含任意关键词）、Find similar words（查收类似关键词）、Find exact words（查找精确关键词）、Numbers of Results（搜索结果数量）等 5 个选项中对搜索结果进行限定。

d.结果显示。Lanka Link 的检索结果按照网站名称的英文首字母顺序进行排列，显示内容包括网站或机构名称、网站简介等信息。点击网站或机构名称即可进入该网站。

2. Lanka WebNet.info（www.lankawebnet.info）

（1）概述

Lanka WebNet.info 是一个英文网站，创建于 2007 年，目前共收集了近 1000 个网址，每月访问量达 6 万。该网站提供自主开发的网络工具栏下载服务，用户下载后可以随时随地使用 Lanka WebNet.info 来进行搜索。除了提供网站检索服务之外，Lanka WebNet.info 还提供新闻、电视、广播的在线直播以及歌曲、视频的下载服务。

（2）主页介绍

Lanka WebNet.info 网站主页有 9 个导航栏，分别为 Home（主页）、SL Web Directory（斯里兰卡网站目录）、Sri Lanka Online News（斯里兰卡在线新闻）、Sri Lanka Online TV（斯里兰卡在线电视）、Sri Lanka Online Radio（斯里兰卡在线广播）、Sri Lanka Recorded TV（斯里兰卡录制电视节目）、New Audios/Videos（新音频/视频）、Toolbar（工具栏）、Contact（联系我们）。

Lanka WebNet.info 网站主页还设置有 Advertising（广告）、Artists and Popular Persons Sites（艺术及名人）、Automobile（汽车）、Banks Insurance and Finance（银行、保险、金融）、Buddhism（佛教）、Business and Marketing（贸易与市场）、Companies and Associations（公司与组织）、Computing and IT（电脑与信息技术）、Downloads（下载）、Educational Information（教育信息）、Entertainment（娱乐）、Government and Politics（政府与政治）、Homes and Constructions（住所与建筑）、Hospitals and Health Information（医院与健康）、Information and Services（信息与服务）、Internet and Services（网络与服务）、Jobs and Training（工作与培训）、News and Magazines（新闻与杂志）、Online Communities（在线社区）、Online Shopping（在线购物）、Organizations（机构）、Radio Stations（广播电台）、Schools and Information（学校与信息）、Sports and Information（体育与信息）、Telecommunication Networks（电信网络）、Travel and Tourism（旅游）、TV Stations & Satellite / Cable TV Services（电视台、卫星电视、有线电视服务）、Universities（大学）等 28 个网站分类目录。网站主页底部提供时事新闻以及点击量较大的网站链接列表。

（3）检索功能

Lanka WebNet.info 提供分类目录浏览和关键词站内检索服务。

a.分类目录浏览。Lanka Link 以等级式分类目录的形式链接斯里兰卡国内的各类站点，28 个分类目录在主页面上显示，也可通过导航栏进入。每一分类目录下还有子目录，如"电脑与信息技术"目录下有计算机学院、信息技术解决方案与设计两个子目录；"教育信息"目录下有教育机构、教育类网站两个子目录。用户可以通过这种目录和子目录构成的目录等级结构，逐层进行检索。

b.关键词站内检索。在 Lanka WebNet.info 主页右上角的文本输入框中输入需要检索的关键词，单击"Search this site"按钮即可进行检索。Lanka WebNet.info 提供的关键词检索只针对站内与该关键词相关的网站进行检索。

c.结果显示。Lanka WebNet.info 的检索结果按照网站名称的英文首字母顺序进行排列，显示内容包括网站或机构名称、网站简介等。点击网站或机构名称即可进入该网站。用户还可以对网站进行评价、推荐新链接、报告错误链接。

3. Our Lanka（www.ourlanka.com）

（1）概述

Our Lanka 是一个英文网站，创建于 2000 年，目前共收集了 21 类近 1500 个网址。

（2）主页介绍

Our Lanka 网站主页上方有 7 个导航栏，包括 Home（主页）、Lanka Forum（斯里兰卡论坛）、Image Gallery（图片库）、Top 25 Sri Lankan Sites（斯里兰卡最佳 25 个网站）、Reviews（评论）、Web Directory（网站目录）、Contact us（联系我们）。

主页中间部分为较为常用的 12 个网站分类，包括 Sri Lanka sports（斯里兰卡体育）、Automotive（汽车）、Sri Lanka education（斯里兰卡教育）、Sri Lanka Travel（斯里兰卡旅游）、Government（政府）、Sri Lanka Business（斯里兰卡贸易）、Entertainment（娱乐）、Sri Lankan News（斯里兰卡新闻）、Computer（电脑）、Organizations（机构组织）、Misc（各类）、Dining（饮食）。主页底部为每日更新的主要新闻和论坛内容。

（3）检索功能

Our Lanka 提供分类目录浏览检索功能和关键词站内检索功能。

a.分类目录浏览。Our Lanka 以等级式分类目录的形式链接斯里兰卡国内的各类站点，21 个分类目录中的 12 个在主页面上就可直接进入，其他分类目录需点击导航栏中的"网站目录"进入。"网站目录"页面顶端显示 21 个分类目录的名称及下属网站的数量。通过点击不同目录即可直接进入浏览该目录下的网站列表。在 21 个分类目录的下方，Our Lanka 还将所有网站按网站名称英文首字母顺序进行排列显示，用户可直接按照受欢迎度、名称、管理员评分、日期等检索关键词对所有网站进行排列检索。

b.关键词站内检索。Our Lanka 的关键词检索文本框位于"网站目录"页面，在 21

个分类目录的右上方。在文本输入框中输入需要检索的关键词，单击 Search 按钮即可进行检索。Our Lanka 提供的关键词检索只针对站内与该关键词相关的网站进行检索。

c.结果显示。检索结果默认按照网站名称的首字母顺序进行排列，用户也可以按照受欢迎度、名称、管理员评分、日期等检索关键词对所列网站进行重新排列。搜索结果显示内容包括网站或机构名称、浏览量、网站简介、网址等信息。用户点击网站或机构名称即可进入网站。用户还可以对网站进行打分、评价、推荐新链接。

4.其他目录型搜索引擎

除了上述三个常用的搜索引擎外，斯里兰卡还有以下一些目录型搜索引擎：

（1）Info Lanka：www.infolanka.com；

（2）Lanka Link：www.lankalink.net；

（3）Sri Lankan Websites：www.srilankanwebsites.info；

（4）Lankatopten：www.lankatopten.com。

5.检索示例

利用斯里兰卡 Lanka WebNet.info 搜索引擎，查找斯里兰卡国家图书馆网站。

具体检索步骤如下：

（1）通过网址"www.lankawebnet.info"，进入 Lanka WebNet.info 搜索引擎主页。

（2）在主页上方导航栏中点击"SL Web Directory"，进入网站分类目录页面。

（3）在分类目录中依次选择"Educational Information"、"Educational Websites"选项。

（4）本次检索获得 5 个相关记录，点击其中的"National Library - Sri Lanka"选项，即可进入斯里兰卡国家图书馆网站。

（二）常用索引型搜索引擎

斯里兰卡的索引型搜索引擎数量较少，斯里兰卡用户更常用的还是 Google 等国际通用的搜索引擎。斯里兰卡本土开发的索引型搜索引擎中，使用人数相对较多的是 Infosri 和 Sasrutha。

1. Infosri（www.infosri.com）

（1）概述

Infosri 是一家斯里兰卡本土开发的索引型搜索引擎，专门针对斯里兰卡国内网络信息资源检索，可以用英语和僧伽罗语进行搜索。Infosri 收录的资源包括网页、新闻、图片、音乐、视频、音频和其他各类资源。除了 HTML 文件外，还支持 DOC、DWF、FEED、PDF、TXT、RTF 等其他 10 种类型的文件搜索。

（2）检索方法

Infosri 主页左上角有 Web（网页）、Images（图片）、Videos（视频）、News（新闻）四个选项，用户只需选择自己要搜索的信息类别，然后在文本框中输入关键词，点击"Search"按钮即可。进入下一个页面后，可以在文本输入框下面的 File Type（文件类型）中选择所需的文件类型，将搜索结果范围进一步缩小。在页面的右上角，有一个 Preference（偏好）按钮，用户在搜索前或搜索时均可点击进去，对诸如"不雅信息屏蔽"、"关键词高亮"、"是否在新页面中打开搜索结果"等选项进行选择。

（3）检索结果显示

检索结果按照网页的相关性进行排序，每页显示 10 条列表信息，阅读下一页需点击页面底部的 Load More（加载更多）按钮。每页显示的内容包括网页名称、网页地址、内容摘要以及网页链接，点击网页链接可直接进入与此网站相关的搜索结果。用僧伽罗语进行检索时，若检索关键词为专有名词，搜索结果还会给出与该词对应的英文词的搜索结果。例如用僧伽罗语搜索 කොළඹ（科伦坡）一词，搜索结果会给出含有 කොළඹ 和 Colombo 的所有网页信息。

2. Sasrutha（www.sasrutha.com）

（1）概述

Sasrutha 是目前第一个，也是唯——个基于 Sinhala Unicode 的僧伽罗语搜索引擎，收录网页数量超过 1 亿。

（2）检索方法

用户可以直接输入僧伽罗语进行检索。为了方便那些不熟悉僧伽罗语输入法的用户，Sasrutha 在文本框下方设置了"Show Keyboard"按钮，点击后即会显示僧伽罗语字母的桌面键盘，用户可以从中直接进行选择输入。除了僧伽罗语，Sasrutha 还支持英文关键词、用英文转写的僧伽罗语关键词的检索。

（3）检索结果显示

检索结果直接在首页下方显示，按照网页的相关性进行排序，每页显示 10 条列表信息。每页显示的内容包括网页摘要、关键词所在内容摘要以及网页链接，点击此链接可直接进入与此网站相关的搜索结果。在搜索结果列表的顶部，Sasrutha 还给出了包含此关键词的其他搜索高频词汇，用户可直接点击进入。比如，搜索 කලාව（艺术）一词，则会显示出 අක්ෂර（字母艺术）、අත් රබන් කලාව（手鼓艺术）、සිංහල නාට්‍ය කලාව（僧伽罗戏剧艺术）、අනුරාධපුර යුගයේ කලාව（阿努拉特布拉时期艺术）、අනුරාධපුර විතු කලාව（阿努拉特布拉时期绘画艺术）等词汇供用户选择。

3.检索示例

利用斯里兰卡 Infosri 搜索引擎，查找斯里兰卡卫塞节相关视频。

具体检索步骤如下：

（1）通过网址"www.infosri.com"，进入 Infosri 搜索引擎主页。

（2）在主页左上方导航栏中点击"Video"标题，进入视频专项检索页。

（3）在搜索框内输入"vesak"或者"වෙසක්"，单击 Search 按钮进行搜索。

（4）搜索结果显示为视频截图和时长，点击视频截图或者截图下方的 Watch 按钮可打开播放页在线观看。

（三）其他搜索引擎

1. Wooroll（www.wooroll.com）

Wooroll 是斯里兰卡本土较受欢迎的一款英语、僧伽罗语双语求职搜索引擎。其界面和显示结果简单明了，用户可使用工作名称、工作地点、行业、岗位、企业名称等关键词搜索工作机会。搜索结果按照首字母顺序排列，包括岗位名称、企业名称、企业网址、简历投递截止时间等。同时提供招聘单位就此岗位发布的宣传单、申请表等。

2. Index.lk（www.index.lk）

Index.lk 是一款针对日常生活信息的搜索引擎，能够帮助用户迅速查找到自己周边或者目标区域周边所有的生活信息。该引擎通过谷歌地图定位，用户使用关键词进行搜索时，首先在文本框中输入搜索关键词，然后在分类中选择所属类别，包括娱乐生活、教育、地产、美食、体育、美容、政府机构、金融服务、医疗卫生等 19 个大类，最后再选择地点。搜索结果以列表形式显示，包括名称、分类、简介、地址和网址。用户还可以通过主页上的目录分类检索到自己需要的信息。

3. Lanka Restaurants（www.lankarestaurants.com）

Lanka Restaurants 是一款针对斯里兰卡餐厅的搜索引擎。用户可以通过关键词进行简单或高级搜索，也可通过主页的餐厅分类目录进行搜索。进行简单关键词搜索时，用户只需输入餐厅名称、食材、口味就可进行相关搜索。进行高级搜索时，用户可以对餐厅的口味、评价、环境、服务、价格、新旧程度进行限定搜索。通过主页的餐厅分类目录进行搜索，网站提供了包括中餐厅、北印度餐厅、南印度餐厅、斯里兰卡餐厅、德国餐厅、日本餐厅、韩国餐厅、自助餐厅等 18 个分类目录，用户只需要简单点击分类目录就可获得符合条件的餐厅列表。搜索结果显示餐厅名称、口味、地址、电话、网址、用户评价、价格区间等信息。

4. Rainbow Pages（www.rainbowpages.lk）

Rainbow Pages 是斯里兰卡电信公司旗下网站，提供斯里兰卡国内各种公司、企业、机构、个人的联系信息，类似网络版的黄页。用户可以进行关键词搜索，也可通过主页的目录进行搜索。Rainbow Pages 将联系信息归为 5 大类，包括产品与服务、商业机构、政府部门、宗教场所和个人信息。用户在进行关键词搜索时需要在不同类别下按照要求输入关键词，搜索结果以谷歌地图图钉定位和列表的方式呈现。若为机构则列出名称、地址和电话，若为个人则列出姓名、家庭住址和家庭电话号码。通过目录进行搜索时则需在主页上列出的 5 个大类中进行逐级检索。

5. SL MP3（www.slmp3.com）

SL MP3 是一款音乐搜索引擎，主要提供 MP3 文件的检索和下载服务。网站将歌曲名称和演唱者名称按首字母进行分类，用户可通过首字母检索自己需要的音乐。检索结果显示包括歌曲名、演唱者、分类、时长、文件大小和下载按钮。

五、阿富汗互联网搜索引擎及其应用

阿富汗互联网的搜索引擎主要分为目录索引类搜索引擎和垂直搜索引擎两类，通常以英文为媒介语言来进行搜索。

（一）Afghana（www.afghana.com）

1.概述

Afghana 是目录索引型搜索引擎，提供阿富汗政治、新闻、商业、历史、文化、体育、旅游、艺术、音乐等信息的分类目录索引。

2.主页介绍

Afghana 主页内容丰富，主题目录包括娱乐、社会与文化、阿富汗黄页、网上购物、教育、互联网/计算机、体育、宗教、地理、卫生等。用户可点击某一内容标题后就能找到该内容的相关网站。

3.检索功能

Afghana 只提供主题目录分类浏览检索一种检索方式。点击网站主页的某个主题，进入该主题内容的目录页面。Afghana 的检索结果按网站名称的首字母顺序排列，显示格式为网站名称、网站简介。对于网页所列的网站，用户点击网站后即可直接进入该网站进行浏览。

（二）Find（www.find.af）

1.概述

Find 是阿富汗的一个搜索门户和目录网站，属于垂直搜索引擎，主要向用户提供准确、相关和可靠的信息。Find 的收录范围主要是以企业信息资源为主的网站，按内容细分成 Advertising & Printing（广告和印刷）、Agriculture & Livestock（农业和养殖业）、Clothing（服装）、Construction（建筑）、Consulting Service（咨询服务）、Education（教育）、Electronic（电子）、Event & Conference（活动和会议）、Financial Service（金融服务）、Food & Detergent（食品和清洁剂）、Handicrafts（手工业）、Health & Beauty（保健和美容）、Home Decor/Appliances（家具饰品/用品）、Hotels & Restaurants（酒店和餐馆）、Import & Export（进出口）、Industrial（工业）、IT &

Telecom Service（信息技术和电信业）、Legal & Governmental（法律和政府）、Logistics（物流）、Manufacturers（制造商）、Media & Press（媒体和新闻）、Petroleum（石油）、Real Estate（房地产）、Service（服务）、Shops（商店）、Sport & Entertainment（体育和娱乐）、Transportation（交通）、Travel & Tourism（旅游观光）、Vehicles（汽车）等类别。

2.主页介绍

Find 主页为英文版本，页面简洁实用，导航栏主要包括以下内容：（1）Advanced Search（高级检索），用户可设定部分字段进行精确检索。（2）Locations（位置），用户点击"Locations"进入网页后，页面中的"Afghanistan"栏目下显示了阿富汗 34 个省的名称，用户点击任意一个省的标题后可直接进入该目录收录的列表页面。（3）Users（用户），提供该网站用户对于网站的评价。（4）About（关于），提供关于该网站的性质、宗旨、任务、管理团队、客户等信息。（5）Contact（联系），提供该网站的联系电话、电子邮件、Skype 网络电话账户名等信息，用户还可以在该页面输入名字、电子邮件和联系电话后直接向网站发送信息。

3.检索功能

Find 只提供主题目录分类浏览检索、关键词的简单检索和高级检索三种方式。

（1）目录分类浏览。Find 提供依据主题分类的目录浏览检索服务。点击主页"Business By Category"（企业按类别）下各目录，进入包含该类资源目录的页面。由于 Find 已经对资源做出比较详细的分类，因此所有资源类目是直接显示相关企业名称，用户点击企业名称后即可直接查看该企业的相关信息。

（2）关键词检索。Find 的关键词搜索服务主要检索网站内的网页信息。用户在"Find Business in Afghanistan"（查找阿富汗的公司）下方的搜索框中输入关键词，即可对关键词内容进行检索。

（3）高级检索。单击 Find 主页上的"Advanced Search"，进入高级检索页面。用户可以在"Search"文本框中输入关键词，然后在"Any City"（任一城市）、"Any Category"（任一类别）中的字段下拉列表中选择所需检索的字段，通过"Distance around my position"（距离我的位置）设置距离检索目标，在"Order by"（排序查询）中设置检索结果排序等对搜索结果进行限定。

（4）结果显示。Find 的检索结果以记录的形式显示，记录中通常包含该公司的名称、网址、所在城市、联系电话、电子邮箱等信息。

六、马尔代夫互联网搜索引擎及其使用

由于马尔代夫通用语言是迪维希语，因此大多数搜索引擎都是针对迪维希文和英文网络信息资源进行的检索。

"马尔代夫黄页（Yellow Pages of Maldives，www.yell.mv）"提供马尔代夫国内各类公司、服务机构的简介、联系方式、地图位置等重要信息。网站的主页包括关键词搜索和分类目录检索两个部分。用户可以在关键词搜索区的搜索框内输入感兴趣的英文关键词，点击搜索图标即可以在站内进行关键词搜索操作。例如，用户想了解马尔代夫国内的医院，可以在搜索框内输入"hospital"并点击搜索，得到的结果以列表形式显示，包括医院名称、地址、联系电话、网站地址、谷歌地图位置等信息。分类目录检索区提供22个种类目录，依次为：超市、出租车、宾馆、自动取款机/银行、理发店、旅行社、汽车维修、餐厅、婴儿用品、影院、医院/诊所、花店、电子产品、比萨、婚礼及宴会用品、家具、电工、航空公司、手机维修、五金店、教育、健身房。马尔代夫黄页网站通过网络将实用的信息展示在互联网平台上，同时提供手机端应用软件，为用户查找相关网站带来了便利。

图2-13　马尔代夫黄页网站主页

第三章　南亚国家门户网站与南盟主要网站

第一节　南亚国家门户网站

一、印度主要门户网站

（一）雅虎印度

"雅虎印度（www.in.yahoo.com）"是门户巨头雅虎在印度的分站，也是雅虎在南亚地区唯一的服务网站。该网站主要提供新闻、搜索引擎、邮箱、即时通信、体育、财经、购物、游戏、影视、汽车、旅游、天气、图片、视频等综合网络服务。印度雅虎致力于打造印度最权威的信息交流平台，在印度拥有广泛的用户。

1.主页介绍

该网站只有英文版，无印地语页面。网站主页最上方是雅虎自主的搜索引擎。主页左侧是业务频道栏，包括电子邮件、板球、财经、新闻等；中间部分为新闻版块，以滚动新闻的形式呈现；右侧为热点言论、话题、视频以及当日汇率和天气预报。

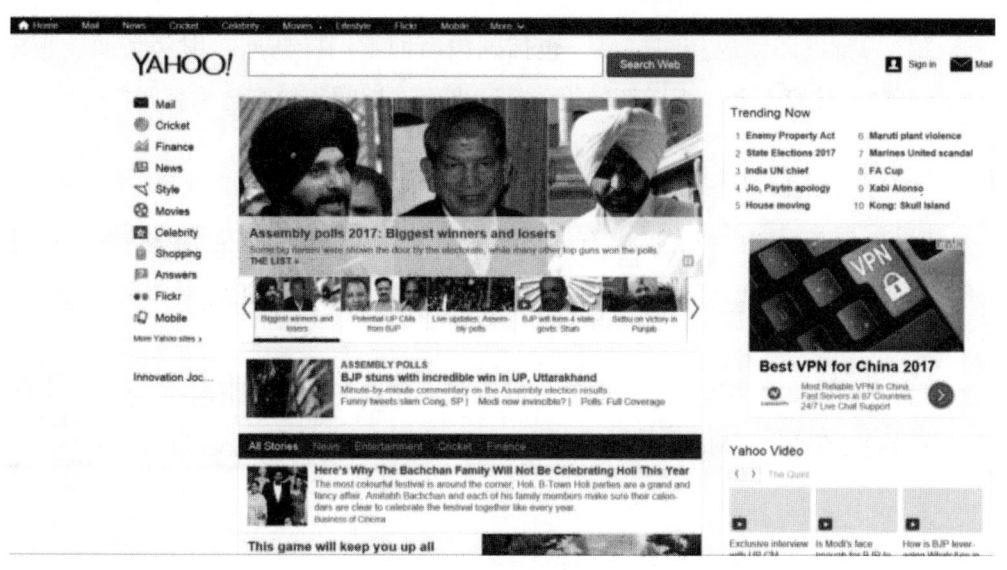

图3-1　雅虎印度网站主页

2.业务栏目

（1）电子邮件

雅虎邮箱自 1996 年开始，在全球范围为用户提供电子邮箱服务。该栏目为雅虎在印度的电子邮件业务。在邮箱首页能够进行申请、登录雅虎电子邮箱操作。同时，申请的雅虎电子邮箱还能作为雅虎账号登录、浏览雅虎网站，成为使用雅虎相关服务的通行证。

（2）板球栏目（www.cricket.yahoo.com）

板球是印度家喻户晓的一项运动，在印度享有国球地位。雅虎印度网站专门设立了板球栏目。该栏目包括主页、实时战况、近期系列赛事战况、参赛队伍、赛事预报、历届赛事等六个频道。栏目首页为最佳的赛事头条新闻，下方为赛场照片，底部为板球球队和运动员的最新世界排名。

（3）财经栏目（www.in.finance.yahoo.com）

该栏目为雅虎独立的印度财经栏目，主要提供金融、市场、理财等财经信息。栏目主页最上方为项目栏，包括：财经首页、市场、新闻、个人理财、图片、视频、科技、工业等。主页还有孟买 SENSEX、道琼斯等各大财经指数信息以及财经新闻动态。

（4）新闻栏目（www.in.news.yahoo.com）

该栏目为雅虎印度的新闻栏目，包括国内新闻、国际新闻、财经新闻、板球新闻、生活新闻、体育新闻、视频新闻等，在印度大选期间还设有选举新闻栏目。

（5）生活栏目（www.in.style.yahoo.com）

生活栏目包含内容广泛，其下有电影、明星、丽人、时尚、健康等子栏目。主要提供时尚生活潮流讯息、印度名人以及国际名人最新消息和言论、电影资讯等各种信息。

以上为雅虎印度的主要栏目，除此之外，雅虎印度还设有网络购物、Flickr 图片共享、Answers 问答论坛、Messenger 实时通讯等全球雅虎网站的常设版块。

（二）Rediff

"Rediff（www.rediff.com）"是印度地方性门户网站，是印度最大的信息交流平台，是世界上在线服务的平台之一。该网站建于 1996 年，为英文网站，成立的目的是给全世界的印度人提供各种各样的服务。该网站总部设在孟买，在新德里和纽约设有分部，有电子邮件、搜索引擎、新闻娱乐、网络购物等服务，是全世界印度人在线联系的理想平台，其在线购物能够保障消费者网上交易安全。

Rediff 网的电子邮箱和网络购物是其首推栏目。主页最上方就是网站个人电子邮箱（Rediffmail）和商用电子邮箱（Email for your Business）入口，Rediffmail 邮箱的注册人数达 9500 万人。电子邮箱版块下方是与网络购物有关的分类子栏目，包括：男士、女士、移动通信、电器、个人护理、健康、书籍等。

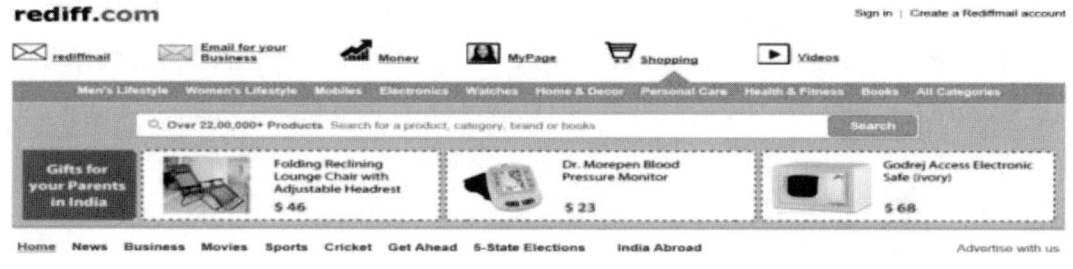

图 3-2　Rediff 主页导航栏

Rediff 主页栏目包括：（1）主页，Rediff 主页以图片卡的形式显示新闻内容，每张图片卡配一张图片和一句新闻标题，分布全屏；（2）新闻栏目，包括：Headlines（头条新闻）、Defence（军事新闻）、Images（图片新闻）、Columns（专栏）、Interviews（新闻访谈）、Specials（特别新闻）等 6 个子栏目；（3）财经栏目，包括：Headlines（财经头条）、Columns（财经专栏）、Personal Finance（个人理财）等，该栏目还会公布印度年度财政预算；（4）影视栏目，包括：Headlines（影视头条）、Images（影视图片）、Reviews（影视评论）、Television（电视）、Southern Spice（印度南部泰米尔语、泰卢固语影视动态）、Hollywood（好莱坞动态）、Stars Spotted（影视明星动态）、Trailers（新片预告）等；（5）体育栏目，专门设有板球栏目；（6）India Abroad（海外印度），为美国纽约的一份周刊，主要为美籍印度人和海外离散印度人提供印度新闻，是 Rediff 的特色栏目。

（三）Indiatimes

"Indiatimes（www.indiatimes.com）"是目前印度国内最流行的互联网及移动增值服务供应商，网站提供娱乐、新闻、多媒体、电影、游戏、购物等信息。Indiatimes 网站仅提供英文版，网站设计清爽简洁，符合时下流行的扁平化设计风格，版面活泼，交互性强，有亲和力，符合年轻人群的审美。根据 Alexa.com 网站统计，该网站在印度国内网站中排第 12 位，是最受欢迎的门户网站之一。

该网站有 8 个常设版块内容：（1）主页，以图片形式展示各栏目的头条内容。首先是当日头条，其后各栏目选取 6 个重点新闻内容以图片配标题的形式在主页推送；（2）新闻栏目，包括：印度新闻、全球新闻、体育新闻、奇闻异事、热门新闻、视频等；（3）生活栏目，包括：个人、风格、科技、旅行、美食等子栏目；（4）娱乐栏目，包括：宝莱坞动态、明星、好莱坞新闻子栏目；（5）健康栏目，下设健康生活、健康食谱、健康激励、建议与妙招等子栏目；（6）体育栏目，该栏目为综合性体育栏目，该网站并没有专门的板球栏目；（7）视频栏目，提供最新的视频新闻。Indiatimes 网站内容多以图片、视频等多媒体形式呈现，令人耳目一新。该网站专设一个 FITIT（Fit Indiatimes）栏目，鼓励用户参与体育锻炼，保持身体健康。

二、巴基斯坦主要门户网站

（一）乌尔都语要点网（Urdu Point, اردو پوائنٹ）

"乌尔都语要点网（www.urdupoint.com）"是全球最大、访问量最多、最受欢迎的乌尔都语网站。该网站正式建立于 2000 年 8 月 14 日，其前身"乌尔都语名片网（Urdu Cardstock, اردو کارڈ）"创始于 1998 年，是首家提供发送乌尔都语名片服务的网站。因此，乌尔都语要点网自建立以来便受到了巴基斯坦国内的广泛关注。作为巴基斯坦最大的乌尔都语门户网站，乌尔都语要点网功能强大，提供新闻滚动播报、天气预报、宗教经典节选阅读、信息订阅、电子书购买、论坛等服务。该网站初创时设 12 个栏目，更新速度缓慢，经过十多年的发展，如今该网站导航栏所设的栏目增至 19 个，具体包括：انبار（新闻）、پاکستان（巴基斯坦概览）、شاعری（诗歌）、ادب（文学）、مزاح（幽默笑话）、بچے（儿童）、خواتین（妇女）、پکوان（美食）、شوبز（娱乐圈）、آپ کا دن（您的一天）、کھیل（体育）、اسلام（伊斯兰教）、صحت（健康）、کتابیں（图书）、ٹیکنالوجی（技术）、موسم（天气）、کاروبار（商业）、موبائل（手机）、ٹی وی（电视频道）等。

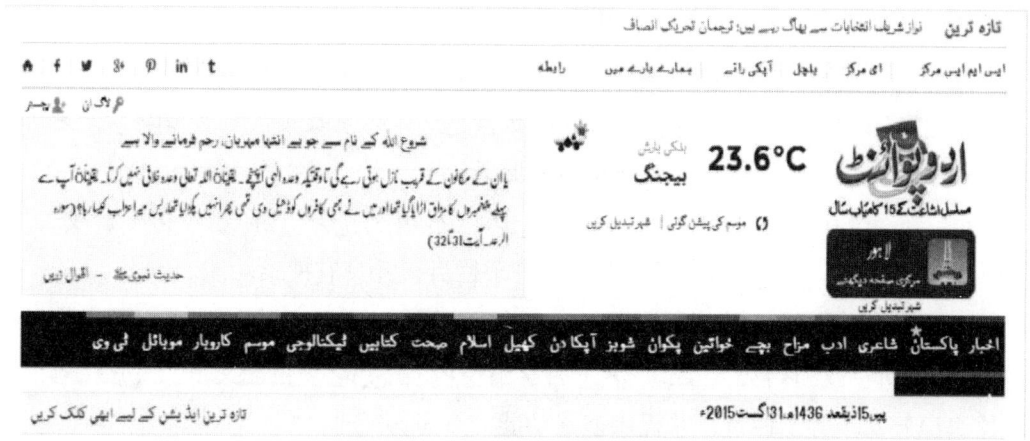

图 3-3　乌尔都语要点网主页

乌尔都语要点网每个栏目的内容丰富，其具体内容如下：

（1）"新闻"栏目包括 آج کا اخبار（今日要闻）、تازہ ترین（最新消息）、شہروں کی خبریں（城市新闻）、کالم（专栏）、مضامین و انٹرویوز（话题和采访）、سابقہ اخبارات（往日要闻）、نیوز چینل（新闻频道）等子栏目，同时提供检索服务（تلاش کیجے）。

（2）"巴基斯坦概览"栏目包括 پنجاب（旁遮普）、سندھ（信德）、بلوچستان（俾路支斯坦）、خیبر پختونخوا（开伯尔-普什图赫瓦）、گلگت بلتستان（吉尔吉特-巴尔蒂斯坦）、آزاد کشمیر（自由克什米尔）、فاٹا（联邦直辖部落区）、پاکستان کی خبریں（巴基斯坦新闻）、پاکستان کے کالم（巴基斯坦专栏）、پاکستان کے مضامین（巴基斯坦话题）、پاکستان کی تصاویری البم（巴基斯坦相册）、تصاویر（巴基斯坦图片）、پاکستان کی ویڈیوز（巴基斯坦视频）、پاکستان کے سیاحتی مقامات（巴基斯坦旅游景点）、ڈائرکٹری（索引）等子栏目。

（3）"诗歌"栏目包括 بلند پایہ شعراء（传奇诗人）、فہرست（名录）、شعرا کے شہر（诗人的城市）、آڈیوز（音频）、عشرے（十行诗）、ڈائرکٹری（索引）、تصاویری البم（图片集）、مضامین（题材）、ویڈیوز（视频）、آپ کی شاعری（您的诗作）、پسندیدہ ترین（最受欢迎诗作）、نعتیں（赞美诗）、مزاحیہ شاعری（讽喻诗）、بے ربط شاعری（杂诗）、تصاویر بھیجیں（发送图片）等子栏目，并提供搜索服务。

（4）"文学"栏目包括 اردو ادب（乌尔都语文学）、نوبل پرائز برائے ادب（诺贝尔文学奖）、مشاعرے（赛诗会）、اردو سیز پاکستانی（海外巴基斯坦人文学）、پاکستان کے صوفی شعرا（巴基斯坦苏非诗人）、علاقائی ادب（地区文学）、عالمی ادب（世界文学）、آپ بیتی（自传）、افسانہ（短篇小说）、ناول（长篇小说）、انٹرویوز（采访）、ادب خبریں（文学新闻）、تبصرہ کتب（评论）、ادبوں کے لطیفے（文学幽默故事）、ادبی رسائل و جراند（文学报纸杂志）、ایک کتاب ایک مضمون（一书一文）、ادب کے ادیب（文学家）、تاریخ اردو（乌尔都语历史）、ادیبوں ڈائرکٹری（文学家索

引）、گیلری（作品展示）等子栏目，还提供搜索服务。

（5）"幽默笑话"栏目包括 مزاحیہ ادب（幽默文学）、مزاحیہ کالم（幽默专栏）、لطیف（幽默故事）、مضامین（主题）、پسندیدہ ترین（最受欢迎）、نیا اضافہ（更新）、مزاح نگار（幽默图片）等子栏目，并提供搜索服务。

（6）"儿童"栏目包括 مضامین（主题）、کہانیاں（故事）、متفرق（杂文）、گیمز（游戏）、انعام（有奖竞赛）、ماؤں کی باتیں（母亲寄语）等子栏目，并具有搜索功能。

（7）"妇女"栏目包括 بچے کی نگہداشت（看护孩子）、خوبصورتی（美丽）、ویڈیوز（视频）、اسلام 100 نامور خواتین（伊斯兰教和妇女）、گھریلو ٹوٹکے（居家小技巧）、مضامین（主题文章）、اور عورت（百位杰出妇女）等子栏目，并提供搜索功能。

（8）"美食"栏目包括 تمام تراکیب（全部技巧）、ویڈیوز（视频）、تصاویری گیلری（图片库）、مضامین（主题文章）、لائیو ٹی وی چینلز（电视直播频道）、ٹوٹکے（小窍门儿）、پسندیدہ ترین（最受欢迎）等子栏目。此外，该栏目还可供访客求索或分享烹饪方法、技巧，同时提供电视台烹饪节目的链接和搜索服务。

（9）"娱乐圈"栏目包括 شوبز خبریں（娱乐圈新闻）、شوبز مضامین（娱乐圈主题文章）、انٹرٹینمنٹ چینل（娱乐频道）、میوزک چینل（音乐频道）等子栏目。

（10）"您的一天"栏目包括 آج کا دن（今日运势）、آج پیدا ہونے والوں کے اوصاف（今天出生者的特征）、اپنے بوج کے بارے میں جاننے（了解星座相关）、آپ کے پتھر（适合您的宝石）、مضامین و فیچرز（主题文章和特点）、آپ کے سوال و جواب（问题与解答）、گزشتہ دنوں کے حالات（过去的情况）、ماہر نجوم سے سوالات پوچھ（咨询占星家）等栏目。

（11）"体育"栏目包括 کرکٹ（板球）、فٹبال（足球）、ہاکی（曲棍球）、ٹینس（网球）、سکواش（壁球）、باکسنگ（拳击）、ریسلنگ（摔跤）、تن سازی（健美）、کبڈی（卡巴迪）、مضامین（主题文章）、خبریں（新闻）、تصاویر（图片）、ویڈیوز（视频）等子栏目。

（12）"伊斯兰教"栏目包括 تلاوت قرآن مجید（诵读《古兰经》）、قرآن مجید پڑھنے（《古兰经》研究）、اسلام کتابیں（伊斯兰教书籍）、تعلیم（先知赞美诗）、مضامین（宗教文章）、آڈیوز（音频）、ویڈیوز（视频）、پاکستان میں نماز کے اوقات（巴基斯坦礼拜时间）、بین الا قوامی نماز کے اوقات（国际礼拜时间）、گیلری（图片库）、اسلام چینلز（伊斯兰教频道）等子栏目，并提供检索功能。

（13）"健康"栏目包括 مضامین（保健文章）、صحت کی خبریں（健康新闻）、غذا اور صحت（食品与健康）、صحت کے چینلز（健康频道）等子栏目，并提供检索功能。

（14）"书籍"栏目包括 آپ（自传）、مذہب（宗教）、کھیل（体育）、ناول（长篇小说）、شخصیات（名人传记）、سفرنامہ（游记）、تاریخ（历史）、سیاست（政治）、افسانے（短篇小说）、طنز و مزاح（讽刺和幽默）、صحت（健康）等子栏目。

（15）"技术"栏目包括 آن لائن سروسز（新闻）、خبریں（移动通信和设备）、موبائل اور آلات

（线上服务）、ویڈیوگیمز（视频游戏）、متفرق مضامین（杂文）、تجاویز اور ترکیبیں（建议和方法）、اپپلیکیشن انٹرویوز（应用与拓展）、تھری جی – فور جی（3G 与 4G）、جانے اور سمجھے（应知应会）、اور ایکسٹینشن（采访）等子栏目，同时提供检索服务。此外，访问者还可以给该栏目发送电子邮件。

（16）"天气"栏目包括 موسم کی خبریں（天气新闻）、تمام ملک（全国天气）、چین کے تمام شہر（中国各城市天气）等子栏目，并提供检索服务。

（17）"商业"栏目包括 کاروباری خبریں（商业新闻）、کاروباری مضامین（商务文章）、سونے کی قیمتیں（金价）、چاندی کی قیمتیں（银价）、اوپن مارکیٹ کرنسی ریٹس（开放市场货币汇率）、بین الا قوامی کرنسی ریٹس（国际国币汇率）、پٹرولیم مصنوعات کی قیمتیں（石油制品价格）、معیشت و کاروبار（经济和贸易）等子栏目。

（18）"手机"栏目包括 نوکیا（诺基亚）、سونی（索尼）、سیمسنگ（三星）、کیو موبائل（Q 手机）、ایپل（苹果）、ایل جی（LG）、بلیک بیری（黑莓）、3G موبائل（3G 手机）、4G موبائل（4G 手机）、ڈبل سم والے موبائلز（双 SIM 卡手机）、ٹچ سکرین والے موبائلز（触屏手机）、ایڈوانس سرچ（高级检索）等子栏目，并提供内容检索服务。

（19）"电视频道"栏目包括 نیوز چینل（新闻频道）、سپورٹس چینل（体育频道）、انٹرٹینمنٹ چینل（娱乐频道）、پکوان چینل（饮食频道）、مذہبی چینل（宗教频道）、صحت چینل（健康频道）、تعلیمی چینل（教育频道）、میوزک چینل（音乐频道）、علاقائی چینل（地区频道）、کاروباری چینل（商业频道）等子栏目。

（二）巴基斯坦天堂网（Pakparadise）

"巴基斯坦天堂网（www.pakparadise.com）"是由巴基斯坦民间团队制作的英语门户网站，以"A Positive Pkistan, My Pakistan"（一个积极的巴基斯坦，我的巴基斯坦）为口号，内容涵盖广泛，页面整洁素雅。

巴基斯坦天堂网的导航栏分上下两层。第一层包含 4 条链接，分别是：（1）Home（主页），主要对网站内容进行综合呈现，提供巴基斯坦重大新闻、政治、历史、旅游等方面的信息；（2）Archives（档案），分别按时间、类型和图片提供网站内容的索引，方便访问者浏览；（3）Site Map（网站导航），显示网站的整体架构，方便访问者按需求浏览内容；（4）Urdu Chat（乌尔都语聊天），为访客提供乌尔都语聊天场所；（5）Search（搜索），为访客提供面向网站内所有内容的搜索服务。导航栏的第二层提供网站内容的分类链接，共包含 13 个栏目，分别是：商业、教育、娱乐、历史、当地英雄、媒体、新闻、政治、评论、科技、体育、旅游和视频。各子栏目下的内容有交叉，比如一篇政治领域的新闻在"政治"和"新闻"两个栏目下均可浏览。

图 3-4　巴基斯坦天堂网主页

导航栏下是头条版块，访客可以点击浏览网站推荐的帖子，也可以按"热门"、"最新"、"评论"、"档案"等条件分类检索文章。

头条版块之下是网站首页的分类检索版块。版块内设置"政治"、"历史"、"当地英雄"、"游览巴基斯坦"、"其他最近更新"等五个子版块。此外，在右侧边栏还设置了"最新评论"和"热门标签"两个子版块，方便访客了解网站最时新、最热门的内容。

网站底部是功能版块，由左至右排列着"热门帖子"、"日历"、"页面链接"和"会员"等栏目。访客通过"热门帖子"可以了解网站内浏览次数排在前十的文章及其浏览量；通过"日历"栏目可查询日期；通过"页面链接"可点击打开"档案"、"网站导航"和"乌尔都语聊天室"等页面；通过"会员"栏目可实现注册、登录、订阅以及进入 WordPress 博客平台等功能。

（三）我们的网（هماری ویب，Hamariweb）

"Hamariweb（www.hamariweb.com）"是由网络商务媒体私人有限公司（Webiz Media Pvt. Ltd）建立的综合性门户网站，旨在满足各年龄阶段用户的需求，目前已成为巴基斯坦最受欢迎的门户网站之一。

Hamariweb 提供英文版和乌尔都文版两个版本，所设栏目多样，内容丰富。以英文版为例，其首页顶部的导航栏包含 25 个项目，分别是 News（新闻）、Finance（财政）、TV（电视）、Mobiles（手机）、Videos（视频）、Criket（板球）、Articles（文章）、Poetry（诗歌）、Dictionaries（词典）、Islam（伊斯兰教）、Health（健康）、Results（成绩）、Baby Names（婴儿姓名）、Classfied（分类广告）、Recipes（食谱）、Weather（天气）、Directory（工商名录）、Games（游戏）、My Page（个人主页）、

Photos（图片）、Jobs（工作）、Urdu Editor（乌尔都语编辑）、Travel & Tours（游览和旅行）、Student Corner（学生角）以及 Online Tools（在线工具）等。

导航栏之下是头条版块，该版块以图片滚动的形式循环显示网站最近更新的头条信息。头条版块之下是热门内容版块，该版块图文并茂，显示导航栏中 10 项热门内容，分别是：News（新闻）、Videos（视频）、Articles（文章）、Poetry（诗歌）、Food & Recipes（食物和食谱）、Latest Mobiles Prices（最新手机价格）、Multilingual Dictionaries（多语言词典）、Baby Name & Meanings（婴儿姓名及意义）和 Watch Live Sports（观看体育直播）。

Hamariweb 提供站内关键词检索服务和站外新闻网站链接服务。用户既可以通过输入关键词搜索所需信息，又可以通过点击图标链接进入巴基斯坦主要的新闻网站，如 GEO 新闻网、世界新闻网、ARY 新闻网、SAMAA 新闻网等。

（四）巴基斯坦综合站（ApniiSP）

"巴基斯坦综合站（www.apniisp.com）"是巴基斯坦著名的综合性英文门户网站，主要包括巴基斯坦和印度音乐的免费下载、游戏、即时通信、照片、访谈、壁纸、食谱、笑话、网页指南等内容。

该网站主页炫丽，动画、图片交织，版块分明，深受年轻人的喜爱。网站主页分为 16 个版块，分别是：预告片、音乐、图片、新闻、收音机、聊天室、海报、周末影院、采访、壁纸、博客、歌词、名人聊天、综述评论、竞猜、投票。访客也可以通过点击各版块内的提示按钮或图片浏览相关内容。

（五）ePakistan

"ePakistan（www.epakistan.com）"是为海外巴基斯坦人专门设立的英文门户网站。通过该网站，身处不同国家的巴基斯坦人可以互联互通。

该网站首页设 5 个栏目，分别是：新闻、博客、论坛、礼物、分类广告。导航栏的宣传图片炫丽醒目，明确显示了网站主旨，即为全球巴基斯坦人服务。网站主体部分采取双纵列设计，按更新时间显示新闻和通告，访客可按照意愿点击浏览。网站底部为服务版块，分为三部分，分别是：链接、ePakistan 站点、订阅。

三、孟加拉国主要门户网站

随着孟加拉国互联网的发展，孟加拉国本土网站和服务日益增多。这些网站类型多样，面向对象层次多样，目标定位也不尽相同。

（一）孟加拉国 24 小时网（Bdweb24）

"孟加拉国 24 小时网（www.bdweb24.com）"，是孟加拉国最大的分类信息门户网站，涵盖教育、娱乐、工作、学术、报纸、旅游等全方位分类信息。该网站主页风格简洁，为英文版本，但部分内容显示为孟加拉语。该网站支持英文站内搜索，搜索关键词长度必须为 3—20 个字符。用户可以直接在主页右上角的搜索框内输入关键词，查找网站内的相关分类信息，也可以点击主页上方的 Sports（运动）、Entertainment（娱乐）、Bangladesh Tour（孟加拉国旅游）、University（大学）、Scholarship（学术）、Jobs（工作）、Health（健康）、Top News（热门新闻）等主题，查找相关类别的信息。网站主页左侧提供 BD Official Online Registration（孟加拉国官方在线注册）、Education Related Info（教育相关信息）、Emergency（急救）、International Newspapers & Magazines（国际报纸和杂志）、International Universities & Colleges（国际大学和学院）、International Live Score Updates（国际比分直播）等推荐信息，方便访客根据兴趣和需要实现快速访问。网站主页主体部分，以红色字体显示出各子类别及其相关信息，除与主题相关的类别以外，还包括孟加拉国基本信息、医疗目录、公司及非政府组织列表、信息技术、政府机构目录等信息。主页下方还提供了三种下拉列表式快速检索，分别为：（1）Search More Jobs in Bangladesh（搜索更多孟加拉国工作），能够快速跳转到孟加拉国各求职网站；（2）Various Ministry of Bangladesh（孟加拉国各部），能够快速跳转到孟加拉国政府各个部门的官方网站；（3）Dept & Division of Ministry（部门机构），能够快速跳转到孟加拉国各政府部门下设机构。

（二）孟加拉生活网（Bangla Live）

"孟加拉生活网（www.banglalive.com）"是聚焦孟加拉国生活的分类门户网站。该网站语言为孟加拉语，不能切换为其他语言，支持英文和孟加拉文站内信息搜索。网站右上方提供广告招商和用户登录，导航栏提供清晰明确的内容导航。除"主页"和"搜索"以图标形式显示以外，其余主题均以文字导航为主，共包含 13 个子栏目，分别为 খবর（新闻）、বিনোদন（娱乐）、লাইফস্টাইল（生活方式）、ট্রাভেলাভ（旅行）、ট্রাভেলাভ

（特色）、সাহিত্য（文学）、ফটোগ্যালারি（图片库）、রাশিফল（星座）、ব্লগ（博客）、Podcast
（播客）、উড়ালপুল（天桥）、রেসিপি（食谱）、শপিং（购物）。网页内容多采取缩略图的形
式分布，重点推荐内容动态显示，该网站布局合理，图文并茂，有助于访问者迅速发
现兴趣所在，并且不容易错过要闻趣闻等重点信息。

图 3-5　孟加拉国生活网主页

（三）孟加拉国综合门户网（Web Bangladesh）

"孟加拉国综合门户网（www.webbangladesh.com）"是孟加拉国著名的综合信息门
户网站，注册于 1999 年 12 月 22 日，网站语言为孟加拉语。该网站致力于提供孟加拉
国的新闻和娱乐信息，主要包括新闻、购物、图片、视频、音乐、健康、娱乐、旅
游、漫画等综合性网络服务。用户可以在导航栏右侧的搜索框中直接输入关键词，查
找相关的站内信息，也可以点击导航栏上的文字直接跳转到相应主题。导航栏下方布
局主要采取图文结合方式，以缩略图形式显示为主，辅以必要的文字介绍，方便用户
进行信息筛选和浏览。

四、斯里兰卡主要门户网站

（一）青年网（Tharunaya）

"青年网（www.tharunaya.us）"是 Gigies 私人有限公司 [Gigies（Pvt）Ltd] 于 2004
年创办的僧伽罗语综合资讯类门户网站，主要为用户提供全方位的导航、咨询、新

闻、娱乐等互联网服务，其网站内容丰富，频道栏目设置清晰。

青年网的主页导航栏共分为 19 个版块，每个版块又包括多个栏目，分别为：（1）ශ්‍රී ලංකා සිංහල නිවුස්（斯里兰卡僧伽罗语新闻），该版块为用户提供较为全面的分类新闻，包括 8 个栏目，分别是：ජීවිතය（健康类新闻）、කලා පුවත්（艺术类新闻）、ක්‍රීඩා පුවත්（体育类新闻）、ව්‍යාපාරික පුවත්（经贸类新闻）、විදෙස් පුවත්（国外新闻）、ගොසිප්（八卦类新闻）、අතිරේකය（其他新闻）；（2）සිංහල ටෙලිනාට්‍ය（僧伽罗语电视），该版块提供丰富的电视节目视频资料，包括 5 个栏目，分别是：අලුත්ම පුවත් විඩියෝ（电视新闻视频）、විනෝදාංශ විඩියෝ（娱乐节目）、දේශපාලන විඩියෝ（政治类节目）、කාන්තා වැඩසටහන්（女性节目）、ටෙලිනාට්‍ය（电视剧）；（3）ගින්දර විඩියෝ（热门视频），该版块主要为用户提供各类自制视频的浏览；（4）සිංහල ලිපි（僧伽罗语文章），该版块为用户提供各类僧伽罗语文章的浏览与阅读，包括 5 个栏目，分别是：සොඳුරු නවාතැන්（休闲度假）、ගම්මැද්ද（乡村生活）、නෙළුම් විල（心灵故事）、කෘෂිකර්මය（花草植物）、ඇස ගැටෙන මානය（大千世界）；（5）ලග්න එළාපල（星象命理），该版块主要提供星象、命理等方面的文章以及算命服务，包括 2 个栏目：ජෝතිෂ්‍ය ලිපි（星象命理文章）、ජෝතිෂ්‍ය සේවාව（算命服务）；（6）නීති උපදෙස්（法律咨询），该版块提供与斯里兰卡法律相关的文件、档案的下载与浏览服务；（7）නිවාස සැලසුම්（家装设计），该版块提供与家装设计相关的图片、文章和相关企业的网站链接；（8）ෆෙන්ෂුයි（风水），该版块提供与风水相关的图片、文章；（9）රූපලාවණ්‍යය（美容），该版块提供美容、健身、两性等方面的文章，包括 5 个栏目，分别是：සෞඛ්‍යය（健康）、ලිංගික අධ්‍යාපනය（两性）、ජීවිතය සුන්දර（家庭生活）、මවකගේ සිහිනය（母亲）、මුලතැන් ගෙය（烹饪）、කේෂාලංකාර（美发）；（10）බෞද්ධ කලාපය（佛教），该版块提供佛教经文和本生故事相关的文章浏览服务，包括 පිරිත් කලාපය（佛教经文）、ජාතක කතා（本生故事）2 个栏目；（11）සිංහල විහිළු කතා（笑话），该版块包括 දෙයියෝ සාක්කි（笑话）和 පුවත්පත් කාටූන්（漫画）两个栏目；（12）චිත්‍රපට නරඹන්න（电影观赏），该频道提供 4 种语言电影的在线观看服务，包括 සිංහල චිත්‍රපට（僧伽罗语电影）、හින්දි චිත්‍රපට（印地语电影）、ඉංග්‍රීසි චිත්‍රපට（英语电影）和 දෙමළ චිත්‍රපට（泰米尔语电影）；（13）ටී වී නරඹන්න（电视观赏），该版块提供斯里兰卡所有提供在线直播的电视媒体的网站链接；（14）සංගීත（音乐），该版块提供斯里兰卡音乐的在线试听服务，版块中按照歌曲首字母顺序和歌手首字母顺序分别提供目录供用户查找，同时也提供关键词查找服务；（15）පින්තූර පියස（图片），该版块提供包括风景、儿童、体育、动物、卡通、游戏、明星、汽车等 12 种类别的海量图片下载服务；（16）සිංහල ගී පදවැල්（歌词），该版块提供僧伽罗语、英语、印地语歌曲歌词的下载服务；（17）නළ නිළියෝ（明星），该版块提供斯里兰卡、印度宝莱坞、好莱坞著名演员的相关资讯浏览以及其照片的浏览和下载服务；（18） වෛද්‍යය සහ සෞඛ්‍යය （医疗与健康），该版块提供医疗健康养生领域的相关资讯与文章；（19） විකිණීම （出售），该版块主要提供房地产和车辆出售的信息。

（二）僧伽罗人网（Sinhalaya）

"僧伽罗人网（www.sinhalaya.com）"由 Sinhalaya Worldwide 公司于 2002 年创办，是斯里兰卡颇受欢迎的僧伽罗语和英语双语综合性资讯与娱乐门户网站。僧伽罗人网主要为用户提供全面、及时的全球或地区新闻热点资讯，还兼顾娱乐、文学、教育、论坛、邮件等多版块的资讯和网络服务。

僧伽罗人网主页分为上下两大版块，上部版块为导航栏，分列了除新闻之外的 11 个栏目，其中包括：සයිබර් නිර්මාපකයන්ගේ සමාජය （创作乐园）、කුස්සිය （烹饪）、සයිබර් පුස්තකාලය （电子图书馆）、පැතුම් පියස （送祝福）、බුද්ධාගම （佛教）、සිංහල ඊමේල් （电子邮件）、ඊ-සංගීතය （音乐）、සංචාරය （旅游）、සයිබර් සාහිත්‍යය （网络文学）、සයිබර් හමුව （交友）、කතාබහ （论坛）。用户直接点击目录标题即可进入各栏目。主页下部版块为新闻版块，该版块分为三部分，左上为僧伽罗语新闻版块，包括头条新闻及其他新闻链接；左下为英语新闻版块，包括头条新闻及其他新闻链接；右侧为当日热点新闻关键词版块，列出了热点新闻的多个关键词，用户通过点击关键词就可轻松找到相应的新闻。点击进入各个新闻主页后，用户还可进行评论，并与其他用户进行互动。

（三）YAMU 网

"YAMU 网站（www.yamu.lk）"是斯里兰卡 YAMU 私人有限公司［YAMU (Private) Ltd.］于 2012 年推出的英文网站，主要提供斯里兰卡首都科伦坡及其他主要城市的生活资讯。YAMU 网站凭借其精美而富有创意的设计、全面而前沿的资讯、周到的服务及绝佳的用户体验一跃成为斯里兰卡最受欢迎的综合资讯门户网站之一，尤其深受年轻人和旅游者的喜爱。

YAMU 是僧伽罗语词 යමු 的英文转写，意思是"让我们走吧！"。YAMU 网主页顶端导航栏包括 8 个频道，用户点击各频道标题后，会在下面列出该频道下设的二级子栏目和三级子栏目，用户再次点击即可进入自己所需的网页。导航栏中的八个频道及其下设栏目分别为：

（1）KAMU（让我们吃吧！），本频道主要提供与美食相关的资讯，其下设子栏目包括 Restaurants（餐厅）、Menus（菜单）、Reservations（预订）、Delivery（送餐）、

Cuisine（美食）、Dish Type（美食种类）、Facilities（设施）。其中美食、美食种类和设施三个栏目还下设多个三级子栏目。

（2）Others（其他），本频道主要提供与饮品、购物、休闲、娱乐、住宿、慈善相关的资讯，下设 5 个子栏目，包括：BOMU（让我们喝吧！）、GAMU（让我们买吧！）、BALAMU（让我们看吧！）、IMU（让我们住吧！）、DEMU（让我们捐赠吧！）。其中，GAMU（让我们买吧！）下设 Clothes（服装）、Salons and Spas（沙龙与疗养）、Books and Stationary（书本与文具）、Transport（交通）、All Shop Types（所有商店类别）等 5 个三级子栏目，BALAMU（让我们看吧！）下设 Beaches and The Sea（海滩与海）、Gyms（健身馆）、Parks and Recreation（公园与娱乐）、Historic（历史古迹）、All Attraction Types（所有地址类别）等 5 个三级子栏目。

（3）Blog（网络日志），本频道主要提供用户发布的各类日志以及相关新闻资讯，下设 4 个二级子栏目，包括：All Posts（所有文章）、Features（特色）、Round-Ups（综述）和 News（新闻）。

（4）KARAMU（让我们做吧！），本频道主要包括近期各种演出、电影、文化艺术活动的相关资讯，下设 3 个二级子栏目，分别为 This Week（本周）、This Month（本月）、Next Month Onwards（下月即将）。

（5）AHAMU（让我们问吧！），用户可以在登录的状态下点击本频道页面右侧的 ASK A QUESTION（提问）绿色按钮进行提问，也可以在页面正中间的文本输入框中键入关键词对已有的提问进行搜索。

（6）Vedio（视频），本频道收录了大量与本网站主题相关的视频，用户可以通过搜索引擎输入关键词进行检索。

（7）Area（地区），本频道提供按区域检索生活资讯服务，下设 8 个二级子栏目，包括：Colombo（科伦坡）、Down South（南部）、Negombo（尼甘布）、Jaffna（贾夫纳）、Cultural Triangle（文化三角地带）、Hill Country（山区）、The East（东部）和 All Areas（所有地区）。其中，科伦坡和南部两个子栏目还下设有若干个三级子栏目。

（8）More（更多），本频道包括本网站其他辅助功能与信息，下设的 9 个子栏目包括：YAMU Magazine（YAMU 杂志）、Recent Comments（近期评价）、Train Map/Schedule（火车路线图与时刻表）、Colombo Bus Map（科伦坡公交线路图）、Advertising（广告）、Jobs（求职）、About Us/Contact（关于我们/联系方式）、YAMU FAQs（YAMU 常见问题）、Commenting Policy（评价规则）。YAMU 网从 2015 年底开始推出每月一期的杂志，用户可以通过 YAMU 杂志子栏目直接在网站里下载 PDF 版本，也可根据网站提供的地址领取纸质版杂志，或者进行邮寄订阅。除了主页导航栏以外，网站所有频道与栏目均在导航栏下方以版块形式自上而下排列，用户可直接点击频道和栏目名称进入相应页面进行浏览。

五、尼泊尔主要门户网站

尼泊尔由于互联网引进较晚、发展较慢等原因，至今尚无大型的综合类门户网站，只有一些专业类的门户网站，个别专业类网站经过发展已经略有综合类门户网站的色彩。

（一）尼泊尔生活网（Bizmandu）

"尼泊尔生活网（www.bizmandu.com）"是尼泊尔较为著名的生活类门户网站。该网站主要介绍与尼泊尔日常生活相关的各类信息，网站语言主要为尼泊尔语，但网站主页的一级导航条为英语。

图3-6　尼泊尔生活网主页

尼泊尔生活网主要包含以下栏目内容：（1）News（新闻），主要介绍各类与尼泊尔居民日常生活息息相关的新闻，既包括尼泊尔国内新闻，也包括国际新闻，如油价、全球股市、交通建设等内容。（2）Corporate（公司），主要发布尼泊尔公司的新闻和动态信息等。（3）Stock Market（股市），主要发布尼泊尔股市的各种动态信息，偶尔也会发布一些外国股市的信息。（4）Banking（银行），主要发布尼泊尔各类银行的各种动态信息。（5）Info-Tech（信息技术），主要发布与电信通信等有关的各类信息，如对新品牌新型号手机、平板电脑、计算机的介绍以及国内电信网络发展动态等内容。（6）Life-Style（生活方式），主要介绍一些生活方面的资讯，如餐饮、旅游等内容。（7）Special（特别报道），主要发布一些有关日常生活的特别报道，内容涉及投资、就业、汇率等。（8）Sunday（星期日），这是该网站的一个特别栏目，主要发布就日常生活中的相关事项对官员、专家或学者等知名人士进行的采访报道，但是内容更新较慢。（9）Annoucement（通告），主要发布尼泊尔各大银行、公司等企事业机构发布的通知或公告等内容，形式以图片为主，多是对尼泊尔主流报纸相关信息拍摄而成的照片。该栏目是了解尼泊尔主要企事业单位动态信息的便捷渠道。

（二）尼泊尔共和网（Republica）

"尼泊尔共和网（www.myrepublica.com）"也是尼泊尔较为著名的门户类网站。该网站主要发布尼泊尔各领域的时事消息，尤其是政治领域占了一定比重，网站语言为英语。

尼泊尔共和网网站主页上设置有检索栏，支持站内信息检索。该网站主要包含以下栏目内容：（1）Politics（政治），主要发布尼泊尔政治类新闻。尼泊尔共和网在本栏目中的新闻报道以有关尼泊尔民主化进程的内容居多，内容更新较快。（2）Economy（经济），主要发布有关尼泊尔经济领域各方面的新闻报道和动态信息，对全球经济领域的一些热点话题也有所涉及。（3）Society（社会），主要发布有关尼泊尔社会领域各方面的新闻报道和动态信息，如灾后重建、交通建设、教育咨询等。（4）Sports（体育），主要发布尼泊尔体育领域各方面的新闻报道和动态信息，对全球体育领域的热点赛事也有一定的报道。该栏目对尼泊尔国内以及国际上重要的足球赛事给予了较多的关注和报道。（5）World（世界），主要发布全球一些较为重大的新闻报道和动态信息。（6）Opinion（观点），主要发布尼泊尔国内部分官员、专家和学者等知名人士的观点看法，内容集中于尼泊尔政治、经济和社会领域。该栏目是尼泊尔共和网较有特色的栏目之一，内容更新较快，倾向于支持改革。（7）Life Style（生活方式），主要发布尼泊尔日常生活领域的新闻报道和动态信息，对一些国际潮流资讯也有一定的关注与报道。（8）The Week（本周），是尼泊尔共和网的特色栏目，主要是回顾本周发生的重大事件，内容上侧重于日常生活，如体育、旅游、健康等。该栏目除了网页形式外，还以印刷出版的周刊形式在尼泊尔国内大量发行。

尼泊尔共和网网站上的信息，很大一部分都以印刷出版的报刊形式在尼泊尔国内大量发行，网站上也提供了 PDF 文件格式的下载链接。尼泊尔共和网的出版物包括两种，分别是日刊《Republica》和周刊《The Week》。

（三）尼泊尔信息网（नेपालीपत्र）

"尼泊尔信息网（www.nepalipatra.com）"也是尼泊尔人访问较多的门户网站之

一。该网站由尼泊尔、英国和澳大利亚三国合作建设，主要发布尼泊尔各大领域的新闻报道和动态信息，网站语言主要为尼泊尔语，但网站主页的一级导航条为英语。

该网站主页上设置了检索条，支持站内信息检索。该网站主要包括以下栏目内容：

（1）समाचार（新闻），主要发布尼泊尔政治、经济、社会、体育、娱乐、文化等方面的信息，对其他国家尤其是英国和澳大利亚也有一定的关注。该栏目下设 11 个子栏目，分别为：①नेपाल（尼泊尔），主要发布关于尼泊尔的新闻报道，以政治类新闻和特稿为主要内容。②कला र मनोरञ्जन（艺术与娱乐），主要发布有关尼泊尔娱乐界的新闻报道和动态信息，对其他国家尤其是印度的娱乐动态也有一定数量的报道。③समाज（社会），主要发布有关尼泊尔社会领域的新闻报道和动态信息，也发布对尼泊尔一些社会现象和社会问题的思考。该栏目在报道社会问题时比较客观中立。④युके（英国），主要发布有关尼泊尔裔英国人的新闻报道和动态信息，对非尼泊尔裔的英国动态也有一定的关注。⑤अष्ट्रेलिया（澳大利亚），主要发布与尼泊尔裔澳大利亚人有关的新闻报道和动态信息，对非尼泊尔裔的澳大利亚动态也有一定的关注。⑥खेल（体育），主要发布世界各国体育领域的新闻报道和动态信息，其中以足球运动和足球赛事的相关新闻报道居多。该栏目也发布对尼泊尔体育事业发展的相关思考和评论。⑦अन्तर्वार्ता（访谈），主要发布对尼泊尔国内部分官员、专家和学者等知名人士进行的采访报道，内容集中于尼泊尔政治、经济和社会领域。⑧अर्थ（经济），主要发布有关尼泊尔经济领域各方面的新闻报道和动态信息，也关注其他国家的经济动态。⑨साहित्य（文学），主要发布尼泊尔文学领域的相关新闻报道和动态信息，如文学会议、作家作品动态等。该栏目还发布大量由尼泊尔文学界人士创作的文学作品，如诗歌、故事等，以及一些尼泊尔人士对本国文学作品的评论文章。该栏目对其他国家文学领域的动态关注较少。⑩जीवनशैली（生活方式），主要发布与尼泊尔日常生活有关的新闻报道和动态信息，如物价、饮食和健康等。该栏目也发布对一些生活现象和生活问题的评论，对其他国家日常生活领域的一些重大或有趣的事件也有所关注和报道。⑪English（英语），栏目内所有文章的语言都为英语，内容涉及尼泊尔政治、经济、社会和生活等领域的各个方面，对其他国家的相关内容也所关注和报道。

（2）फोटो（图库），主要发布人物照片，并且根据人物名称进行了分类。

（3）इभेन्ट्स（事件），主要发布尼泊尔国内尤其是首都地区的会议、展览等重大活动的相关信息，如活动时间、活动地点和重要人物等。

（4）ब्लग（博客），是尼泊尔国内著名的博客社区之一。该栏目主要发布一些博客文章，内容主要涉及尼泊尔的各个方面。但是，由于 Twitter 和 Facebook 等互联网社交平台的快速兴起与普及，尼泊尔的互联网博客社区已经日趋衰落。尼泊尔信息网的博客社区的更新已经较为缓慢，当前网站上收录的博客文章数量也很少。

（5）ePaper（电子报刊），主要发布由英国或澳大利亚出版的关于尼泊尔的电子刊物。该栏目还设置了 UK Epaper（英国电子报刊）和 Australia Epaper（澳大利亚电子报刊）两个子栏目。

（6）भिडियो（视频），主要发布一些与尼泊尔相关的新闻视频。

（四）尼泊尔新篇章网（Nayapage）

"尼泊尔新篇章网（www.nayapage.com）"是尼泊尔使用较为广泛的互联网门户网站之一。该网站具有两大特点，一是对尼泊尔国内政治关注报道较多，二是对尼泊尔国外的移民关注报道较多。该网站支持尼泊尔语和英语两种语言，默认语言为尼泊尔语，网站主页设置有语言转换条，可将网站语言转换为英语。

该网站主要包含以下栏目内容：

（1）समाचार（新闻），主要发布尼泊尔政治、经济、社会等领域的新闻报道和动态信息，对其他国家在这些领域的新闻动态也有所涉及。

（2）ओपेड（社论），主要发布尼泊尔国内人士对本国时政的一些评论，也少量发布部分外国政要对重大国际事务的评论。该栏目下设了 4 个子栏目，分别为：①अन्तर्वार्ता（访谈），主要发布对尼泊尔国内部分官员、专家和学者等知名人士进行的采访报道，内容集中于尼泊尔政治、经济和社会领域。②बहस（辩论），主要报道尼泊尔不同政治立场人物之间的观点交锋。该栏目对了解尼泊尔不同政党人物的思想立场差异提供了有价值的信息。③विशेष（特刊），主要发布对尼泊尔国内重大政治事件的介绍、分析和评论，偶尔也有涉及外国重大政治事件的报道。④विचार（思考），主要发布尼泊尔政治观察人士对当前国内政治发展状况的看法。

（3）बिजनेस（商务），主要发布各类与尼泊尔商务领域有关的新闻报道和动态信息。该栏目对在尼泊尔境内从事商务活动的单位或个人具有一定的参考价值。该栏目下设了 13 个子栏目，分别为：समाचार（新闻）、बैकिङ（银行）、पर्यटन（旅游）、फिचर（特写）、कर्पोरेट（企业）、बजार（市场）、अटो（汽车）、प्रविधि（技术）、रोजगार（就业）、हाउजिङ（住房）、प्रोफाइल（案例）、यो साता（本周）和 जलविद्युत（水电）。以上各子栏目均主要发布尼泊尔在对应领域里的相关新闻报道和动态信息，偶有涉及国外的信息报道。

（4）मनोरञ्जन（娱乐），主要发布尼泊尔在娱乐领域的新闻报道和动态信息，主要包括电影、戏剧、歌曲等不同方面。此外，也有部分对国外娱乐信息的报道，如美国好莱坞与印度宝莱坞等。该栏目下设了 समाचार（新闻）、फिचर（特写）、फिल्म（电影）、संगीत（歌曲）、थिएटर（戏剧）、समिक्षा（评论）、हिड्दा-हिड्दैं（漫步）、गसिप（致敬）、अलग पाटो（不同道路）、बलिउड/हलिउड（宝莱坞/好莱坞）、फोटो फिचर（照片特写）、भिडियो（视频）等 12 个子栏目。

（5）हङकङ（香港），主要发布尼泊尔在中国香港地区移民的各种新闻报道和动态信息。该栏目下设 समाचार（新闻）、हङकङ संवाद（对话香港）、विश्लेषण（分析）、साहित्य（文学）、फिचर（特写）、विशेष（特刊）、अनुभूति（感受）、हङकङ बिजनेश（香港业务）等 8 个子栏目。

（6）गोर्खा（廓尔喀人），主要发布尼泊尔廓尔喀人的各种新闻报道和动态信息。该栏目设置了 8 个子栏目，分别为：ब्रिटिस गोर्खा（英国廓尔喀人）、भारतीय गोर्खा（印度廓尔喀人）、सिङ्गापुर गोर्खा（新加坡廓尔喀人）、लाहुरेको कथा（雇佣军故事）、विचार（特写）、विशेष（特刊）、गोर्खाली गाथा（廓尔喀人传奇）和 गोर्खा साहित्य（廓尔喀人文学）。

（7）प्रवास（移民），主要发布在其他国家和地区的尼泊尔移民的新闻报道和动态信息。该栏目设置了 6 个子栏目，分别为：समाचार（新闻）、विचार（特写）、विशेष（特刊）、एशिया（亚洲）、यूरोप（欧洲）和 अमेरिका（美国）。

（8）खेलकुद（体育），主要发布关于尼泊尔体育领域各方面的新闻报道和动态信息，其中对足球和板球的报道占据了突出位置。此外，该栏目还对其他国家的体育动态，尤其是欧美的足球比赛进行了报道。该栏目设置了 5 个子栏目，分别为：फुटबल（足球）、क्रिकेट（板球）、विचार（特写）、प्रोफाइल（案例）和 विविध（其他方面）。

（9）विश्व（世界），主要发布世界其他国家和国际组织机构的重要新闻报道和动态信息。

（10）कभर समाचार（封面新闻），主要发布关于尼泊尔国内重大事件的新闻特刊，特点是篇幅较长，报道中均配有相关图片。

（11）भिडियो（视频），主要发布由网站搜集和分类整理的部分视频材料。按照内容和主题，这些视频分为 9 类，分别为：रोचकै-रोचक（趣闻）、अन्तर्वार्ता（访谈）、कमेडी（喜剧）、फिल्म（电影）、बलिउड（宝莱坞）、टेलिसिरियल（叙事）、संगीत（歌曲）、घटना-दुर्घटना（事故）和 बिशेष（特别报道）。

除了上述主要的门户网站之外，尼泊尔人较常使用的本国门户网站还有：

（1）尼泊尔对话传媒网（FNN）：www.sambadmedia.com；

（2）尼泊尔双倍信息网（Khabar Dabali）：www.khabardabali.com；

（3）尼泊尔远方世界网（Sudur Sansar）：www.sudursansar.com。

六、阿富汗主要门户网站

阿富汗由于网络发展起步较晚，目前还没有综合性的门户网站，只有一些行业门户网站。

（一）阿富汗工作网（Jobs in Afghanistan）

"阿富汗工作网（www.jobs.af）"由阿富汗的一家信息技术公司 NETLINKS 于 2009 年创建，是阿富汗国内第一个求职招聘一站式门户网站。该网站帮助企业用最短的时间、最经济的成本找到最合适的人才，为求职者提供适合的工作机会和职业发展机会。根据 Alexa.com 网站最新统计，阿富汗工作网访问量全球排名第 45751 名，阿富汗国内排名第 19 位。

阿富汗工作网网站主页为英文版本，包含以下栏目内容：（1）Search Jobs（搜索工作），用户可通过输入关键词、选择工作地点、选择工作类别、输入公司名称、选择行业类别、选择文化程度来搜索招聘信息；（2）Career Service（就业服务），可帮助用户规划自己的职业道路；（3）Hiring the Best Employee?（雇用最好的员工?），企业注册登录后可发布招聘信息，自动获取合适的求职者候选名单；（4）Looking for a Job?（找工作?），求职者注册登录后可创建自己的免费电子简历，自动获取相关职位推荐。此外，网站主页下方提供最新的职位信息，求职者还可直接在网站主页通过输入关键词、选择工作地点或者工作类别来进行职位检索。

（二）自由市场网（ازاد بازار）

"自由市场网（www.azadbazar.af）"是阿富汗的一家分类信息门户网站，涵盖房产、二手物品交易、招聘求职、二手车买卖、生活服务、商务服务、宠物等海量分类信息。用户可免费查看和发布信息。自由市场网主页简洁实用，为英文版本，支持英语、达里语、普什图语三种语言输入，提供三种站内信息检索方式。用户可以直接输入关键词，查找网站内的相关分类信息；也可以点击主页上的 Vehicles（汽车）、Electronics & Computers（电子产品和计算机）、Home & Furniture（家居用品和家具）、Mobiles & Tablets（手机和平板电脑）、Real Estate（房产）、Books, Sports & Hobbies（书、体育和爱好）、Jobs（工作）、Animals（动物）、Fashion & Beauty（服饰和美容）、Services（服务）、Kids & Baby Products（儿童和婴儿用品）、All Categories（所有类别）等主题，查找相关类别的信息；还可以通过点击主页上的 Kabul（喀布尔）、

Nangarhar（楠格哈尔）、Kandahar（坎大哈）、Balkh（巴尔赫）、Heart（赫拉特）来查找这五个省的分类信息。

（三）阿富汗 123 网（Afghan 123）

"阿富汗 123 网（www.afghan123.com）"创建于 2007 年 7 月 20 日，是阿富汗的一家音乐门户网站，每月网页浏览量达 200 多万次。阿富汗 123 网的访客范围比较广，除了音乐爱好者外，还包括艺术家、音乐制作人、作曲者、广播电台等。

阿富汗 123 网站主页为英文版本，导航栏的主要栏目内容有：（1）Music（音乐），提供阿富汗大部分歌手的专辑或者单曲的在线试听和下载服务；（2）Terms（服务条款），介绍该网站关于版权保护、使用许可、免责声明等相关政策信息；（3）DMCA（数字千年著作权法案），介绍网站关于歌曲拥有权利人授权的相关规定；（4）Privacy Policy（隐私政策），介绍网站对于用户个人注册资料保密的相关规定和措施；（5）About Us（关于我们），提供网站的历史、名称由来、任务以及用户数量等信息；（6）Contact Us（联系我们），提供该网站的电子邮箱、Skype 网络电话账户、移动电话等联系方式，介绍向网站上传歌曲或音乐视频的方法和途径。此外，该网站主页下方还有 Latest Releases（最新发布）和 Popular Tracks（热门曲目）两个栏目，用户点击歌手照片或名字后，可直接进行在线试听或下载该歌手的专辑或单曲。

第二节　南盟主要网站

1980 年 5 月，孟加拉国时任总统齐亚·拉赫曼首先提出开展南亚区域合作的倡议。1981 年 4 月，孟加拉国、不丹、印度、马尔代夫、尼泊尔、巴基斯坦和斯里兰卡 7 国外交秘书在斯里兰卡首都科伦坡举行首次会晤，具体磋商成立南盟的有关事宜。1983 年 8 月，7 国外交部长在印度首都新德里举行首次会晤，并通过了《南亚区域合作联盟声明》。1985 年 12 月，7 国领导人在孟加拉国首都达卡举行第一届峰会。会议发表了《达卡宣言》，制定了《南亚区域合作联盟宪章》，并宣布南亚区域合作联盟（South Asian Association for Regional Cooperation，SAARC）正式成立。2005 年 11 月，第 13 届南盟峰会同意吸收阿富汗为新成员。

南盟的主要机构有峰会、部长理事会、常务委员会、技术委员会、秘书处、特别部长会议、经济合作委员会以及多个区域中心。峰会是南盟的最高决策机构，每年举行一次，必要时可随时召开，各国元首和政府首脑参加，东道国元首或政府首脑担任会议主席。部长理事会由成员国外长组成，负责制定政策，审查区域合作进展情况，决定新的合作领域，并决定秘书长人选，每年召开两次会议。常务委员会由成员国外交秘书组成，负责全面监察和协调各项计划，核准项目和方案及其筹资方式，决定部门间优先事项，调集域内外资源，寻找新的合作领域等。南盟成立了农业与农村发展、卫生与人口活动、妇青幼、环境与林业、科技与气候、人力资源开发、运输七个技术委员会以及信息与通信技术、生物技术、知识产权、旅游、能源等五个工作组。秘书处设在尼泊尔首都加德满都，是南盟常设办事机构。特别部长会议是讨论成员国共同关心的商贸、儿童、妇女、环境、残疾人、住房等领域问题的会议。经济合作委员会由成员国商务和贸易部秘书组成，是南盟处理经贸问题的核心机构，负责制定具体政策措施并监督实施，促进域内经贸合作。区域中心包括农业信息中心（达卡）、结核病中心（加德满都）、气象研究中心（达卡）、文献中心（新德里）、人力资源开发中心（伊斯兰堡）、海岸区域管理中心（马累）、信息中心（加德满都）、能源中心（伊斯兰堡）、灾害管理中心（新德里）、文化中心（科伦坡）和林业中心（廷布）。

通过浏览和检索南盟主要机构的官方网站，网民可以加深对南盟的认识，增加对成员国的了解，获取各类官方发布的权威信息和准确数据。

一、南盟秘书处网站

（一）南盟秘书处简介

南盟秘书处（SAARC Secretariat）全称南亚区域合作联盟秘书处，成立于 1987年，总部设在尼泊尔首都加德满都，是服务于南盟八个成员国的行政机构，负责南盟会务、成员国间及南盟与其他国际组织的交流与合作，协调和监督南盟各项活动的实施。南盟秘书处的首脑是秘书长，由南盟部长理事会按照成员国字母顺序轮流任命，每届秘书长任期三年，现任秘书长是尼泊尔前外交大臣阿琼·巴哈杜尔·塔帕。

（二）网站简介

"南盟秘书处官方网站（www.saarc-sec.org）"内容丰富，主页导航栏设有六个栏目的链接，名称和主要内容如下：

（1）Home（主页）：网站左侧为子导航栏，分为 17 个部分：①About SAARC（关于南盟），提供关于《南盟宪章》、宪章纪念日、南盟机构、南盟同观察员国以及非政府组织的合作情况等详细信息；②Areas of Cooperation（合作领域），提供关于南盟在农业、生物技术、文化、经济贸易、教育、能源、环境、财政、筹资机制、信息通信和媒体、人民之间的联系、扶贫、科学和技术、安全、社会发展、旅游等领域合作情况的详细介绍；③Agreements and Conventions（协议和协定），提供南盟成员国在关税、能源合作、自由贸易区、旅游、毒品、反恐等方面达成的协议全文；④Declarations（宣言），提供历届南盟峰会发表的宣言；⑤SAARC Charter of Democracy（南盟民主宪章），提供南盟民主宪章全文；⑥SAARC Visa Exemption Scheme（南盟豁免签证计划），提供关于南盟豁免签证计划的介绍；⑦SAARC Secretariat（南盟秘书处），提供南盟秘书处、历任秘书长以及南盟成员国驻南盟历任外交秘书的信息；⑧SAARC Cabinet Secretaries Meeting（南盟内阁部长会议），提供南盟内阁部长会议以及部分成员国行政改革的信息；⑨Monthly Upcoming Activities（每月活动预告），提供南盟每月重要活动的预告；⑩Publications（出版物），介绍一些南盟秘书处发布报告的情况，并提供下载服务；⑪Photo Gallery（图片库），提供关于南盟举办的峰会、部长理事会等重要会议和活动的现场图片；⑫Video Gallery（视频库），提供关于南盟重要会议和活动的现场视频；⑬Announcements（公告），介绍南盟发表的重要公告，并提供下载服务；⑭Press Releases（新闻发布），提供南盟和南盟秘书处的重要新闻；⑮Public Service Commissions of SAARC Member States（南盟成员国公共服务委员会），提供关于南盟8个成员国公共服务委员会的机构名称、地址、联系电话、网址等信息；⑯Links（链接），主要有南盟11个区域中心、南盟性别信息库、南盟贸易推动网络等网站的链接；⑰Vacancies（职位空缺），公布南盟各机构职位空缺情况。

（2）Photo Gallery（图片库）：提供关于南盟举办的峰会、部长理事会等重要会议和活动的现场图片。

（3）Contact US（联系我们）：提供南盟秘书处的地址、联系方式和网站以及南盟各成员国驻南盟外交秘书分管的具体事务和联系方式。

（4）Feedback（反馈）：南盟秘书处网站访客可向南盟反馈相关的信息。

（5）Disclaimer（免责声明）：网站的使用条款、免责声明等信息。

（6）Sitemap（网站地图）：提供南盟秘书处网站的网页导航。

（三）检索价值

通过访问南盟秘书处官方网站，访客可以全面了解南盟信息，把握南盟时事动态，浏览并下载大量会议文件等重要文献，还可以通过点击链接访问许多相关机构的官方网站。

二、南盟文献中心网站

（一）南盟文献中心简介

南盟文献中心（SAARC Documentation Centre），于 1994 年 1 月在印度的新德里成立，是南盟的下设组织。为了管理相关事务，南盟文献中心成立了理事会，理事会成员由南盟各成员国的一名代表、南盟秘书处的一名代表以及南盟文献中心的行政理事组成，理事会主席由成员国代表轮流担任，任期两年。

南盟文献中心成立的宗旨是满足南亚地区学者们对于信息的需求，推动信息技术在成员国信息管理方面的应用，建立数字图书馆、电子期刊接口以及南盟成员国的网络协调中心，开发支持网络的数据库以提供相关的信息，通过及时提供相关准确的信息来促进成员国经济、社会和工业发展。南盟文献中心的职责主要有举办培训课程和研讨会、馆藏发展以及提供信息服务等三项。文献中心平均每年举办两期短期培训班和研讨会，短期培训班在新德里进行，研讨会由各成员国的国家协调中心组织，培训班和研讨会的重点主要是信息技术对图书馆和信息活动的应用。

（二）网站简介

"南盟文献中心网站（www.sdc.gov.in）"为英文版本，主页包括以下主要内容：

（1）Home（主页），介绍南盟文献中心相关信息，包括南盟文献中心的创始、宗旨、职责、组织结构，理事会构成，各成员国国家协调中心、主要负责人的信息等内容。

（2）About SAARC（关于南盟），介绍南盟秘书处、各成员国、国际合作、合作领域、地区中心、相关资源等信息。

（3）Information Resources（信息资源），介绍南盟文献中心的成绩、活动和公告等信息，提供相关信息的数据库，提供南盟各成员国部分电子期刊以及 OPAC（联机公共查询目录）的查询服务。

（4）Events（大事），介绍南盟文献中心年表、各机构历年举行的活动以及南盟宪章日纪念活动的相关信息。

（5）Activities（活动），介绍南盟文献中心人力资源发展、已完成和正在进行的项目以及提供的各项服务等信息。

（6）Web（网络），提供南盟文献中心博客以及在 YouTube、RSS Feed、"推特"、维基百科和"脸书"上的链接。

（7）Gallery（图片、视频库），提供南盟文献中心相关活动和项目的图片和视频。

（8）Jobs（工作），公布南盟文献中心职位招聘信息。

（9）Contact US（联系我们）：提供南盟文献中心的地址和联系方式。

（三）检索价值

通过访问南盟文献中心官方网站，访客可以全面了解南盟文献中心信息，访问部分数据库，浏览南盟各成员国的部分电子期刊。

三、南盟信息中心网站

（一）南盟信息中心简介

1998 年在斯里兰卡首都科伦坡举行的第 10 届南盟峰会提出建立南盟信息中心（SAARC Information Centre）。2004 年举行的第 12 届南盟峰会批准在尼泊尔加德满都建立南盟信息中心。南盟信息中心理事会负责制定南盟信息中心的相关政策，协调相关活动，每届理事会任期 3 年。理事会成员由南盟各成员国的一名代表、南盟秘书处的一名代表、尼泊尔外交部的一名代表以及南盟信息中心的理事组成。理事是南盟信息中心的行政首脑，由东道国尼泊尔提名，理事任命一名成员秘书（Member Secretary）负责南盟信息中心的日常管理任务。

南盟信息中心主要负责南盟所在区域的信息和媒体事务，其成立的目的在于加强南盟国家媒体之间的合作与协调使之形成更密切的内部区域联系，推动现代通信和信息技术、印刷以及电子媒体在南盟地区的发展和推广，收集南盟及其成员国的信息并打造成为南盟及其成员国的信息库，使信息建设成为推动南盟国家合作、谅解和友好的动力和源泉。

（二）网站简介

"南盟信息中心网站（www.saarc-sic.org）"为英文版本，主页包括以下主要内容：

（1）Home（主页）：网页中包含 8 个子导航栏：①Featured Events（特色活动），介绍南盟各成员国部分活动的详细信息；②SAARC News（南盟新闻），提供南盟和南盟成员国的重要新闻；③Publications（出版物），介绍南盟信息中心以及各成员国发布报告的情况，并提供下载服务；④Press Release（新闻发布），提供南盟信息中心的重要新闻；⑤Subscribe Newsletter（订阅通讯），访客可以浏览南盟信息中心的信息公告，输入电子邮箱名后，可定期接收南盟信息中心的信息公告；⑥SAARC TV（南盟电视），提供南盟信息中心和各成员国部分活动的视频；⑦Past Events（过去的活动），提供南盟信息中心年度活动日历；⑧SAARC Links（南盟链接），提供南盟信息门户、南盟贸易推动网络、南亚大学等网站的链接。

（2）About SIC（关于南盟信息中心），介绍南盟信息中心相关信息，包括南盟文献中心的建立理念、职责、工作目标和计划、各成员国联络点、理事会的职责和人员构成等内容。

（3）About SAARC（关于南盟），介绍南盟峰会、南盟宪章、南盟宪章纪念日、南盟成员国电子报纸、南盟成员国国家新闻机构等信息。

（4）News（新闻），提供南盟和南盟成员国的重要新闻。

（5）Press Release（新闻发布），提供南盟与国际组织交流的部分新闻。

（6）Member Countries（成员国），介绍尼泊尔的基本信息。

（7）SAARC Media（南盟媒体），提供南盟信息中心项目和活动的相关图片和视频以及不丹、巴基斯坦、斯里兰卡三国的媒体目录。

（8）Library（图书馆），提供图书检索服务。

（9）Forum（论坛），主要是编者提供的话题，用户可以参与讨论，也可查看别人的观点。

（10）Contact Us（联系我们）：提供南盟信息中心的地址、联系方式、网址以及联系表。

（三）检索价值

通过访问南盟信息中心官方网站，访客可以全面了解南盟信息中心的信息，把握南盟信息中心的时事动态，浏览并下载大量研究报告等重要文献，还可以通过点击链接访问许多相关机构的官方网站。

四、南盟能源中心网站

（一）南盟能源中心简介

2006年3月1日，南盟能源中心（SAARC Energy Centre）在巴基斯坦首都伊斯兰堡正式成立，是南盟的下设组织。南盟能源中心成立的宗旨是应对能源挑战，推动南盟能源计划的实施，满足南亚国家的能源需求，从而发展和繁荣南亚国家经济。南盟能源中心的主要任务是为南盟能源工作组会议提供技术投入，通过提供相关信息、尖端技术和专业知识，从而加快该区域内能源战略的整合。南盟能源中心的主要目标有加强南亚国家共同应对全球性和地区性能源问题的能力；通过建立区域电网和天然气管道促进南盟区域内能源贸易；促进南盟国家更有效地利用能源；加强南盟国家在新能源和可再生能源方面的合作从而实现南盟国家的可持续发展；为南亚地区和南盟各成员国提供可靠的能源数据；提高南盟在能源开发和管理方面的专业知识；推动私营部门在该地区能源活动的投资和参与。为此，南盟能源中心已开展了"南盟成员国能源贸易"、"能源、运输和环境综合评估"、"通过提高能源效率和发展替代燃料，从而减少石油进口"、"成功实现技术转让"以及"农村电力扶贫"等项目和计划。目前。南亚能源中心已成为向南亚地区各国政府、专家、学者、环保人士以及非政府组织在水电、可再生能源和替代能源方面提供信息收集、技术合作与开发、人员培训、方案研讨的重要平台。

（二）网站简介

"南盟能源中心网站（www.saarcenergy.org）"为英文版本，主页包括以下主要内容：

（1）About SEC（关于南盟能源中心），介绍南盟能源中心的历史、目标任务、理事会等信息，提供南盟能源中心部分活动的图片以及职位招聘情况。

（2）Programmes（计划），提供南盟 2010—2015 年全年研究项目、培训、研讨会的计划。

（3）Resources（资源），介绍南盟各成员国能源行业培训机构，提供南盟各成员国能源行业相关规定、南盟能源领域研究报告以及南盟能源数据手册的下载服务，介绍南盟能源中心与亚洲开发银行、东盟能源中心的合作情况以及南盟各成员国节能情况，提供南盟部分机构、国际组织以及南盟各成员国与能源相关的政府机构、公司、组织的链接。

（4）News & Events（新闻和活动），提供南盟能源中心新闻、活动、公告、通讯以及南盟能源中心组织和参加的研讨会、工作坊、会议的相关报道、图片、报告的下载服务。

（5）Contact Us（联系我们），提供南盟能源中心的地址、联系电话、传真、电子邮箱、官方网站等信息，提供南盟能源中心理事、研究人员、工作人员的联系方式以及信息反馈服务。

（6）Webmail（网络邮件），为用户提供邮件收发、用户在线服务和系统服务管理等功能。

（三）检索价值

通过访问南盟能源中心官方网站，访客可以全面了解南盟能源中心信息，把握南盟能源中心的时事动态，浏览并下载南盟杂志、能源评估报告等重要文献。

五、南盟发展基金网站

（一）南盟发展基金简介

1996 年，南盟决定建立筹资机制，将南盟基金区域项目（SAARC Fund for Regional Projects）与南盟地区基金（SAARC Regional Fund）合并为南亚发展基金（South Asian Development Fund）。南亚发展基金的目标是支持南亚地区的工业发展，减少贫困，保护环境，推动人力资源开发、促进社会和基础设施发展。南亚发展基金的初始启动资金为 500 万美元（南盟各成员国按比例出资）。到 2008 年 6 月，南亚发展基金资金总额达到约 700 万美元。2002—2005 年期间，南盟成员国认为各部门均应当建立筹资机制，如扶贫基金、基础设施基金、南亚开发银行、媒体发展基金等，而南亚发展基金的资金量和资金使用范围有限。为了避免分散资金，2005 年 9 月召开的南盟财务专家会议在对整个南盟项目和计划的资金问题进行评估后，同意建立一个多部门的筹资机制——南盟发展基金（SAARC Development Fund）来取代南亚发展基金。2005 年 11 月 12—13 日，在孟加拉国首都达卡召开的第十三届南盟峰会决定将南亚发展基金重组为南盟发展基金，为南盟所有项目和计划提供全方位的资金支持。南盟发展基金的目标是提高南亚地区人民的生活质量和健康水平，减少贫困，加快南亚地区的经济水平。南盟发展基金主要投资于三个窗口：社会窗口主要侧重扶贫以及教育、健康、人力资源开发等社会发展项目；基础设施建设窗口主要包括能源、电力、交通、电信、环境、旅游等项目；经济窗口主要致力于贸易、农业、服务业、科学和技术等非基础设施类项目。

南盟发展基金的主要机构有理事会、董事会和秘书处。理事会是南盟发展基金的最高决策机构，由南盟各成员国财政部长组成，主要的职责是增加或减少基金的注册资本；批准与其他国际组织签订的协议；指定基金的首席执行官并确定其薪酬和服务合同的其他条款；审查和批准审计报告；确定基金储备金和基金净利润的分配；修改基金纲领和内部规则；建议终止基金运作并分配资产。董事会由各成员国代表、南盟秘书长和基金首席执行官组成。基金秘书处于 2010 年 4 月 28 日建立，第一任首席执行官是来自不丹的卡玛（Karma），秘书处负责基金的日常运作。

（二）网站简介

"南盟发展基金网站（www.sdfsec.org）"为英文版本，主页包括以下主要内容：

（1）About SDF（关于南盟发展基金），介绍南盟发展基金相关信息，包括南盟发展基金的历史、理事会架构和职责、董事会以及秘书处的人员构成等内容。

（2）Member States（成员国），介绍南盟发展基金的成员国。

（3）Funding Windows（基金窗口），介绍南盟发展基金的社会、经济和基础设施建设投资窗口。

（4）Projects（项目），介绍关于南盟发展基金的项目情况。

（5）Media Room（媒体中心），提供南盟发展基金的相关新闻。

（6）Events（活动），提供南盟发展基金重要活动以及空缺职位招聘的公告。

（7）Gallery（图片、视频库），提供南盟发展基金项目和活动的相关图片和视频。

（8）Documents（文件），介绍南盟发展基金纲领和南盟发展基金章程，提供南盟发展基金项目进度报告、项目完成评估备案表、执行摘要等文件模板的下载服务。

（9）Publication（出版物），提供南盟发展基金年度报告、活动报告、研究报告、案例研究、项目报告的下载服务。

（10）Sitemap（网站地图）：提供南盟发展基金网站的网页导航。

（11）Contact Us（联系我们）：南盟发展基金网站访客可向南盟发展基金发送相关的信息。

（三）检索价值

南盟发展基金是南盟的重要组成部分，通过访问南盟发展基金官方网站，能够进一步了解南盟发展基金的相关背景知识，加深对南盟区域一体化的了解，对南盟的相关研究具有重要的意义。

六、南亚大学网站

（一）南亚大学简介

印度前总理曼莫汉·辛格 2005 年在第 13 届南盟峰会上建议设立一所旨在向南亚国家学生和研究人员提供世界一流教学设施及师资的"南亚大学"。2007 年 4 月 4 日，在印度新德里召开的 14 届南盟峰会上，南盟各成员国一致同意建立南亚大学，并签署了《建立南亚大学的协议》，校址设在印度新德里。2010 年 8 月，南亚大学正式对外招生。南亚大学现有数学和计算机科学学院、生命科学和生物技术学院、经济学院、社会科学院、法学院等 5 个学院以及计算机系、数学系、国际关系学系、社会学系，计划建立地球系统科学院、物理和化学科学院、艺术和设计学院、管理学院、人文学科学院、本科生院、工程和技术学院、医疗卫生学院和南亚研究所等机构。目前，南亚大学有约 7000 名学生，其中大部分都来自南盟各成员国。

（二）网站简介

"南亚大学网站（www.sau.int）"为英文版本，主页包括以下主要内容：

（1）Home（主页），包含 6 个栏目：①News & Announcements（新闻和通告），发布南亚大学相关的新闻和通告；②Contact Us（联系我们），提供联系南亚大学的服务；③Tenders（招标），提供南亚大学项目招标信息；④Blogroll（博客链接），提供南亚大学相关机构和学生组织的博客链接；⑤Location（位置），提供南亚大学位置的详细地图；⑥Quick Links（快速链接），提供南亚大学招生博客、南亚大学教学人员、南亚大学网站注册等网页的链接。

（2）About（关于），介绍南亚大学的历史、任务、主要领导、历任校长、学位认证、性骚扰问题等信息。

（3）Admissions（招生），提供招生常见问题解答、如何申请入学、招生联系方式以及本科、硕士、博士招生公告等信息。

（4）Academics（教学），提供校历、院系设置、课程设置、南亚研究所、跨学科研究中心等与教学相关的信息，提供南亚大学图书馆馆藏资源网上检索服务。

（5）Student Life（学生生活），提供学校公告、留学生注册说明、学生申诉的补救机制等信息，提供学生手册、外出请假表、在外借宿申请表、深夜返校申请表、外来人员留宿申请表等资料和表格的下载服务。

（6）Recruitment（招聘），提供招聘公告和研究人员招聘信息。

（7）Media Center（媒体中心），提供南亚大学校园风景以及学校组织的活动、会议等图片，提供南亚大学招生简章、校徽、年度报告、校历的下载服务。

（8）SAU Film（南亚大学宣传片），可观看南亚大学宣传片，了解南亚大学的基本情况。

（三）检索价值

通过访问南亚大学网站，用户可以获取南亚大学的全面信息，尤其是对于计划申请就读该学校的学生来说，具有重要的价值。

第四章　南亚国家网络媒体信息检索

第一节　南亚国家网络新闻媒体信息检索

一、印度网络新闻媒体信息检索

（一）主要新闻机构和新闻出版公司网络信息

1.新闻信息局（Press and Information Bureau，PIB）

新闻信息局为印度新闻出版管理机构，隶属于新闻广播部，是政府主管新闻和信息工作的一个重要部门。新闻信息局的主要职能是：主管政府各部门新闻发布工作，向媒体提供政府政策、法规和各方面信息，新闻稿用户达 8000 余家；领导和协调印度全国 8 个地区的新闻机构和 32 个新闻中心，通过互联网进行宣传，并搜集反馈信息；负责印度本国和外国职业记者的管理工作，其中包括对记者的注册和颁发记者证。"印度新闻信息局网站（www.pib.nic.in）"为印地语和英语双语混合网站，主要有最新发布、邀请、认证、专栏、照片、反馈等栏目。网站还提供站内快速搜索和高级搜索以及各版块的简易消息订阅（RSS）服务。

2.印度报业托拉斯（Press Trust of India，PTI）

印度报业托拉斯成立于 1947 年，是印度最大的通讯社，属半官方性质，总社设在印度孟买，但总编辑在新德里。印度报业托拉斯有员工 1600 多名，其中记者 400 多人，在国内设有 132 个分社，在海外有 9 个分社，向 1400 多家用户提供印地语、英语新闻和专稿。"印度报业托拉斯网站（www.ptinews.com）"为英文版本，主要有 National（国内新闻）、International（国际新闻）、Business（商业新闻）、Legal（法律新闻）、Entertainment（娱乐新闻）、Sports（体育新闻）、Photos（图片）、Bhasha（印地语版）、Jobs（工作）等栏目。

3.印度联合新闻社（United News of India，UNI）

印度联合新闻社于 1959 年筹建，1961 年 3 月开始播发新闻，是印度第二大通讯社。印度联合新闻社在印度国内 100 多个城市设有分社，向 20 多个国家派驻记者，使用英语、印地语、乌尔都语对外发送稿件和新闻。印度联合新闻社设有英语、印地语、乌尔都语三个网站，网址分别为：www.uniindia.com、www.univarta.com、www.uniurdu.com。印度联合新闻社英文版网站设有 India（印度）、World（世界）、Sports（体育）、Business & Economy（商业和经济）、Science & Technology（科学和技术）、Features（特别报道）、Entertainment（娱乐）、States（地方）、Today in History（历史上的今天）、Autoworld（汽车世界）、Electronics & Gizmos（电子和小发明）、Developing India Mirror（发展印度之镜）等栏目。

4.印度斯坦新闻通讯社（Hindusthan Samachar）

印度斯坦新闻通讯社建立于 1948 年，是印度第三大通讯社，在全国 20 个邦首府设有分社，在加德满都、延布等地驻有记者。印度斯坦新闻通讯社为多语种新闻通讯社，发送印地语、乌尔都语、马拉地语、古吉拉特语、孟加拉语、旁遮普语、奥里雅语、马拉雅兰语、泰卢固语、阿萨姆语等 10 种语言的新闻。印度斯坦新闻通讯社网址为：www.hindusthansamachar.com。

5.巴拉迪新闻社（Samachar Bharati）

巴拉迪新闻社成立于 1967 年，起初由比哈尔、古吉拉特、拉贾斯坦、卡纳塔克四个邦政府联合筹建，总部设在博帕尔，与超过 500 家印度报纸开展非盈利性合作。"巴拉迪新闻社网站（www.samacharbharti.in）"为英语和印地语双语混合网站，以印地语为主。该网站设有 देश（国内）、विदेश（国际）、बॉलीवुड（宝莱坞）、लाइफस्टाइल（生活方式）、विज्ञान टेक्नोलॉजी（科技）、पर्यटन（旅游）、स्वास्थ्य（健康）、धर्म（宗教）等栏目。

6.印度亚洲新闻服务社（Indo-Asian News Service，IANS）

印度亚洲新闻服务社创建于 1986 年，前身为印度海外新闻服务社。该社总部设在德里，是第一家由政府任命的多国家多语言电讯稿服务社。该社主要报道印度、南亚和世界其他地区的新闻，并有偿向印度、南亚、中东和世界其他地区的一些报刊和网站提供信息，其新闻稿订户约 110 家。此外，该社还在德里、阿哈迈德、贾兰德出版 6 种少数民族语言报纸。"印度亚洲新闻服务社网站（www.ians.in）"为英文网站，设有 National（国内）、International（国际）、Diaspora（侨民）、Business（商业）、Cinema/Lifestyle（电影/生活方式）、Environment/Health（环境/健康）、Science/Technology（科学/技术）、Sports（体育）、Opinion/Specials（观点/特别报道）等栏目。

1995 年，该社开始提供印地语新闻服务，其印地语版网站"IANS Hindi"网址为：www.ianshindi.in。

（二）主要印地语报刊网络信息

1.《太阳日报》（英文 Dainik Bhaskar，印地文 दैनिक भास्कर）

《太阳日报》（又译帕斯卡日报）于 1958 年在印度中央邦首府博帕尔创立，由帕斯卡报业集团出版，是印度发行量最大的印地语日报。《2016 世界报业发展趋势》（WPT）报告指出，《太阳日报》在全球日报发行量排行榜中排名第四，日发行量达 380 余万份。"《太阳日报》网站（www.bhaskar.com）"栏目丰富、内容覆盖全面。《太阳日报》网站共有 14 个版块，以 राज्य（各邦新闻）、देश（国内新闻）、विदेश（国际新闻）、मनी（货币）、स्पोर्ट्स（体育新闻）、बॉलीवुड（宝莱坞新闻）等新闻类栏目为主，还有 लाईफस्टइल（生活方式）、जीवन मंत्र（宗教文化）、Gadgets（技巧妙招）、DB Videos（视频版块）、Fashion 101（时尚资讯）、Auto（汽车资讯）、People（人物生活）等生活类栏目。据 Alexa.com 网站数据显示，该网站日访问量达 120 万次，点击率位列印地语新闻类网站第一名。

图 4-1　《太阳日报》网站主页

2.《觉醒日报》（英文 Dainik Jagran，印地文 दैनिक जागरण）

《觉醒日报》于 1942 年在印度占西创立。目前，该报日发行量达 360 余万份，位居印度第 2，全球第 5，是印度阅读人数最多的报纸。BBC 和路透社的一项调查显示，《觉醒日报》被印度民众认为是最可信的报纸之一。"《觉醒日报》网站（www.jagran.com）"首页为印地语版面，可提供英文版本转换，英文网页和印地文网页内容并非一一对应。网站最上方提供最新热搜词，例如：भाजपा（印度人民党）、नरेंद्र मोदी（莫迪总理）、होली（撒红节）等，可供直接点击浏览。导航栏目分以下内容：वीडीयो（视频栏目）、न्यूज़（新闻栏目）、राज्य（各邦新闻）、क्रिकेट（板球新闻）、मनोरंजन（娱乐新闻）、टेक ज्ञान（科技资讯）、बिजनेस（财经新闻）、अध्यात्म（宗教占星）、जोकस（笑话趣事）、लाइफस्टाइल（生活方式）、फोटो（图片栏目）等。

3.其他主要印地语报刊新闻网站

（1）《曙光报》（अमर उजाला）：www.amarujala.com；

（2）《印度斯坦报》（हिंदुस्तान）：www.livehindustan.com；

（3）《拉贾斯坦报》（राजस्थान पत्रिका）：www.rajasthanpatrika.patrika.com；

（4）《新印度时报》（नवभारत टाइम्स）：www.navbharattimes.indiatimes.com；

（5）《新世界报》（नईदुनिया）：www.naiduniaepaper.jagran.com。

（三）主要英文报刊网络信息

1.《印度时报》（Times of India）

《印度时报》于 1838 年在孟买创刊，起初叫《孟买时报》，每周三、六出版，1850年改为日报。1861 年 5 月，《孟买时报》同《旗帜报》、《电讯与信使报》合并，成立《印度时报》。该报是印度发行量排名第 3 的报纸，也是印度读者人数最多的报纸，在英文报纸中的影响力首屈一指。该报读者主要为知识分子、官员、商人等社会主流精英阶层。"《印度时报》网站（www.timesofindia.indiatimes.com）"为英文网站，开设栏目有：视频、城市新闻、印度新闻、世界新闻、板球新闻、体育新闻、博客、在线 TV等。该网站中的地区新闻不是以邦来分类，而是以城市为分类依据。据 Comescore 数据显示，该网站访问量已达 6000 万。

2.《印度斯坦时报》（Hindustan Times）

《印度斯坦时报》创办于 1924 年印度独立运动时期，是印度斯坦时报传媒有限公司的主打产品之一。该报读者人数仅次于《印度时报》，在印度英文报纸中排名第 2。《印度斯坦时报》在新德里、孟买、加尔各答、勒克瑙、巴特那、兰契、博帕尔和昌迪加尔有同时发行的版本。"《印度斯坦时报》网站（www.hindustantimes.com）"对每日国内、国际新闻进行即时更新。该网站包括以下栏目：印度新闻、全球新闻、城市新闻、观点、板球、体育新闻、娱乐新闻、生活方式、科技、教育、当下新闻、图片、视频等。通过检索该网站的资讯，可以方便快捷地了解印度乃至全球政治、经济等方面的新闻资讯。

3.《印度教徒报》(The Hindu)

《印度教徒报》于 1878 年创刊，当时为周刊，1889 年改为日报。该报由 6 位青年知识分子创办，起初为反殖民主义倾向的报刊。《印度教徒报》办报宗旨为"不左倾、不反对、不进步、信仰自由"。在印度精英看来，该报是一份反映左派思想的报纸，被誉为"印度的《人民日报》"。根据 2012 年的"印度读者调查"，该报是印度读者人数第 3 多的英文报纸，在印度南部影响较大。2016 年，该报日发行量为 146 万份。"《印度教徒报》网站（www.thehindu.com）"内容广泛，设有新闻（国内、国际、各邦、各市）、观点（讽刺漫画、专栏、社论、访谈、评论）、商业（农业、工业、经济、市场、财政、股票）、体育、娱乐、生活、社会、读书、科技等栏目。其中，观点性评论栏目是该网站的一大特色。

4.其他英文报刊网络信息

（1）《印度快报》(Indian Express)：www.expressindia.com；

（2）《经济时报》(Economic Times)：www.economictimes.indiatimes.com；

（3）《论坛报》(The Tribune)：www.tribuneindia.com；

（4）《先锋报》(The Pioneer)：www.dailypioneer.com；

（5）《国民先驱报》(National Herald)：www.nationalherald.net；

（6）《金融快报》(Financial Express)：www.financialexpress.com；

（7）《每日电讯报》(The Telegraph)：www.telegraphindia.com；

（8）《德干纪事报》(Deccan Chronicle)：www.deccanchronicle.com；

（9）《正午报》(Mid-Day)：www.mid-day.com；

（10）《新印度快报》(The New Indian Express)：www.newindiaexpress.com；

（11）《孟买镜报》(Mumbai Mirror)：www.mumbaimirror.com；

（12）《每日新闻与分析》(Daily New and Analysis)：www.dnaindia.com。

（四）检索示例

利用《太阳报》网站新闻库检索印度"废钞运动"事件的进展。

具体检索步骤如下：

（1）分析检索课题，确定检索关键词。"废钞运动"的印地文和英文关键词分别为"नोटबंदी"、"Demonetization"。

（2）选择新闻检索网站。在浏览器中输入《太阳报》网站地址"www.bhaskar.com"，进入印度《太阳报》网站主页。

（3）输入检索关键词进行检索。在网站主要右上方的检索框内输入关键词"नोटबंदी"，单击检索按钮。

（4）浏览相关新闻报道。新闻检索结果将以"标题"、"页面网址"、"发布时间"的形式展示，单击任一标题，可浏览详细的新闻报道。

二、巴基斯坦网络新闻媒体信息检索

（一）主要新闻机构网络信息

1.巴基斯坦联合通讯社（APP）

巴基斯坦联合通讯社（Associated Press of Pakistan），简称"巴联社"，是巴基斯坦最大的通讯社，由巴基斯坦政府新闻广播部领导，主要向巴基斯坦国内的报纸、广播电台、电视台、政府机构和工商界提供新闻。巴联社成立于1947年，其前身是由私人经营的印度联合通讯社的卡拉奇分社，后因资金短缺，难以为继。在这种情况下，巴基斯坦政府颁布了"巴基斯坦联合通讯社（接管）法令1961"［Associated Press of Pakistan (taking over) Ordinance 1961］，于1961年6月15日正式接管该通讯社。2002年10月19日，巴联社成为接受政府资助的半官方的媒体公司，由巴基斯坦政府任命的总经理负责管理。巴联社总部设在伊斯兰堡，在拉合尔和卡拉奇设有分部，在拉瓦尔品第、白沙瓦、奎达、海德拉巴、苏库尔、木尔坦、费萨拉巴德、巴哈瓦尔布尔等地设有办事处，在纽约、新德里、伦敦和北京设有记者站。巴联社同美联社、路透社、法新社、塔斯社、合众国际社、新华社、共同社、伊朗通讯社、安塔拉（印尼）、安纳托利亚（土耳其）等十几个国家的通讯社建立了合作关系，美联社、路透社、法新社及合众国际社等西方四大通讯社通过巴联社在巴基斯坦建立了办事机构。巴联社向巴基斯坦读者提供各领域的新闻，是巴基斯坦人民获取巴基斯坦国内以及国际新闻的主流渠道。"巴联社网站（www.app.com.pk）"主页默认显示语言为英语，其顶部提供了语言选择选项，可向用户提供乌尔都语、普什图语、信德语、俾路支语/布拉灰语、萨拉伊基语和阿拉伯语等不同语言的版本，用户可根据意愿自主选择。

巴基斯坦联合通讯社网站主页以白色为基调，版块间泾渭分明，简洁大气。导航栏内设有国家新闻、国际新闻、商业新闻、体育新闻、文化和历史遗迹新闻、评论、网站通告、联系我们等 8 个条目。导航栏之下分左、右两部分。左侧部分为新闻内容区，由上至下依次显示时下热门、国家新闻、商业新闻、娱乐新闻、体育新闻、国际新闻、文化和历史遗迹新闻等版块的内容。右侧部分为功能区，依次显示所定位城市的天气预报、Facebook 动态消息、中巴经济走廊专题新闻、用户最常访问、潜在媒体用户等版块。网站底部还设置有巴联社的联系方式、网站最热门新闻和随机新闻等版块。

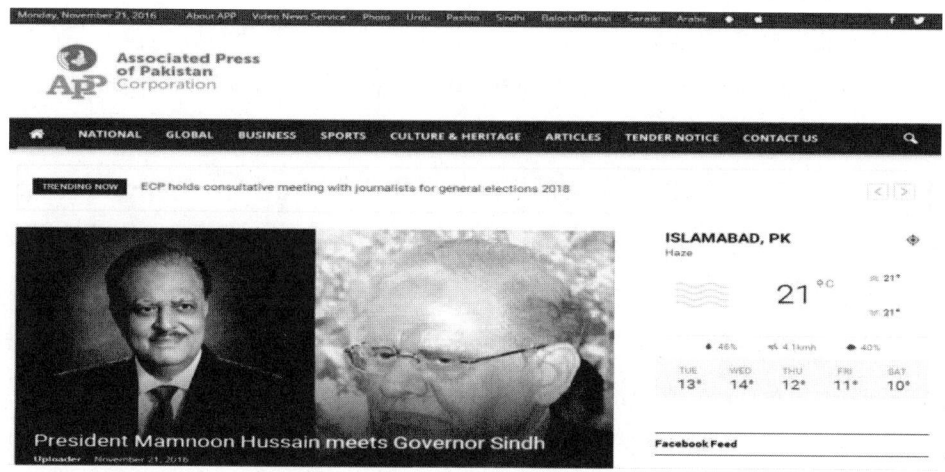

图 4-2　巴基斯坦联合通讯社网站主页

2.巴基斯坦国际新闻社（PPI）

巴基斯坦国际新闻社（Pakistan Press International）即原巴基斯坦新闻社，创立于1956 年，属于私人有限责任公司。该社的总部设在卡拉奇，在伊斯兰堡、拉合尔、白沙瓦、奎达、木尔坦、海德拉巴和自由克什米尔等城市和地区设有分社。该社在伦敦设有记者站，德新社通过该社向巴基斯坦提供新闻。此外，该社还与意大利、印度等十几个国家的通讯社建立了通讯合作关系。国际新闻社在巴基斯坦全国范围内雇用了300 余名员工和特约记者，向巴基斯坦国内的主要报纸、广播和电视台提供新闻。该社重点报道政治、经济、社会、文化和体育新闻，此外还特别关注农村地区的社会民生。与其他新闻机构相比，该社拥有巴基斯坦农村地区覆盖范围最广的报道网络。"巴基斯坦国际新闻社网站（www.ppinewsagency.com）"为英文版本，主要发布英语新闻，但也穿插发布乌尔都语新闻。网站主页顶部的菜单栏主要提供说明和服务，包括国际新闻社的概况、联系方式、隐私政策、发布经济展望的情况和相关条款，另外还向用户提供了提交新闻的渠道。菜单栏下是新闻分类导航栏，分为"国家新闻"、"商业新闻"、"公司新闻"、"官方新闻"、"所有新闻"等五部分。

（二）主要乌尔都文报刊网络信息

1.《战斗报》（جنگ）

《战斗报》（Daily Jang）隶属于巴基斯坦独立媒体公司旗下的战斗报业集团，创办于 1937 年，是目前巴基斯坦国内最受欢迎的乌尔都文综合类日报。战斗报业集团总部位于卡拉奇，在拉合尔、拉瓦尔品第、奎达、木尔坦和伦敦设有出版分部。每天印刷出版的《战斗报》按出版地分为六个版本，即卡拉奇版、拉合尔版、拉瓦尔品第版、奎达版、木尔坦版和伦敦版。各版本的新闻内容各异，版面设计亦有所不同。《战斗报》主要报道国内外重大新闻，其内容涉及政治、经济、军事、社会、文化等方面，此外还重点报道国际军事动向并精心剖析世界军事战略。

"《战斗报》网站（www.jang.com.pk）"是乌尔都文网站。网站主页的导航栏设 9 个栏目，分别是：تازہ ترین（最新报道）、آج کا اخبار（今日报纸）、کالم مضامین（专栏文章）、بلاگ（博客）、کالمز آرکائیو（专栏档案）、میرا شہر（我的城市）、تصویر خبر（图片新闻）、جنگ ای پیپر（战斗报电子版）、جنگ کلاسیفائیڈ（战斗报分类检索）、آپ کی رائے（您的意见）。在"最新报道"栏中还设置了قومی خبریں（国内新闻）、بین الاقوامی خبریں（国际新闻）、تجارتی خبریں（商业新闻）、کھیلوں کی خبریں（体育新闻）、انٹرٹینمنٹ（娱乐新闻）、صحت و سائنس（健康与科技新闻）以及دلچسپ و عجیب（趣闻轶事）等子栏目；在"今日报纸"栏目中还设置了اہم خبریں（重要新闻）、ملک بھر سے（全国）、شہر قائد（首都）、دنیا（世界）、امریکہ سے（美国新闻）、یورپ سے（欧洲）、ادارتی صفحہ（头版）、اسپورٹس（体育）、بزنس（商业）、مراسلات（公文）、دل لگی（热门）、تعلیم صحت خواتین（教育、健康和女性）、دلچسپ و حیرت انگیز（奇闻趣事）和کارٹون（漫画）等子栏目。网站每天以图片形式完整再现不同版本的纸质版报纸内容，供访客点击阅读。

2.《巴基斯坦日报》（روزنامہ پاکستان）

《巴基斯坦日报》（Daily Pakistan）创立于 1990 年 12 月，是巴基斯坦著名的乌尔都语报纸，同时面向拉合尔、卡拉奇、伊斯兰堡、木尔坦和白沙瓦出版，日发行量超过 50 万份。

"《巴基斯坦日报》网站（www.dailypakistan.com.pk）"栏目丰富，内容覆盖广泛，其主页导航栏包含 7 个常设栏目，分别是：تازہ خبریں（最新新闻）、آج کا انبار（今日报纸）、ڈیلی بائٹس（每日尝鲜）、قومی（国内）、بین الاقوامی（国际）、کھیل（体育）、آپ کا شہر（您的城市）。其中，访客可以在"您的城市（آپ کا شہر）"一栏的下拉菜单中选择地区，如伊斯兰堡、信德、旁遮普等，了解该地新闻。此外，导航栏内还设置了مزید（更多）一栏，访客可以通过鼠标悬浮打开下拉菜单，选择其他感兴趣的内容，如人权、文献、教育和健康、环境等方面的新闻。另外，导航栏下还以滚动标题的形式显示热门新闻，方便访客快速浏览。

图 4-3　《巴基斯坦日报》网站首页导航栏

3.《每日快报》（روزنامہ ایکسپریس）

《每日快报》（Daily Express）创立于 1998 年 9 月 3 日，由拉克森集团旗下的世纪出版公司出版发行，是巴基斯坦发行范围最广的乌尔都语报纸。《每日快报》每天在伊斯兰堡、卡拉奇、拉合尔、白沙瓦、奎达、木尔坦、费萨拉巴德、古吉兰瓦拉、萨贡达、拉瓦尔品第、拉希姆亚尔汗、苏库尔等地同时发行，发行的版本有六种，分别是伊斯兰堡版、卡拉奇版、拉合尔版、奎达版、白沙瓦版和木尔坦版。

"《每日快报》网站（www.express.com.pk）"主页以缩略图形式呈现各版本报纸，访客可以点击访问各版本的网页。各版本网页布局类似，内容大致相同。以"拉合尔版"主页为例，访客可以通过点击各版块的图片链接获取详细信息，也可以通过点击导航栏下拉菜单中的按钮分类阅读。该主页的导航栏包含 4 个栏目，分别是ایڈیشنز（版本）、صفحات（页面）、آج کے کالم（今日专栏）和کلاسیفائیڈز（分类广告）。在"页面"一栏的下拉菜单中包含"头版"、"城市"、"国内/国际"、"零散"、"体育"、"副刊"、"观点"、"娱乐"、"采访"等主题，访客可根据需要点击查看相关新闻。此外，访客还可以在导航栏上实现查看缩略图和按期查询往期报纸的功能。

4.《时代之声报》（نوائے وقت）

《时代之声报》号称巴基斯坦历史最悠久的报纸，由时代之声集团创立发行。时代之声集团是巴基斯坦最早的报业公司之一，由哈米德·尼扎米（Hamid Nizami）于

1940 年创立。除了报纸外，时代之声集团还发行英文和乌尔都文的杂志，其内容涵盖政治、娱乐和社会生活等。此外，该集团还设立有通过电视和互联网 24 小时不间断播放新闻和娱乐节目的频道——"时代新闻"。

《时代之声报》网站（www.nawaiwaqt.com.pk ）为乌尔都文版网站。网站主页导航栏设有 5 个栏目，分别是 انبار-e （电子版）、اہم خبریں（重要新闻）、آج کا انبار （今日报纸）、قلم اور کالم（记录和专栏）以及 میگزین（杂志），导航栏下滚动显示最新新闻。在"电子版"栏目中，网站以图片链接形式显示纸质版报纸的全部内容。访客可以通过右侧边栏的关键词检索功能设置"日期"、"发行地"和"版面"等关键词来搜索所需页面。找到所需页面后，点击页面内的图片链接即可浏览具体的新闻内容。访客点击"重要新闻"栏目即可查看该栏目下设的 قومی（国内）、بین الا قوامی（国际）、کھیل（体育）、تفریح（娱乐）、کاروبار（商业）、لاہور（拉合尔）、کراچی（卡拉奇）、اسلام آباد（伊斯兰堡）、ملتان（木尔坦）、متفرق（杂项）以及 جرم و سزا（犯罪与刑罚）等子栏目，同时还可浏览各子栏目下的最新新闻。在"记录和专栏"栏目中，设有 ایڈیٹر کی ڈاک（编者驿站）、کالم（专栏）、اداریہ（社论）、مضامین（文章汇编）、ادارتی مضامین（文章汇编）、سرے راہے（道路起点）和 نور بصیرت（智慧之光）、ندائے（文章）等子栏目。"杂志"栏目则包含 فیلی میگزین（《家庭》）、سنڈے میگزین（《周日》）、ملت（《宗教之声》）和 پھول（《鲜花》）等四本杂志的电子版，内容分别涉及国家、家庭、宗教和儿童。

5.《每日新闻报》（ روزنامہ خبریں ）

《每日新闻报》以擅长报道即时新闻和爆炸性新闻著称。"《每日新闻报》网站（www.khabraingroup.com）"为乌尔都文版，其主页版块分明。导航栏设 14 个栏目，分别是：اہم خبریں（头版）、صفحہ اول（头版）、روزنامہ خبریں（每日新闻）、نیا انبار（新报纸）、میگزین（杂志）、اہم خبریں（重要消息）、پاکستان（巴基斯坦）、انٹرنیشنل（国际）、سپورٹس（体育）、فن فنکار（艺术与艺人）、ٹاپ سٹوریز（头条新闻）、خصوصی رپورٹس（特殊报告）、ضیا شاہد کے ساتھ（与齐亚·沙希德一同）、گزشتہ شمارے（过刊）。导航栏下以滚动形式循环出现每期报纸重要新闻的标题。滚动条之下分为三栏，分别提供电子版"每日新闻"、电子版"新报纸"以及"第五频道"网络电视台的链接。

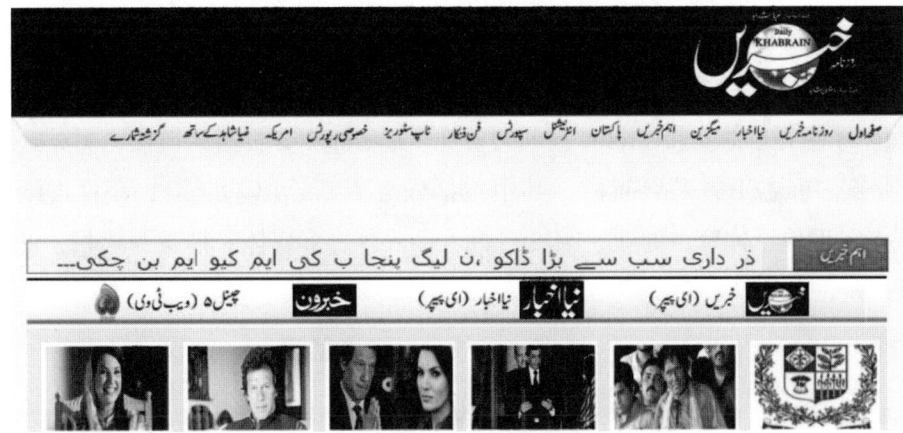

图 4-4　《每日新闻报》网站主页

6.其他主要乌尔都文报刊网站

（1）《每日精华报》（روزنامہ اوصاف）：www.dailyausaf.com；

（2）《世界日报》（روزنامہ دنیا）：www.e.dunya.com.pk；

（3）《巴基斯坦世界报》（جہان پاکستان）：www.jehanpakistan.com；

（4）《民族日报》（روزنامہ امت）：www.ummat.net；

（5）《新事件日报》（روزنامہ نئی بات）：www.naibaat.pk；

（6）《根基报》（اساس）：www.dailyasas.com.pk；

（7）《东方报》（مشرق）：www.dailymashriq.com.pk；

（8）《平等报》（مساوات）：www.dailymusawaat.com；

（9）《时代日报》（رزنامہ وقت）：www.dailywaqt.com；

（10）《伊斯兰报》（اسلام）：www.dailyislam.pk。

（三）主要英文报刊网络信息

1.《黎明报》（Dawn）

《黎明报》是巴基斯坦历史最悠久、阅读量最大、受众最广泛的英文报纸，由巴基斯坦国父穆罕默德·阿里·真纳于 1941 年 10 月 26 日在德里创建，起初是穆斯林联盟的喉舌。如今，《黎明报》是黎明报业集团（Dawn Group of Newspapers）的旗舰报纸，由巴基斯坦最大的媒体公司——巴基斯坦先驱出版公司（Pakistan Herald Publications）出版发行。《黎明报》总部位于卡拉奇，在拉合尔和伊斯兰堡设有办公室，在多个国家派驻代表。根据 2010 年的统计数据，《黎明报》的周发行量超过 10.9 万份。

"《黎明报》网站（www.dawn.com）"的主页层次清晰，版块分明。网站标志简约大气，标志上方提供乌尔都语新闻（Dawnnews Urdu）、城市广播（FM89）、先驱专栏（Hernald）、《曙光杂志》（Aurora）、重大事件（Events）等页面的链接，另外还提供应聘求职服务。标志下方是导航栏，其中包括最近更新、巴基斯坦、今日报纸（电子版）、观点、世界、体育、商业、杂志、娱乐、博客、多媒体、档案等栏目，此外还提供搜索服务。

图 4-5　《黎明报》网站主页导航栏

2.《每日时报》（Daliy Times）

《每日时报》创立于 2002 年 4 月 9 日，创始人是已故的旁遮普省省长、巴基斯坦人民党党员萨尔曼·塔希尔。《每日时报》以单页宽幅格式在拉合尔、伊斯兰堡和卡拉奇等三地同步发行。在巴基斯坦，《每日时报》以宣传自由和世俗理念著称，在获得民众青睐的同时也因一些具有争议性的评述和社论而在部分地区遭到抵制。

"《每日时报》网站（www.dailytimes.com.pk）"主页采取并列总栏式设计。导航栏包括国内、区域、国际、商业、体育、娱乐、社论、观点、博客、图片和漫画等栏目。导航栏下是内容区，包括新闻图片、头条新闻、世界新闻、巴基斯坦新闻、博客、商业新闻、专题新闻、体育新闻、娱乐新闻、伊斯兰堡新闻、旁遮普新闻、信德新闻、开伯尔-普什图新闻、俾路支新闻等版块，各版块采取双路并行方式排列，界限分明，层次感强。右侧边栏提供《每日时报》、乌尔都文报纸《近期》（آج کل）、英文杂志《星期天》等报刊的电子版链接，此外还显示新闻漫画（Cartoon）和娱乐信息节目（Entertainment）的内容。

3.《国际新闻报》（The News International）

《国际新闻报》创立于 1991 年 2 月 11 日，是战斗报业集团旗下的英文报纸。《国际新闻报》采用单页宽幅格式在卡拉奇、拉合尔、伊斯兰堡、拉瓦尔品第等地同步发行，日发行量达 14 万份，是巴基斯坦发行量最大的英文报纸。《国际新闻报》的海外版在伦敦发行，主要关注在英国的巴基斯坦人社区。

"《国际新闻报》网站（www.thenews.com.pk）"主页美观，内容丰富。导航栏设国内、娱乐、体育、商业、世界、投票、视频、开放、杂志、博客等栏目。其中，"开放"栏目下设观点（Opinion）、消息发布（News Post）、社论（Editorial）和作者档案（Writer's Archive）等四个子栏目。另外，在导航栏的右上方还提供"今日报纸"（Today's Paper）和"电子版报纸"（E-paper）的链接以及关键词检索服务。

4.《探索者报》(The Explorer)

《探索者报》是以报道商业和金融新闻为主，以刊登采访、调查和分析性文章为特色的综合性英文报纸。该报于 2002 年 5 月正式发行，日发行量 9000 份，从发行数量上看已跻身巴基斯坦主流报纸行列，特别是在信德省，占有较大市场份额。《探索者报》的总部位于苏库尔，每日印刷出版的报纸经夜班火车或汽车送往拉合尔、伊斯兰堡、卡拉奇、海德拉巴等主要城市。

《探索者报》网站（www.dailyexplorer.net）内容丰富，版块分明，页面布局整齐美观。主页导航栏设国家、地区、健康、观点、体育、故事、电子版、联系方式等 8 个栏目。主页中部以图片和新闻标题形式滚动显示最新消息和分类新闻，访客可点击标题或图片了解详细内容。此外，访客还可以通过点击网站提供的"地点选项"，浏览记者从贾科巴巴德、格什莫尔、凯尔普尔、拉尔卡纳、希卡普尔、苏库尔等地发出的消息。

5.其他主要英文新闻网站

（1）《前线邮报》（The Frontier Post）：www.thefrontierpost.com；

（2）《国家报》（The Nation）：www.nation.com.pk；

（3）《巴基斯坦观察家报》（Pakistan Observer）：www.pakobserver.net；

（4）《今日巴基斯坦报》（Pakistan Today）：www.pakistantoday.com.pk；

（5）《商业纪事报》（Business Recorder）：www.brecorder.com；

（6）《星期五时报》（The Friday Times）：www.thefridaytimes.com；

（7）《每日邮报》（The Daliy Mail）：www.dailymailnews.com；

（8）《巴基斯坦国家时报》（Pakistan State Times）：www.pstimes.com；

（9）《财经日报》（The Financial Daily）：www.thefinancialdaily.com。

三、孟加拉国网络新闻媒体信息检索

孟加拉国政府批准的报纸期刊共有 1660 多种，主要在达卡、吉大港和其他大城市出版。其中，孟加拉语报纸占多数，如《曙光日报》、《革命报》、《人民之声》、《团结报》、《新闻日报》等，英语报纸有《每日星报》、《独立报》、《金融快报》、《孟加拉国观察家报》等，还有部分报纸混合使用孟加拉语和英语。随着孟加拉国互联网的发展，以网络媒体为代表的新兴媒体发展迅猛，成为孟加拉国新闻媒体的重要组成部分。传统的新闻报刊大多都有自己的网站，甚至部分主流报纸在网站上还提供电子版报纸供读者阅读。

（一）主要新闻机构

1.孟加拉国通讯社（Bangladesh Sangbad Sangstha，BSS）

孟加拉国通讯社创建于 1972 年 1 月 1 日，是孟加拉国的国家通讯社，前身为 1949 年 9 月成立的巴基斯坦联合通讯社（Associated Press of Pakistan，AAP）达卡分社。孟加拉国通讯社是孟加拉国独立后成立的首家新闻机构，现隶属于孟加拉国信息部，总部设在达卡，在吉大港（Chittagong）、郎布尔（Rangpur）、库尔纳（Khulna）、拉杰沙希（Rajshahi）、兰加马蒂（Rangamati）、巴里萨尔（Barishal）及锡尔赫特（Sylhet）等城市设有分社。孟加拉国通讯社与法新社（AFP）签署了订阅协议，并与印度报业托拉斯、巴基斯坦联合新闻社、中国新华社、马来西亚 Bernama 和澳大利亚 TransData 合作交换新闻。孟加拉国通讯社在孟加拉国国内报纸数量激增的背景下，于 1999 年推出了孟加拉国新闻服务。

"孟加拉国通讯社新闻网（www.bssnews.net）"，是孟加拉国通讯社主办的新闻网站，提供全天实时新闻浏览，网站默认语言为英语，支持英语与孟加拉语切换，设有Home（主页）、About BSS（关于通讯社）、National（国内）、World（国际）、Economic（经济）、Entertainment（娱乐）、Sports（运动）、Feature（特别报道）、Archive（档案）、Contact Us（联系我们）、Log in（登录）等栏目。

2.孟加拉国联合通讯社（United News of Bangladesh，UNB）

孟加拉国联合通讯社成立于 1988 年 1 月，是孟加拉国第二大通讯社和最大的私人通讯社，也是南亚首家全面数字化的私营通讯社。孟加拉国联合通讯社的主要新闻服务用户包括报纸、杂志、广播、电视、政府和私人机构。除了新闻服务，孟加拉国联合通讯社还提供专门针对具体事件、问题和难点的特别报告、分析和深入研究等。同时，该通讯社还与许多全球领先的国家通讯社达成了新闻交换协议，如美国美联社（AP）、日本 Kyodo、韩国 Yonhap、俄罗斯 RiaNovosti、意大利 ANSA、罗马尼亚 Rompress、捷克新闻社等。依靠多元的国际新闻合作以及在孟加拉国 64 个行政区建立的广泛记者网络，孟加拉国联合通讯社被公认为是孟加拉国最可靠和最可信的新闻与信息来源之一。

"孟加拉国联合通讯社新闻网（www.unb.com.bd）"是孟加拉国联合通讯社主办的新闻网站，网站语言为英文，主要提供实时要闻信息，主要栏目包括：Bangladesh（孟加拉国）、Business（商业）、Lifestyle（生活方式）、Opinion（观点）、Sports（运动）、Technology（技术）、World News（世界新闻）、More（更多）。

3.孟加拉国二十四小时新闻网（BDnews24.com）

孟加拉国二十四小时新闻网创办于 2005 年，隶属于孟加拉国二十四小时新闻有限公司（Bangladesh News 24 Hours Ltd.），是孟加拉国国内首家在线报纸集团，也是孟加拉国首家提供每天 24 小时新闻服务的媒体集团。孟加拉国二十四小时新闻网在孟加拉国国内拥有将近 500 名记者和摄影师，他们有强烈的新闻价值观，不会发布未经二次确认来源的消息。由于新闻来源可靠、更新快，孟加拉国二十四小时新闻网不仅是孟加拉国国内许多媒体新闻转载的重要渠道来源，也是孟加拉国国内非常受个体用户欢迎的新闻网站。

"孟加拉国二十四小时新闻网（www.bdnews24.com）"为英语和孟加拉语双语网站，默认显示英语，是孟加拉国获评最佳、速度最快、最为可靠的新闻来源之一。主要栏目包括：News（新闻）、Classifieds（分类）、Business（商业）、Opinion（意见）、Sport（体育）、Turning Points（转折点）、Adv（广告）等。

（二）主要孟加拉语报刊网络信息

1.《曙光日报》（Prothom Alo）

《曙光日报》创刊于 1998 年 11 月 4 日，是孟加拉国人气非常高的孟加拉语日报，在孟加拉国首都达卡公开出版发行，隶属于横川公司（Transcom Group）。《曙光日报》发行量由最初的 4.2 万份增长到目前的 50 万份。根据孟加拉国市场调研公司进行的 2014 年全国媒体调查显示，《曙光日报》每天的读者数量超过 430 万人，是孟加拉国第二大报纸。

"《曙光日报》网站（www.prothom-alo.com）"是孟加拉国访问量最大的网站，也是孟加拉国最著名、最受人欢迎、排名首位的在线新闻门户网。该网站主页设有বাংলাদেশ（孟加拉国）、আন্তর্জাতিক（国际）、অর্থনীতি（经济）、মতামত（观点）、খেলা（体育）、বিনোদন（娱乐）、ফিচার（特别报道）、ইপেপার（电子版报纸）、ছবি（图片）、ভিডিও（视频）等栏目。

2.《时间之声报》(Kaler Kantho)

《时间之声报》创刊于 2010 年 1 月 10 日，是孟加拉国最受欢迎的报纸之一，隶属于东西媒体集团（East-West Media Group）。2010 年，《时间之声报》每日发行超过 28万份，是孟加拉国发行量第二大的孟加拉语日报。该报纸主要提供孟加拉国国内爆炸性新闻、最新要闻等，内容涵盖政治、商业、技术、娱乐、运动等，因在所有国际国内问题方面秉承中立报道而知名。

"《时间之声报》网站（www.kalerkantho.com）"是《时间之声报》的在线新闻网站，网站语言为孟加拉语，主要包含以下栏目：আজকের পত্রিকা（今日报纸）、অনলাইন（在线）、ফিচার（特别报道）、সম্পাদকীয়（社论）、খেলা（游戏）、ইসলামী জীবন（伊斯兰生活）、এক নজরে（概况）、ফটো গ্যালারি（图片库）、ই- পেপার（电子报）等。

3.《革命报》(Daily Inqilab)

《革命报》创刊于 1986 年 2 月 1 日，是革命出版有限公司（Inqilab Publications Ltd.）旗下面向达卡发行的一份孟加拉语日报。"《革命报》网站（www.dailyinqilab.com）"是孟加拉国革命报主办的新闻网站，网站语言为孟加拉语，支持孟加拉语站内搜索服务。该网站主要栏目包括：হোম（主页）、সংবাদ（新闻）、আজকের পত্রিকা（今日报纸）、সম্পাদকীয়（社论）、ফিচার（特别报道）、ই- পেপার（电子报）、ইনকিলাব সম্পর্কে（关于革命报）、আর্কাইভ（档案）、যোগাযোগ（联系）、আরও（更多）。

4.《人民之声报》(Janakantha)

《人民之声报》创刊于 1993 年 2 月 21 日，是面向达卡发行的一份孟加拉语日报，隶属于 Globe Janakantha Shilpa Paribar。"《人民之声报》网站（www.dailyjanakantha.com）"语言为孟加拉语，主要栏目有 প্রচ্ছদ（主页）、অনলাইন（在线）、পুরাতন সংখ্যা（过期报纸）、ই- জনকণ্ঠ（电子报）、সাময়িকী（刊物）、ফিচার পাতা（专题）等。

5.其他孟加拉语新闻网站

（1）《晨报》（Bhorer Kagoj）：www.bhorerkagoj.net；

（2）《孟加拉国 24 小时新闻报》（Bangla News 24）：www.banglanews24.com；

（3）《科瓦伊日报》（Daily Khowai）：www.dailykhowai.com；

（4）《孟加拉国每日报》（Bangladesh Pratidin）：www.bd-pratidin.com；

（5）《天天日报》（The Daily Dinkal）：www.dailydinkal.net；

（6）《新视野日报》（Daily Naya Diganta）：www.dailynayadiganta.com；

（7）《战斗报》（The Daily Sangram）：www.dailysangram.com；

（8）《命运报》（Dainik Destiny）：www.dainikdestiny.com；

（9）《早安报》（Daily Suprobhat）：www.suprobhat.com；

（10）《自由日报》（Dainik Azadi）：www.dainikazadi.net。

（三）主要英文报刊网络信息

1.《每日星报》（The Daily Star）

《每日星报》创刊于 1991 年 1 月 14 日，创始人为赛义德·穆罕默德·阿里。《每日星报》隶属于横川公司，是孟加拉国发行量最大的英文日报。"《每日星报》网站（www.thedailystar.net）"提供站内信息检索服务，主要栏目包括：Newspaper（报纸）、Business（商业）、Opinion（观点）、Sports（运动）、A & E（艺术&娱乐）、Lifestyle（生活方式）、Bytes（技术）、epaper（电子报）等。

2.《观察家日报》（Daily Observer）

《观察家日报》创刊于 1949 年，隶属于观察家有限公司（Observer Ltd）。该报纸以独立政策作为编辑指导，其口号是"我们代表人民的权利"（We stand for people's rights）。"《观察家日报》网站（www.observerbd.com）"为英语网站，提供站内搜索服务，其主要栏目包括：Print Version（印刷版）、Feature（特别报道）、National（国内）、International（国际）、Business（商业）、Sports（体育）、Countryside（农村）、Don't miss（不容错过）、Commentary/Op-Ed（评论社论）、Management（管理）。

3.《独立报》（The Independent）

《独立报》创刊于 1995 年，是孟加拉国唯一的 32 页全彩色英文日报，隶属于独立出版有限公司（Independent Publications Ltd）。"《独立报》网站（www.

theindependentbd.com）"于 2010 年上线，网站语言为英语，支持站内信息检索。该网站栏目众多，主要包括：Home（主页）、Politics（政治）、Bangladesh（孟加拉国）、World News（世界新闻）、Business（商业）、Sports（体育）、Entertainment（娱乐）、Art & Culture（艺术与文化）、Life Style（生活方式）、Technology（技术）、Travel（旅游）、Share Market（股市）、Opinion（观点）、Education（教育）、Health（健康）、Environment（环境）、Feature（特别报道）、Science（科学）等。

4.《太阳日报》(Daily Sun)

《太阳日报》创刊于 2010 年，总部位于达卡，由东西传媒集团有限公司负责出版发行。该报采用宽幅格式出版，是一份 28 页英文日报。其中，商务内容占 4 页，体育运动内容占 8 页。"《太阳日报》网站（www.daily-sun.com）"为英文版本，是孟加拉国最著名的在线报纸之一，接近 60%的访客来自国外。该网站主要栏目包括：National（国内）、Economy（经济）、World（世界）、Sports（体育）、Entertainment（娱乐）、Life Style（生活方式）、Arts（艺术）、Nature（自然）、Corporate（企业）、Opinion（观点）、More（更多）。

5.《金融快报》(Financial Express)

《金融快报》创刊于 1993 年，是孟加拉国一份面向达卡地区出版的英文金融报纸。"《金融快报》网站（www.thefinancialexpress-bd.com）"为英文版本，支持站内搜索服务，主要栏目包括：Economy（经济）、Finance（金融）、Trade and Market（贸易和市场）、Stock（股票）、National（国内）、World（世界）、Editorial（社论）、Sci-tech（科技）、More（更多）、E-PAPER（电子报）。

6.其余主要英语新闻网站

（1）《新时代报》（New Age）：www.newagebd.net；

（2）《我的祖国报》（Amar Desh）：www.amar-desh24.com；

（3）《孟加拉国今日报》（The Bangladesh Today）：www.thebangladeshtoday.com；

（4）《达卡导报》（Dhaka Tribune）：www.dhakatribune.com；

（5）《新国家报》（The New Nation）：www.thedailynewnation.com；

（6）《达卡快报》（Dhaka Courier）：www.dhakacourier.com.bd；

（7）《今日新闻报》（News Today）：www.newstoday.com.bd。

四、斯里兰卡网络新闻媒体信息检索

在斯里兰卡众多新闻媒体中，僧伽罗语和英语媒体是斯里兰卡的主流媒体，泰米尔语媒体居于次要地位。近年来，斯里兰卡的网络新闻媒体发展迅速，几乎所有的主流报纸杂志都有网站和电子报刊，专营互联网新闻的网站更是比比皆是。

（一）主要新闻机构与新闻出版集团网络信息

1.财政与大众传媒部（මුදල් හා ජනමාධ්‍ය අමාත්‍යාංශය）

财政与大众传媒部是斯里兰卡专门负责传媒与信息事务的政府部门，隶属于内阁。该部的工作目标是"通过对政策与策略的制定、推动、实施、监测和评估，塑造以发展为导向的、亲民的、自由的、负责任的斯里兰卡媒体文化"。该部下属 11 个新闻媒体广电机构，包括国家新闻局、国家印刷局、Rupavahini 电视台、ITN 电视台、斯里兰卡广播公司、锡兰联合报业集团（Lake House）、国家新闻通讯社、国家电影集团、斯里兰卡报业委员会、国家印刷公司、Serendib 工作室。

"财政与大众传媒部网站（www.media.gov.lk）"提供僧伽罗语、英语、泰米尔语三个版本，用户可在主页右上角点击语言图标进行切换。主页导航栏包括 6 个栏目：（1）මුල් පිටුව（主页）；（2）අමාත්‍යාංශය（部委），主要提供财政与大众传媒部的工作目标、领导简介、工作人员以及下属的各个部门等信息；（3）ආයතන（机构），主要介绍财政与大众传媒部所属机构的相关情况，并提供了各机构网址的链接；（4）ශ්‍රව්‍ය දෘශ්‍ය කවුළුව（媒体库），包括图片库和视频库两个子栏目，主要提供财政与大众传媒部组织或参与的各项活动以及工作人员工作场景的图片和视频的浏览；（5）නවතම පුවත්（新闻热点），主要提供斯里兰卡国内的新闻热点和大事件的简要报道；（6）අප අමතන්න（联系我们），提供了财政与大众传媒部的地址和联系方式。此外，主页右下侧还提供了斯里兰卡关于新闻媒体的相关法律法规和表格的链接。

2.国家新闻局（රජයේ ප්‍රවෘත්ති දෙපාර්තමේන්තුව）

斯里兰卡国家新闻局是财政与大众传媒部下属的一个重要机构，成立于 1948 年。目前，国家新闻局的主要任务是在数据分析、信息搜集等方面为其他政府机构提供服务，在福利、培训、政策规划等方面对新闻媒体给予协助，并为新闻媒体提供政府机构的相关新闻和信息。国家新闻局的工作目标是在斯里兰卡逐步建立起互动式的媒体环境，提升媒体文化并确保公众获得真实信息的权利。

"国家新闻局网站（www.dgi.gov.lk）"提供僧伽罗语、英语、泰米尔语三个版本，用户可在主页右上角点击语言图标进行切换。主页导航栏包括 නිවස（主页）、අප ගැන（关于我们）、අංශ（部门）、වැඩසටහන්（项目）、ප්‍රසම්පාදන（采购）、කැබිනට් තීරණ（内阁决议）、විපිම（联系我们）等 7 个栏目。导航栏右侧设有搜索引擎，用户可输入关键词进行信息检索。主页中部设有 මාධ්‍ය හැඳුනුම්පත්（媒体证）、රජයේ නිල පුවත් වෙබ අඩවිය（国家新闻通讯社网站）、DGIකෙටි පණිවුඩ සේවාව（国家新闻局短信服务）、දෙපාර්තමේන්තු පිළිබඳ（部门介绍）、අපගේ සේවාවන්（我们的服务）等 5 个版块，为用户提供相关资讯阅读、网页链接、服务定制等服务。

3.国家新闻通讯社（ලංකා පුවත්）

斯里兰卡国家新闻通讯社是隶属于政府的一家新闻媒体集团，创建于 1978 年，总部位于科伦坡。国家新闻通讯社多年来一直致力于为公众发布国内外最新的政治、经济信息，同时向各大报社、新闻媒体以及外国使馆、外国新闻机构等提供新闻服务，其新闻网络覆盖全球 30 多个国家，并与巴基斯坦的 AsiaNet、新德里电视有限公司（NDTV）、亚太通讯社组织、卫星通讯社等机构保持长期的合作。国家新闻通讯社的工作目标是将国际新闻传播给斯里兰卡大众，同时将斯里兰卡的讯息传播给全世界，努力打造成为亚太地区杰出的、独立的、高效高质的、公正自由的国家新闻机构。目前，国家新闻通讯社是斯里兰卡最大、最高级别的新闻机构。

"国家新闻通讯社网站（www.lankapuvath.lk）"提供僧伽罗语和英语两个版本，用户可在主页右上角点击语言图标进行切换。主页导航栏包括 මුල් පිටුව（首页）、දේශීය පුවත්（国内新闻）、විදෙස් පුවත්（国际新闻）、ක්‍රීඩා පුවත්（体育新闻）、ව්‍යාපාරික පුවත්（经贸新闻）、වෙනත් පුවත්（其他新闻）、විශේෂාංග（专栏）、අප ගැන（关于我们）、අපට ලියන්න（联系我们）等 9 个栏目。

4.锡兰联合报业集团（The Associated Newspapers of Ceylon Limited，也称 Lake House）

锡兰联合报业集团创建于 1926 年，是斯里兰卡规模最大、历史最悠久、影响力最大的报业集团。目前，该集团隶属于财政与大众传媒部，旗下拥有 24 家纸质报刊，其中僧伽罗语报纸 5 种：දිනමිණ（《太阳报》）、සිළුමිණ（《宝石报》）、මිහිර（《悦报》）、තරුණි（《女青年》）、මාංචු（《手铐》）；僧伽罗语杂志 14 种：බුදුසරණ（《佛佑》）、නවයුගය（《新时代》）、සරසවිය（《综艺》）、සුබසෙත（《幸福》）、ක්‍රීඩා（《体育》）、නමස්කාර（《顶礼》）、ආලෝකෝ උදපාදි（《光芒》）、ආලෝග්‍යා（《健康》）、මිහිතුරු（《大地》）、විදුනැණ

（《知识》）、සිත්මිණ（《心路》）、දැනමුතු（《小说月刊》）、අතුරු මිතුරු（《朋友》）、මුතු අහුරු（《珍珠》）；英语报纸 2 种：Daily News（《每日新闻》）、Sunday Observer（《周日观察》）；泰米尔语报纸 2 种：Thinakaran（《每日太阳报》）、Thinakaran vaar（《每日太阳报周日刊》）；泰米尔语杂志 1 种：Vanna Vanavil（《天空之上》）。其中，《太阳报》、《宝石报》、《佛佑》、《综艺》、《每日新闻》、《周日观察》、《每日太阳报》等 7 种报刊均建有网站。

"锡兰联合报业集团网站（www.lakehouse.lk）"为英语界面，设有出版物、网络报刊、广告、社会服务等栏目。用户通过目录菜单逐级搜索，可以查询到锡兰联合报业集团旗下各个报刊的名称、创办年月、发行时间、内容简介、价格等基本信息，同时也可通过网页上提供的链接直接进入网络版报刊的网址。

（二）主要僧伽罗文报刊网络信息

1.《太阳报》（දිනමින）

《太阳报》是斯里兰卡历史最悠久的僧伽罗文报纸之一，由僧伽罗人 H. S. Perera 创办，首次发行于 1909 年。目前，《太阳报》隶属于锡兰联合报业集团旗下，是一家由政府经营的报纸。直到今天，《太阳报》仍然是斯里兰卡发行量最大的日报之一。

"《太阳报》网站（www.dinamina.lk）"为僧伽罗文版本，每日对国内国际新闻进行更新，开设的栏目有：කතුවැකිය（评论员文章）、පුවත්（新闻）、විදෙස්（国外新闻）、ක්‍රීඩා（体育）、ව්‍යාපාරික（商贸）、දේශපාලන（政治）、අධිකරණ（司法）、ආගමික（宗教）、විනෝදාත්මක（娱乐）、විශේෂාංග（专栏）、ප්‍රාදේශීය（地方）、අතන මෙතන（八卦）、කාටූන（卡通）等。通过该网站，用户可以直接在线浏览或下载《太阳报》电子版，还能通过档案页面按照日期查阅 2008 年 1 月 1 日至今任意时间的《太阳报》电子版。

2.《兰卡报》（ලංකාදීප）

《兰卡报》由维杰耶报业公司（Wijeya Newspapers Limited）于 1991 年创办，每日发行，日发行量约为 15 万份。《兰卡报》还有一个周日版，被称为《周日兰卡报》（ඉරිදා ලංකාදීප）。《周日兰卡报》曾两次获得斯里兰卡最受欢迎报纸奖，日发行量高达 35 万份，是深受斯里兰卡普通民众喜爱的报纸之一。

根据 Alexa 网站的统计数据，《兰卡报》网站（www.lankadeepa.lk）"的浏览量在斯里兰卡所有网站中排名第 17，每月访问量超过 100 万人次。《兰卡报》网站版面色彩艳丽、内容丰富，设有 එසැණ පුවත්（实时新闻）、සයුරෙන් එතෙර（大洋彼岸）、විඩියෝ

දර්ශන（视频集锦）、සාරවිට（趣闻）、අපේ උරුමය（我们的遗产）、විශේෂාංග（专栏）、ක්‍රීඩා විත්ති（体育新闻）、පෙර පුවත්（过往新闻）、නැණ කොසුව（智慧）等栏目。此外，网站还提供《兰卡报》的手机应用软件下载、僧伽罗语字体下载、消息订阅等服务。通过该网站，用户可以直接在线浏览或下载《兰卡报》电子版，还能通过档案页面按照日期查阅 2011 年 7 月 15 日至今任一时间的《兰卡报》电子版。

3.《岛报》（දිවයින）

《岛报》于 1981 年由乌帕利报业有限公司［Upali Newspapers (Private) Limited］的创始人乌帕利·维杰瓦德纳（Upali Wijewardene）创办。《岛报》每日发行，日发行量约为 15.6 万份。《岛报》的周日版《周日岛报》（ඉරිදා දිවයින）的日发行量约为 34 万份，也是斯里兰卡街头巷尾十分常见、深受民众欢迎的报纸之一。

"《岛报》网站（www.divaina.com）"创立于 2001 年，每月访问量约为 55 万人次。《岛报》网站主页简洁明了，左侧导航栏里列出了所有栏目列表，包括 පුවත්（新闻）、විශේෂාංග（专栏）、කතුවැකිය（评论员文章）、ප්‍රාදේශිය පුවත්（地方新闻）、වෙළඳ（商贸）、ක්‍රීඩා（体育）、පාර්ලිමේන්තු（议会新闻）、කාටූන්（卡通）විදෙස් පුවත්（国外新闻）、වටමඬල（文化、文学、艺术）、බුදු මඟ（佛教）等。此外，网站还提供天气、时间、地图、货币汇率等信息查询服务。通过该网站，可以在线浏览或下载《岛报》电子版，还能通过档案页面按照日期浏览往期《岛报》电子版。

4.其他僧伽罗文报刊网站

（1）《宝石报》（සිළුමිණ）：www.silumina.lk；

（2）《兰卡大地报》（ලක්බිම）：www.lakbima.lk；

（3）《日报》（රිවිර）：www.rivira.lk；

（4）《祖国报》（මවිබිම）：www.mawbima.lk；

（5）《今日报》（අද）：www.ada.lk；

（6）《综艺》杂志（සරසවිය）：www.sarasaviya.lk；

（7）《佛佑》杂志（බුදුසරණ）：www.lakehouse.lk/budusarana；

（8）《女性》杂志（නවලිය）：www.navaliya.com；

（9）《科学》杂志（විදුසර）：www.vidusara.com；

（10）《镜墙》杂志（කැටපත් පවුර）：www.ketapathpawra.com。

（三）主要泰米尔文报刊网络信息

1.《每日太阳报》（தினகரன்）

《每日太阳报》隶属于锡兰联合报业集团，是斯里兰卡最主要的泰米尔语报纸之一，被认为是僧伽罗语《太阳报》的姊妹版。在《太阳报》网站首页的左上角，点击 TA 按钮，便可直接进入泰米尔语《每日太阳报》的主页。尽管名称类似，隶属于一个公司，但无论是纸质版报纸还是网站，二者在内容、版面等各方面都有较大差异。《每日太阳报》为日报，日发行量大约为 5 万份，周日版《每日太阳报周日版》的日发行量约为 7 万份。

"《每日太阳报》网站（www.thinakaran.lk）"为泰米尔语版本，布局简单明了，下设 உள்நாடு（国内新闻）、அரசியல்（政治）、தொழில்நுட்பம்（技术）、குற்றம்（犯罪）、பொழுதுபோக்கு（娱乐）、வர்த்தகம்（贸易）、விளையாட்டு（体育）、சுகாதாரம்（健康）、மதம்（宗教）、கிசுகிசு（八卦）、இந்தியா（印度）、கேலிச்சித்திரம்（卡通）、மாகாணம்（省份）等栏目。此外，网站还提供《每日太阳报》和《每日太阳报周日版》电子版的在线浏览服务。

2.《英勇之狮报》（வீரகேசரி）

《英勇之狮报》由印度泰米尔族记者 PPR·苏布尔马尼尔·切提尔（PPR. Subramaniam Chettiar）于 1930 年在科伦坡创办。1970 年锡兰快车报纸有限公司［Express Newspapers (Ceylon) Limited］成立并负责该报的发行工作。《英勇之狮报》是斯里兰卡国内首屈一指的泰米尔报纸媒体，在斯里兰卡的泰米尔人群中有着很高的声望，日发行量达到 12 万份。2002 年《英勇之狮报》网站和电子版报纸的问世，使得《英勇之狮报》成为世界上第一份泰米尔文电子报纸。2005 年，《英勇之狮报》获得斯里兰卡报业出版协会和编辑协会评选的"年度最佳设计报纸"和"年度最佳记者事务奖"。2011 年《英勇之狮报》网站被评为"斯里兰卡最受欢迎泰米尔文网站"。《英勇之狮报》还在海外进行发行，《英勇之狮报周刊》在中东地区发行，而《英勇之狮报周日版》则在包括美国、加拿大、英国、印度、澳大利亚等超过 15 个国家发行。

"《英勇之狮报》网站（www.virakesari.lk）"设计简洁精致，主页导航键与各频道标题均为英文，其余内容为泰米尔文。网站主要内容由本地新闻、体育、商贸、技术、世界、健康、电影、娱乐、卡通、星象、时间、图片库、视频库等频道组成。网站设有站内搜索引擎，提供关键词搜索服务。此外，网站还提供《英勇之狮报》电子版和《英勇之狮报周刊》电子版的在线浏览服务。

3.《晨报》(உதயன்)

《晨报》创办于 1985 年 11 月 27 日，由新晨出版有限公司〔New Uthayan Publication (Private) Limited〕负责发行。《晨报》是斯里兰卡唯一一份在贾夫纳 (Jaffna) 地区印刷发行的泰米尔文报纸，即使是在内战期间也从未停止过发行。因此，《晨报》的主编和工作人员曾获"2008 年斯里兰卡捍卫新闻自由奖"。《晨报》网站 (www.onlineuthayan.com)"主要提供时事、体育、生活、娱乐等方面的新闻资讯，还设有讣告、生日祝福、问候等网络服务供读者选用，以及图片和视频的观看下载功能。除此以外，网站还提供《晨报》的电子版供网民在线浏览。

4.其他泰米尔文报刊网站

(1)《泰米尔之镜报》(Tamil Mirror)：www.tamilmirror.lk；

(2)《每日箴言报》(Thinakkural)：www.thinakkural.lk；

(3)《火炬之光报》(Sudar Oli)：www.sudaroli.com。

（四）主要英文报刊网络信息

1.《周日观察报》(Sunday Observer)

《周日观察报》是斯里兰卡历史最悠久的英文报纸，它的起源可以追溯到 1834 年英国殖民统治时期，我们今天看到的《周日观察报》第一次发行是在 1928 年。目前，《周日观察报》隶属于锡兰联合报业集团，每周发行一期，发行量约为 17.5 万份。"《周日观察报》网站 (www.sundayobserver.lk)"内容翔实丰富，主要有时事、政治、经贸、安全、体育、评论员文章等新闻频道，此外还有生活、娱乐、艺术、儿童、文学、讣告等版块。同时，网站还为用户提供股票、汇率、农产品价格、图片视频下载等服务。

2.《每日新闻报》(Daily News)

《每日新闻报》是锡兰联合报业集团旗下另一家历史悠久的英文报纸，它由锡兰联合报业集团的创始人 D. R.维杰瓦尔德纳 (D. R. Wijewardena) 创办于 1918 年，每日发行。《每日新闻报》与僧伽罗语《太阳报》、泰米尔语《每日太阳报》是锡兰联合报业集团下属的僧、泰、英三语的三大主流报纸，因此在其主页左上侧点击 SI 按钮可直接打开僧伽罗语《太阳报》网站，点击 TA 按钮可直接打开泰米尔语《每日太阳报》网站。"《每日新闻报》网站 (www.dailynews.lk)"主页以红黑为主色调，开设的栏目有国内新闻、全球新闻、编辑推荐、经贸、法律、体育、政治、娱乐、文化活动、讣告等。此外，用户还可下载图片、观看视频、通过站内搜索引擎搜索往期新闻。资源中心（Archives）提供《每日新闻报》往期出版的电子报纸，读者可以进行在线浏览。

3.《每日之镜报》（Daily Mirror）

《每日之镜报》隶属于维杰耶报业公司，其前身是 1995 年创办的《周中之镜报》（Midweek Mirror），1999 年正式更名为《每日之镜报》。《每日之镜报》是斯里兰卡最受欢迎的英文日报之一，其网站的点击量也在同类网站中始终处于领先位置，曾一度在 Alexa 网站的斯里兰卡报纸类网站的统计结果中位列第一。"《每日之镜报》网站（www.dailymirror.lk）"内容丰富，设计精美，开设的栏目有专家观点、时事、国内外新闻、经贸、旅游、技术、体育、政治、娱乐、卡通、城市、生活等。此外，用户还可下载图片、观看视频、通过站内搜索引擎搜索往期新闻资讯。网站提供《每日之镜报》电子版的在线浏览和免费下载服务。用户还可以在网站订阅手机新闻或纸质报纸、下载《每日之镜报》的手机应用软件等。

4.其他英文报刊网站

（1）《今日锡兰报》（Ceylon Today）：www.ceylontoday.lk；

（2）《周日时间报》（Sunday Times）：www.sundaytimes.lk；

（3）《岛屿报》（Island）：www.island.lk；

（4）《民族报》（Nation）：www.nation.lk/online；

（5）《你好》杂志（Hi!!）：www.hi.lk；

（6）《商务月刊》杂志（LMD）：www.lmd.lk；

（7）《发现斯里兰卡》杂志（Explore Sri Lanka）：www.exploresrilanka.lk。

（五）检索示例

利用《每日新闻报》网站检索"斯里兰卡总统访问贾夫纳地区"事件的进展及相关新闻。

具体检索步骤如下：

（1）选择新闻检索网站。通过网址 www.dailynews.lk，登录《每日新闻报》网站主页。

（2）输入关键词进行检索。在主页右上方的检索框内输入关键词"president

jaffna"，单击放大镜图标执行检索。

（3）浏览相关新闻报道。检索结果以"标题+主要内容"的记录形式显示，单击任一标题，可浏览详细的新闻报道。

五、尼泊尔网络新闻媒体信息检索

尼泊尔全国注册发行的各类报刊有 4871 种，其中日报 362 种，英文报纸 387 种。《廓尔喀报》（尼泊尔语）和《新兴的尼泊尔》（英语）是尼泊尔全国最大的两份官方日报。此外，还有《加德满都邮报》（英语）、《坎提普尔报》（尼泊尔语）和《喜马拉雅时报》（英语）等多家日报以及《尼泊尔时报》（英语）周报。

（一）主要新闻机构与新闻出版公司网络信息

1.尼泊尔国家通讯社（राष्ट्रिय समाचार समिति）

尼泊尔国家通讯社创建于 1962 年 4 月，是尼泊尔的国家级官方通讯社，主要负责搜集和发布尼泊尔国内和国际新闻，是尼泊尔所有媒体的主要新闻来源之一。"尼泊尔国家通讯社网（www.rss.com.np）"是尼泊尔国家通讯社主办的新闻网站，每天 24 小时以尼泊尔语和英语两种语言不间断地向全球发布新闻信息。网站主页不间断更新最新发生的新闻的标题和简短摘要。尼泊尔国家通讯社网不提供用户账号注册服务，用户需要专门的用户账号和密码登录后才能实现在该网站阅读新闻全文，获取相关出版物等功能。

2.《廓尔喀报》在线网（Gorkhapatra Online）

《廓尔喀报》是尼泊尔官方报纸，创刊于 1902 年，迄今已有超过百年的历史，在尼泊尔影响力巨大。随着互联网在尼泊尔的推广与普及，为了进一步广泛传播新闻资讯和社会动态，廓尔喀报出版社以《廓尔喀报》为基础开通了《廓尔喀报》在线网。目前，《廓尔喀报》在线网在尼泊尔有着巨大的影响力。

图4-6 《廓尔喀报》在线网主页

　　"《廓尔喀报》在线网网站（www.gorkhapatraonline.com）"语言为尼泊尔语，主要包括以下 8 个方面的栏目内容，分别为：（1）विचार/दृष्टिकोण（思想/观点），主要发布尼泊尔国内部分官员、专家、学者对尼泊尔当前政治、经济、社会等领域出现的情况的分析与主张。由于《廓尔喀报》历史悠久影响力巨大，该栏目在尼泊尔的影响力也与日俱增，成为《廓尔喀报》在线网网站的特色栏目之一。（2）पर्यटन（旅游资讯），主要发布尼泊尔国内旅游领域的新闻报道和动态信息。（3）मुख्य समाचार（主要新闻），主要发布尼泊尔国内各领域重大事件的新闻报道和动态信息，对国际重大事件也有一定涉及，内容更新较快。（4）राष्ट्रिय（国内信息），集中发布尼泊尔国内政治、经济、社会、教育等各个领域的新闻报道和动态信息。该栏目内容更新迅速，报道客观公正，是了解尼泊尔国内动态的便捷渠道。（5）खुला पृष्ठ（大众领域），主要发布尼泊尔各界人士对尼泊尔各领域一些事件的观点和看法。该栏目在尼泊尔较受广大民众关注和欢迎，内容更新较快。（6）मोफसल（周期报道），主要发布对尼泊尔国内一些事件或问题的后续发展状况的追踪报道。（7）कला（艺术资讯），主要发布尼泊尔文化艺术领域的各类新闻报道和动态信息。（8）समाज（社会动态），主要发布尼泊尔社会领域的各类新闻报道和动态信息，内容更新较快。

　　在以上主要栏目导航条的下方，是按不同主题分版块集中的新闻资讯。各个信息版块里集中了新近发生的部分新闻资讯的标题，其中部分重要的新闻资讯还附有简短摘要。目前，《廓尔喀报》在线网网站首页的新闻资讯版块主要有 15 个，分别为：मुख्य समाचार（主要新闻）、थप मुख्य समाचार（更多热点新闻）、राष्ट्रिय（国内信息）、खुला पृष्ठ（大众领域）、मोफसल（周期报道）、अर्थ（经济资讯）、कला（艺术资讯）、पर्यटन（旅游资讯）、विचार/दृष्टिकोण（思想/观点）、समाज（社会资讯）、अन्तर्राष्ट्रिय（国际信息）、

खेलकुद（体育资讯）、अन्तर्वार्ता（采访报道）、epaper（电子报纸）和 महत्वपूर्ण लिन्कहरु（重要链接）。在"电子报纸"版块里呈现的是当天出版的《廓尔喀报》头版图片。点击该图片，即可浏览当天出版的、被制作成 Flash 形式的《廓尔喀报》各版面的具体内容。"重要链接"版块里提供了 8 个常用链接，分别为：राष्ट्रिय योजना आयोग（尼泊尔国家计划委员会）、लोक सेवा आयोग（尼泊尔公共服务委员会）、गृह मन्त्रालय（尼泊尔内政部）、मिति परिवर्तन（尼泊尔日期转换）、लोडसेडिङ तालिका（尼泊尔电力局）、नेपाल सरकार（尼泊尔政府）、Gorkhapatra Old（Archive）[旧版《廓尔喀报》网站（存档）] 和 Gallery（图库）。

《廓尔喀报》在线网网站最上方设置了 6 个选项条，分别为："主页"、"关于我们"、"电子出版物"、"联系我们"、"招标公告"和"《兴起的尼泊尔》"。这 6 个选项条在《廓尔喀报》在线网的各个页面最上方都有显示。点击"电子出版物"选项条，可以在线浏览廓尔喀报出版社旗下的 7 种报刊，分别是《廓尔喀报》和《新兴的尼泊尔》两种日报，《星期五副刊》和《星期六特刊》两种周刊以及《玛图公园》、《青年论坛》和《穆娜》三种月刊。

3.坎提普尔网（eKantipur）

《坎提普尔报》在尼泊尔的影响力巨大，发行量与历史悠久的《廓尔喀报》相当。坎提普尔网是由《坎提普尔报》新闻社建设运营的、以《坎提普尔报》为基础的新闻网站。目前，坎提普尔网是尼泊尔访问量最大的新闻类网站之一。

图 4-7　坎提普尔网主页

"坎提普尔网网站（www.ekantipur.com）"使用英语和尼泊尔语两种语言，以英语居多。该网站的最上方设置了 7 个导航条，分别为：World（全球新闻）、Nepal（尼泊尔新闻）、Politics（政治资讯）、Sports（体育资讯）、Economy（经济资讯）、

Entertainment（娱乐资讯）和 Others（其他资讯）。点击各个版块，即可以浏览相应主题的新闻资讯。各条新闻资讯都列出了标题和摘要，需要进一步阅读时可继续点击。在前述 7 个导航条的下方，还设置了另外 7 个导航条。这 7 个导航条链接的是《坎提普尔报》新闻社旗下的 7 个不同的出版物或媒体，分别为：कान्तिपुर（《坎提普尔报》）、Kathmandu Post（《加德满都邮报》）、साप्ताहिक（《每周特刊》）、नेपाल（《尼泊尔》）、नारी（《妇女》）、Radio Kantipur（坎提普尔广播）和 Kantipur Television（坎提普尔电视台）。

4.其余主要新闻机构网站

（1）尼泊尔在线信息网（Online Khabar）：www.onlinekhabar.com；

（2）尼泊尔白色网（सेतो पाटी）：www.setopati.com；

（3）尼泊尔红色网（रातो पाटी）：www.ratopati.com；

（4）尼泊尔安纳普尔纳邮报网（Annapurna Post）：www.annapurnapost.com；

（5）尼泊尔外部邮报网（Pahilo Post）：www.pahilopost.com；

（6）尼泊尔头条网（Nepali Headlines）：www.nepaliheadlines.com；

（7）尼泊尔今日加德满都网（Kathmandu Today）：www.kathmandutoday.com；

（8）尼泊尔图片新闻网（Image Khabar）：www.imagekhabar.com；

（9）每日尼泊尔网（Dainik Nepal）：www.dainiknepal.com；

（10）尼泊尔信息网（नेपाल सन्देश）：www.nepalsandesh.com；

（11）尼泊尔信息网（Nepal News）：www.nepalnews.com；

（12）尼泊尔公民新闻网（Nagarik News）：www.nagariknews.com。

（二）主要尼泊尔语报刊网络信息

1.《廓尔喀报》（गोरखापत्र）

《廓尔喀报》创刊于 1901 年，是尼泊尔历史最悠久、影响力最大、发行量最大的尼泊尔语报纸。随着互联网的引进与发展，廓尔喀报出版社率先将电子化形式的《廓尔喀报》发布到了互联网上，便于广大读者阅读。目前，互联网版《廓尔喀报》为 Flash 形式，阅读方便，但下载困难。

"《廓尔喀报》网（www.gorkhapatraonline.com/epaper）"常设栏目有 12 个，分别为：ज्ञान सागर（知识海洋）、राष्ट्रिय（尼泊尔新闻）、उपत्यका/वरपर（谷地及周边动态）、दृष्टिकोण（观点）、विचार/विवेचना（思考/评论）、पूर्व（东部地区）、पश्चिम（西部地区）、

अन्तर्राष्ट्रिय（全球新闻）、नयाँ नेपाल（新尼泊尔）、ससरङ्गी（七彩生活）、अर्थ बजार（经济市场）和 खेलकुद（体育资讯）等。此外,《廓尔喀报》上还会大量刊登尼泊尔政府各部门的各种重要的通知公告。

2.《坎提普尔报》(कान्तिपुर)

《坎提普尔报》是由坎提普尔报出版社创办发行的一份尼泊尔语日报。《坎提普尔报》创刊时间较短,但近年来发展迅速,发行量和影响力都逐步扩大,接近《廓尔喀报》。

"《坎提普尔报》网（www.kantipur.ekantipur.com）"网站语言为尼泊尔语,网站栏目与《坎提普尔报》栏目基本保持一致,主要有 13 个,分别为:समाचार（新闻报道）、विचार/विश्लेषण（思想/观点）、खेलकुद（体育）、अर्थ/वाणिज्य（经济/商贸）、मनोरञ्जन（娱乐）、देश（国内资讯）、फिचर（专栏）、प्रवास（移民）、साहित्य（文学）、जिवनशैली（生活方式）、विश्व（世界新闻）、सूचना प्रविधि（信息技术）和 स्वास्थ्य（健康）等。

（三）主要英文报刊网络信息

1.《新兴的尼泊尔》(The Rising Nepal)

《新兴的尼泊尔》由廓尔喀报出版社创刊于 1965 年,是尼泊尔影响力最大、发行量最大的英语日报。随着互联网的引进与发展,廓尔喀报出版社率先将电子化形式的《新兴的尼泊尔》发布到了互联网上,便于广大读者阅读。互联网版《新兴的尼泊尔》的更新速度和纸质版的《新兴的尼泊尔》保持一致。目前,互联网版《新兴的尼泊尔》为 Flash 形式,阅读方便,但下载困难。

"《新兴的尼泊尔》网（www.therisingnepal.org.np）"常设栏目有 8 个,分别为:Editorial（社论）、Headlines（头条）、Nation（尼泊尔新闻）、Detour（环球）、OP-ED（专栏）、Business（商务动态）、Sports（体育新闻）和 World（世界新闻）。

2.《加德满都邮报》(Kathmandu Post)

《加德满都邮报》是由坎提普尔报出版社创办发行的一份英语日报。《加德满都邮报》创刊时间较短,但近年来发展迅速,发行量和影响力都逐步扩大,逐渐接近《新兴的尼泊尔》。该报在互联网上的更新速度与纸质版保持一致。

"《加德满都邮报》网（www.kathmandupost.ekantipur.com）"网站语言为尼泊尔语,网站栏目与《加德满都邮报》栏目基本保持一致,主要有 11 个,分别为:General

（摘要总览）、National（国内资讯）、Capital（首都资讯）、Sports（体育资讯）、Editorial（社论）、OPED（专栏）、Interview（访谈）、Entertainment（娱乐资讯）、World（全球资讯）、Money（金融货币）和 ON Saturday（星期六特刊）。

六、阿富汗网络新闻媒体信息检索

阿富汗的新闻出版业已有 140 多年的历史。1875 年，阿富汗的第一份报纸《白天的太阳》创刊，每月 2—3 期，每期 16 版，刊登关于社会内容的文章和国内外新闻。与此同时，《喀布尔杂志》在巴拉希萨尔出版，刊登国家和军队的文告和通知等。这两份刊物一直出版到 1878 年第二次英阿战争爆发时为止。20 世纪 60 年代，查希尔·沙阿国王统治时期，阿富汗新闻出版事业有了新的发展，以报纸为主的阿富汗媒体繁盛一时。除原有的使用阿富汗当地文字的《阿尼斯报》、《祖国报》和《革新报》之外，1962 年开始发行英文报纸《喀布尔时报》。塔利班统治时期（1996—2001 年），《阿尼斯报》、《革新报》、《祖国报》等大型报刊全部停刊，取而代之的是《圣战报》，刊登的全部是毛拉的教义宣讲以及处罚违反塔利班禁令者的消息。阿富汗新政府成立后，一直奉行相对宽松的新闻文化政策，鼓励独立媒体的发展运营，新闻传媒业获得了较快发展。到 2013 年，在阿富汗信息文化部登记的日报有 10 种，其中政府主办的为 4 种；其他种类的报刊 321 种，政府主办的为 27 种。

（一）主要新闻机构与新闻出版公司网络信息

1.巴赫塔尔通讯社（Bakhtar News Agency）

巴赫塔尔通讯社创建于 1939 年，是阿富汗的国家通讯社，是阿富汗信息和文化部下属的新闻机构，主要负责搜集国内和国际新闻，是阿富汗所有媒体的主要新闻来源之一。"巴赫塔尔新闻网（www.bakhtarnews.com.af）"是巴赫塔尔通讯社主办的新闻网站，每天 24 小时以普什图语、达里语、英语等三种语言不间断地向全球发布新闻信息，主要新闻版块有：Latest News（最新消息）、Political News（政治新闻）、Security News（安全新闻）、Economic News（经济新闻）、Education News（教育新闻）、Cultural News（文化新闻）、Health News（卫生新闻）、Social News（社会新闻）、Sports News（体育新闻）、International News（国际新闻）。

2.帕支胡克阿富汗新闻社（Pajhwok Afghan News）

帕支胡克阿富汗新闻社成立于 2004 年 3 月，是阿富汗最大的独立新闻机构，总部设在喀布尔，在全国设有八个分社。该社向一些国际通讯社、电视台以及广播电台提供照片、录像和音频剪辑。帕支胡克阿富汗新闻社由阿富汗人全资拥有和经营，没有任何政治背景，因此该社提供的新闻被视为来自阿富汗人视角的有关阿富汗新闻的最值得信赖的渠道。"帕支胡克新闻社网站（www.pajhwok.com）"提供普什图语、达里语和英语 3 个版本，开设的栏目有：Features（特别报道）、Interviews（采访）、Opinions（舆论）、Governance & Politics（治理与政治）、Security & Crime（安全与犯罪）、Business & Economics（商业和经济）、Education（教育）、Health（卫生）、Agriculture（农业）、Reconstruction（重建）、Migration（移民）、Accidents & Disasters（事故与灾害）、Religion & Culture（宗教与文化）、Society（社会）、Women（妇女）、Innovation & Technology（创新与科技）、Environment（环境）、Sports（体育）。

3.哈玛通讯社（Khaama Press）

哈玛通讯社创建于 2010 年 10 月，是阿富汗最大的新闻和信息来源之一。"哈玛通讯社网站（www.khaama.com）"是哈玛通讯社主办的新闻网站，网站月均访问量达 150 多万人次，提供普什图语、达里语、英语三种版本。主要新闻版块有：Latest News（最新消息）、Afghanistan（阿富汗）、World（世界）、Business（商业）、Sport（体育）、Science & Tech（科学技术）、Election（选举）、Entertainment（娱乐）、Exclusive（独家报道）。此外，网站提供各新闻版块的简易消息订阅以及站内搜索服务。

4.阿富汗报业集团（Afghanistan Group of Newspapers）

阿富汗报业集团是阿富汗一个影响力较大的报业集团，旗下有《阿富汗日报》（Daily Afghanistan）和《阿富汗每日展望》（Daily Outlook Afghanistan）两份报纸。《阿富汗日报》创刊于 2006 年 9 月 6 日，日发行量 4800 份，为普什图语和达里语双语，以达里语为主，是阿富汗最受欢迎的报纸之一。"《阿富汗日报》网站（www.dailyafghanistan.com）"为达里语版本，主要有افغانستان（阿富汗新闻）、جهان（国际新闻）、سرمقاله（社论）、فرهنگ و سینما（文化和电影）、ورزش（体育）、کارتون（漫画）等栏目。《阿富汗每日展望》创刊于 2004 年，在阿富汗全国 32 个省发行，日发行量 1 万份，是阿富汗发行量最大的全国性英文报纸。"《阿富汗每日展望》网站（www.outlookafghanistan.net）"为英文版本，主要栏目有新闻（阿富汗国内和国际新闻）、言论和社论、漫画、读者来信等。

5.其余主要新闻机构网站

（1）政府媒体和信息中心（Government Media & Information Center）：www.gmic.gov.af；

（2）阿富汗记者中心（Afghanistan Journalists Center）：www.afjc.af；

（3）阿富汗青年网（افغان ځوان）：www.afghanzwan.com；

（4）阿富汗黎明网（افغان سباوون）：www.afghansabawoon.com；

（5）瓦德萨姆网（ودصم）：www.wadsam.com。

（二）主要普什图语和达里语报刊网络信息

1.《祖国报》（هيواد ورځپانه, Hiwad Newspaper）

《祖国报》创刊于 1949 年，是一份由阿富汗政府资助的官方普什图语日报。《祖国报》除在阿富汗发行外，还在其他部分国家发行，现有雇员 22 人。"《祖国报》网站（www.dailies.gov.af/hiwad）"为普什图语版本，主要栏目有 ټولنه（社会）、اقتصاد（经济）、سياست（政治）、فرهنگ او هنر（文化艺术）、لوبي（体育）、نړۍ（世界）、احكام（法令）、فرمانونه（命令）、ليكنې（话题）、د وطنداران ومجلي（《同胞》杂志）等。网站左侧边栏提供《阿尼斯报》、《革新报》、《同胞》等使用阿富汗当地文字的官方报刊的链接以及站内搜索服务。网站还提供《祖国报》PDF 电子版的在线浏览和下载服务。

2.《民族理想报》（Arman-e-Mili Daily）

《民族理想报》创刊于 2003 年，是一份普什图语和达里语双语日报，每天在喀布尔市发行 5000 份，资金预算全部来源于广告收入，有雇员 15 人。"《民族理想报》网站（www.armanemili.com）"为普什图语和达里语双语，主要栏目有 سرمقاله（社论）、فرهنگ و هنر（文化艺术）、مقالات اقتصادى（经济文章）、مقالات سياسى（政治文章）、اخبار（新闻）、ورزش（运动）、صفحه علمى（科学）等。网站提供站内搜索服务，用户可向网站申请简易消息订阅（RSS）服务。

3.《消息日报》（اطلاعات روز, Itilaat-e-Roz Daily）

《消息日报》于 2011 年 1 月创刊，是一份达里语日报，每期 8 版，日发行量约 5000 份。"《消息日报》网站（www.etilaatroz.com）"栏目丰富，内容覆盖面广，主要有

خبر（新闻）、گزارش（报道）、تحلیل（分析）、ترجمه（编译）、طنز（讽刺）、گفتگو（对话）、صحت（健康）、زندگی（人类）、ورزش（运动）等栏目，还会不定期推出一些专题栏目，如روز و یک و هزار（一千和一天）、یادنامه ی اکبر（阿克巴尔的提醒）、انتخابات- ۹۳（2014 年总统选举）。网站提供站内搜索以及《消息日报》电子版的在线浏览和下载服务。

4.《早八点报》（هشت صبح，Hasht-e-Subh Daily）

《早八点报》由一些宣扬民主政治的知名记者、人权和媒体活动家于 2007 年创办，是一份达里语日报。《早八点报》有雇员 58 人，每天在喀布尔、加兹尼、巴米扬、楠格哈尔、赫拉特、巴尔赫、昆都士、塔哈尔、巴格兰、巴达赫尚和朱兹詹等省发行 15—18000 份。该报的目标是支持阿富汗的人权事业和民主进程，帮助阿富汗人民在人权和民主斗争中发出自己的声音。"《早八点报》网站（www.8am.af）"有普什图语、达里语、英语三个版本，以达里语网站为主，普什图语和英语网站内容较少。主要栏目有سیاست（政治）、رویدادها（事件）、گزارش ها（报道）、طنز（讽刺）、اقتصاد（经济）、اندیشه اجتماعی（社会）、جهان（世界）、حقوق بشر（人权）、فرهنگ و ادب（文化和文学）、اندیشه（思想）、صحت（健康）等。网站提供基于谷歌搜索引擎的站内搜索服务以及部分世界和阿富汗著名的新闻机构和电视台的链接。

5.《信仰报》（ویسا ورځپانه，Weesa Daily）

《信仰报》是由祖拜尔·沙菲克（Zubair Shafiqi）于 2006 年创办的日报，每天在喀布尔以及其他 5 个省共发行 6000 份，每期 6 版，为普什图语和达里语双语。"《信仰报》网站（www.dailyweesa.com）"是普什图语和达里语双语，主要栏目有سرمقله（社论）、خبرونه（新闻）、تحلیل（分析）、تکنالوجی（技术）、کلتور او ادب（文化和文学）、طنز（讽刺）、سپورت（体育）等。网站提供《信仰报》PDF 电子版的下载服务。

6.其余普什图语和达里语报刊网站

（1）《马塞尔日报》（مسیر ورځپانه，Maseer Daily，普什图语）：www.maseerdaily.af；

（2）《喀布尔邮报》（Kabul Post，普什图语、达里语）：www.kabulpost.net；

（3）《阿尼斯日报》（روزنامه انیس，Anis Newspaper，达里语）：www.dailies.gov.af/anis；

（4）《革新报》（روزنامه اصلاح，Eslah Newspaper，达里语）：www.dailies.gov.af/eslah；

（5）《主题日报》(روزنامه ماندگار, Mandegar Daily, 达里语): www.mandegardaily.com;

（6）《安萨尔日报》(روزمامه انصار, Ansar Daily, 达里语): www.ansardaily.com。

（三）主要英文报刊网络信息

1.《喀布尔时报》(Kabul Times)

《喀布尔时报》创刊于 1962 年 2 月 27 日，是阿富汗第一份英语报纸，目前发行量为 7000 份，资金主要来源于阿富汗信息和文化部的财政拨款。"《喀布尔时报》网站（www.thekabultimes.gov.af）"主要栏目有 National（国内新闻）、World（国际新闻）、Editorial（社论）、Opinions（政治、文化、社会、体育、经济言论）、Cartoon（漫画）、E-Paper（电子版）、Interviews（采访）、Photo of the Day（今日图片）。网站提供站内检索和谷歌搜索引擎链接，输入关键词可以检索到相关信息。

2.《阿富汗快报》(Afghanistan Express Newspaper)

《阿富汗快报》创刊于 2012 年，以日报形式在喀布尔发行，每期 8 版。该报对于民主、妇女和儿童权利、人权、反腐败、禁毒、教育、安全等问题特别关注。"《阿富汗快报》网站（www.theafghanistanexpress.com）"主要栏目有 Afghanistan（阿富汗新闻）、World（国际新闻）、Middle East（中东新闻）、Editorial（社论）、Opinions（言论）、Sports（体育）、Sci-Tech（科学技术）、Business（商务）、Art & Culture（艺术和文化）、Health（卫生）、Economy（经济）等。网站提供各新闻版块的简易消息订阅（RSS）、站内搜索以及《阿富汗快报》电子版的在线浏览和下载服务。

3.其余主要英语报刊网站

（1）《阿富汗时报》(Afghanistan Times): www.afghanistantimes.af;

（2）《阿富汗现场》杂志(Afghan Scene): www.afghanscene.com;

（3）《阿富汗千禧》杂志(Afghan Zariza): www.afghanzariza.com。

七、不丹网络新闻媒体信息检索

1967 年，不丹的第一份报纸《昆色尔报》创刊。2006 年 4 月，不丹第一份私人报纸《不丹时报》正式出版发行。到 2015 年，不丹共有 10 家纸质报纸和一家电子报纸。其中，宗卡语报纸 4 家，其余为英语或者英语和宗卡语双语报纸。《昆色尔报》是唯一一家日报，也是唯一的国有报纸。

（一）主要英语报刊网络信息

1.《不丹时报》（Bhutan Times）

《不丹时报》于 2006 年 4 月 30 日以周报的形式每周日出版发行，是不丹第一份私人英语报纸，其规模仅次于国有的《昆色尔报》。《不丹时报》的创办被公认为是不丹正在转变为民主社会的重要一步。《不丹时报》网站地址为：www.bhutantimes.bt。

2.《今日不丹报》（Bhutan Today）

《今日不丹报》于 2008 年 10 月以双周报的形式在周四、周日出版发行，是不丹出版的第四家英语报纸。《今日不丹报》网站地址为：www.bhutantoday.bt。

3.《记者报》（The Journalist）

《记者报》创刊于 2009 年 12 月，每周日在廷布发行，是不丹第五家私人报纸。"《记者报》网站（www.bhutanjournalist.com）"为英文版本，主要栏目有 Editorial（社论）、Opinion（观点）、Nation（国内新闻）、Crime（犯罪）、Feature（特别报道）、Development（发展）、Sports（体育）、Contact Us（联系我们）。

4.《拉文》杂志（The Raven）

《拉文》是不丹唯一一份月刊，内容涵盖政治、社会、文化、艺术等。"《拉文》网站（www.theravenmag.com）"为英文版本，主要栏目有 Aritcles（文章）、Column（版面）、Fiction（小说）、Last Word（定论）、Letter From The Editor（编辑的信）、Reviews（评论）、Travel（旅行）。网站提供站内搜索和简易消息订阅服务。

（二）主要宗卡语和英语双语报刊网络信息

1.《昆色尔报》（Kuensel）

《昆色尔报》创办于 1967 年，最初为政府内部公报。1986 年，《昆色尔报》以周报的形式成为不丹通讯部下属的新闻局的唯一报纸。1988 年，《昆色尔报》发行量为 12500 份，报纸语言包括宗卡语、尼泊尔语和英语。1992 年，《昆色尔报》改制为国有公司，资金来源主要依靠报纸发行和广告收入。目前，《昆色尔报》以宗卡语和英语在每周三和周六发行，每周发行量超过 1.5 万份，平均每周读者为 13 万。《昆色尔报》网站——昆色尔在线（Kuensel Online）"宗卡语版（www.dzkuensel.bt）、英语版（www.kuenselonline.com）于 2001 年 4 月 18 日正式上线，成为不丹第一个在线报纸，是不丹访问量最大的网站之一。该网站主要栏目有 News（新闻）、LG Election 2016（2016 年地方政府选举）、Editorial（社论）、Feature（特别报道）、Opinions（观点）、Sports（体育）、Focus Point（焦点）、Forum（论坛）、Video（视频）等。网站提供站内搜索、简易消息订阅（RSS）以及《昆色尔报》电子版的在线浏览和下载服务。

2.《不丹观察家报》（Bhutan Observer）

《不丹观察家报》隶属于不丹媒体服务公司（Bhutan Media Services），于 2006 年 6 月 2 日以双周报的形式在廷布正式出版，是不丹的一份私人双语报纸，其宗卡语版名为"Druk Nelug"。2013 年 8 月 1 日，《不丹观察家报》宣布停止出版发行印刷版报纸，只保留电子版。"《不丹观察家报》网站（www.bhutanobserver.bt）"为英文版本，主要栏目有 News（新闻）、Entertainment（娱乐）、Lifestyle（生活）、Media（媒体）、Bhutan（不丹）、You Report（报告）、Bloggers（博客）、Vedio（视频）。网站右侧还有 Latest News（最新消息）版块，提供站内搜索服务。

3.《不丹人报》（The Bhutanese）

《不丹人报》创刊于 2012 年 2 月，是不丹第 11 家报纸。最初为双周报，每两周的周三和周六出版发行。由于财政状况不佳，自 2013 年 8 月改为周报，每周六出版发行。《不丹人报》主要内容为英语，仅有一个宗卡语版块。该报主要关注揭露错误行为和问责政府的调查性故事，内容涵盖不丹政治、经济和社会环境。"《不丹人报》网站（www.thebhutanese.bt）"主要栏目有 Headline Stories（头条故事）、Business（商业）、Democracy in Action（民主行动）、News（新闻）、Editorial（社论）、Opinion（观点）、Local News（地方新闻）、Letters（读者来信）。网站提供站内检索和简易消息订阅服务。

4.《不丹商报》（Business Bhutan）

《不丹商报》于 2009 年 9 月 26 日正式出版，以周报形式在廷布发行，是不丹唯一一份财经报纸。该报主要关注不丹的政治、商业和金融问题。"《不丹商报》网站（www.businessbhutan.bt）"为英文版本，主要栏目有 News（新闻）、Headline（头条新闻）、Columns（版面）、Editorial（社论）、Feature（特别报道）、Opinion（观点）、

Advertisement（广告）等，网站提供站内搜索服务。

八、马尔代夫网络新闻媒体信息检索

（一）主要新闻出版公司网络信息

1.太阳媒体集团（Sun Media Group）

马尔代夫太阳媒体集团成立于 2011 年，是马尔代夫提供独立新闻和信息的最大的私营媒体，总部设在首都马累。集团旗下拥有太阳在线网（Sun Online）、太阳调频广播（Sun FM Radio）、太阳杂志（Sun Magazine）。

太阳在线网是始建于 2010 年 5 月的迪维希语在线新闻网站，2011 年底该网站的英文版正式上线，是马尔代夫最受欢迎的在线新闻网站之一。根据 Alexa.com 网站数据显示，截至 2017 年 1 月，太阳在线网在马尔代夫国内访问量排名第一。

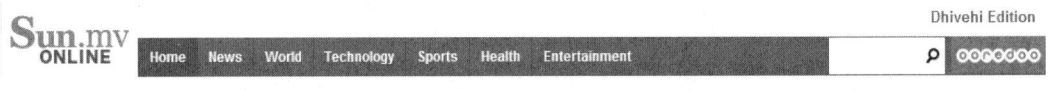

图 4-8　太阳在线网英文版主页导航条

"太阳在线网网站（www.sun.mv）"提供迪维希语和英语两种版本。英语版首页导航栏有 7 个栏目，具体如下：（1）Home（首页），首页页面较为简洁，由各个栏目的最新资讯聚合而成；（2）News（新闻），提供马尔代夫国内重要新闻资讯；（3）World（世界），提供国际重要的时事新闻资讯；（4）Technology（科技），介绍国内外最新科技信息；（5）Sports（体育），报道国内外最新体育赛事和体育相关资讯；（6）Health（健康），提供与马尔代夫相关的健康以及医疗信息；（7）Entertainment（娱乐），提供国内外娱乐新闻资讯。此外，该网站提供站内关键词检索服务。

太阳调频广播始建于 2008 年，是马尔代夫第二家私营广播电台，现已覆盖马尔代夫三分之二的人口。广播 24 小时不间断，90% 的节目均为现场直播。

2. Haveeru 媒体集团（Haveeru Media Group）

马尔代夫 Haveeru 媒体集团的前身是 Haveeru 日报（Haveeru Daily）。该日报社创建于 1978 年 12 月 28 日，并于 1979 年 1 月 1 日出版发行创刊号，是马尔代夫发行时间最久的日报。1997 年 1 月成立 Haveeru 在线网站，总部设在首都马累，24 小时滚动更新国内外各类新闻及突发事件，是马尔代夫国内第一家由纸质报纸发展成为网络新闻媒体的网站，也是马尔代夫主要网络新闻媒体之一。由于股东之间的所有权争议，马尔代夫民事法庭于 2016 年 4 月 2 日下令暂时关闭了该网站以及公司的所有分支机构。

（二）主要报刊和新闻网络信息

1. Haveeru 日报（Haveeru Daily）

Haveeru 在迪维希中的意思是 "一天中由热转凉的时段"，即黄昏时分。与普通日报不同之处在于，该报发行时间不是在每日的黎明而是在黄昏。并且，在文学作品中，"haveeru kurun" 意为诗人和作家的文学聚会交流，因此 "Haveeru" 象征着新闻、资讯和文字。Haveeru 日报是马尔代夫发行时间最长、发行量最大的报纸，创刊于 1979 年 1 月 1 日，是马尔代夫最具影响力的报纸之一。

"Haveeru 在线网（Haveeru Online，www.haveeru.com.mv）"是 Haveeru 日报的在线新闻网站，成立于 1997 年 1 月。网站提供英语和迪维希语两种版本，首页导航栏分为 12 个栏目，具体如下：（1）Main Page（首页），主要提供该网站各大版块最新更新内容；（2）News（新闻），提供马尔代夫国内时事新闻；（3）Feature（专题），提供马尔代夫特色的旅游、饮食等方面的专题介绍；（4）Sports（体育），提供马尔代夫国内最新的体育动态；（5）Business（商业），提供国内外商业咨询；（6）South Asia（南亚），提供南亚国家最新时事新闻；（7）World（世界），提供国际重要时事新闻；（8）World Sports（世界体育），提供国际最新体育动态；（9）Entertainment（娱乐），提供国际娱乐新闻；（10）Video（视频），集中列出近期各版块更新的视频新闻，包括新闻、娱乐、体育、政治、生活等内容；（11）Pictures（图片）集中列出近期各版块更新的图片新闻，包括新闻、娱乐、政治、体育等内容；（12）More（更多）。此外，该网站支持站内关键词检索，提供消息订阅服务。

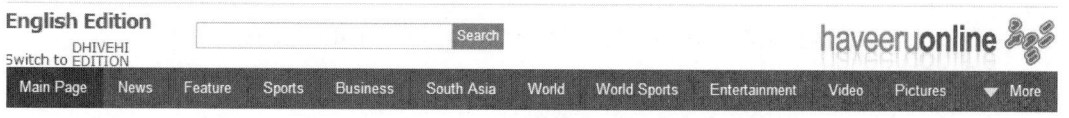

图 4-9　Haveeru 在线网英文版主页导航条

2. 马尔代夫独立新闻网（Maldives Independent）

马尔代夫民主党于 2005 年创建 Minivan 新闻网（Minivan 意为 "独立"）、Minivan 日报（Minivan Daily）和 Minivan 电台。

Minivan 日报是马尔代夫当地用迪维希语发行的报纸，创刊于 2005 年 7 月 26 日马尔代夫独立纪念日，是唯一一家没有政府资助的日报社。2005 年 8 月，该报社收到匿名威胁而中断出版，多名编辑因其撰写的文章而受到政府的指控。该日报由马尔代夫民主党资助，并于 2008 年民主党总统候选人穆罕默德·纳希德（Mohamed Nasheed）赢得该国首次总统民主大选后关闭。

2008 年民主党总统大选获胜后，Minivan 新闻网在经济和人事管理上从日报社和电台中独立出来，并更名为马尔代夫独立新闻网。"马尔代夫独立新闻网网站（www.maldivesindependent.com）"为英文版本，设有 Politics（政治）、Society & Culture（社会与文化）、Business & Tourism（商业与旅游）、Crime（犯罪）、Environment（环境）等栏目，以国内新闻事件为主要报道内容。该网站还设有 Knowledge Hub（知识中心）栏目，收集了国际组织发布的与马尔代夫相关的各类重要文件。

3. Avas 在线（Avas Online）

Avas 在线是始建于 2014 年 11 月 6 日的一家在线新闻平台。"Avas"在迪维希语中意为"慢的对立面"，即"快速、迅捷"意思。"Avas 在线网站（www.avas.mv）"提供英语和迪维希语两个版本，设有本地、报道、生活方式、世界、体育、故事、商业、娱乐等栏目。根据 Alexa.com 网站数据显示，截至 2017 年 1 月，太阳在线在马尔代夫国内访问量排名第二。

4.其他马尔代夫新闻网站

（1）V 在线（V Online，迪维希语和英语两种版本，内容包括政治、体育、教育、世界、国内、本地、商业、科学、生活、健康、时尚等新闻和资讯）：www.vnews.mv；

（2）Kattelhi（迪维希语网站，主要提供突发头条、教育、工业、经济、娱乐、儿童、健康、国际商业、旅游等方面的新闻和资讯）：www.kattelhi.com；

（3）Kavaasaa（迪维希语网站，主要提供政治、体育、教育、世界、国内、本地、时事、商业、科学、产品、科技、生活、健康、旅游等方面的新闻和资讯）：www.kavaasaa.com；

（4）Manadhoo Live（迪维希语网站，主要提供政治、体育、教育、世界、国内、本地、时事、商业、科技、生活等方面的新闻和资讯）：www.manadhoolive.com；

（5）Mikal 在线（Mikal Online，迪维希语网站，主要提供突发头条、经济、社论、国际商业、教育、健康、犯罪、就业、旅游、名人等方面的新闻和资讯）：www.mikalnews.com；

（6）Miadhu 日报（Miadhu Daily，迪维希语和英语两种版本，内容包括政治、体育、商业、宗教、娱乐、世界等方面的新闻和资讯）：www.miadhu.com；

（7）Ihavandhoo（迪维希语网站，主要提供体育、社论、宗教、时事等方面的新闻和资讯）：www.ihavandhoo.com；

（8）Vaguthu 在线（Vaguthu Online，迪维希语和英语两种版本，内容包括国际、本地、政治、体育等方面的新闻和资讯）：www.vaguthu.mv；

（9）Mihaaru（迪维希语和英语两种版本，内容包括时事、商业、体育、国际等方面的新闻和资讯）：www.mihaaru.com；

（10）Dhuvas（迪维希语网站，主要提供政治、本地、体育、商业、娱乐、国际、伊斯兰教等方面的新闻和资讯）：www.dhuvas.com。

第二节 南亚国家广播电视媒体网络信息检索

一、印度广播电视媒体网络信息检索

（一）主要广播电视机构网络信息

1.印度新闻广播部（英语：Ministry of Information and Broadcasting；印地语：सूचना एवं प्रसारण मंत्रालय）

印度新闻广播部是制定印度广播电视政策的管理机构，由执政党委派部长和政府秘书长管理。新闻广播部负责管理全印度的广播和国家电视台。"印度新闻广播部网站（www.mib.nic.in）"可查询浏览印度新闻广播部的组织机构、人事设置，以及与广播电视相关的法案、政策等信息。

2.印度广播公司（英语：Prasar Bharati；印地语：प्रसार भारती）

印度广播公司是印度联邦政府新闻广播部下属的公共广播公司，旗下有对印度拥有巨大影响力的印度国家电视台和全印广播电台，为印度垄断性传媒机构。"印度广播公司网站（www.prasarbharati.gov.in）"下设 Corporate（组织机构）、All India Radio（全印广播电台）、Doordarshan（印度电视台）、Marketing（市场部）、Archives（档案）、Technology（技术部）、Information（信息部）、Opportunities（人才招聘）、Related Links（外网链接）等栏目。

（二）主要广播电台网络信息

1.全印广播电台（英语：All India Radio；印地语：आकाशवाणी）

全印广播电台成立于 1927 年，是印度官方性质的广播电台，隶属于印度政府新闻广播部下属的印度广播公司，总部设在新德里。全印广播电台使用印地语、英语、泰米尔语、马拉地语等语言向印度全国广播，广播网覆盖印度人口的 97.3%，为印度最有影响力的广播电台。此外，该台使用 27 种语言向全球播送电台节目。

全印广播电台的网站有两个。其一为印度广播公司网站下设的全印广播电台频道，网址为 www.allindiaradio.org。该网站为全印广播电台的行政网站，可查询组织机构、人事设置、频道栏目、新闻动态等信息。另一个为全印广播电台的服务网站，网址为 www.newsonair.nic.in。该网站提供新闻广播在线收听和下载服务。该网站栏目包括：National（国内新闻）、International（国际新闻）、States（各邦新闻）、Sports（体育新闻）等。网站左侧按时效将新闻广播分为：समाचार प्रभात（早间新闻）、दोपहप समाचार（正午新闻）、समाचार संध्या（晚间新闻），点击之后可浏览新闻广播书面材料。全印广播电台网站提供英语、印地语、乌尔都语新闻的收听和下载服务。

2.城市广播（Radio City）

城市广播成立于 2001 年 7 月，是印度第一个私营 FM 广播电台，是目前成立时间最长的私营电台。该台起初以调频 91.1 兆赫向孟买、德里、班加罗尔、勒克瑙四地播送广播，现已扩展至印度 28 个城市。该电台隶属于 Jagran Prakashan 有限公司的子公司音乐广播公司（Music Broadcast Limited）。2008 年，该台开设音乐门户网站 Planetradiocity.com，跨入新媒体时代。该电台主要为音乐电台，旗下设有印度城市广播自由音乐大奖。2015 年在"印度最佳工作公司"排名中位列媒体类公司第一名。截至 2016 年，该台听众人数突破 4960 万。"城市广播网站（www.planetradiocity.com）"为英文版本，网站首页为印度城市广播在 28 个城市的广播入口，点击即可收听广播，查看电台播音员的介绍。主页导航栏设有 Online Radio（在线广播）、Songs（音乐库）、Radio City Gold（金曲）、Videos（视频）、Photos（图片）、Corporate（合作伙伴）等栏目。

3. Big FM

Big FM92.7 是一家面向全印度的广播电台，隶属于安尼尔·安巴尼的信实通信集团。目前覆盖印度 45 个城市地区，包括德里、孟买、西姆拉、果阿、班加罗尔、金奈、阿姆利则等。该电台也是唯一一家向印度查谟-克什米尔邦播送广播的私营电台，该地区 Big FM 广播中心位于斯利那加和查谟。2008 年 7 月起，Big FM 以"Big Bollywood 96.3 FM"的名称向新加坡播送广播信号。Big FM 电台网址为：www.big927fm.com。

4.其他主要广播电台网络信息

（1）One 电台（Radio One）：www.radioone.in；

（2）RedFM 电台（Red FM）：www.redfm.in；

（3）金奈在线电台（Chennai Live）：www.chennailive.fm；

（4）德里大学社区广播（Delhi University Community Radio）：www.ducr.du.ac.in；

（5）劲曲电台（Radio Mirchi）：www.radiomirchi.com；

（6）我的 FM 广播电台（My Fm）：www.myfmindia.com；

（7）永远 104 广播电台（Forever 104）：www.fever.fm。

（三）主要电视台网络信息

截至 2015 年 12 月，印度共有官方电视频道 190 个，私营电视频道 857 个。其中，印地语电视台占绝大多数。收看人数最多的是印度南部泰卢固语各电视台。

1.全印电视台（英语 DoorDarshan，印地语 दूरदर्शन，简称 DD）

全印电视台是印度的国家电视台，也是印度最大的电视台，隶属于印度政府新闻广播部下的全印广播公司，总部设在新德里。该台成立于 1959 年，1965 年正式开播。1976 年，全印电视台脱离全印广播电台，成为独立机构。该台下设有 21 个频道，DD National（综合频道）和 DD News（新闻频道）2 个全印范围频道、11 个各邦语言卫星频道、4 个邦频道、1 个国际频道、1 个体育频道，此外还有报道印度议会新闻和议程的 Rajya Sabha TV（联邦院频道）和 Lok Sabha TV（人民院频道）。"全印电视台网站（www.ddindia.gov.in）"为英文版本，网站设计简单，主页以滚动图片的形式推送电视台新闻、声明和重点节目。主要有 About DD（电视台介绍）、Messages（声明、致辞）、DD National（DD 综合台）、DD Bharati（DD 文艺频道）、DD Urdu（DD 乌尔都语频道）、DD Sports（DD 体育频道）、DD India（DD 国际频道）、DD Kisan（DD 农业频道）、Prime Shows（首要推荐）、Useful Links（外网链接）、EPG DD Free Dish（各台电视节目预告）等栏目。

2.星空卫视－印度（Star-TV）

星空卫视-印度隶属于 21 世纪福克斯集团下属星空传媒，是一家用印地语播放的大众娱乐电视台。在印度广播听众研究会（Broadcast Audience Research Council）收视率统计排名中，其下的 Star-Plus（电视剧频道）持续位列印地语综合性电视频道收视率榜首。该台主要播放家庭连续剧、喜剧、青少年系列剧、纪实电视、犯罪纪录片等。星空卫视-印度于 1992 年成立，起初是一家同 Zee-TV 合作的英语台，投放美国、英国、澳大利亚等国的电视节目。在与 Zee-TV 的合作终止之后，星空卫视-印度转为印地语电视台。该电视台下设 Star-Plus（星空-印度）、Star-Movies（星空-电影）、Star-Sports（星空-体育）等频道，于 2011 年 4 月推出各台高清信号频道。Star-Plus 频道由福克斯国家频道向全球传送。"星空卫视-印度电视台网站（www.hotstar.com）"为英文版本，下设 4 个版块：TV（电视剧）、Movies（电影）、Sports（体育）、Channels（频道直播）。该网站有大量的印度电视剧、电影资料，部分影片须付费观看。

3. Zee-TV

Zee-TV 是 Zee Telefilms Limited 的简称。该电视台成立于 1992 年 10 月，是印度首个卫星电视频道，至今在印度国内拥有 26 个频道，在国外亦拥有 15 个频道。Zee-TV 在全球 125 个国家用 7 种不同语言播放。目前，Zee-TV 是印度最大的综合性媒体娱乐公司，是印度最受欢迎的娱乐品牌之一。Zee-TV 涵盖 650 万家庭收视用户，是印度最大的媒体节目供应商，也是印度最大的多渠道媒体流通平台。Zee-TV 在包括欧洲、非洲、中东、亚太地区以及美国、加拿大、澳大利亚、新西兰等全球 125 个国家的观众达到 3 亿。Zee-TV 下设的电视频道有：Zee-TV、Zee-新闻、Zee-电影、Zee-财经等，还有针对不同语种的 Zee 电视频道。2011 年 8 月，Zee-TV 推出高清频道 Zee Cinema HD 和 Zee Studio HD，开始高清电视投放。Zee-TV 电视台官方行政网站为 www.zeetelevision.com，可查阅浏览该电视台的组织机构、新闻动态、商业往来等信息。Zee-TV 电视台视频服务网站为 www.ozee.com。该网站仅提供英文页面，但首页内视频语音为印地语、孟加拉语、泰米尔语、泰卢固语、马拉提语等各语种。网站栏目包括：Shows（电视剧）、Movies（电影）、Videos（视频）、Music（音乐）、ZCA（Zee 年度电影奖）5 个栏目。通过网站首页中间的滚动导航图标按钮可以跳转至 Zee-TV 各子频道分网页。

4.今日印度电视台（英文 Aaj Tak，印地语 आज तक）

今日印度电视台是一家 24 小时滚动播出的印地语新闻电视台，隶属于今日印度集团（India Today Group），位列印地语新闻类电视台收视率榜首。今日印度电视台成立于 2000 年 12 月，开播 6 个月后即成为印度最大的印地语新闻频道，家庭覆盖数从起初的 520 万发展成为目前的 3000 万，份额占印度新闻频道的 55%。"今日印度电视台网站（www.aajtak.intoday.in）"为印地语版本，可在右侧搜索栏选择搜索印地语新闻或英语新闻。网站主页分导航栏、新闻、电视直播三个版块。导航栏主要包括 न्यूज़（新闻）、वीडियो（视频）、फोटो（图片）、गैजेट（Gadget 小工具）、मूवी मसाला（影视）、कार्यक्रम（网站纲要）等常设栏目，以及具有时效性的 विधानसभा चुनाव（立法议会选举）栏目。网站主页从上至下显示不同的新闻版块，包括 Breaking News（最新新闻）、बड़ी खबरें（重点新闻）、वीडियो（视频新闻）、खेल（体育新闻）等。网站右上角有 LIVE TV（电视直播）图标，可选择收看该台四个频道的电视直播节目。

5.太阳电视台（Sun TV）

太阳电视台是一家泰米尔语卫视，位列印度卫视收视率排行榜榜首。该台成立于 1993 年 4 月，总部位于泰米尔纳德邦首府金奈。该电视台目前下设 33 个频道，主要有：Sun TV（大众娱乐频道）、K TV（泰米尔语全天候电影频道）、Sun Music（音乐频道）、Sun News（新闻频道）、Adithya TV（喜剧频道）、Chutti TV（少儿频道）、Sun Life（泰米尔语金曲、经典电影频道）。目前，有超过 9500 万个印度家庭收看该电视台的节目，在印度南部有很大的影响力。

"太阳电视台网站（www.sunnetwork.in）"为英文版本，播放泰米尔语、泰卢固语、卡纳达语、马拉雅拉姆语等 4 种语言的电视剧、电影和视频。在网站首页导航栏左侧，可根据语言选择 Tamil（泰米尔语）、Telugu（泰卢固语）、Kannada（卡纳达语）、Malayalam（马拉雅拉姆语）版块。网站首页左侧为滚动图片，右侧为滚动视频，介绍该台最新的剧集内容。网站栏目主要包括：TV Channels（介绍 Sun TV 各频道信息）、Programs A-Z（影视资料索引）、Category（影视资料分类检索，可分各频道检索或按影视类型检索）、Schedules（各频道电视节目预告）、About Us（电视台综合介绍）、News（电视台及影视新闻）。

6.印度其他主要电视台

（1）印地语电视台

①色彩电视台（Colors）：www.viacom18.com；

②印度电视台（India TV）：www.indiatvnews.com；

③印度新闻电视台（India News）：www.inkhabar.com；

④新国家电视台（New Nations）：www.newsnation.in；

⑤CNBC 之声电视台（CNBC Awaaz）：www.hindi.moneycontrol.com/tv；

⑥Zing 音乐电视台（Zing）：www.zingtv.in；

⑦互联电视台（Rishtey）：www.asia.rishteytv.com；

⑧人生电视台（Zindagi）：www.zindagitv.in；

⑨索尼 Sab 电视台（Sab TV）：www.sabtv.com；

⑩撒哈拉一台（Sahara One）：www.saharaone.in。

（2）英语电视台

①当下电视台（Time Now）：www.timesnow.tv；

②NDTV 全天候电视台（NDTV 24x7）：www.ndtv.com；

③今日印度电视台（India Today TV）：www.indiatoday.intoday.in；

④X 新闻台（NewX）：www.newsx.com；

⑤经济学人电视台（ET Now）：www.economictimes.indiatimes.com/et-now；

⑥电影时刻电视台（Movies Nows）：www.moviesnow.co.in。

（3）其他语种电视台

①今日电视台（E TV，泰卢固语）：www.etv.co.in；

②Polimer 电视台（Polimer TV，泰米尔语）：www.polimertv.com；

③PTC 新闻台（PTC News，旁遮普语）：www.ptcnews.tv。

二、巴基斯坦广播电视媒体网络信息检索

2002 年，巴基斯坦实行广播电视媒体私有化改革，大力发展私营广播电视媒体。当年 3 月，巴基斯坦电子媒体监督管理局（Pakistan Electronic Media Regulatory Authority，PEMRA）成立。该部门负责批准全国广播电视媒体（卫星电视和调频广

播）的建立并监管其运营。私有化改革后，巴基斯坦的广播电视媒体取得了长足发展，广播电台和电视频道的数量激增。目前，巴基斯坦的广播业和电视业呈现出公私并举、共同发展的局面。根据巴基斯坦 2014—2015 年经济调查报告公布的数据，巴基斯坦国内有 91 个卫星电视频道和 200 个调频广播。大多数电视台和广播电台都在互联网上建立了相应网站，用户可以从中搜索到丰富信息并点播某些广播和电视节目。

（一）主要广播传媒机构网络信息

1. 巴基斯坦广播公司（Pakistan Broadcasting Corporation，PBC）

巴基斯坦广播公司原名巴基斯坦广播电台，于 1947 年 8 月 14 日从全印广播电台中脱离并在拉合尔成立。1972 年 12 月，该广播电台转为法人公司并改用现名，隶属于巴基斯坦新闻广播部。巴基斯坦广播公司每天通过 34 个电台以中波和短波方式向全国播送节目，通报国内和国际情况，宣传民主、宗教、道德和公共价值。此外，该公司还使用阿拉伯语、孟加拉语、缅甸语、达里语、法语、古吉拉特语、印地语、印尼语、斯瓦希里语、泰米尔语、波斯语等语言向外国听众播送节目。巴基斯坦广播公司的电台依据频率大致可归为三大频段，分别是 FM-101、FM-93 和 FM-94。该电台节目在巴基斯坦国内的人口覆盖率达 95%，地区覆盖率达 75%。节目内容涉及国家与社会生活的各个方面，包括：宗教、朝觐培训、巴基斯坦意识形态、学生、妇女、儿童、农村、农业论坛、体育、劳工、军事、音乐、戏剧、文学、世界新闻、时事等。巴基斯坦广播公司的电台节目在宣传政府政策，报告经济社会发展情况，激发民族意识，传播伊斯兰教知识等方面发挥着重要作用。

"巴基斯坦广播公司网站（www.radio.gov.pk）"提供英文和乌尔都文两种版本，用户可点击主页顶部的链接选择显示的语言。该网站实时播放 12 个电台的广播节目，此外，还提供有关巴基斯坦经济、科技、健康、娱乐、艺术等方面的信息供用户浏览。以英文版网站为例，其主页顶部设置三项链接，分别是公司介绍、网站乌尔都文版和海外巴基斯坦人投诉渠道。导航栏设置国家、世界、体育、天气、全部节目、新闻、通知公告等栏目，导航栏右侧提供即时收听和关键词检索服务。

2. FM100 广播电台（FM100）

FM100 广播电台成立于 1994 年，于 1995 年 3 月 23 日正式开始播送节目。FM100 是巴基斯坦调频广播的先驱，是巴基斯坦首家全天候直播娱乐节目的广播电台。该电台以音乐节目为主，面向各个年龄阶段的听众，无论是流行乐还是古典音乐"加扎勒"，抑或民歌都在其节目中播放。因此，该电台深受巴基斯坦国民喜爱，特别是卡拉奇、拉合尔、拉瓦尔品第、伊斯兰堡等大城市的民众。"FM100 广播电台网站（www.fm100pakistan.com）"以英语为显示语言，提供节目直播和不同语种歌曲的在线收听服务。此外，用户还可查询 FM100 面向不同城市的节目单。

3.异乡夜曲在线广播（Online Radio DesPardes，دیس پردیس）

异乡夜曲在线广播是波特瓦尔网络媒体公司（Pothwar Cyber Media）旗下的网络电台，成立于 2012 年 3 月 1 日。成立之初，该电台主要播送娱乐、新闻和谈话类节目，随后逐步增加了教育、健康和社会服务等方面的节目。"异乡夜曲在线广播网站（www.despardes.net）"显示语言为英语，其首页突出台标，色彩明丽，导航栏所设栏目包括 About Us（关于我们）、Presenters（节目主持人）、Schedule（节目表）、Listen Live（即时收听）、Contact Us（联系我们）、Talk Shows（脱口秀）和 Mobile Enabled（手机收听）。

图 4-10　异乡夜曲在线广播网站首页

4. HOT 调频广播网络（HOT FM Radio Network）

HOT 调频广播网络隶属于娱乐信息世界（私人）有限公司［Infotainment World (Pvt.)Limited］，是巴基斯坦较为领先的网络媒体，在信德省、开伯尔-普什图省和俾路支省拥有广泛的听众基础。"HOT 调频广播网络网站（www.hotfm.com.pk）"为英文版本。访客可在该网站收听节目、查看节目列表、查询各电台信息、了解广告价位、浏览博客。

HOT 调频广播网络在巴基斯坦 16 个城市设置了广播电台，包括 Hot FM97（奇特拉尔）、Hot FM105（巴丁）、Hot FM99（达杜）、Hot FM105（海德拉巴）、Hot FM98（贾科巴巴德）、Hot FM105（拉尔卡纳）、Hot FM89（莱亚）、Hot FM105（米提）、Hot FM98（米尔布尔哈斯）、Hot FM98（木尔坦）、Hot FM105.6（瑙沙菲罗兹）、Hot FM105.4（纳瓦布沙阿）、Hot FM105（奎达）、Hot FM105.2（桑佳尔）、Hot FM105.4（希卡普尔）等，各广播电台的页面均可通过点击 HOT 调频广播网络网站上的相关链接打开。

5.部分支持在线收听的广播电台及网址

（1）FM91 电台（Radio-1 FM91）：www.fm91.com.pk；

（2）Radioactive FM96 电台（Radioactive FM96）：www.ra96.com；

（3）Mast FM103 电台（Mast FM103）：www.mastfm103.com；

（4）Hum FM106.2 电台（Hum FM106.2）：www.humfm.com；

（5）Apnakarachi FM 107 电台（Apnakarachi FM 107）：www.apnakarachi107.fm；

（6）Josh FM 99 电台（Josh FM 99）：www.joshfm99.com；

（7）广播之声电台（Awaz Group of Radios）：www.radioawaz.com.pk；

（8）城市 FM89 电台（City FM 89）：www.cityfm89.com。

（二）主要电视传媒机构网络信息

1.巴基斯坦电视有限公司（Pakistan Television Corporation Limited，PTV）

巴基斯坦电视有限公司是由巴基斯坦联邦政府全额控股的国家电视台，总部设在伊斯兰堡。1963 年 10 月，巴基斯坦政府决定建立一个由私人资本参与、政府全面监管的大众化电视服务机构，并与一家日本公司签署协议，允许其在巴基斯坦开设两个实验台。1964 年 11 月 26 日，第一个实验台在拉合尔开始试播。1967 年 5 月，该台成为国营企业，即巴基斯坦电视有限公司。目前，巴基斯坦电视有限公司在拉合尔、卡拉奇、奎达、白沙瓦和伊斯兰堡各设有 1 个电视制作中心，拥有 6000 多名工作人员，开设了 8 个节目频道，分别是：家庭频道（PTV Home），24 小时全天播出新闻、电视剧、访谈、广播教学以及宗教节目等综合性节目；新闻频道（PTV News），24 小时滚动播出新闻、访谈等新闻类节目；体育频道（PTV Sports），发布体育新闻，转播各类体育赛事；世界频道（PTV World），播放新闻、访谈、纪实、科普类节目，内容涉及国际形势、重大事件和各国风土人情；博兰频道（PTV Bolan），针对俾路支省，用普什图语和俾路支语播出节目；民族频道（PTV National），使用俾路支语、旁遮普语、普什图语和信德语 24 小时播出地方性节目，弘扬国家丰富多彩的民族文化；环球频道（PTV Global），是针对旅居欧美国家的巴基斯坦侨民的国际频道，播出娱乐和新闻节目；自由克尔米尔电视台（AJK TV），播出克什米尔语和古基里语的新闻节目以及其他地方性节目。"巴基斯坦电视有限公司网站（www.ptv.com.pk）"为英文网站，设有家庭、新闻、体育、世界、环球、博兰、民族、自由克什米尔等栏目。

2.巴基斯坦 Geo 电视网络（Geo Television Network）

巴基斯坦 Geo 电视网络隶属于独立媒体公司（Independent Media Corporation），是巴基斯坦最大的私营电视台，成立于 2002 年，总部位于卡拉奇。Geo 电视网络由娱乐、影视剧、新闻和体育等 4 个频道组成，除了向本国播出外，还向美国、英国、阿富汗和中东地区的巴基斯坦移民播出。"Geo"一词在乌尔都语中的意思为直播，这体现了 Geo 电视网络反应迅速、实时报道的特点。Geo 电视网络节目形式新颖活泼，深受年轻人的喜爱。

"Geo 电视网络网站（www.geo.tv）"为英文版本，以新闻为主，其主页的导航栏设有最新消息、巴基斯坦、世界、商业、体育、娱乐、健康、奇闻异事等新闻栏目，同时还提供视频下载。另外，在主页底部还提供了 Geo Super Sports Channel（体育频道，www.geosuper.tv）、Geo Kahani（戏剧、连续剧频道，www.geokahani.tv）和 Har Pal Geo/Geo Entertainment（娱乐频道，www.harpalgeo.tv）的链接。

3.天空电视台（Samma TV/سما）

天空电视台成立于 2007 年 12 月，是觉醒广播系统公司（Jaag Broadcasting System）旗下的以播送新闻和娱乐节目为主的电视台。天空电视台拥有覆盖范围较广的记者网络和先进的传输设备，且设有艺术处理工作室，保证了节目质量。因此，该台播出的电视节目深受巴基斯坦民众喜爱。新闻直播、政治访谈以及一系列体育、社会生活和娱乐节目使天空电视台成为巴基斯坦国内首屈一指的新闻和时事政治频道。

"天空电视台网站（www.samaa.tv）"提供英文和乌尔都文两个版本，其内容基本一致。用户在网站主页可以选择浏览有关巴基斯坦政治、体育、经济、娱乐、国际时事等方面的信息，可通过博客栏目参与互动讨论，还可以观看节目直播和视频。网站还设有"编辑推荐"栏目，其内容为编辑精心挑选的精彩节目视频。

4.夏丽玛电视网（Shalimar Television Network，STN）

夏丽玛电视网原名为人民电视网（PTN），成立于 1989 年，是一家私人电视企业。1990 年，人民电视网将全部股份卖给了夏丽玛录音和广播有限公司（Shalimar Recording & Broadcasting Co.Ltd.），随后并入该公司，成为其全天 24 小时运作的广播部，并更名为"夏丽玛电视网"。夏丽玛电视网通过向私人电视节目制作公司出让播出时间来盈利，通过卫星通讯机构播出 12 小时美国有线电视台（CNN）和 2 小时英国广播公司（BBC）的节目。其中，娱乐性节目占 41.6%，教育节目占 20.9%，新闻和时事节目占 37.5%。

夏利玛电视网旗下的 ATV 电视台是巴基斯坦最大的民营地面电视台。ATV 频道于 2005 年 5 月 1 日正式开播，内容以娱乐节目为主，收视率在巴基斯坦仅次于 PTV 家庭频道。ATV 电视台官方网站网址为 www.atv.com.pk。在该网站，访客可以收看电视节目直播并下载往期电视节目的视频。

5. KAY2 电视台（KAY2 TV）

KAY2 电视台是巴基斯坦第一家多语种电视台，成立于 2008 年 8 月 7 日，于 2010 年 3 月正式播出节目，其官方网站网址为 www.kay2.tv。该电视台播出的节目突出娱乐性，主要形式包括电视剧、动画片、纪录片、生活纪实、娱乐节目、儿童节目和脱口秀等。KAY2 电视台拥有专业的主播、演员、歌手和制片人等人才队伍，实力雄厚。另外，该电视台的录制、转播设备先进，为节目质量提供了强有力的保证。

6.其他主要电视台网站

（1）维伯电视台（Vibe TV）：www.nvibe.tv；

（2）第五频道电视台（Channel-5 TV）：www.channel-5.tv；

（3）新闻一号电视台（News One TV）：www.tvoneglobal.com；

（4）A-Plus 电视台（A-Plus TV）：www.a-plus.tv；

（5）美丽天地电视台（Sohni Dharti，سوہنی دھرتی）：www.sohnidharti.tv；

（6）首都电视台（Capital TV）：www.capitaltv.pk；

（7）迈赫兰电视台（Mehran TV）：www.mehrantv.tv；

（8）旁遮普电视台（Punjab TV）：www.punjabtv.pk；

（9）银幕电视台（Silver Screen TV）：www.silverscreentv.tv

（10）HUM 电视台（HUM TV）：www.vod.humnetwork.com。

三、孟加拉国广播电视媒体网络信息检索

1972 年 1 月孟加拉人民共和国成立后，孟加拉国政府立即成立了设有八个地区站点的孟加拉国广播电台。1975 年 6 月，孟加拉国开设了第一个地面卫星广播电台。孟加拉国电视节目则始于 1964 年，前身是日本电气公司部分拥有的电视试点项目。孟加拉国广播电台和电视台均属国营机构，政府几乎垄断并控制了整个孟加拉国的广播电视媒体市场。孟加拉国广播电台和电视台的节目内容比较官方，多涉及政府领导人出访、议会、政党等信息。1991 年和 1996 年两次大选期间，孟加拉国人民联盟（AL）和孟加拉国民族主义党（BNP）号召建立一个自由、民族、民主的独立广播电视系统。不过直到 20 世纪 90 年代末期，政府才开始放宽广播电视市场监管，授权成立私营电视台和广播电台。至此，孟加拉国广播电视媒体真正迎来发展机遇。

1997 年，孟加拉国首家私人电视台 ATN 正式成立。截至 1999 年，孟加拉国大约有 15 家广播电视台。电视节目不仅向全国播出，也对南亚、东南亚、中东、欧洲等其他国家播出。孟加拉国电视台（BTV）通过在全国设置的中继站，其服务能够覆盖 95% 的人口。2001 年 7 月 12 日，孟加拉国议会批准了授予国营孟加拉国电视台（BTV）、孟加拉国广播电台（BR）自主权的法案。2006 年，孟加拉国首家私营广播电台 Foorti 正式上线。政策的放宽、市场的需求以及互联网技术的发展推动了广播电视媒体实现跨越式发展。目前孟加拉国各大城市和地区都开设有自己的广播电台，其中绝大多数总部设在达卡，通过中继站向其他城市的分站点传输内容。私营广播电视，主要内容多是关于音乐、娱乐、生活等。随着移动电话和宽带的普及，在线广播电视发展成为广播电视媒体新形式，并受到孟加拉国国民的欢迎。当前，孟加拉国比较主流的广播电台有孟加拉国广播电台、欢乐电台、今日电台、ABC 电台等，而主流的电视台则包括 BTV、NTV、ATN、Channel-I、ETV、Desh TV 等，这些广播电视绝大多数都建有自己的在线网站。

（一）主要广播电台网络信息

1.孟加拉国广播电台（Bangladesh Betar，BB）

孟加拉国广播电台最早作为当时印度广播电台位于达卡的地区电台于 1939 年 12 月 16 日开始广播业务。1947 年印巴分治以后，改为巴基斯坦达卡广播电台，1971 年孟加拉国独立后改为现名。孟加拉国广播电台，是孟加拉国国有广播电台，隶属于信息部，总部设在达卡，在全国设有 12 个地区站，主要通过 FM 和中波传输。此外，该

电台还在达卡开设交通广播频道，通过 FM88.8 和 FM103.2 向首都地区用户提供实时交通路况信息。孟加拉国广播电台大多数节目使用孟加拉语，一些新闻简报等内容也使用英语。孟加拉国广播电台还通过短波使用孟加拉语、英语、印地语、乌尔都语、阿拉伯语和尼泊尔语向亚洲和欧洲部分地区进行广播。"孟加拉国广播电台网站（www.betar.gov.bd）"有孟加拉语和英语两种版本，支持站内搜索服务，主要栏目包括：মূল পাতা（主页）、কাঠামো（结构）、অর্জন（成就）、যোগাযোগ（联系）、লাইভ রেডিও（电台直播）、ধারণকৃত সংবাদ（新闻记录）、প্রকল্প ও কর্মসূচি（项目）、ফরম（表格）、অ্যাপস（应用）等。

2.欢乐广播电台（Radio Foorti）

孟加拉国欢乐广播电台于 2006 年 9 月 21 日开始广播，是孟加拉国首家商业广播电台，也是孟加拉国最大的私营广播电台。该电台隶属于 MGH 集团（MGH Group），总部设在达卡，为孟加拉语音乐广播电台，广播节目以音乐和娱乐内容为主，其口号为"不要停止欢乐"（Don't Stop the Foorti）。孟加拉国欢乐广播电台在达卡的频率为 FM88.0，同时通过中继站向国内七个主要城市进行广播。根据 2011 年尼尔森媒体和人口调查显示，欢乐广播电台占有孟加拉国 FM 广播听众的 47%，许多广播节目采取电话和短信方式与听众进行互动，深受孟加拉国人民喜爱。"欢乐广播电台在线网站（www.radiofoorti.fm）"为英文版本，主要栏目包括：Home（主页）、About（关于）、Schedule（时间表）、Gallery（图库）、Archive（档案）、Connect with RJ（联系 RJ）等。

3.今日广播电台（Radio Today）

今日广播电台于 2006 年 5 月正式上线，同年 10 月 15 日开始播出，是孟加拉国首家 24 小时广播电台，同时也是全国首家私人 FM 广播电台。该电台隶属于 FM 无线电广播有限公司［Radio Broadcasting FM (Bangladesh) Co. Ltd］，总部位于达卡，频率为 FM89.6，性质为孟加拉语音乐广播。经过多年发展，该电台覆盖面已经扩展至达卡以外的七大城市，包括吉大港、库尔纳、锡尔赫特等，并且都使用相同频率 FM89.6。"今日广播电台在线网站（www.radiotodaybd.fm）"为英文版本，支持在线收听广播，主要栏目包括：Home（主页）、Profiles（简介）、Schedules（时间表）、Gallery（图库）、Stations（站点）、Life @ RTD（今日电台生活）、Archive（档案）、Contact us（联系我们）、News（新闻）等。网站还设置了 Morning News（早间新闻）、Noon News（午间新闻）、Evening News（晚间新闻）、Latenight News（深夜新闻）、VOA-RT

NEWS（VOA 新闻）等新闻子模块，有利于用户实现快速访问。

4.部分支持在线收听的广播电台及网址

（1）我的广播电台（Radio Aamar）：www.radioaamar.com；

（2）ABC 广播电台（ABC Radio）：www.abcradiobd.fm；

（3）独立广播电台（Radio Shadhin）：www.radioshadhin.fm；

（4）24 小时之声广播电台（RadioVoice24）：www.radiovoice24.com；

（5）故乡广播电台（Radio Swadesh）：www.radioswadesh.com；

（6）圈子广播电台（Radio Circle）：www.radiocirclebd.com；

（7）光线广播电台（Radio Jyoti）：www.radiojyoti.com；

（8）Metrowave 广播电台（Radio Metrowave）：www.metrowave-bd.com；

（9）达卡 FM 广播电台（Dhaka FM）：www.dhakafm904.com。

（二）主要广播电视网络信息

1.孟加拉国电视台（Bangladesh Television，BTV）

孟加拉国电视台前身是东巴基斯坦于 1964 年 12 月 25 日创办的巴基斯坦电视台（Pakistan Television），1971 年孟加拉国独立后改为现名，总部设在达卡。孟加拉国电视台是孟加拉国国有电视机构，直属中央政府领导。该电视台在达卡和吉大港设有站点，在全国有 11 个转播站，并设有 2 个地面卫星转播站，其信号覆盖范围包括亚洲和部分非洲地区。孟加拉国电视台的主要经济收入来源于电视授权费。20 世纪 90 年代中期，该电视台就开始播出 BBC 和 CNN 的新闻节目。"孟加拉国电视台网站（www.btv.gov.bd）"有孟加拉语和英语两种版本，主要栏目包括：প্রথম পাতা（首页）、আমাদের বিষয়ে（关于我们）、প্রোগ্রাম（节目）、নিউজ（新闻）、মূল্যহার（价目）、টেন্ডার（投标）、নোটিশ（通知）、ফরম（表格）、বিটিভি ওয়ার্ল্ড（BTV 世界）、যোগাযোগ（联系我们）。

2. NTV 电视台

NTV 电视台，成立于 2003 年，是孟加拉语卫星电视台，隶属于国际电视台有限公司（International Television Channel Ltd.），总部位于达卡。"NTV 电视台网站（www.ntvbd.com）"提供孟加拉语、英语两种版本，主要栏目包括：টিভি•LIVE（电视直播）、ভিডিও（视频）、ছবি（图片）、বাংলাদেশ（孟加拉国）、বিশ্ব（世界）、অর্থনীতি（经济）、খেলাধুলা（体育）、বিনোদন（娱乐）、বিজ্ঞান ও প্রযুক্তি（科技）、শিল্প ও সাহিত্য（文艺）、

শিক্ষা（教育）等。

3. ATN 电视台（ATN Bangla）

ATN 电视台总部位于达卡，1997 年 7 月 5 日开始在南亚地区播出，2001 年向欧洲广播，信号现已覆盖南亚、中东、欧洲和北美等地。ATN 电视台是孟加拉语有线数字电视频道，也是孟加拉国首家引入卫星传送技术的私营电视台，播出包括新闻、电影、电视剧、脱口秀在内的各类节目。该电视台现已成为孟加拉国著名的卫星频道、最受欢迎的新闻资讯电视台以及最受欢迎的两家私营电视台之一。"ATN 电视台网站（www.atnbangla.tv）"为孟加拉语版本，支持英语和孟加拉语双语检索，主要栏目包括：হোম（主页）、জাতীয়（国内）、রাজনীতি（政治）、বাংলাদেশ（孟加拉国）、আন্তর্জাতিক（国际）、স্পোর্টস（体育）、তথ্যপ্রযুক্তি（信息技术）、বিনোদন（娱乐）、লাইফস্টাইল（生活方式）、অর্থনীতি（经济）。

4. Channel-I 电视台

Channel-I 电视台，成立于 1999 年 10 月 1 日，是首个孟加拉语数字电视频道，实行全天 24 小时不间断播出，与 ATN 并称为孟加拉国最受欢迎的两家私营电视台。Channel-I 的节目设置老少咸宜，其观众主要来自全球孟加拉语使用人群。"Channel-I 电视台网站（www.channelionline.com）"为孟加拉语版本，主要栏目包括：হোম（主页）、বাংলাদেশ（孟加拉国）、স্পোর্টস（体育）、রাজনীতি（政治）、অর্থনীতি（经济）、লাইফস্টাইল（生活方式）、আন্তর্জাতিক（国际）、কৃষি（农业）、নারী（女性）、পরিবেশ（环境）、তথ্যপ্রযুক্তি（IT）、মতামত（意见）、বিনোদন（娱乐）、শিক্ষা（教育）等。

5.部分支持在线收看的电视台及网址

（1）ETV 电视台（Ekushey TV）：www.ekushey-tv.com；

（2）DTV 电视台（Desh TV）：www.desh.tv；

（3）MTV 电视台（Maasranga TV）：www.maasranga.tv；

（4）伊斯兰电视台（Islamic TV）：www.islamictv.com.bd；

（5）孟加拉国视野电视台（Banglavision TV）：www.banglavision.tv；

（6）独立电视台（Independent TV）：www.independent24.tv；

（7）我的电视台（Mytv）：www.mytvbd.tv；

（8）S 频道电视台（Channel S）：www.chsuk.tv。

四、斯里兰卡广播电视媒体网络信息检索

斯里兰卡广播电台事业始于 1923 年，第一家广播电台科伦坡广播（Radio Colombo）于 1925 年 12 月 16 日正式开播。至 1999 年，斯里兰卡全国 95%以上的地区都可以收到 FM 调频广播。长期以来，斯里兰卡政府一直对广播事业拥有绝对的掌控权。虽然 20 世纪 90 年代初，私人广播电台被允许开播，到今天也有数量可观的私人广播电台涌现，但国有电台始终占据斯里兰卡广播市场的主导地位。目前，斯里兰卡全国共有近百家广播电台，同时还有包括中国国际广播电台的僧伽罗语广播、泰米尔语广播在内的 6 家国外广播电台向斯里兰卡广播节目。

1979 年，阿尼尔·维杰拉得纳（Anil Wijewardena）和山·维克勒马辛哈（Shan Wickremasinghe）创建了斯里兰卡第一家电视台——独立电视广播公司（Independent Television Network，ITN），但开播两个月后便被收归国有。斯里兰卡第二家国有电视台斯里兰卡鲁帕瓦西尼电视公司（Sri Lanka Rupavahini Corporation，SLRC）创建于 1982 年。斯里兰卡的私人电视台在 1992 年被允许运营。目前，除了 ITN 和 SLRC 旗下的 5 家电视台为国有，其余均为私营电视台。斯里兰卡的电视台主要分为有线电视台、无线电视台和卫星电视台，2008 年斯里兰卡电信供应商 Sri Lanka Telecom（斯里兰卡电信）首度推出了网络电视服务。除此之外，斯里兰卡多家电视台均在官方网站中提供电视节目的在线直播和点播功能。

（一）主要广播电视机构网络信息

财政与大众传媒部（මුදල් හා ජනමාධ්‍ය අමාත්‍යංශය）是斯里兰卡广播电视机构的主管部门，管辖斯里兰卡广播电视业的三家国有公司——斯里兰卡广播公司、斯里兰卡鲁帕瓦西尼电视公司、独立电视广播公司。用户可进入"财政与大众传媒部网站（www.media.gov.lk）"检索上述三家公司的信息。在该网站主页导航栏中找到 ආයතන（机构）频道，在下拉菜单中点击 ශ්‍රී ලංකා රූපවාහිනී සංස්ථාව（斯里兰卡鲁帕瓦西尼电视公司）、ශ්‍රී ලංකා ගුවන්විදුලි සංස්ථාව（斯里兰卡广播公司）或 ස්වාධීන රූපවාහිනී මාධ්‍ය ජාලය（独立电视广播公司），即可进入相应的页面浏览各公司的简介和主要负责人员信息。通过点击页面上各公司的标志，即可进入各公司的官方网站。

1.斯里兰卡广播公司（ශ්‍රී ලංකා ගුවන් විදුලි සංස්ථාව, Sri Lanka Broadcasting Corporation）

斯里兰卡广播公司前身是 1925 年开播的科伦坡广播，1949 年又更名为锡兰广播（Radio Ceylon）。1967 年 9 月，锡兰广播改制为锡兰广播公司（Ceylon Broadcasting Corporation）。1972 年锡兰改国名为斯里兰卡后，锡兰广播公司更名为斯里兰卡广播公司，成为掌控斯里兰卡广播业的龙头企业。目前，斯里兰卡广播公司旗下拥有 6 个面向全国范围广播的电台，分别为：Sinhala Swadeshiya Sevaya（僧伽罗语国家电台）、Tamil National Service（泰米尔语国家电台）、English Service（英语国家电台）、City FM（城市调频，僧伽罗语）、Velenda Sevaya（僧伽罗语商业电台）、Thendral（泰米尔语商业电台）；6 个地区性电台：Pirei FM（匹莱 FM，泰米尔语）、Rajarata Sevaya（北部电台，僧伽罗语）、Dambana Radio（当巴那电台，僧伽罗语）、Kandurata Sevaya（高地电台，僧伽罗语）、Wayamba Radio（西北电台，僧伽罗语）、Ruhunu Sevaya（鲁乎努电台，僧伽罗语）。

"斯里兰卡广播公司网站（www.slbc.lk）"提供僧伽罗语、英语、泰米尔语三语版本，用户可在主页右上角点击语言图标进行切换。主页导航栏包括 9 个栏目：ශ්‍රගුවිඡ ගැන（关于 SLBC）、සිඩි සහ කැසටස්（CD 和磁带）、සේවාවන්（服务）、පුවත්（新闻）、රේඩියෝ පොළ（广播电台）、වැඩසටහන්（项目）、පුහුණු හා වැඩමුළු（培训和工作坊）、ගැලරිය（图片库）、අප අමතන්න（联系我们）。导航栏下侧为滚动的新闻图片，图片右侧提供了 City FM、Sinhala Swadeshiya Sevaya、Tamil National Service 等 8 个主要电台的链接，通过点击进入后不仅可以浏览该电台的简介、波段、节目安排、相关资讯，还可通过点击 Listen Live（实时收听）按钮收听电台节目直播。网站主页的中部为实时更新的新闻咨询，主页底部为网站地图，提供了网站主体结构，以方便用户快速点击进入需要浏览的页面。

2.独立电视广播公司（ස්වාධීන රූපවාහිනී මාධ්‍ය ජාලය, ITN）

独立电视广播公司成立于 1979 年，是一家国有广播公司。目前，该公司旗下拥有一家僧伽罗语电视台 ITN TV、一家泰米尔语电视台 Vasantham TV、一家僧伽罗语广播电台 ITN FM、一家泰米尔语广播电台 Vasantham FM 以及一个僧伽罗语、英语、泰米尔语的新闻网站 ITN NEWS。"独立电视广播公司网站（www.itn.lk）"为英文网站，主页设计十分简洁，左侧为导航栏，包括 Home（主页）、About ITN（关于 ITN）、Contact（联系我们）等三个频道。主页右侧中部为独立电视广播公司旗下 ITN TV、

Vasantham TV、ITN FM、Vasantham FM 的快速链接，通过点击 Visit Website（浏览网站）按钮即可进入各电视台或广播电台网站进行浏览。主页右侧下部为 ITN 三语新闻网站的链接，从左至右分别为 Sinhala（僧伽罗语）、Tamil（泰米尔语）和 English（英语），点击相应图标即可进入该网站进行网页浏览。

3.斯里兰卡鲁帕瓦西尼电视（ශ්‍රී ලංකා රූපවාහිනී සංස්ථාව，SLRC）

斯里兰卡鲁帕瓦西尼电视创建于 1982 年，是斯里兰卡最大的国有电视广播公司，旗下拥有三个电视频道，分别为僧伽罗语频道 Rupavahini（鲁帕瓦西尼），英语频道 Channel Eye（眼睛频道）和泰米尔语频道 Nethra TV（内特拉电视）。Rupavahini 每天播送 20 小时的节目，Channel Eye 每天分 05:45—07:30 和 21:00—23:30 两个时段播出，Nethra TV 的播出时间为每天 07:30—21:00。"鲁帕瓦西尼电视网（www.rupavahini.lk）"为英文网站，主页内容丰富，页面顶端为导航栏，包括 8 个频道，分别为 Home（主页）、Organization（组织结构）、TV Schedule（电视节目时间表）、Dub（译制片）、Tenders（招标）、Channels（电视频道）、Email us（发邮件给我们）和 Watch now（现在观看）。导航栏下侧为滚动的新闻和电视节目图片，再下侧为 Live Webcast（网络直播）、Watch last 48 hours（48 小时新闻）、Download Mobile App（下载手机应用）三个按钮，用户通过点击可直接观看电视节目、新闻节目或者在手机上下载 Rupavahini 应用软件，下载应用软件后可通过手机登录 Rupavahini 网站。主页导航栏左侧为 Video on Demand（电视点播）版块，该版块包括一个纵向排列的列表，列出了 News（新闻）、Teledrama（电视剧）、Magazine Programmes（杂志节目）、Musical Programmes（音乐节目）、Agriculture Programmes（农业节目）、Political Programmes（政治节目）、Religious Programmes（宗教节目）、Educational Programmes（教育节目）、Business（商贸）、Entertainment Programmes（娱乐节目）、Children Programmes（儿童节目）、Documentary（纪录片）、Special Events（特殊事件）、Discussion（讨论）、Saddarma Warsha（讲经）、Medical Programmes（医疗节目）等 16 类电视节目视频供用户点播观看。主页中部直至底部，纵向排列了电视剧、新闻、纪录片、音乐、杂志、儿童、娱乐、讨论、农业、宗教等 10 个电视视频栏目，每个栏目中都列出了 3 至 5 个最新的视频片段，以方便用户直接点击观看。

4.亚洲广播有限公司（Asia Broadcasting Corporation Private Limited.）

亚洲广播有限公司是斯里兰卡最大的私营广播公司，成立于 1998 年，目前拥有 Hiru FM、Gold FM、Sun FM、Sooriyan FM、Shaa FM 等 5 家广播电台、1 家电视台

Hiru TV 和一个僧伽罗语、英语、泰米尔语三语的新闻网站 Hiru News。其中，Sooriyan FM 是斯里兰卡第一家私人泰米尔语广播电台，Gold FM 为斯里兰卡第一家英文老歌电台，Shaa FM 为斯里兰卡第一家青年电台，而 Hiru TV 则为斯里兰卡第一家数字高清电视台。亚洲广播有限公司旗下的广播和电视节目在斯里兰卡深受广大人民群众的喜爱和欢迎，对斯里兰卡广播电视市场有着不可估量的巨大影响。"亚洲广播有限公司网站（www.asiabroadcasting.lk）"为英文网站，导航栏位于页面上部左侧，有 Home（主页）、About Us（关于我们）、Media Network（媒体网）、Contact Us（联系我们）、Careers（职业招聘）等 5 个频道。导航栏的下方和右上角均有横向排列的公司旗下 5 家电台、1 家电视台和新闻网的图标，用户可以点击图标进入各频道的网站进行信息浏览、在线收听或收看。主页中部为新闻版块，提供公司相关的新闻资讯。主页下部为图片库版块，提供公司旗下主要广播电视节目精彩瞬间的图片。

（二）主要广播电台网络信息

1. Hiru FM

Hiru FM 于 1998 年开播，是亚洲广播有限公司旗下最大的广播电台，也是全斯里兰卡拥有听众最多、最受欢迎的僧伽罗语广播电台。"Hiru FM 网站（www.hirufm.lk）"为英文版本，内容丰富，信息齐全。用户通过点击主页顶端导航栏下侧的 Listen Live（在线收听）按钮可实时收听广播节目。除此之外，网站还提供 Hiru News（新闻）、Hiru Gossip（八卦）、Hiru Vedios（视频）、Astrology（星相）、Chat With DJs（与流行音乐节目主持人聊天）、Programme Lineup（节目时间表）、Download（下载）、Events（事件）等主要栏目供用户浏览新闻、获取资讯、观看视频、欣赏图片、查阅星相、参与节目互动、下载节目音频视频等。

2. Sooriyan FM

与 Hiru FM 同属亚洲广播有限公司的 Sooriyan FM 是斯里兰卡第一家私营泰米尔语广播电台，也是斯里兰卡拥有听众最多、影响范围最广的泰米尔语广播电台。"Sooriyan FM 网站（www.sooriyanfm.lk）"为英语和泰米尔语双语混合版本。在主页布局和设计上，Sooriyan FM 和 Hiru FM 十分类似，用户通过点击主页导航栏下侧的 Listen Live（在线收听）按钮可实时收听广播节目。主页有 Sooriyan News（新闻）、Gossip（八卦）、Vedios（视频）、Astrology（星相）、Download（下载）、Events（事件）等主要栏目。

3. Sirasa FM

僧伽罗语广播电台 Sirasa FM 隶属于 MBC 广播电视网有限公司［MBC Networks (Pvt) Ltd］，是该公司旗下五个广播电台中最大的一个，也是在斯里兰卡颇具影响、具有极高知名度的广播电台，开播于 1994 年。"Sirasa FM 网站（www.sirasa.com）"为英文版本，主页导航栏设有 8 个频道，分别为：Podcasts（播客）、Galleries（图片库）、Videos（视频）、Events/Promotions（事件/推广）、Charts（排行榜）、Contact Us（联系我们）、Lineup（节目时间表）、MBC Networks（MBC 广播电视网）。导航栏下方提供在线实时收听广播节目的按钮，用户点击播放箭头即可收听节目。

4.部分支持在线收听的广播电台及网址

（1）Shaa 电台（Shaa FM，僧伽罗语）：www.shaafm.lk；

（2）Y 电台（Y FM，僧伽罗语）：www.yfm.lk；

（3）RanOne 电台（RanOne FM，僧伽罗语）：www.ranonefm.lk；

（4）Shree 电台（Shree FM，僧伽罗语）：www.shreefm.lk；

（5）Siyatha 电台（Siyatha FM，僧伽罗语）：www.siyathafm.lk；

（6）Rangiri Sri Lanka 电台（Rangiri Sri Lanka，僧伽罗语）：www.rangirisrilanka.lk；

（7）E FM 电台（E FM，英语）：www.efm.lk；

（8）Gold 电台（Gold FM，英语）：www.goldfm.lk；

（9）Sun 电台（Sun FM，英语）：www.sunfm.lk；

（10）Yes 电台（Yes FM，英语）：www.yesfmonline.com；

（11）Kiss 电台（Kiss FM，英语）：www.kissfm.lk；

（12）Legend 电台（Legend FM，英语）：www.legends966.com；

（13）Shakthi 电台（Shakthi FM，泰米尔语）：www.shakthifm.com；

（14）Vasantham 电台（Vasantham FM，泰米尔语）：www.vasanthamfm.lk；

（15）Varnam 电台（Varnam FM，泰米尔语）：www.varnamfm.com；

（16）Tamil 电台（Tamil FM，泰米尔语）：www.tamilfm.lk。

（三）主要电视台网络信息

1. Swarnawahini

Swarnawahini 是一家私营僧伽罗语电视台，隶属于 EPA 广电公司（EAP

Broadcasting Company）。Swarnawahini 的前身是 1994 年开播的 ETV1，是斯里兰卡最早开播的电视台之一。1997 年，ETV1 被更名为 Swarnawahini，在斯里兰卡拥有大量忠实观众。"Swarnawahini 网站（www.swarnavahini.lk）"为英文版本，主页顶端为导航栏，包含 Home（主页）、Live（直播）、News（新闻）、Teledrama（电视剧）、Entertainment（娱乐）、Political（政治）、Buddhist（佛教）、Women（妇女）、Cinema（电影）、Sports（体育）、Documentary（纪录片）、About（关于）等 12 个栏目。点击直播栏目，用户即可在线观看电视节目直播。通过点击各栏目下拉菜单中的电视节目名称，可在线观看该节目的视频。主页的其他部分以列表形式列出热播的电视节目观看通道，每个节目都配有截图、播出时间，以便用户查找。网站所有视频都设有评论、转发的功能，以供用户资源共享。

2. Sirasa TV

Sirasa TV 隶属于斯里兰卡 MTV 频道有限公司［MTV Channel (Pvt) Ltd］，于 1998 年开播，是斯里兰卡收视率最高的综合性僧伽罗语电视台之一，节目内容涵盖新闻、娱乐、科教、生活、艺术等各方面。"Sirasa TV 网站（www.sirasatv.lk）"为英文版本，主页导航栏位于页面顶端，包括 TV Guide（节目导航）、Weekday Shows（工作日节目）、Weekend Shows（周末节目）和 TV Shows（电视节目）等主要栏目。导航栏右侧设有搜索引擎，用户可输入关键词对所有电视节目进行检索。通过点击搜索引擎下侧的 Watch Live（观看直播）按钮，可收看实时直播的电视节目。主页中部将节目视频按照类别进行了分类，从上至下分别为 Drama（电视剧）、News（新闻）、Trailers（预告片）、Magazine Shows（杂志节目）、Featured Episodes（精选节目）、Kids（儿童）。每个分类中都列出了 3 至 6 个最新节目的截图、名称和播出时间，点击进入即可观看。

3. Shakthi TV

Shakthi TV 隶属于斯里兰卡 MTV 频道有限公司，是斯里兰卡第一家也是最大的综合性私营泰米尔语电视台，开播于 1998 年。"Shakthi TV 网站（www.shakthitv.lk）"为英文版本，主页导航栏位于页面顶端，包括 Shows（节目）、News（新闻）和 TV Guide（节目时间表）等主要栏目。主页中部右侧设有观看直播电视节目的按钮，左侧为主要节目列表，列表中包含了节目的截图、名称和播出时间，只需点击进入就可以观看相应节目。

4.其他主要电视台网站

（1）Derana 电视台（TV Derana，僧伽罗语）：www.derana.lk；

（2）Hiru 电视台（Hiru TV，僧伽罗语）：www.hirutv.lk；

（3）ITN 电视台（ITN TV，僧伽罗语）：www.tv.itn.lk；

（4）C 频道电视台（Channel C，僧伽罗语）：www.channelc.lk；

（5）科伦坡 TV 电视台（Colombo TV，僧伽罗语）：www.colombotv.lk；

（6）Siyatha 电视台（Siyatha TV，僧伽罗语）：www.siyathatv.lk；

（7）眼睛频道电视台（Channel Eye，英语）：www.channeleye.lk；

（8）壹电视台（TV 1，僧伽罗语、英语）：www.tv1.lk；

（9）Nethra 电视台（Nethra TV，泰米尔语）：www.nethratv.lk；

（10）Vasantham 电视台（Vasantham TV，泰米尔语）：www.vasantham.lk。

（四）检索示例

通过 Hiru TV 网站检索并观看 2017 年 1 月 8 日的名为 News Week（新闻周刊）的访谈节目。

具体步骤如下：

（1）登录 Hiru TV 网站主页"www.hirutv.lk"。

（2）在网页顶端导航栏内找到"Discussion（讨论）"频道，将光标置于其上，然后在下拉菜单中找到"News Week"并点击。

（3）页面按照时间先后显示各期新闻周刊节目列表，在列表中找到标题为"News Week – 2017-01-08"的选项，点击左侧节目图片或者标题均可。

（4）弹出节目网页后，点击播放按钮进行观看。

五、尼泊尔广播电视媒体网络信息检索

由于经济与技术等原因的限制，尼泊尔的广播电视媒体还不是很发达。电视方面，尼泊尔目前共有 22 个电视频道，其中，2 个为官方频道。近年来，尼泊尔出现一些私人电视台和私人有线电视台，主要播放电影、教学和娱乐节目。广播方面，目前70%的尼泊尔人口能收听到广播节目。由于尼泊尔互联网和广播电视媒体网络的发展水平均较低，尼泊尔目前的网络广播电视数量较少，影响力也较为有限。相较于使用本国网站，尼泊尔民众更多地采用 Youtube 网站来观看尼泊尔电视节目。

（一）主要广播电视机构网络信息

1.尼泊尔国家电视台（Nepal Television，NTV）

尼泊尔国家电视台是尼泊尔国有的电视机构，初步开通于 1983 年 12 月 31 日，正式开通于 1984 年 1 月 5 日。目前，尼泊尔国家电视台共经营两个电视频道，分别为尼泊尔电视 1 台（Nepal Television，NTV）和尼泊尔电视 2 台（Nepal Television Plus，NTV2 或 NTV Plus）。尼泊尔国家电视台主要播出 4 种语言的节目，分别为：尼泊尔语、梅提利语、尼瓦尔语和英语节目。自 2006 年 7 月，尼泊尔国家电视台实现全天 24 小时播出，信号覆盖尼泊尔 45% 的国土和 65% 的人口，同时向 22 个国家输出电视信号，是目前尼泊尔信号覆盖面积最广、收看人数最多、影响力最大的电视台。

"尼泊尔国家电视台网（www.ntv.org.np）"为尼泊尔语和英语双语混合版本。尼泊尔国家电视台网站立足于旗下两个电视频道的播出内容，向广大用户提供丰富的在线多媒体资源，包括实时直播以及部分往期节目的视频和图片等。该网站还提供了不断更新的尼泊尔电视台两个频道的节目单。

2.尼泊尔国家广播电台（Radio Nepal，रेडियो नेपाल）

尼泊尔国家广播电台成立于 1951 年 4 月 2 日，是尼泊尔全国唯一的官方广播电台。目前，该电台主要播出尼泊尔语、英语、尼瓦尔语、印地语等 4 个语种的节目。由于尼泊尔地形地貌的限制，为了使尼泊尔国家广播电台能够覆盖到更大的国土面积和人口，尼泊尔国家广播电台在加德满都（Kathmandu）、丹库塔（Dhankuta）、博卡拉（Pokhara）、苏尔凯德（Surkhet）、迪帕亚尔（Dipayal）设立了 5 个信号发射中心，分别使用 792 kHz 和 1143 kHz、648 kHz、684 kHz、576 kHz、810 kHz 等不同的信号频率。自 2016 年 8 月 17 日，尼泊尔国家广播电台开始全天 24 小时不间断播出节目。目前，尼泊尔国家广播电台已成为尼泊尔信号覆盖面积最广、收看人数最多、影响力最大的广播电台。

"尼泊尔国家广播电台网（www.radionepal.gov.np）"为尼泊尔语和英语双语混合版本，以尼泊尔语为主。该网站不仅提供了大量的各领域新闻文章，还支持在线实时播放尼泊尔国家广播电台的节目，并支持部分重要的往期节目的回播收听。此外，该网站还提供了尼泊尔国家广播电台播放内容的节目单。

（二）主要广播电台网络信息

1.坎提普尔广播电台（Radio Kantipur）

坎提普尔广播电台在尼泊尔听众很多，具有较大的影响力，是尼泊尔著名的广播电台之一。坎提普尔广播电台的信号波段为 FM 96.1，信号覆盖范围主要是尼泊尔加德满都谷地及其周边地区，广播节目内容以尼泊尔语为主，另有尼瓦尔语和印地语节目各 1 个。坎提普尔广播电台节目内容丰富，主要可以分为 31 个类型，分别为：News（新闻信息）、Social（社会）、Lok（民众）、Life（生活）、Business（商业）、Entertainment（娱乐）、Women（女性）、Religious（宗教）、Philosophy（哲学）、Musical（音乐）、Sports（体育）、Food（饮食）、Interview（采访）、Health（卫生健康）、Art & Literature（艺术与文学）、Science & Technology（科学与技术）、Musical & Interactive（音乐与互动）、Hollywood（好莱坞）、Bollywood（宝莱坞）、Kollywood（科莱坞）、Infotainment（信息娱乐）、Hip-hop & Rap（嘻哈说唱）、Breakfast Show（早餐秀）、Rock（摇滚音乐）、Love（爱情歌曲）、Radio Drama（广播戏剧）、Adhunik（现代播报）、Pop（流行音乐）、Folk（民间音乐）、Maithali（梅提利语广播）和 Newari（尼瓦尔语广播）。

"坎提普尔广播电台网站（www.radiokantipur.ekantipur.com）"为英文版本，主页设置了 6 个站内导航条，分别为：Home（主页）、Kantipur Diary（坎提普尔每日广播）、Programes（节目）、RJS（主持人）、Events（活动影集）和 Listen Live（在线收听）。其中，"坎提普尔每日广播"是该电台开播时间较早、比较有特色的栏目，每天定期播出，栏目下含有数量不定的节目，每天的节目内容不尽一致。用户点击坎提普尔广播电台网网站主页上的"Listen Live"或者"On Air"图标，即可在线收听坎提普尔广播电台的实时内容。

2.尼泊尔安纳普尔纳广播电台（Radio Annapurna Nepal）

尼泊尔安纳普尔纳广播电台节目内容以尼泊尔语为主，在尼泊尔拥有较多的听众，是尼泊尔较有影响力的广播电台之一，信号覆盖范围主要是尼泊尔中西部地区。为了扩大信号覆盖范围，尼泊尔安纳普尔纳广播电台目前设立了两个信号发射中心，分别位于加德满都（Kathmandu）和博卡拉（Pokhara），信号波段分别为 FM94.0 和 FM93.4。

"尼泊尔安纳普尔纳广播电台网站（www.radioannapurnanepal.com）"由早前提供单一的在线广播服务的网站发展为目前以在线广播服务为重点和特色，兼顾发布尼泊尔安纳普尔纳地区新闻报道和动态信息，具有一定程度的地区门户网站性质的互联网网站。该网站语言为尼泊尔语和英语两种语言混合使用，以尼泊尔语为主。用户点击网站主页上的"Live Online Radio"（在线直播），即可在线收听该电台的实时播放内容。该网站不仅提供了大量的各领域新闻文章，还支持部分重要的往期节目的回播收听。

（三）主要电视台网络信息

1.坎提普尔电视台（Kantipur TV）

坎提普尔电视台播放的节目内容以尼泊尔语为主，节目更新极快，每天的节目都不尽一致，并且已经能覆盖全天 24 小时不间断播出。该电视台在尼泊尔观众很多，具有较大的影响力。"坎提普尔电视台网站（www.ktv.ekantipur.com）"为英文版本，主页上方设置了 7 个导航条，分别为：Home（主页）、Programes（节目）、Schedules（时间表）、News（新闻）About Us（关于我们）、Contact Us（联系我们）和 Watch Live（在线观看）。该网站向广大用户提供丰富的在线多媒体资源，包括实时直播以及部分往期节目的视频等。用户点击"Watch Live"，即可在线收看坎提普尔电视的实时播放节目。网站还提供实时更新的电视节目单。

2.尼泊尔新闻 24 电视台（News24 TV）

"尼泊尔新闻 24 电视台网站（www.news24nepal.tv/live）"是尼泊尔新闻 24 网旗下的一款互联网在线电视节目。该网站全天 24 小时不间断滚动播出，节目语言以尼泊尔语为主，节目内容以各类新闻栏目为主。

六、阿富汗广播电视媒体网络信息检索

尽管阿富汗的报刊数量远远多于电视台和电台，但是由于全国的文化普及率只有28.1%，广播电视才是阿富汗民众获取信息、增长知识、开阔视野的最佳选择和主要渠道。美国国际开发署 2010 年的一项调查显示，63%的阿富汗民众有听广播的习惯，48%有看电视的习惯。

阿富汗喀布尔广播电台于 1925 年开始试播，1941 年正式开播。建台初期，每天用一台功率为 20 千瓦的发射机，对喀布尔地区广播两个小时，广播节目内容不固定，收听效果很有限。1966 年开始使用录音带进行广播，进一步提高了节目的质量。从 1972 年起，阿富汗广播电台开办了地方语言的节目，如乌兹别克语、土库曼语、俾路支语

和帕沙伊语等，内容主要是音乐节目。塔利班执政时，阿富汗只有一个广播电台，用于发布官方公告、宣传伊斯兰教义。2001 年 11 月，喀布尔电台恢复广播。截至 2016—2017 年度末，阿富汗全国有 193 个广播电台，频段有长波、短波和调频，广播语言以普什图语、达里语、英语、乌兹别克语为主。此外，英国 BBC、美国 VOA、中国国际广播电台（CRI）、自由阿富汗广播等很多国外电台，使用普什图语和达里语对阿富汗播送新闻。近年来，广播听众的数量在逐渐减少，慢慢被电视超越。

阿富汗的彩色电视广播始于 1978 年。截至 2016—2017 年度末，阿富汗已有 87 家电视台，包括美国有线电视新闻网（CNN）、英国广播公司（BBC）、天空新闻台（Sky News）、半岛电视台（Al Jazeera）在内的许多国际新闻频道都在阿富汗设有办事处。阿富汗电视节目内容以新闻、电视剧、宝莱坞电影为主，近年来观众还可以收看电视转播的足球和板球赛事以及大量选秀节目。随着互联网的使用，超过 3500 个国际电视频道将可以进入阿富汗。不过，目前只有阿富汗的男性可在公共场合看电视，女性还是只能在家中收看电视节目。

（一）主要广播电视机构网络信息

1.阿富汗国家广播电视台（National Radio Television of Afghanistan，RTA）

阿富汗国家广播电视台是阿富汗最权威的传媒机构之一，是国有的广播电视机构。目前，阿富汗国家广播电视台经营阿富汗广播电视台（Radio Television of Afghanistan）和阿富汗电台（Radio Afghanistan）。"阿富汗国家广播电视台网站（www.rta.org.af）"有普什图语和达里语双语、英语两个版本。网站覆盖内容广泛，主要有وروستی خبرونه（最新消息）、تاریخچه افغانستان（阿富汗历史）、فرهنگ افغانستان（阿富汗文化）、اسلامی معارف（伊斯兰教义）、ورزش（运动）、فرهنگ و هنری（文化艺术）、اقتصادی（经济）、صحت（健康）、تکنالوژی（技术）、معرفی کتاب（书评）等栏目。网站向用户提供丰富的在线多媒体资源，包括阿富汗广播电视台、阿富汗电台和喀布尔电台（Radio Kabul）的实时直播以及部分往期节目的视频和图片等。网站还提供站内检索服务，输入关键词可以检索到相关信息。

2.莫比集团（Moby Group）

莫比集团成立于 2003 年，总部位于迪拜，是横跨南亚、中亚、中东和非洲地区领先的综合媒体和通讯集团之一。该集团现有员工 1000 多人，下属 16 家公司，业务涉及电视、广播、电视内容制作、音乐制作、杂志出版、体育、通讯、广告代理等领域。目前，集团旗下的电视台有黎明电视台（Tolo TV）、黎明新闻频道（Tolo News）、太阳电视台（Lemar TV），广播电台有理想电台（Arman FM）、阿拉库兹亚电台（Arakozia FM），《阿富汗现场》杂志也隶属于该集团。"莫比集团网站（www.mobygroup.com）"提供了该集团的概况、业务、新闻等方面的信息以及部分下属公司的介绍和链接。

（二）主要广播电台网络信息

1.阿里亚纳电台（Ariana Radio）

阿里亚纳电台创办于 2005 年，隶属于巴亚特集团公司（Bayat Group of Companies），是阿富汗最大且唯一一个信号覆盖所有省份的广播电台。该电台的节目使用达里语、普什图语、乌兹别克语和土耳其语进行播音。为了让阿富汗妇女了解如何能够克服自己所面临的特有的诸多挑战以及如何帮助自己的朋友和家庭成员从《古兰经》和同样面临类似问题的其他人那里找到解决问题的方法，该电台专门创作了每周一期的妇女广播剧。阿里亚纳电台在阿富汗全国的收听频率为 FM93.5，同时也可登录该电台的网站"www.ariana.fm"在线收听节目。阿里亚纳电台网站为英文版本，开设的栏目有 Schedule（节目安排）、Programs（节目介绍）、Media（媒体）、Blog（博客）等。用户可以点击"在线电视"（Live TV）在线观看阿里亚纳电视台（Ariana Television）和阿里亚纳新闻频道（Ariana News）的节目。

2.自由电台（Radio Azadi）

自由电台成立于 2002 年 1 月，是美国国会出资建立的自由欧洲电台（Radio Free Europe）的下属机构，是阿富汗收听率最高的电台之一。该广播每日播出时间为当地时间 7 点到 19 点，在阿富汗最大的五个城市（喀布尔、贾拉拉巴德、马扎里沙里夫、坎大哈和赫拉特）设有分台。该电台同时使用普什图语和达里语进行播音，内容兼具国际视野和本土风格，以时政类为主结合阿富汗本土音乐或文化类节目，风格偏向严肃，在阿富汗具有很强的舆论引导力。该电台 40% 的节目在欧洲本部制作，其余节目在阿富汗当地制作。"自由电台网站（www.azadiradio.com）"有普什图语和达里语两个版本，主要栏目有报道、新闻、访谈、体育、难民危机、中东、热门新闻等。该网站提供各版块的简易消息订阅和站内搜索服务。

3.理想电台（Arman FM）

理想电台成立于 2003 年，主要播放阿富汗国内一些知名 DJ 推荐的阿富汗本土和全球的最新音乐，深受阿富汗年轻人的喜爱。理想电台在阿富汗的收听频率为 FM98.1，同时也可登录理想电台的网站"www.arman.fm"在线收听节目。该电台的主要节目名称及播出时间如下：《理想之晨》（صبح ارمان，每周六至周三 7:00—10:00）、《雷声》（تندر，每天 17:00—19:00）、《浪潮音乐》（موسیقی ویف，每周六至周四 14:00—15:00）、《午后的客人》（مهمانچاشت，每周六至周三 12:00—14:00）、《前 40 名》（TOP40，周五 14:00—18:00）、《生活》（ژوند，周三 21:00—23:00）。

4.阿拉库兹亚电台（Arakozia FM）

阿拉库兹亚是古代对于阿富汗南部和东部地区的称呼。阿拉库兹亚电台成立于 2010 年 10 月，每天 24 小时用普什图语向阿富汗南部和东部地区进行播音。该电台关注地方政府治理、养殖、安全、社区健康、社会福利、当地的文化和传统庆典等话题，每天播出各类有关阿富汗国内和国际的新闻以及时事节目。这些节目不仅满足了农村和偏远地区的普什图民众对于文化生活和信息的需求，也给部分听众提供了同政府官员、商界领袖、宗教领袖、农业和卫生专家、小企业家等直接交流的机会。目前，该电台听众约 150 万人，收听频率为 FM90.3，信号基本覆盖了阿富汗南部和东部的普什图语社区，包括库纳尔、拉格曼、楠格哈尔、卢格尔、帕克蒂亚、霍斯特、加兹尼、帕克提卡、查布尔、坎大哈、赫尔曼德等省的大部分地区。"阿拉库兹亚电台网站（www.arakozia.fm）"有达里语、普什图语、英语三个版本，主要栏目有窗外的世界、节目介绍、新闻、图片库等。网站提供站内检索服务，用户可以点击"在线收听阿拉库兹亚电台"（Listen To Arakozia FM Online）在线收听电台节目。

5.月亮电台（سپوږمۍ راډیو）

月亮电台每天 24 小时以普什图语进行播音，早上 7 点到傍晚 19 点收听频率为 FM102.8，晚上 7 点到早上 7 点收听频率为 FM102.2。除了喀布尔外，在瓦尔达克、卢格尔、卡皮萨、帕尔万等省的部分地区也可收听到该电台的节目。"月亮电台网站（www.spogmairadio.af）"为普什图语版本，栏目有خبرونه（新闻）、تبصري（评论）、د نبوي سیرت（先知人）、لیکني（文章）、د زړه خبري（心语）、سپوږمۍ پیغامونه（月亮寄语）、نظر پوښتنه（问卷调查）等。网站提供站内检索服务，用户可以选择"月亮电台直播"（د سپوږمۍ راډیو ژوندی خپروني）在线收听电台节目。

6.部分支持在线收听的广播电台及网址

（1）青年电台（Jawanan Radio）：www.youthmediagroup.af；

（2）火炬电台（Mashaal radio）：www.mashaalradio.com；

（3）芦笛电台（Nai Radio）：www.nai.org.af；

（4）旋律电台（Nawa Radio）：www.sabacent.org/nawa。

（三）主要电视台网络信息

1.阿里亚纳电视台（Ariana Television）

阿里亚纳电视台成立于 2005 年，隶属于巴亚特集团公司（Bayat Group of Companies），是一个影响力较大的全国性商业电视台，其信号覆盖了阿富汗所有省份，收视人口达 2000 多万，拥有雇员约 300 人。该电视台的理念是不带有特别的政治倾向，依据宪法努力成为一家独立的电视机构。建台以来，阿里亚纳电视台始终秉承"建设美好明天的窗口"的口号，让观众接触到来自全世界最优秀的国际艺术和文化，给阿富汗本土作家、制片人、演员和导演提供展示的机会。阿里亚纳电视台的节目对教育、卫生、儿童节目、妇女和国际问题特别关注，《晚八点》新闻时段曾创下了 25% 的收视率。"阿里亚纳电视台网站（www.arianatelevision.com）"有达里语和英语两个版本，开设的栏目有 Programs（节目单）、Live（直播）、Video（视频）、Food（美食）、Advertise with us（刊登广告）等。阿里亚纳电视台还有一个新闻频道——阿里亚纳新闻（Ariana News）。该频道主要播送新闻、评论、访谈节目，如《早间新闻》（Aghaz Rooz）、《普什图语新闻》（Pashtu News）、《达里语简讯》（Dari Short News）等。"阿里亚纳新闻频道网站（www.ariananews.af）"有达里语、普什图语、英语三个版本，主要栏目有重大新闻、最新消息、阿富汗新闻、世界新闻、商业新闻、体育新闻、科技新闻、特别报道等。网站提供站内检索服务以及天气预报、汇率等内容，用户可以点击"收看直播"（Watch Live）在线收看该频道节目。

2.黎明电视台（Tolo TV）

黎明电视台是由欧美归国的阿富汗知识分子于 2004 年创办的，现隶属于莫比集团，是阿富汗第一家民营电视台，也是阿富汗收视率最高的电视台。黎明电视台免费向阿富汗 14 个城市提供电视信号，收入主要来源于广告。2005 年，大型选秀节目《阿富汗之星》在黎明电视台首播，现已成为阿富汗最受欢迎的电视节目之一。该节目赛程、模式与《美国偶像》类似，选手是否晋级由现场评委商议或观众手机短信投票数决定，比赛名列前茅者可得到与唱片公司签约的机会，冠军还能拿到约 5000 美元奖金。一些不甘被束缚的年轻女孩踊跃参加，在选秀舞台上，看不到从头盖到脚趾的布尔卡，只有掩盖不住的青春飞扬。"黎明电视台网址（www.tolo.tv）"有达里语、英语两个版本，栏目有新闻、节目介绍、往期节目视频和图片、节目安排表等。黎明新闻频道（Tolo News）主要播出新闻、时事热点、民生、访谈类节目，如《6 点新闻》（پرس و پال）、《热点访谈》（تودې خبري）、《人民之声》（د خلکو اواز）、《问与寻》（۶ خبر）等。"黎明新闻频道网站（www.tolonews.com）"有达里语、普什图语、英语三个版本，主要栏目有焦点新闻、阿富汗新闻、世界新闻、商业新闻、体育新闻、博客和观点、文化艺术、节目介绍等。网站针对部分热门话题进行民意调查，提供站内检索和简易消息订阅服务以及汇率等内容，用户可以点击"黎明新闻直播"（TOLOnews Live）在线收看该频道节目。

3.太阳电视台（Lemar TV）

太阳电视台隶属于莫比集团，于 2006 年 8 月 15 日开播，是阿富汗最大的私营地面电视台，也是阿富汗最受欢迎的普什图语频道。太阳电视台曾被授权用达里语和普什图语对国际足联世界杯（FIFA World Cup）和板球世界杯（ICC Cricket World Cup）进行实况转播，得到了广泛赞赏。为了满足不同层次、不同年龄段观众的娱乐和审美需求，该电视台在每个季度都会推出一些新鲜而有趣的节目，比如情景剧《你好》（Salam）、音乐节目、时尚节目、娱乐节目、时事节目。太阳电视台现已发展成为阿富汗娱乐电视品质的象征。"太阳电视台网站（www.lemar.tv）"为英文版本，主要栏目有本台新闻、节目表、节目介绍。网站提供部分节目的视频剪辑和站内搜索服务。

4.云杉电视台（Shamshad TV）

云杉电视台于 2006 年在首都喀布尔开播，通过亚洲卫星有限公司的"亚洲二号"卫星 24 小时免费播放，其节目使用普什图语、达里语和英语，内容以政治、伊斯兰教、教育、娱乐为主。云杉电视台在喀布尔设有节目制作中心和广播设施，为阿富汗以及中亚、南亚和中东地区国家提供地面数字广播和卫星广播服务。"云杉电视台网站（www.shamshadtv.tv）"为普什图语版本，主要栏目有新闻、节目介绍等。网站提供部分节目的视频剪辑和站内搜索服务，用户可以点击"云杉在线"（شمشاد انلاین）在线收看该频道节目。

5.壹电视台（1TV）

壹电视台隶属于阿富汗通讯和媒体公司——壹集团（Group One），是阿富汗主要的私营商业电视台之一。壹电视台自诩快速、客观和实事求是的报道，并以其突发新闻报道和影响力高的时事节目而闻名，观众以年轻人和中产阶级为主。该电视台创造了许多"阿富汗首个"的纪录。该台是首个每周播出超过 55 个小时原创节目的频道，其播出的原创节目主要有宗教节目《古兰经与生活》（Quran & Life）、选秀节目《音乐之夜》（Music Night）、娱乐节目《打针》（Pichkari）、单口喜剧脱口秀《阿拉笑》（Khanda Araa）、烹饪节目（Cooking Show）等。该台是首个直播电视辩论以及女性现场娱乐节目的频道，其创作的辩论节目《喀布尔辩论直播》（Kabul Debate Live）和女性现场娱乐节目《面具》（Mask）受到了国内外的广泛赞誉。此外，该电视台还对西班牙足球甲级联赛以及阿富汗板球队的比赛进行直播。"壹电视台网站（www.1tv.af）"有达里语、普什图语、英语 3 个版本，主要栏目有时事、电视节目介绍、电视剧、体育、节目安排表等。网站提供站内搜索服务，用户可以点击"直播"（Live）或者"现场直播"（Live Stream）在线收看该电视台节目。

6.阿里亚电视台（Aria TV）

阿里亚电视台成立于 2011 年，是阿富汗第一个儿童和青少年电视频道。根据联合国和阿富汗政府的官方统计，阿富汗 18 岁以下的人口占总人口的 57%。阿利亚电视台不希望年轻一代被边缘化和忽视，确定其目标观众是学龄前儿童、在校学生和失学儿童，希望通过动画片、儿童剧、电影、纪录片和电视节目来开发他们的好奇心和创造力，并且向他们传递青年就是阿富汗未来的希望这一信息。"阿里亚电视台网站（www.aria.af）"为英文版本，主要栏目有节目表、颜色、节目介绍、学习等。其中，"颜色"栏目是为小朋友们提供动物、植物、字符、家具、水果、蔬菜的颜色训练；在"学习"栏目中，小朋友们可以学习达里语和普什图语字母以及喀布尔市地图，还可以玩一些不同难度的益智游戏。

7.部分支持在线收看的电视台及网址

（1）太阳电视台（Khurshid TV）：www.khurshid.tv；

（2）生活电视台（Zhwandoon TV）：www.zhwandoon.tv；

（3）明天电视台（Saba TV）：www.sabacent.org/sabatv；

（4）努林电视台（Noorin TV）：www.noorintv.af；

（5）普什图电视台（Pashto TV）www.pashtotv.tv。

七、不丹广播电视媒体网络信息检索

不丹政府设有不丹信息通讯和媒体局（Bhutan InfoComm and Media Authority），负责全国广播、电视事务。1973 年 11 月，成立不丹广播公司，用不丹语、英语、尼泊尔语等进行广播。1999 年，不丹广播公司开通电视服务。目前，除加萨宗外，其余 19 个宗均开通了电视服务。

（一）主要广播电视机构网络信息

不丹广播服务公司（Bhutan Broadcasting Service Corporation）是不丹唯一的广播电视机构。不丹广播服务公司全天 24 小时用英语、洛昌语、夏却普语向不丹全国提供广播服务。目前，不丹广播服务公司经营不丹广播服务电视台（BBS）和不丹广播服务电视 2 台（BBS Channel 2）。"不丹广播服务电视台网站（www.bbs.bt/news）"有宗卡语、英语两个版本。网站内容覆盖广泛，主要有 Business（商业）、Crime/Legal（犯罪/法律）、Politics（政治）、Social（社会）、Sports（体育）、Youth/Culture（青年/文化）、Radio（广播节目安排）等栏目。"不丹广播服务电视 2 台网站（www.bbs.bt/news/bbs2）"为英文版本。网站内容以青少年、生活、文化为主，主要有 Children（儿童）、Life Style & Culture（生活方式和文化）、Parenting（育儿）、Talk Show（脱口秀）、Trowa/Sports（体育）、Youth（青年）、Schedule（节目安排）等栏目。网站向用户提供丰富的在线多媒体资源，包括部分往期节目的视频、节目预告等。

（二）主要广播电台网络信息

1.库主电台（Kuzoo FM）

库主电台成立于 2006 年 9 月 28 日，是不丹第二大广播电台。库主电台总部设在廷布，全天 24 小时用宗卡语和英语向不丹全国 20 个宗进行广播，听众每天约 15 万人。该电台的口号为"青年的声音"（The Voice of the Youth），即为青年享受优质的音乐、表达思想、分享经验提供了一个平台，其节目内容涵盖新闻、娱乐、教育等。"库主电台网站（www.kuzoofm.com）"为英文版本，主要提供电台简介、员工简介、广告、宗卡语和英语节目单、联系方式等信息。

2.峡谷电台（Radio Valley）

峡谷电台于 2007 年 12 月 4 日成立。峡谷电台全天 24 小时用宗卡语和英语向廷布进行广播，内容以娱乐和音乐为主。峡谷电台网站地址为：www.radiovalley.bt。

3.世纪电台（Centennial Radio）

世纪电台成立于 2008 年 2 月 21 日，是一个娱乐、音乐电台。世纪电台全天 24 小时用宗卡语和英语向廷布进行广播。世纪电台网站地址为：www.centennialradio.com。

4.一加电台（Yiga Radio）

一加电台于 2013 年 12 月 17 日成立。一加电台每天早上 6 点到晚上 10 点用宗卡语和英语向整个廷布地区进行广播，内容以娱乐和教育节目为主。一加电台网站地址为：www.yigaradio.net.bt。

八、马尔代夫广播电视媒体网络信息检索

马尔代夫的广播电视媒体相对较少。"马尔代夫之音"（Voice of Maldives）广播电台建于 1962 年，使用英语和迪维希语对全国广播。马尔代夫电视台于 1978 年 3 月建成启用，同年修建了卫星通信站，可通过卫星转播世界各地节目，包括 CNN、BBC、CCTV4、凤凰卫视等。马尔代夫当地电视频道主要有 DhiTV、Television Maldives 和 Villa TV，均使用迪维希语播出。

（一）马尔代夫主要广播电视机构网络信息

马尔代夫公共服务媒体公司（Public Service Media）成立于 2015 年 4 月 28 日，是依据公共服务媒体法案成立的马尔代夫国家官方媒体公司，向公众提供电视、广播、网络和印刷媒体服务。目前，公司旗下拥有 TVM 电视频道（Television Maldives）、Dhivehiraajjeyge Adu 广播、Dhivehi FM 音乐广播、YES 体育电视频道（YES TV）、Maldeeb 娱乐周刊、Dheenuge Adu 广播、Majlis 电视频道（Majlis TV Channel）。"马尔代夫公共服务媒体公司网站（www.psm.mv）"为英文版本，属于介绍类网站，主要栏目包括公司概况、分支机构、公司动态、商业合作、求职招聘等。

（二）马尔代夫主要电台网络信息

1.马尔代夫之音（Voice of Maldives，又名 Dhivehiraajjeyge Adu）

马尔代夫之音隶属于马尔代夫旅游、艺术和文化部，前身是 1962 年 12 月于印度开播的一家私人广播电台。1966 年 9 月 11 日正式作为政府机构对外广播。目前，马尔代夫之音的节目通过中波 1449 kHz 进行 24 小时无间断播出，覆盖人口达到了 90%。另外，马尔代夫之音在首都马累 30 千米范围内还提供一个传输频率为 89 MHz 的调频广播服务台，以娱乐和音乐节目为主。马尔代夫之音网站地址为：www.vom.gov.mv。

2. DhiFM95.2

DhiFM95.2 成立于 2007 年 7 月 23 日，是马尔代夫第一家私营广播电台，隶属于马尔代夫媒体公司（Maldives Media Company）。DhiFM95.2 网站地址为：www.dhifm.mv。

3.部分支持在线收听的广播电台及网址

（1）太阳调频广播（Sun FM）：www.sun.mv/livestream；

（2）Atoll 调频广播（Atoll FM）：www. radioatoll.com；

（3）首都电台 93.6（Capital Radio 93.6）：www.capitalradio936.com。

（三）马尔代夫主要电视台网络信息

1.马尔代夫电视台（Television Maldives，TVM）

马尔代夫电视台是马尔代夫公共电视频道服务机构，成立于 1978 年 3 月 29 日。1994 年增设以娱乐节目为主的 TVM+台。2009 年，马尔代夫电视台与马尔代夫之音国家广播电台（Dhivehiraajjeyge Adu）合并为马尔代夫国家广播公司（MNBC）。2015 年 3 月 30 日，马尔代夫人民议会解散了国家广播公司，成立马尔代夫公共服务媒体公司。2015 年 4 月 28 日，马尔代夫总统签署公共服务媒体法案，宣布马尔代夫公共服务媒体公司为国家官方媒体。

"马尔代夫电视台网站（www.psmnews.mv）"提供迪维希语版和英语版，主要版块有 News（新闻）、Development（发展）、Political（政治）、Business（商业）、World（世界）、Sports（体育）、Education（教育）、Environment（环境）、Health（健康）、Technology（科技）。

2. DhiTV 电视台（DhiTV）

DhiTV 电视台是马尔代夫第一家私营广播电视台，于 2008 年 7 月 1 日正式开播至今。该电视台一经开播就吸引了大量的观众，并逐渐成为马尔代夫最受欢迎的电视频道。DhiTV 电视台网站地址为：www.dhitv.com.mv。

3.其他主要电视台网站

（1）Villa 电视台（Villa TV）：www.vnews.mv；

（2）Raaje 电视台（Raaje TV）：www.raajje.mv；

（3）Channel13 电视台（Channel13）：www.channel13.com.mv；

（4）Sun 电视台（Sun TV）：www.sun.mv。

第五章　南亚国家经济与贸易类网络信息检索

第一节　南亚国家经济类网络信息检索

一、印度经济类网络信息检索

（一）国家宏观经济政策信息检索

独立伊始，印度借鉴社会主义国家的经验，采取五年计划的方式推动经济建设。1950 年印度成立了计划委员会（नीति आयोग），负责确立经济发展宏观战略，制定印度经济发展五年计划。自 1951 年以来，印度已实施了十一个五年计划，目前正处于"十二五"计划实施过程中。印度自 1991 年实施经济改革以来，经济实力大幅提升，已成为全球最具活力、经济增速最快的新兴经济体之一。2015 年，印度总理莫迪撤销已有 65 年历史的计划委员会，并用"全国改革印度学会"（राष्ट्रीय भारत परिवर्तन संस्था，National Institution for Transforming India）取而代之。在"全国改革印度学会网站（www.niti.gov.in）"可以检索到印度宏观经济发展战略、五年计划、预算方案、统计数据、年度经济报告等信息。

（二）部门经济信息检索

印度经济结构可划分为三大部门：农业、工业和服务业。农业包括种植业、畜牧业、林业、渔业；工业包括采掘、制造、电力、油气、钢铁和建筑业等；服务业包括交通运输业、邮电通信业、商业饮食业、物资供销、仓储业、金融业、保险业、公用事业、居民服务业、旅游业、咨询信息服务业和各类技术服务业等；印度政府下设众多部门负责具体政策的制定和实施，因此，可以通过政府部门网站查询关于各个产业的详细信息。

1.农林牧渔业信息查询

印度国土面积大，平原广阔，地形较为平坦，大部分地区适宜耕种，可耕地超过

1.4 亿公顷，人均耕地面积远远大于中国。而且印度大部分地区为热带气候，水热条件好，发展农业的气候条件优越，大部分地区可以达到一年两熟或三熟。根据印度 2011 年人口统计，印度农业人口占 54.6%，农业占印度年度经济增长总值的约 18%，可见农业在印度国民经济中占重要地位。独立伊始，印度就专门成立了负责主管农业发展的农业部，印度农业部经过多次更名，现如今名为农业合作与农民福利部（कृषि सहकारिता एवं किसान कल्याण विभाग）。通过"农业合作与农民福利部网站（www.agricoop.nic.in）"可以查询印度农业发展规划、农业预算、统计数据、年度报告等信息。

其他重要的农业部门网站有：

（1）环境、森林与气候变化部（पर्यावरण, वन और जलवायु परिवर्तन मंत्रालय）：www.envfor.nic.in；

（2）印度农业研究院（भारतीय कृषि अनुसंधान संस्थान）：www.iari.res.in；

（3）印度农业统计数据研究院（भारतीय कृषि सांख्यिकी अनुसंधान संस्थान）：www.iasri.res.in；

（4）农业及农产品出口发展局〔कृषिऔरप्रसंस्कृतखाद्यउत्पादनिर्यातविकासप्राधिकरण (एपीडा)〕：www.apeda.gov.in；

（5）印度畜牧业、乳业、渔业发展局（पशुपालन, डेयरीऔरमत्स्यपालनविभाग）：www.dahd.nic.in；

（6）农村发展部（ग्रामीणविकासमंत्रालय）：www.rural.nic.in；

（7）中央粮食研究所（केन्द्रीयचावलअनुसंधानसंस्थान）：www.crri.nic.in；

（8）印度大豆研究所（भारतीयदलहनअनुसंधानसंस्थान）：www.iipr.res.in；

（9）维韦卡南达山地农业研究所（विवेकानन्दपर्वतीयकृषिअनुसन्धानसंस्थान）：www.vpkas.nic.in；

（10）中央水产研究所（केन्द्रीयमात्स्यिकीशिक्षासंस्थान）：www.cife.edu.in；

（11）印度甘蔗研究所（भारतीयगन्नाअनुसंधानसंस्थान）：www.iisr.nic.in；

（12）印度蔬菜研究所（भारतीयसब्जीअनुसंधानसंस्थान）：www.iivr.org.in；

（13）印度土壤科学研究所（भारतीयमृदाविज्ञानसंस्थान）：www.iiss.nic.in。

2.工业信息检索

独立以来，经过几十年的迅速发展，印度已经建立起了完备的工业体系，纺织、造纸、制糖、钢铁、冶金、采掘等传统产业取得了巨大进步，航空航天、造船、核电、化学、电子制造等先进产业也不断发展壮大。目前，印度的工业已经形成了重工业、轻工业、尖端工业协调发展的局面。

印度商业与工业部（वाणिज्यऔरउद्योगमंत्रालय）是印度统筹工商业发展的政府机关，由内阁部长级官员负责，其下包括两个主要部门：印度商务部与印度工业政策和促进部。其中，商务部负责制定和实施有关多边和双边商业关系、国营贸易、促进出口，以及发展一定出口导向型产业和商品调节的外贸政策。工业政策和促进部（औद्योगिक नीति एवं संवर्द्धन विभाग）具体负责规划和实施工业政策与战略、促进投资和工业科技发展、监督宏观工业发展、规划和促进外国直接投资等。在"工业政策和促进部网站（www.dipp.nic.in）"可以查询相关信息。其他重要工业部门信息网站有：

（1）石油天然气部（पेट्रोलियम और प्राकृतिक गैस मंत्रालय）：www.petroleum.nic.in；

（2）电力部（विद्युतमंत्रालय）：www.powermin.nic.in；

（3）中央电力局（केंद्रीयविद्युतप्राधिकरण）：www.cea.nic.in；

（4）化学和化学肥料部（उर्वरकविभाग）：www.fert.nic.in；

（5）重工业和公共企业部（भारीउद्योग विभाग）：www.dhi.nic.in；

（6）微型、小型和中型企业部（सूक्ष्म, लघुऔरमध्यमउद्यममंत्रालय）：www.msme.gov.in；

（7）住房和城市扶贫部（आवासऔरशहरीगरीबीउपशमन मंत्रालय）：www.mhupa.gov.in；

（8）食品加工产业部（खाद्य प्रसंस्करण उद्योग मंत्रालय）：www.mofpi.nic.in；

（9）印度工业联合会（भारतीयउद्योगपरिसंघ）：www.cii.in；

（10）印度科学与工业研究理事会（वैज्ञानिकतथाऔद्योगिकअनुसंधानपरिषद）：www.csir.res.in；

（11）科学与工业部（विज्ञानऔरप्रौद्योगिकीविभाग）：www.dst.gov.in/hi；

（12）钢铁部（इस्पातमंत्रालय）：www.steel.gov.in；

（13）公司事务部（कारपोरेटकार्यमंत्रालय）：www.mca.gov.in；

（14）印度石油、天然气有限公司（ऑयलएण्डनेचुरलगैसकॉरपोरेशनलिमिटेड）：www.ongcindia.com；

（15）新能源和可再生能源部（नवीनऔरनवीकरणीयऊर्जामंत्रालय）：www.mnre.gov.in；

（16）矿业部（खानमंत्रालय）：www.mines.nic.in；

（17）煤炭部（कोयलामंत्रालय）：www.coal.nic.in。

3.交通运输业信息检索

印度的交通运输系统包括铁路、公路、水运和航空。英国殖民统治时期，印度交通运输业走在世界前列，独立初（1950—1951 年度），印度铁路总长达 5.36 万千米，居亚洲第一，世界第四。虽然独立后印度交通运输事业有很大发展，航空运输取得长足进步，但铁路和公路设施老化、质量较差、效率低下，与很多国家相比落后较多，已成为制约印度经济增长的一大障碍。

印度没有成立交通部，而是成立了专门的铁路、公路、航运管理部门。主要交通运输业部门信息网站有：

（1）铁道部（रेलमंत्रालय）：www.rti.railnet.gov.in；

（2）公路运输和高速公路部（सड़क परिवहन और राजमार्ग मंत्रालय）：www.morth.nic.in；

（3）民航总局（नागर विमानन मंत्रालय）：www.civilaviation.gov.in；

（4）航运部（पोतपरिवहनमंत्रालय）：www.shipping.nic.in；

（5）印度国家公路局（भारतीय राष्ट्रीय राजमार्ग प्राधिकरण）：www.nhai.org；

（6）印度国际航空公司（एअर इंडिया）：www.airindia.in；

（7）印度内陆水运交通局（इनलैंडवाटरवायसअथॉरिटीऑफइंडिया）：www.iwai.nic.in；

（8）印度公路大会（भारतीयसड़ककांग्रेस）：www.irc.nic.in；

（9）印度铁路安全委员会（रेलसंरक्षाआयोग）：www.crs.gov.in。

4.旅游业信息检索

印度是四大文明古国之一，历史悠久、地大物博，有众多的人文景观和自然景观，旅游资源十分丰富。近年来，印度旅游业发展迅速，在国民经济中的地位也日益突出。据世界旅游协会（The World Travel & Tourism Council）统计，旅游业在印度国内生产总值中占比 6.3%，提供了近 3700 万个工作岗位，占总就业量的 8.7%，预计印度旅游业将会以 7.5% 的年均增长率继续快速发展。旅游业已成为印度经济增长的重要动力和国家外汇的主要来源渠道。

印度旅游局（प्रयटन मंत्रालय）是负责规划与促进旅游业发展的部门。"印度旅游局网站（www.tourism.gov.in）"主要提供印度旅游政策、发展现状、战略规划以及旅游基础设施等信息。此外，如欲查询航班、酒店住宿、行程、旅游景点等详细信息，可以进入"印度旅游网（www.yatra.com）"进行查询。其他有关印度旅游业的网站有：

（1）印度旅游在线网（Tourism India）：www.tourismindiaonline.com；

（2）印度旅游（Tourism of India）：www.tourism-of-india.com；

（3）畅游奇幻印度（Incredible India Tourism）：www.incredibleindia.org；

（4）印度梅鲁卡旅游网（Meruka India Tourism）：www.india-tourism.net；

（5）德里旅游网（Delhi Tourism）：www.delhitourism.gov.in。

（三）经济统计数据信息检索

印度中央政府各部基本都有自己的统计部门，统计工作由各部和地方邦政府分散进行。中央政府也有专门的统计部门——统计和项目实施部（सांख्यिकी और कार्यक्रम कार्यान्वयन मंत्रालय），主要负责协调中央和地方的统计工作，给予技术和方法指导，统计和发布国家经济数据，并为政府提供数据分析指导。统计和项目实施部包含两大部门：统计部门和项目实施部门，其中统计部门称为"国家统计局"（राष्ट्रीय सांख्यिकीय कार्यालय），下辖中央统计局（केन्द्रीय सांख्यिकीय कार्यालय）、计算中心（संगणक केन्द्र）和全国抽样调查组织（राष्ट्रीय प्रतिदर्शसर्वेक्षण कार्यालय）。统计和项目实施部的统计数据基于中央和地方各邦的调查统计和非官方的研究成果，调查方法采用了科学的抽样统计方法，是关于国家经济最为权威的数据。"统计和项目实施部网站（www.mospi.nic.in）"提供印地语和英语两个版本。网站主页主要包括：（1）प्रेस प्रकाशनी（通讯），通过该栏目可以查询月度居民消费价格指数、通货膨胀率、工业生产指数、国民收入、消费支出、储蓄水平、季度国内生产总值等数据；（2）हाल की रिपोर्ट（最新报告），用户可以在该栏目查询部门的年度报告和数据年鉴等信息；（3）घोषणाएँ（公告），主要提供各项计划的通知文件。

（四）财政金融信息检索

印度财政部（वित्त मंत्रालय）是主管印度财政事务的重要政府部门，下辖经济事务局（आर्थिककार्यकेविभाग）、预算局（व्ययविभाग）、国税局（राजस्व विभाग）、金融服务局（वित्तीयसेवाएंविभाग）、投资与公共资产管理局（निवेशऔरलोकपरिसंपत्तिप्रबंधनविभाग）。"印度财政部网站（www.finmin.nic.in）"提供印地语和英语两个版本，通过其发布的年度、季度报告以及政策公告，可以查询印度税收、金融立法、金融机构、资本市场、中央和地方财政以及联邦预算等信息。

印度储备银行（भारतीय रिज़र्व बैंक）是印度的中央银行，是印度金融体系的重要一环，主要负责制定货币政策、发行货币、管理外汇、控制通胀、领导和监督其他公私银行、制定全国信贷计划。"印度储备银行网站（www.rbi.org.in）"提供印地语和英语两个版本，通过其官网可以查询经济评估与展望报告、各项经济数据、卢比汇率、外国直接投资情况等信息。

其他重要的财政金融部门和公司网站有：

（1）印度财务委员会（वित्त आयोग भारत）：www.fincomindia.nic.in；

（2）印度信贷信息局（क्रेडिटस्कोर और ऋणअनुमोदन）：www.cibil.com；

（3）印度银行（बैंग ऑफ़ इंडिया）：www.bankofindia.co.in；

（4）印度人寿保险公司（भारतीय जीवन बीमा निगन）：www.licindia.in；

（5）印度国家保险公司（नेशनल इंश्योरेंस कंपनी लिमिटेड）：www.nationalinsurance.gibl.in；

（6）印度国家证券交易所（नेशनल स्टॉक एक्सचेंज）：www.nseindia.com；

（7）印度联合保险有限公司（युनाइटेड इंडिया इंश्योरेन्स कंपनी लिमिटेड）：www.uiic.co.in；

（8）印度证券交易委员会（भारतीय प्रतिभूति और विनिमय बोर्ड）：www.sebi.gov.in/sebiweb。

（五）其他重要经济类网站

（1）纺织部（वस्त्र मंत्रालय）：www.texmin.nic.in；

（2）印度邮政局（भारतीयडाक）：www.indiapost.org；

（3）印度电信管理局（भारतीय दूरसंचार विनियामक प्राधिकरण）：www.trai.gov.in；

（4）印度中央经济情报局（राष्ट्रीयसूचनाविज्ञानकेन्द्र）：www.nic.in；

（5）城市发展部（शहरी विकास मंत्रालय）：www.moud.gov.in；

（6）劳工和就业部（शव एवं रोज़गार मंत्रालय）：www.labour.nic.in；

（7）印度东北地区发展部（उत्तर पूर्वी क्षेत्र विकास मंत्रालय）：www.mdoner.gov.in；

（8）信息产业和广播部（होम-सूचना और प्रसारण मंत्रालय）：www.mib.nic.in；

（9）印度斯坦石油公司（हिंदुस्तानपेट्रोलियमकॉरपोरेशनलिमिटेड）：www.hindustanpetroleum.com；

（10）印度石油公司（भारत पेट्रोलियम）：www.bharatpetroleum.com；

（11）印度电网公司（पावर ग्रिड कारपोरेशन ऑफ़ इंडिया लिमिटेड）：www.powergridindia.com；

（12）塔塔集团（टाटा समूह）：www.tata.com；

（13）信实工业（रिलायंसइंडस्ट्रीज़लिमिटेड）：www.ril.com。

二、巴基斯坦经济类网络信息检索

（一）国家宏观经济政策信息检索

巴基斯坦人口约 1.97 亿，是世界第六人口大国，市场潜力大。巴基斯坦经济不发达，但因其地理位置优越，辐射中东、中亚和南亚地区，且政府欢迎投资，订立了较多的优惠政策，故经济发展具有良好前景。

2004—2008 财年，巴基斯坦政府推行经济"自由化、私有化和减少干预"政策，经济稳定快速发展，GDP 平均增长率在 7%以上。2004—2005 财年，巴基斯坦的 GDP 总值为 1030 亿美元，增长率达 8.6%，创过去 20 年之最，这也是巴基斯坦建国以来 GDP 增长率第五次超过 8%。2005 年 4 月，巴基斯坦政府公布了《2005—2010 中期发展规划》，使一度中断的国家中期发展计划重获活力。《2005—2010 中期发展规划》的主要内容包括：2005—2010 年，建立合理的经济体制，促进经济可持续发展，保持经济平均增幅 7.6%，农业、制造业、服务业的增长率分别达到 5.2%、11.6%、7.3%。此外，巴基斯坦政府还制定了《2030 年展望》，其主要内容包括：以知识进步为动力，有效利用资源，坚持快速、可持续发展，建设经济繁荣发达、社会公平正义的巴基斯坦。到 2030 年 GDP 达到 7000 亿美元，人均 GDP 达到 4000 美元（按 2005 年不变价计算）。然而，巴基斯坦政局于 2007 年再起波澜，打乱了经济发展部署，国际油价的迅速攀升也给巴基斯坦的对外贸易带来了新的困难，同时，美国次贷危机波及世界主要金融市场，严重依赖外援的巴基斯坦经济不可避免地受到了影响。在国内外政治、经济因素的共同作用下，巴基斯坦经济增长明显放缓。2007—2008 财年巴基斯坦 GDP 的增长率为 5.8%；2008—2009 财年 GDP 仅增长了 1.2%；2009—2010 财年 GDP 增长率为 4.1%；2010—2011 财年为 2.4%；2011—2012 财年为 3.7%；2012—2013 财年为 3.6%；2013—2014 财年为 4.14%。

巴基斯坦财政、税收、经济事务、统计和私有化部是负责起草拟定巴基斯坦国民经济发展宏观战略、规划、政策、目标的政府部门。"巴基斯坦财政、税收、经济事务、统计和私有化部的官方网站（www.ead.gov.pk）"提供经济政策、发展计划、经济情况报告等文件的下载服务。此外，"巴基斯坦政府网（www.pakistan.gov.pk）"主页的"经济与资源"栏目提供巴基斯坦经济战略、政策、计划、目标等信息的下载链接。

（二）经济部门信息检索

巴基斯坦经济由农业、工业和服务业三类产业构成。第一类为农业，包括种植业、畜牧养殖业、渔业和林业等；第二类为工业，包括制造业、矿业、建筑业、能源生产与供应业等；第三类为服务业，包括金融业、通信业、交通运输业、餐饮业、旅游业等。

1.农业信息检索

农业是巴基斯坦最大的产业部门，承担着维持人民生计、保障粮食安全的基本任务。在 21 世纪的头十年中，巴基斯坦农业的平均增长率为 2.6%。2013—2014 财年，巴基斯坦农业增长了 2.1%。

表5-1　巴基斯坦农业增长率（%）情况统计（以 2005—2006 财年农业产值为基准）

	2006—2007	2007—2008	2008—2009	2009—2010	2010—2011	2011—2012	2012—2013
种植业	4.4	-1.0	5.2	-4.2	1.0	2.9	2.3
畜牧业	2.8	3.6	2.2	3.8	3.4	3.9	3.5
林业	2.7	8.9	2.6	-0.1	4.8	1.7	1.0
渔业	0.4	8.5	2.6	1.4	-15.2	3.8	0.7

数据来源：巴基斯坦经济调查 2013—2014 财年（农业）。

种植业是巴基斯坦农业的一大支柱。巴基斯坦的可耕地面积约 5768 万公顷，其中实际耕作面积约 2168 万公顷，约占国土面积的 25.8%。被誉为巴基斯坦粮仓的印度河平原和吉尔吉特-巴尔蒂斯坦地区的谷地建有庞大的灌溉系统，为水稻、小麦、棉花、甘蔗等粮食和经济作物的生长提供了良好的水利条件。由于地处亚热带，巴基斯坦的水果种类丰富，产量很高，素有"东方水果篮"之称。在平原、盆地盛产香蕉、橘子、芒果、番石榴和各种瓜类；在山地高原则盛产桃子、葡萄和柿子等。

畜牧养殖业是巴基斯坦农业的另一大支柱，在政府的经济发展规划中占据特殊位置。2013—2014 财年，巴基斯坦乳品产量约 5099 万吨，肉类产量（不含动物内脏）约 353.1 万吨。肉类产品中，红肉（主要是牛羊肉）占 72%，禽肉占 28%。国家在养禽业中的投资超过了 2000 亿卢比，养禽业增加值的年增长率为 8%—10%，显示出强劲的增长势头和巨大的发展潜力。

在巴基斯坦，渔业是沿海居民收入的重要来源，沿海渔业和内陆渔业（基于河、湖、水库等内陆水系的渔业）对国家经济发展发挥着重要作用。尽管渔业在巴基斯坦 GDP 中所占的份额很少，但却是国家外汇的主要来源之一。巴基斯坦渔业产品的主要出口对象包括中国、泰国、马来西亚、斯里兰卡、日本和中东诸国。

巴基斯坦气候干旱，植被稀少，林业资源并不丰富，受地形和气候条件影响，不同地区的植被各具特点。平原地区植被多为坚硬耐旱的禾本科植物和低矮的灌木；在俾路支高原，主要生长带刺灌木一类的山地或半沙漠旱生植物；在西部山区，生长着各种抗寒能力极强的开花植物；高大乔木则主要分布在北部山区。

国家粮食安全与研究部（Ministry of National Food Security and Research）是巴基斯坦农业的领导部门，主要负责农业方面的发展规划、政策制定、经济协调与研究，此外还监管粮食采购、肥料进口以及食品价格等事宜。"国家粮食安全与研究部网站（www.mnfsr.gov.pk）"主要提供部门组织结构、领导人、公共领域发展计划、农业政策、出版物、研究报告等方面的信息，此外访客还可通过文字、图片、音频、视频等载体知悉农业新闻。

巴基斯坦重要的农业部门网站包括：

（1）巴基斯坦农业研究理事会（Pakistan Agricultural Research Council）：www.parc.gov.pk；

（2）植物保护局（Department of Plant Protection）：www.plantprotection.gov.pk；

（3）巴基斯坦农业存储与服务公司（Pakistan Agricultural Storage & Services Corporation）：www.passco.gov.pk；

（4）畜牧业和乳制品发展委员会（Livestock and Dairy Development Board）：www.lddb.org.pk；

（5）渔业发展委员会（Fisheries Development Board）：www.fdb.org.pk；

（6）巴基斯坦农业大学（University of Agriculture）：www.uaf.edu.pk；

（7）旁遮普省农业部（Agriculture Department of Punjab）：www.agripunjab.gov.pk；

（8）信德省农业、供给和价格部（Agriculture, Supply&Prices Department of Sindh）：www.sindhagri.gov.pk。

2.工业信息检索

工业是巴基斯坦经济增长的引擎，在过去的 40 年中，工业增加值的平均增长率超过 8%。在巴基斯坦的工业体系中，纺织业持续发挥支柱作用，食品加工、工程、机械、电子、汽车、化工等新兴行业发展迅速。2013—2014 财年，工业对 GDP 的贡献率为 20.8%，同时，它还是国家税收的主要来源，并为劳动力提供了大量就业岗位。

制造业是巴基斯坦工业最重要的子部门，在国家工业体系中占 64.92%的份额，在社会经济发展的过程中发挥着关键作用。巴基斯坦习惯将本国的制造业分成三个部分，一是大型制造业，二是小型制造业，三是特色制造业。大型制造业主要由国有或私营的大型企业构成，在制造业中所占比重最大，为 81%，紧随其后的是小型制造业，所占比重为 12.3%。巴基斯坦的特色制造业包括纺织业、皮革业、水泥业、制糖业和化肥业等。

巴基斯坦矿产资源品种多样。在省级行政区中，俾路支省的矿产资源最丰富，金属、非金属矿产合计超过 50 种，其中，29 种矿产得到了开采，如铬铁矿、铜、铁、铅、锌、锰、锑、金等金属矿产，重晶石、萤石、方解石、菱镁矿、煤等非金属矿产以及大理石、花岗石、缟玛瑙、辉长岩、玄武岩、纯橄榄岩等石材。旁遮普省煤和铁的储量较大。该省政府因地制宜，优先开采煤、铁资源。

建筑业是巴基斯坦工业体系的一个重要组成部分，在工业中所占份额为 11.48%，是一个极具发展潜力的工业子部门。巴基斯坦建筑业除了是 GDP 的稳定增长点之外，还是解决失业和贫困问题的重要部门。巴基斯坦建筑业企业雇用了大量来自平民阶层的劳动力，而与其联系紧密的上游行业，如烧砖业、水泥业、采煤业、采石业等，也都是劳动密集型产业。因此，建筑业衰退或增速减缓有可能直接或间接地导致大量人员失业。

电力、燃气的生产和供应业是巴基斯坦工业体系中不可或缺的部分，它直接或间接地左右着国家经济走势。该行业增加值在巴基斯坦 GDP 中所占的份额从 1980—1981 财年的 2.4% 增加到 1999—2000 财年的 3.9%。之后，随着国际高油价时代的到来和巴基斯坦各大型气田储量的下降，该行业遭遇了发展过程中的"寒冬"，行业增加值在 GDP 中的份额逐渐下滑，2004—2005 财年下降至 3.2%，2013—2014 财年降至 1.9%。

工业和生产部（Ministry of Industries and Production）是巴基斯坦工业的领导部门。"工业和生产部网站（www.moip.gov.pk）"提供的信息资源包括部门机构设置、工业政策和计划、新兴产业以及最新的工业新闻等。除了工业和生产部官方网站外，有关巴基斯坦工业的重要网站还有：

（1）住房和工程部（Ministry of Housing & Works）：www.housing.gov.pk；

（2）纺织业部（Ministry of Textile Industry）：www.textile.gov.pk；

（3）商业部（Ministry of Commerce）：www.commerce.gov.pk；

（4）石油和自然资源部（Ministry of Petroleum & Natural Resources）：www.mpnr.gov.pk；

（5）水电部（Ministry of Water & Power）：www.mowp.gov.pk；

（6）巴基斯坦地质勘测局（Geological Survey of Pakistan）：www.gsp.gov.pk；

（7）出口加工区管理局（Export Processing Zones Authority）：www.epza.gov.pk；

（8）工程发展委员会（Engineering Development Board）：www.engineeringpakistan.com；

（9）巴基斯坦国家石油公司（Pakistan State Oil）：www.psopk.com；

（10）巴基斯坦水利电力发展署（Pakistan Water & Power Development Authority）：www.pakistan.gov.pk。

3.服务业信息检索

巴基斯坦服务业潜力巨大，且发展速度较快，已经成为巴基斯坦经济增长的主要驱动力之一，其增加值在 GDP 中所占份额呈上升趋势。2007—2008 财年，服务业增加值在 GDP 中所占份额为 53.0%，2012—2013 财年，升至 57.7%。

巴基斯坦交通运输业总体比较落后，特别是交通基础设施建设相对滞后，这已成为制约巴基斯坦经济发展的主要因素之一。鉴于此，巴基斯坦政府已开始致力于发展现代化的交通运输部门，并计划在 2025 年建成一个高效的综合运输系统，以促进经济发展。其具体目标是：减少运输成本；建成连接农村地区和城市市场的安全、高效的公路；建成省级高速公路；建成综合道路网和连接区域内主要贸易伙伴的运输走廊。

巴基斯坦旅游发展公司（Pakistan Tourism Development Corporation）负责全国旅游事务。该公司下设 3 家分公司（旅游有限公司、南方汽车游客旅馆公司、北方汽车游客旅馆公司）和 400 多个分支机构。在联邦政府专项资金和优惠政策的支持下，旅游发展公司创造了突出业绩，促使旅游业很快发展成为巴基斯坦国民经济中的重要产业，赚取了大量外汇并推动了落后地区的发展。不少度假村、休闲屋、公共游乐场所得到扩建和增建，与旅游业相关的住宿餐饮业也获得了较快的发展。

"巴基斯坦旅游发展公司网站（www.tourism.gov.pk）"以绿色为基调，其主页可大致分为三个部分，分别是导航栏、索引栏和内容区。顶部的导航栏设有国家概况、旅游目的地、旅游指南、赛会与节日、巴基斯坦旅游、旅游套餐与优惠活动、新闻、重要链接、公司简介和问题解答等栏目。点击任一栏目的链接，位于主页中部右侧的内容区就会显示相关详细信息，如点击"国家概况"栏目的链接，内容区就会显示诸如国家全称、面积、行政区划、人口、宗教、货币、语言等相关信息。主页左侧的索引栏提供右侧内容区所显示信息的索引，用户可以通过点击索引直接到达相应内容的阅读位置，提高阅读效率，如在"国家概况"栏目内点击"简史"索引，右侧内容区的滚动条就会直接到达载有与巴基斯坦简史相关内容的位置，从而节约用户的时间。除该网站外，用户还可登录"巴基斯坦旅游和文化网（Travel & Culture Services Pakistan，www.travel-culture.com）"、"巴基斯坦超级站（Super Site Pakistan，www.supersitepakistan.com）"、"巴基斯坦指南网——狩猎冒险（Pakistan Guides—Hunting Adventure，www.pakistanguides.com）"等网站查询有关巴基斯坦旅游的信息。

巴基斯坦重要的服务业部门网站包括：

（1）通信部（Ministry of Communications）：www.communication.gov.pk；

（2）巴基斯坦电信管理局（Pakistan Telecommunication Authority）：www.pta.

gov.pk；

（3）铁道部（Ministry of Railways）：www.railways.gov.pk；

（4）港口和航运部（Ministry of Ports and Shipping）：www.mops.gov.pk；

（5）巴基斯坦国家航运公司（Pakistan National Shipping Corporation）：www.pnsc.com.pk；

（6）海运局（Mercantile Marine Department）：www.mercantilemarine.gov.pk；

（7）政府航运办公室（Government Shipping Office）：www.shippingoffice.gov.pk；

（8）巴基斯坦国际航空公司（Pakistan International Airlines）：www.piac.aero；

（9）沙欣国际航空公司（Shaheen Air International）：www.shaheenair.com。

（三）经济统计数据信息检索

巴基斯坦统计局（Pakistan Bureau of Statistics）是国家各类经济数据的权威统计和发布机构。"巴基斯坦统计局网站（www.pbs.gov.pk）"为英文网站，通过网站主页可查询农业普查、商务登记、能源与矿业统计、对外贸易统计、工业统计、劳动力统计、国家账目、社会生活水平、价格统计等重要经济数据。

"巴基斯坦财政部网站（www.finance.gov.pk）"是检索该国经济统计数据信息的另一重要渠道。财政部网站提供乌尔都文版和英文版两个版本，二者的总体格局和具体栏目设置几乎完全一样，用户可根据自身实际选择。以英文版为例，其主页采用纵列设计。主页顶部设有乌尔都文版本、电话簿、主页、其他链接、联系我们、官方邮箱等链接；主页中部显示部门的基本信息、主要任务和最新更新的内容；左边导航栏的内容包括联邦财政预算（Federal Budget）、巴基斯坦经济调查（Pakistan Economic Survey）、中期预算框架（Medium Term Budgetary Framework）、减贫战略文件（Poverty Reduction Strategy Paper）、债务政策协调办公室出版物（Debt Policy Coordination Office Publication）、国家财政委员会报告（Report of the National Finance Comission）等链接；右侧边栏除了滚动最近更新的内容外，还提供收入总会计师办公室、财务总监办公室、竞争委员会等机构的网站链接。用户在上述机构的网站也可查询相关经济领域的统计信息。

其他比较重要的经济统计数据信息查询网站包括：

（1）巴基斯坦财政收入总会计师办公室（Accountant General Pakistan Revenues）：www.agpr.gov.pk；

（2）财务总监办公室（The Office of the Controller General of Accounts）：www.

cga.gov.pk；

（3）巴基斯坦竞争委员会（The Competition Commission of Pakistan）：www.cc.gov.pk；

（4）巴基斯坦证券交易委员会（The Securities and Exchange Commission of Pakistan）：www.secp.gov.pk；

（5）总审计长组织（The Auditor General's Organization）：www.agp.gov.pk；

（6）国民储蓄组织（National Savings Organization）：www.savings.gov.pk；

（7）巴基斯坦和海湾经济学家网（Pakistan & Gulf Economist）：www.pakistaneconomist.com。

（四）财政金融信息检索

巴基斯坦的财政和金融事务由财政部负责规划管理。财政部官方网站（www.finance.gov.pk）以乌尔都文和英文两个版本向用户提供财政预算、经济调查报告、中期预算框架、减贫战略、贷款政策、质量保证计划、国家财政委员会等方面的信息。

巴基斯坦的金融机构包括商业银行（国有、私有）、外国银行、非银行金融公司（包括租赁公司、投资银行、贴现公司、住房融资公司、风险资本公司、共同基金等）、发展金融机构（Development Finance Institutions）、证券交易所和保险公司等。截至2013年6月30日，巴基斯坦共有38家商业银行和7家外国银行，其中商业银行共下设10361个分支机构，吸纳存款71345亿卢比，发放贷款36418亿卢比，共有资产160861亿卢比，外国银行共下设29个分支机构。

除了银行和非银行金融公司，股票市场也是巴基斯坦金融系统必不可少的组成部分。巴基斯坦有3家证券交易所，分别是卡拉奇证券交易所、拉合尔证券交易所和伊斯兰堡证券交易所。卡拉奇证券交易所是巴基斯坦第一家证券交易所，也是南亚地区最早的证券交易所之一，成立于1947年9月18日。拉合尔证券交易所和伊斯兰堡证券交易所分别成立于1974年和1989年。

商业银行和非银行金融公司（不包括租赁公司）由巴基斯坦国家银行监督管理；股票交易所和租赁公司由巴基斯坦证券交易委员会管理。与商业银行主要满足短期融资需要相比，非银行金融公司侧重于迎合中长期融资需求。巴基斯坦国家银行禁止非银行金融公司从事商业银行活动，如提供贸易融资和发行支票，但允许非银行金融公司提供长期项目贷款。

其他重要的财政金融机构的网站包括：

（1）巴基斯坦国家银行（State Bank of Pakistan）：www.sbp.org.pk；

（2）巴基斯坦国民银行（National Bank of Pakistan）：www.nbp.com.pk；

（3）巴基斯坦联合银行（Allied Bank Limited）：www.abl.com；

（4）巴基斯坦农业发展银行（Zarai Taraqiati Bank Limited）：www.ztbl.com.pk；

（5）第一妇女银行（First Women Bank）：www.fwbl.com.pk；

（6）信德银行（Sindh Bank）：www.sindhbankltd.com；

（7）开伯尔银行（Bank of Khyber）：www.bok.com.pk；

（8）伊斯兰堡证券交易所（Islamabad Stock Exchange）：www.ise.com.pk；

（9）卡拉奇证券交易所（Karachi Stock Exchange）：www.kse.com.pk；

（10）拉合尔证券交易所（Lahore Stock Exchange）：www.lse.com.pk。

三、孟加拉国经济类网络信息检索

（一）基本经济情况

自 1971 年独立以来，孟加拉国经济发展大致经过恢复、调整、改革探索，取得了令人瞩目的成就。根据联合国人类发展指数，即国民生产总值、识字率和预期寿命三项数字综合评估，孟加拉国已领先世界上 27 个国家。近年来，孟加拉国政府坚持经济改革，主张实行市场经济，推行私有化政策，改善投资环境，大力吸引外国投资，积极创建出口加工区，优先发展农业，保证了经济持续稳定增长。尤其是，在粮食稳定增产、国内消费趋旺、出口稳步增长、海外劳务市场不断扩大、外资吸引力逐渐增强以及国际社会的大力援助等诸多有利因素的驱动下，孟加拉国经济发展总体水平呈良好运行状态。2015 财年，孟加拉国内生产总值（2014 年 7 月至 2015 年 6 月）达到 1951.6 亿美元，人均国内生产总值达 1316 美元。不过，孟加拉国仍然是世界上最不发达国家之一，经济发展水平较低。

（二）宏观经济信息检索

近年来，孟加拉国政府大力发展经济，加大基础设施建设力度，建立健全各类法律法规，规范经济市场，并且制定一系列吸引外来投资的优惠政策，实现了孟加拉国经济的平稳增长。根据孟加拉国政府公布的数据显示，2007—2011 财年，孟加拉国

GDP 除 2008 年受金融危机影响有所下降外，增长率均维持在 6%以上，分别为 6.19%、5.74%、6.07%、6.71%。

表 5-2　2011—2016 财年孟加拉国宏观经济情况

年份	实际 GDP 总量（万亿塔卡）	经济增长率（%）	名义 GDP 总量（万亿塔卡）	人均 GDP（万塔卡）	人均收入（万塔卡）
2011—2012 财年	6.88	6.32	10.55	6.96	7.55
2012—2013 财年	7.30	6.18	11.99	7.80	8.43
2013—2014 财年	7.74	6.10	13.44	8.63	9.20
2014—2015 财年	8.25	6.55	15.16	9.60	10.22
2015—2016 财年	8.84	7.11	17.33	10.84	11.46

2011—2016 财年孟加拉国经济增速仍然保持在 6%以上。2015—2016 财年，孟加拉国 GDP 增长率为 7.11%，高于之前预估的 7.05%，创历史新高，人均 GDP 达到 1465 美元。据孟加拉国统计局数据，以不变价格计算，2015—2016 财年孟加拉国农业、工业、服务业同比分别增长 2.79%、11.09%、6.25%。此外，渔业、矿业、制造业、建筑业也都分别增长 6.11%、12.84%、11.69%、8.56%，电力、天然气和供水增长 13.33%。当前，孟加拉国投资环境健康稳定，很多国家都有意前往孟加拉国投资。世界经济论坛《2016—2017 年全球竞争力报告》显示，孟加拉国在全球最具竞争力的 138 个国家和地区中，排名 106 位。世界银行《2017 年营商环境报告》显示，孟加拉国在 190 个国家和地区中排名列第 176 位。为了吸引更多外来投资，孟加拉国政府从改善劳工环境、投资许可便利化、电力供应等方面进一步改进孟加拉国的营商环境。

2015 年 10 月，孟加拉国政府对外发布第七个五年规划（2015—2016 财年至 2019—2020 财年），设定年均 7.4%的 GDP 增长目标，至 2020 财年达到 8%，并新增 1290 万岗位就业，贫困率由目前的 23.5%降至 18.6%。

（三）主要部门经济信息检索

孟加拉国经济结构主要包括农业、工业、服务业三大产业。其中，农业主要包括种植业、畜牧业、林业、渔业等；工业主要包括纺织、服装、皮革等轻工业，油气、矿产、电力、化工等重工业发展较弱；服务业主要有交通运输、电信、金融、保险、教育等行业。2012—2013 财年，农业、工业、服务业占孟加拉国 GDP 比重分别为 18.7%、32.0%、49.3%。

1.农业信息检索

孟加拉国主要的农产品包括茶叶、稻米、小麦、甘蔗、黄麻及其制品、白糖、棉纱、豆油等。其中，以黄麻等经济作物最为著名。孟加拉国的黄麻产量高，质地优，尤其经过布拉马普特拉河清澈河水浸过的黄麻，色泽美观柔软，被誉为"金色纤维"。据统计，孟加拉国是仅次于印度的世界第二大黄麻生产国，同时也是世界第一大黄麻出口国。2006—2007 财年，孟加拉国黄麻原麻产量约为 118.6 万吨，占世界总产量的39%。孟加拉近年来渔业发展迅速，年产淡水鱼约 200 万吨，从业人员达 1780 万人，成为排名在中国、印度尼西亚、印度、越南之后的世界第五大淡水鱼生产国。

孟加拉国农业部（Ministry of Agriculture）是孟加拉国主管农业发展和农村建设的政府部门，负责制定农业政策、拟制农业发展规划、监测农业发展状况以及主抓农业相关行政管理等。"孟加拉国农业部网站（www.moa.gov.bd）"提供农业发展政策规划、机构部门设置、项目预算、数据统计、市场信息等详细信息。

孟加拉国渔业与畜牧业部（Ministry of Fisheries and Livestock）是孟加拉国主管渔业和畜牧业发展的政府部门，其职责主要是负责科学统筹渔业与畜牧业发展、制订相关法规政策、提供技术服务、落实市场监管等，以实现孟加拉国渔业与畜牧业的可持续发展目标。"孟加拉国渔业与畜牧业部网站（www.mofl.gov.bd）"提供部门机构设置、职能使命、法规咨询、服务内容等详细信息。

孟加拉国土地部（Ministry of Land）是孟加拉国主管土地规划与使用的政府部门，负责制定和实施其职责范围内与土地相关的国家政策。"孟加拉国土地部网站（www.minland.gov.bd）"提供部门机构设置、职能使命、法律法规、发展规划、土地数据等详细信息。

孟加拉国水利资源部（Ministry of Water Resources）是孟加拉国主管水利资源发展和管理的政府部门，负责制定相关法律法规、发展规划和监管体系等，以达到科学合理使用水资源的目的，最大限度服务于国家发展和人民生活。"孟加拉国水利资源部网站（www.mowr.gov.bd）"提供部门机构设置、职能划分、通知公告、咨询建议等详细信息。

其他重要的农业信息相关网站有：

（1）地方政府与农村发展合作部（Ministry of Local Government, Rural Development and Co- operatives）：www.lgd.gov.bd；

（2）环境与森林部（Ministry of Environment and Forest）：www.moef.gov.bd；

（3）孟加拉国鱼类（Bangla Fish）：www.bn.bdfish.org；

（4）孟加拉国农业发展公司（Bangladesh Agricultural Development Corporation）：www.badc.gov.bd；

（5）孟加拉国农业研究所（Bangladesh Agricultural Research Institute）：www.bari.gov.bd；

（6）孟加拉国农业研究理事会（Bangladesh Agricultural Research Council）：www.barc.gov.bd。

2.工业信息检索

孟加拉国工业发展落后，以劳动密集型的轻工业为主，钢铁、有色、建材、汽车、船舶等行业主要依赖进口。孟加拉国约有 4000 家小型轻工企业，年产值约 1.2 亿美元，生产进口替代用机器备件，机器及零部件，小型工具，玩具，消费品，纸产品及自行车等近一万种产品。服装业是孟加拉国的支柱产业。近年来，孟加拉国服装出口额约占出口总额的 80%，主要出口目的地为欧洲、美国、日本等。2015—2016 财年，孟加拉国成衣业出口额为 281 亿美元，占孟加拉国出口总额的 82%。黄麻及制品是孟加拉国第二大出口产品。2015—2016 财年，孟加拉国出口原麻 11.73 亿美元，黄麻产品 7.46 亿美元，合计占孟加拉国出口总额的 2.7%。近年，孟加拉国也在医药、钢铁和食品加工领域开发自给自足的产业。

孟加拉国工业部（Ministry of Industries）是孟加拉国主管工业发展的政府部门，负责制定促进和扩大孟加拉国工业发展的新政策和战略。"孟加拉国工业部网站（www.moind.gov.bd）"提供部门机构设置、职能划分、项目公示、发布报告等详细信息。

孟加拉国黄麻与纺织部（Ministry of Textiles and Jute）是孟加拉国主管纺织业的政府部门，负责全面推动和监管纺织业的发展。"孟加拉国黄麻与纺织部网站（www.motj.gov.bd）"提供部门机构设置、发展规划、制度法规、市场监管等详细信息。

孟加拉国拥有数量可观的天然气储量，是亚洲第七大天然气生产国。电力、能源与矿产部（Ministry of Power, Energy and Mineral Resources）是孟加拉国主管电力、能源与矿产资源的政府部门，主要负责常规与非常规发电、送电和配电有关的政策和事项，以及处理主要燃料的进口、分销、勘探、定价及其他相关事务等。"电力、能源与矿产部网站（www.powerdivision.gov.bd）"主要提供部门机构设置、职能划分、业务分管、电子服务等详细信息。

部分工业部门、组织、公司网站：

（1）孟加拉国投资发展局（Bangladesh Investment Development Authority）：www.boi.gov.bd；

（2）孟加拉国化工培训学院（Training Institute For Chemical Industries）：www.tici-bcic.org；

（3）孟加拉国工业技术援助中心（Bangladesh Industrial and Technical Assistance Center）：www.bitac.gov.bd；

（4）孟加拉国小型工业公司（Bangladesh Small & Cottage Industries Corporation）：www.bscic.gov.bd；

（5）孟加拉国工业金融有限公司（Bangladesh Industrial Finance Company Limited）：www.bifcol.com；

（6）沙特孟加拉国工农业投资公司（Saudi Bangladesh Industrial and Agricultural Investment Company）：www.sabinco.com.bd；

（7）奥林匹克工业有限公司（Olympic industries Ltd）：www.olympicbd.com；

（8）AK Khan 有限公司（AK Khan Company Limited）：www.akkhan.com；

（9）哈米集团（Ha-Meem Group）：www.hameemgroup.net；

（10）孟加拉国化工有限公司（Chemtrek Industries Bangladesh Limited）：www.chemtrekbd.com。

3.交通运输业信息检索

孟加拉国的交通运输网主要是以公路、铁路、水路以及航空运输搭建而成，以公路运输为主。孟加拉国公路总里程为 2.11 万千米，其中，国家级公路 3791 千米，地区公路 4206 千米，乡村路 13095 千米。根据孟加拉国交通综合调查，76%的货运和 73%的客运由公路运输承担。孟加拉国境内现有铁路 2884.67 千米，运营里程 2655.93 千米，采用米轨、宽轨、套轨三种轨道标准。孟加拉国现有达卡、吉大港、锡莱特 3 个国际机场，12 个国内机场，开通国内、国际航线共 38 条。2010 年客运量 142.9 万人次，货运量 2.82 万吨。同时，孟加拉国现有吉大港、蒙革拉港两个海港，在建帕亚拉港预计 2023 年完工，此外还有 9 个国内港口。

孟加拉国重要的交通运输部门和公司网站有：

（1）民航与旅游部（Ministry of Civil Aviation and Tourism）：www.mocat.gov.bd；

（2）道路运输和桥梁部（Ministry of Road Transport and Bridges）：www.rthd.gov.bd；

（3）船运部（Ministry of Shipping）：www.mos.gov.bd；

（4）孟加拉国航空有限公司（Biman Bangladesh Airlines Ltd）：www.biman-airlines.com；

（5）联合航空公司（United Airways）：www.uabdl.com；

（6）诺和航空公司（Novo Air）：www.flynovoair.com；

（7）达卡国际机场（Shazrat Shah Jalal International Airport Dhaka）：www.shahjalalairport.com；

（8）吉大港国际机场（Shah Amanat International Airport, Chittagong）：www.shahamanat.com；

（9）锡莱特国际机场（Osmani International Airport, Sylhet）：www.osmaniairport.com；

（10）孟加拉国道路运输局（Bangladesh Road Transport Authority）：www.brta.gov.bd。

4.电信业信息检索

推动电信业的发展，是孟加拉国产业规划和结构调整中的重要环节。孟加拉国政府通过推动"数字孟加拉国"愿景，配套制订相关的政策法规，完善相关部门的机构设置，大力推动和引导电信业的发展。近年来，孟加拉国电信业发展迅速，五大运营商竞争激烈。

邮电信息技术部（Ministry of Posts, Telecommunications and Information Technology）是孟加拉国主管邮政、通信以及信息技术相关事务的政府部门，2014 年首次设立，下设邮政和电信局以及信息和通信技术局。"邮电信息技术部网站（www.mopt.gov.bd）"主要提供部门机构设置、职能划分、法律法规、项目预算等信息。

孟加拉国其他重要的电信部门和公司网站有：

（1）孟加拉国电信监管委员会（Bangladesh Telecommunication Regulatory Commission）：www.btrc.gov.bd；

（2）孟加拉国邮电司（Posts and Telecommunications Division）：www.ptd.gov.bd；

（3）孟加拉国邮政（Bangladesh Post Office）：www.bangladeshpost.gov.bd；

（4）孟加拉国电信有限公司（Bangladesh Telecommunications Company Ltd）：www.btcl.gov.bd；

（5）格莱珉电信公司（Grameen Telecom）：www.grameentelecom.net.bd；

（6）ADN 电信公司（ADN Telecom Limited）：www.adnsl.net；

（7）远程通话有限公司（Teletalk）：www.teletalk.com.bd；

（8）孟加拉国连接数字通信有限公司（Banglalink Digital Communications Ltd）：www.banglalink.com.bd；

（9）大地通信公司（Earth Telecommunication）：www.earth.net.bd；

（10）孟加拉国狮子通信有限公司（Banglalion Communications Ltd）：www.banglalion.com.bd；

（11）孟加拉国艾特有限公司（Airtel Bangladesh Limited）：www.bd.airtel.com；

（12）太平洋电信有限公司（Pacific Bangladesh Telecom Limited Or Citycell）：www.citycell.com。

（三）经济统计数据信息检索

孟加拉国统计局（Bangladesh Bureau of Statistics）是孟加拉国关于人口、经济及其他重要数据的官方统计机构，隶属于计划部所辖统计和信息局。"孟加拉国统计局网站（www.bbs.gov.bd）"有孟加拉语和英语两个版本，提供机构职能划分、法规制度、分管业务、数据统计、战略规划等详细信息。孟加拉国统计局网站每年发布的统计数据涉及农业、工业、人口、健康、经济、环境、外国投资、GDP、ICT、CPI、财政收支等多领域多方面。用户可以通过孟加拉国统计局网站查询所需权威数据和信息，把握孟加拉国该领域的整体发展水平和发展态势。

（四）财政金融信息检索

孟加拉国财政部（Ministry of Finance）是孟加拉国主管国家财政预算、税收、经济政策、金融等相关事务的政府职能部门，下辖四个司，分别为财政司（Finance Division）、经济关系司（Economic Relations Division）、内部资源司（Internal Resources Division）、银行和金融机构司（Bank and Financial Institutions Division）。"孟加拉国财政部官方网站（www.erd.gov.bd）"为英文版本，主要提供部门机构设置、职能划分、业务分管、政策法规、各类预算、监督管理等详细信息。

其他重要的财政金融部门、公司和银行网站包括：

（1）孟加拉国保险发展和监管局（Insurance Development & Regulatory Authority of Bangladesh）：www.idra.org.bd；

（2）孟加拉国中央银行（Central Bank of Bangladesh）：www.bb.org.bd；

（3）孟加拉国经济区管理局（Bangladesh Economic Zones Authority）：www.beza.gov.bd；

（4）孟加拉国经济协会（Bangladesh Economic Association）：www.bea-bd.org；

（5）计划委员会（Plan Commision）：www.plancomm.gov.bd；

（6）孟加拉国银行（Bangladesh Bank）：www.bb.org.bd；

（7）格莱珉银行（Grameen Bank）：www.grameen-bank.net；

（8）乌托拉银行（Uttara Bank）：www.uttarabank-bd.com；

（9）达卡银行（Dhaka Bank）：www.dhakabankltd.com；

（10）孟加拉国乡村发展银行（BRAC Bank）：www.bracbank.com；

（11）荷兰孟加拉国银行（Dutch Bangla Bank）：www.dutchbanglabank.com；

（12）国际金融投资和商业银行（IFIC Bank）：www.ificbankbd.com；

（13）东南银行（Southeast Bank）：www.southeastbank.com.bd；

（14）信托银行（Trust Bank）：www.trustbank.com.bd。

四、斯里兰卡经济类网络信息检索

（一）国家宏观经济政策信息检索

斯里兰卡是一个中低收入国家，在南亚国家中率先实行经济自由化政策。1978年，斯里兰卡政府开始实行经济开放政策，大力吸引外资，推进私有化，逐步形成市场经济格局。2015年斯里兰卡人口总数为2100万，人均收入为3924美元。在2009年结束30年内战之后，2010—2012年斯里兰卡的经济年平均增长率达到6.4%，这反映出和平所带来的红利以及政府推动重建和经济增长的决心。斯里兰卡正经历以农业为主导向服务业驱动的城市化经济转型。2015年，服务业占斯里兰卡国内生产总值的56.6%，其次是工业（占26.2%）和农业（占7.9%）。2015年1月，斯里兰卡新政府上台后，提出建设知识型社会市场经济的目标，并将发展重点放在创造就业机会、提高收入水平、重视农村经济发展、优化产业结构、提高产品竞争力、消除地区发展不平衡等方面。

斯里兰卡国家政策与经济事务部（ජාතික ප්‍රතිපත්ති සහ ආර්ථික කටයුතු අමාත්‍යාංශය）是负责制定斯里兰卡经济发展战略、规划、政策的政府部门，该部部长由斯里兰卡内阁总理兼任。"国家政策与经济事务部网站（www.mnpea.gov.lk）"提供有关斯里兰卡经济发展各项政策、决议的僧伽罗语、英语、泰米尔语全文内容下载。

（二）部门经济信息检索

斯里兰卡的部门经济大致可分为三类，第一类为农业（කෘෂිකර්මය），包括种植业（වැවිලි කර්මාන්තය）、林业（කැලෑකම් කර්මාන්තය）、渔业（ධීවර කර්මාන්තය）、畜牧业（පශු

පාලන කර්මාන්තය）；第二类为工业（කර්මාන්තය），主要包括采矿业（පතල් කර්මාන්තය）、制造业（නිෂ්පාදන කර්මාන්තය）和建筑业（ගොඩනැගිලි කර්මාන්තය）；第三类为服务业（සේවා කර්මාන්තය），主要包括旅游业（සංචාරක කර්මාන්තය）、酒店业（හෝටල් කර්මාන්තය）、交通运输业（ප්‍රවාහන කර්මාන්තය）、金融业（මුල්‍ය කර්මාන්තය）、商业服务业（ව්‍යාපාර සේවා කර්මාන්තය）、通信业（ටෙලිසන්නිවේදන කර්මාන්තය）等。

1.农林渔牧业信息检索

农业是斯里兰卡的传统经济部门，很长一段时间内都是国民经济的支柱产业。种植业为农业中最重要的产业，斯里兰卡全国可耕地面积 400 万公顷，已利用 200 万公顷，主要作物有稻米（වී）、粮食（ධාන්‍ය）、茶叶（තේ）、橡胶（රබර්）、椰子（පොල්）、咖啡（කොපි）等。斯里兰卡主管农业事务的政府部门为农业部，其网站（www.agrimin.gov.lk）向用户提供僧伽罗语、英语和泰米尔语三个版本的农业类信息资源，包括部委概况、农业发展计划和项目、相关法律法规、农业相关数据、文件下载、农业服务信息等，以及农业相关的新闻与资讯。

茶叶、橡胶、椰子三大经济作物的种植、加工和出口被视为斯里兰卡农业经济的三大支柱。斯里兰卡的茶叶种植始于 1867 年，目前已成为世界第三大茶叶出口国。2015 年，斯里兰卡茶叶产量 32.8 万吨，其中，出口 30.7 万吨，占当年全球茶叶出口总量的 17%；出口获益达 13.5 亿美元，占其外汇收入的 15%。茶产业对斯里兰卡国内生产总值的贡献率达到 2%，从业人员大约 200 万人，相当于其全国人口的 10%。种植园产业部是斯里兰卡具体负责茶叶、橡胶、椰子等经济作物相关事务的政府部门。"种植园产业部网站（www.plantationindustries.gov.lk）"有僧伽罗语、英语和泰米尔语三个版本，向用户提供斯里兰卡种植园产业的相关信息检索。

作为一个岛国，斯里兰卡的渔业资源丰富，渔业生产由三部分组成，即沿岸与近海渔业、外海与深海渔业、内陆和沿海地区水产养殖业。其中海洋捕捞业（沿岸和外海）占绝对主导地位，其产量约占总产量的 90%。2015 年，斯里兰卡渔业总产量 52 万吨，渔业总产值约占 GDP 的 1.4%。渔业与水产资源部是斯里兰卡主管渔业的政府部门，其网站（www.fisheries.gov.lk）有僧伽罗语、英语和泰米尔语三个版本，向用户提供丰富的渔业类信息资源，包括部门概况、数据报告、投资项目等相关情况介绍，以及与渔业相关的新闻和活动。

其他重要的农业部门网站包括：

（1）农业局（කෘෂිකර්ම දෙපාර්තමේන්තුව）：www.doa.gov.lk；

（2）国家种植管理局（National Institution of Plantation Management）：www.nipm.

gov.lk;

（3）斯里兰卡茶叶局（Sri Lanka Tea Board）：www.pureceylontea.com;

（4）橡胶开发局（රබර් සංවර්ධන දෙපාර්තමේන්තුව）：www.rubberdev.gov.lk;

（5）椰子开发局（පොල් සංවර්ධන අධිකාරිය）：www.cda.lk;

（6）农业用地与农业人口事务局（ගොවිජන සංවර්ධන දෙපාර්තමේන්තුව）：www.agrariandept.gov.lk;

（7）稻米研究与开发所（වී පර්යේෂණ හා සංවර්ධන ආයතනය）：www.doa.gov.lk/rrdi/index.php;

（8）林业保护局（වන සංරක්ෂණ දෙපාර්තමේන්තුව）：www.forestdept.gov.lk;

（9）国家水产开发局（ශ්‍රී ලංකා ජාතික ජලජීවී වගා සංවර්ධන අධිකාරිය）：www.naqda.gov.lk;

（10）锡兰渔业公司（ලංකා ධීවර සංස්ථාව）：www.cfc.gov.lk。

2.工业信息检索

斯里兰卡工业基础薄弱，由于资源缺乏，大量工业原材料仍需从国外进口。斯里兰卡资金技术密集型工业尚未形成，几乎无重工业，目前主要有纺织（රෙදිපිළි）、服装（ඇඳුම）、皮革（සම）、食品（ආහාර）、饮料（බීම）、烟草（දුම්කොළ）、化工（රසායනික කර්මාන්තය）、石油（ඛනිජ තෙල්）、橡胶（රබර්）、塑料（ප්ලාස්ටික්）、非金属矿产品加工业（අලෝහ ඛනිජ නිෂ්පාදන සැකසීමේ කර්මාන්තය）、采矿（පතල් කර්මාන්තය）、采石业（කඩතොලු කිරීමේ කර්මාන්තය）等工业。工业产值约占 GDP 的 30%左右。

纺织服装业是斯里兰卡国民经济的支柱产业和最重要的工业行业，也是斯里兰卡第一大出口创汇行业。2014 年，斯里兰卡纺织服装出口达 49.3 亿美元，占全国外贸出口额的 44.3%。

斯里兰卡的矿产资源较为丰富，主要矿藏为宝石和石墨，此外还有钛铁、磷灰石、锆石、云母等。斯里兰卡还是世界著名的宝石产地，具有"宝石之国"的美称，出产包括蓝宝石、红宝石、金绿宝石、绿柱石、尖晶石、石榴石、黄玉在内的各类宝石和半宝石，其中尤以蓝宝石最为出名。除此之外，斯里兰卡近海还发现了石油、天然气，但由于条件有限，这些能源尚未得到充分开发利用。

斯里兰卡工业和商贸部是斯里兰卡工业发展的领导机构，负责制定工业发展的计划与战略，规划、协调、建立必要的基础设施以促进工业的发展。"斯里兰卡工业和商贸部网站（www.industry.gov.lk）"有僧伽罗语、英语、泰米尔语三个版本，向用户提供业界注册、贸易和关税有关活动、工业援助计划、统计报告、新闻和事件等信息资源。

其他重要的工业部门网站包括：

（1）基础产业部（ප්‍රාථමික කර්මාන්ත අමාත්‍යාංශය）：www.mpi.gov.lk；

（2）斯里兰卡工业发展局（ලංකා කාර්මික සංවර්ධන මණ්ඩලය）：www.idb.gov.lk；

（3）斯里兰卡电力局（ලංකා විදුලිබල මණ්ඩලය）：www.ceb.lk；

（4）斯里兰卡可再生能源局（ශ්‍රී ලංකා සුනිත්‍ය බලශක්ති අධිකාරිය）：www.energy.gov.lk；

（5）斯里兰卡原子能委员会（පරමාණුක බලශක්ති මණ්ඩලය）：www.aeb.gov.lk；

（6）石油资源开发部（ඛනිජ තෙල් සම්පත් සංවර්ධන අමාත්‍යාංශය）：www.petroleummin.gov.lk；

（7）地质勘探与矿产局（භූ විද්‍යා සමීක්ෂණ සහ පතල් කාර්යාංශය）：www.gsmb.gov.lk；

（8）斯里兰卡石油公司（ලංකා ඛනිජ තෙල් නීතිගත සංස්ථාව）：www.ceypetco.gov.lk；

（9）锡兰煤业（Lankacoal）：www.lankacoal.lk；

（10）斯里兰卡宝石与珠宝研究培训学院（Gem and Jewellery Research and Training Institute）：www.gjrti.gov.lk；

（11）建筑工业发展局（ඉදිකිරීම කර්මාන්ත සංවර්ධන අධිකාරිය）：www.cida.lk；

（12）斯里兰卡建筑业协会（Rubber Research Institute of Sri Lanka）：www.ncasl.lk；

（13）斯里兰卡工业协会（Industrial Association of Sri Lanka）：www.industrialassociation.lk；

（14）工业技术研究所（Industrial Technology Institute）：www.iti.lk；

（15）斯里兰卡纺织服装局（ශ්‍රී ලංකා ජේෂකර්ම සහ ඇඟලුම් ආයතනය）：www.textile-clothing.lk；

（16）锡兰烟草公司（Ceylon Tobacco Company）：www.ceylontobaccocompany.com。

3.交通运输业信息检索

斯里兰卡陆路交通运输以公路（මහාමාර්ග）和铁路（දුම්රිය）为主，其中又以公路的客货运量占比最高，约为 93%。全国公路里程为 12380 千米，铁路 1567 千米（截至 2015 年）。公路和铁路网以首都科伦坡为中心辐射至全国各地。斯里兰卡第一条高速公路 E01 高速（又称南部高速）于 2011 年 11 月通车。目前，斯里兰卡全国有两条高速公路建成并通车，总里程为 169 千米；还有 3 条高速公路正在建设或者已部分通车，预计到 2019 年，全国高速公路里程将达到 353 千米。

在水运方面，斯里兰卡的河运并不发达，全国仅有 160 千米的内河水道用于交通运输，且主要集中在西南部地区。但斯里兰卡的海运（නැව් ප්‍රවාහනය）较为发达，地理位置上的优势让斯里兰卡拥有众多优良港口（වරාය），主要的深水港包括科伦坡港（Colombo Harbour）、汉班托塔港（Port of Hambantota，又名 Magampura Mahinda Rajapaksa Port）、加勒港（Galle Harbour）和亭可马里港（Trincomalee Harbour）。其中，科伦坡港是斯里兰卡最大的港口，也是世界上最大的人工港口之一，同时还是欧亚、太平洋、印度洋地区的世界航海线的重要中途港口之一。2015 年，科伦坡港年吞吐量达到 500 万标箱。

斯里兰卡的航空运输（ගුවන්සේවා）以国际航运为主，目前全国有两个国际机场：科伦坡班达拉奈克国际机场（Colombo Bandaranaike International Airport）和玛德勒-拉贾帕克萨国际机场（Mattala Rajapaksa International Airport）。成立于 1979 年的斯里兰卡航空（Sri Lankan Airlines）是斯里兰卡最大、最主要的航空公司。除此之外，斯里兰卡还有数十个小型的国内机场和航空公司，主要经营国内航空运输。

交通与民航事务部是斯里兰卡公路交通与航空运输事务的政府主管部门，该部的网站地址为 www.transport.gov.lk。港口与航运事务部是斯里兰卡主管港口和航运事务的政府主管部门，该部的网站地址为 www.portmin.gov.lk。斯里兰卡主管高速公路相关事务的是高等教育与高速公路事务部下属的高速公路事务局（Highways Division），该局网址为 www.mohsl.gov.lk。上述三个主管部门的官方网站均提供僧伽罗语、英语、泰米尔语三个版本，读者可登录检索了解斯里兰卡交通运输业相关的信息与资讯。

其他重要的交通运输业部门网站包括：

（1）国家交通委员会（ජාතික ගමනාගමන කොමිෂන් සභාව）：www.ntc.gov.lk；

（2）斯里兰卡公路发展局（මාර්ග සංවර්ධන අධිකාරිය）：www.rda.gov.lk；

（3）斯里兰卡港务局（Sri Lanka Ports Authority）：www.slpa.lk；

（4）斯里兰卡铁路局（ශ්‍රී ලංකා දුම්රිය සේවය）：www.railway.gov.lk；

（5）斯里兰卡民航局（ශ්‍රී ලංකා සිවිල් ගුවන්සේවා අධිකාරිය）：www.caa.lk；

（6）科伦坡班达拉奈克国际机场（Colombo Bandaranaike International Airport）：www.airport.lk；

（7）斯里兰卡航空（Sri Lankan Airlines）：www.airlanka.com；

（8）锡兰船运公司（Ceylon Shipping Corporation Ltd）：www.cscl.lk。

4.服务业信息检索

斯里兰卡服务业主要包括批发零售业（තොග හා සිල්ලර වෙළඳාම）、酒店（නවාතැන්

සැපයීමේ සේවා）、餐饮（ආහාරපාන සැපයීමේ සේවා）、信息（තොරතුරු තාක්ෂණ සේවා）、通信（විදුලි සන්දේශ සේවා）、旅游（සංචාරය）、金融服务（මූල්‍ය සේවා）、房地产（දේපළ වෙළඳාම）、保险（රක්ෂණය）、专业服务（වෘත්තීමය සේවා）、公共管理（රාජ්‍ය පරිපාලනය）等。近年来，斯里兰卡政府利用国民识字率高、劳动技能训练有素的相对优势，正在努力把本国经济打造成为服务业导向型经济。服务业已发展为斯里兰卡国民经济的主导产业，并已成为斯里兰卡经济增长的主要驱动力，特别是信息、通信业发展势头迅猛，增势强劲。2015 年，斯里兰卡服务业产值占 GDP 的比重达 56.6%，增速为 5.3%。其中，信息、通信业增长达 12.5%，其次为金融、保险和房地产业，增幅为 12.3%。

斯里兰卡旅游资源丰富，全国拥有 8 处联合国教科文组织世界遗产，包括 6 处文化遗产和 2 处自然遗产。旅游业是斯里兰卡的传统产业，也是国民经济的重要组成部分和主要外汇收入来源。2009 年，随着内战结束，旅游业逐步恢复，呈现快速发展的势头。2015 年入境游客人数为 179.8 万人次，同比增长 17.8%，旅游业收入总额达到 22 亿美元。旅游及基督教事务部是斯里兰卡主管旅游相关事务的政府主管部门，用户可登录其网站（www.tourismmin.gov.lk）了解斯里兰卡旅游业的概况、发展战略、相关政策以及法律法规，此外还提供旅游相关资质、证件申请的网上受理服务。

其他重要的服务部门网站包括：

（1）斯里兰卡旅游促进局（ශ්‍රී ලංකා සංචාරක සංවර්ධන අධිකාරිය）：www.sltda.lk；

（2）斯里兰卡旅游发展署（ශ්‍රී ලංකා සංචාරක ප්‍රවර්ධන ආයතනය）：www.srilanka.travel；

（3）斯里兰卡旅游与酒店管理学院（Sri Lanka Institute of Tourism & Hotel Management）：www.slithm.edu.lk；

（4）斯里兰卡旅游酒店联盟（Tourist Hotels Association of Sri Lanka）：www.thasl.lk；

（5）斯里兰卡保监局（Insurance Board of Sri Lanka）：www.ibsl.gov.lk；

（6）国民保险信托基金（ජාතික රක්ෂණ භාර අරමුදල）：www.nitf.lk；

（7）斯里兰卡电信（Sri Lanka Telecom）：www.slt.lk；

（8）斯里兰卡电信监督管理委员会（Telecommunications Regulatory Commission of Sri Lanka）：www.trc.gov.lk。

（三）经济统计数据信息检索

斯里兰卡人口普查与统计局（ජනලේඛන හා සංඛ්‍යාලේඛන දෙපාර්තමේන්තුව）是负责收集、编辑和发布国家人口和经济运行统计数据的权威机构，隶属于国家政策与经济事务部。"斯里兰卡人口普查与统计局网站（www.statistics.gov.lk）"提供僧伽罗语、英语和泰米尔语三个版本。主页导航栏有：①පනත්（法令与政策）频道，可以检索人口普查和数据统计的相关条例、法规和政策；②දත්ත මුදාහැරීමේ දින සටහන（数据公布日期表）频道，可查阅各类统计数据在互联网上和纸质版预计发布和发行的日期。通过主页中部左侧的 ප්‍රධාන මෙනුව（主菜单）频道可查询 ජාතික ගිණුම（国民核算）、උද්ධමනය හා මිල（通货膨胀与价格）、MDG දර්ශන（千年发展计划）、ජනගහනය（人口）、අධ්‍යාපනය（教育）、පරිගණක සාක්ෂරතාවය（计算机普及）、සෞඛ්‍ය（卫生）、ආදායම සහ වියදම（收入与支出）、දරිද්‍රතාව（贫困）、කෘෂිකර්මය（农业）、ශ්‍රම බලය（劳动力）、කර්මාන්ත（工业）、වෙළඳ（商贸）等各行业各领域的详细数据。

（四）财政金融信息检索

斯里兰卡的财政和金融事务主要由斯里兰卡财政部（මුදල් අමාත්‍යාංශය）负责管理和规划，财政部的主要职能包括制定国家的经济和金融政策和战略，制定财政政策、进行宏观财政管理，制定国家税收政策、管理政府收入，统筹国家发展计划、管理国家财政资源、制定货币政策、与中央银行协调，组织协调公共和私营企业机构的活动，扶持私营经济发展，与国际机构协调，合理、有效地使用外国资源。"斯里兰卡财政部网站（www.treasury.gov.lk）"提供僧伽罗语、英语、泰米尔语三个版本，主页导航栏主要包括：①Economic Phases（经济阶段）频道，介绍国家经济发展阶段概况；②Resource Center（资源中心）频道，提供 Procurement（采购义务）、Tax Policies（税收政策）、Banking（银行）、ITMIS Survey（财政综合管理信息系统）四个领域的信息；③Budget Archives（预算）频道，提供政府预算报告相关信息；④News Room（新闻室），提供财政部有关新闻资讯。主页右侧版面还提供了 Sri Lanka at a Glance（斯里兰卡一览）、Invest in Sri Lanka（投资斯里兰卡）、Country Ranking（国家排名）、Circulars Gazettes and Acts（通函、公报与法案）、Data & Statistics（数据）、Economic Indicators（经济指标）等栏目供用户检索相关信息。

其他重要的财政金融部门网站包括：

（1）斯里兰卡中央银行（ශ්‍රී ලංකා මහා බැංකුව）：www.cbsl.gov.lk；

（2）国内收入局（දේශීය ආදායම් දෙපාර්තමේන්තුව）：www.ird.gov.lk；

（3）消费税署（සුරා බදු දෙපාර්තමේන්තුව）：www.excise.gov.lk；

（4）斯里兰卡审计总署（විගණකාධිපති දෙපාර්තමේන්තුව）：www.auditorgeneral.gov.lk；

（5）斯里兰卡征信总局（ශ්‍රී ලංකා ණය තරතුරු කාර්යාංශය）：www.crib.lk；

（6）斯里兰卡会计审计标准监管局（ශ්‍රී ලංකා ගිණුම් හා විගණන ප්‍රමිති සමීක්ෂණ මණ්ඩලය）：www.slaasmb.gov.lk；

（7）斯里兰卡海关（ශ්‍රී ලංකා රේගුව）：www.customs.gov.lk；

（8）斯里兰卡证券交易委员会（The Securities and Exchange Commission of Sri Lanka）：www.sec.gov.lk；

（9）科伦坡证券交易所（Colombo Stock Exchange）：www.cse.lk；

（10）斯里兰卡金融情报中心（The Financial Intelligence Unit of Sri Lanka）：www.fiusrilanka.gov.lk。

（五）检索示例

通过斯里兰卡公路发展局网站检索南部省各级国家公路的有关信息。

具体检索步骤如下：

（1）通过网站 www.rda.gov.lk，进入斯里兰卡公路发展局网站主页。

（2）将光标放在主页左侧上部菜单中"National Highways（国家公路）"一栏，右侧自动出现子菜单，从中选择"Road Statistics（公路数据）"并点击，进入全国各省国家公路的信息列表。

（3）在第一列"Province（省）"中找到"Southern（南部）"标题，右侧即为南部省所有国家公路的相关数据信息。

五、尼泊尔经济类网络信息检索

（一）基本经济情况

尼泊尔为农业国，经济落后，是联合国确定的 48 个最不发达国家之一。尼泊尔经济严重依赖外援，预算支出的 1/3 来自国外捐赠和贷款。据尼泊尔财政部统计，2002—2005 年各种项目的外援协议金额总计 930 亿卢比（约 12.6 亿美元）。2014—2015 财年，尼泊尔政府收到国外无偿援助 743 亿卢比。2014—2015 财年尼泊尔国内生产总值为 215 亿美元，经济增长率为 3.4%，人均 GDP 约为 762 美元。2014—2015 财年，尼泊尔的 GDP 构成是：第一产业（农业）对 GDP 的贡献为 32%，第二产业（工业和建筑业）的贡献为 15%，第三产业（服务业）的贡献为 53%。用户可以访问"尼泊尔财政部网站（www.mof.gov.np）"，了解有关尼泊尔基本经济情况的各项具体内容。

（二）部门经济信息检索

尼泊尔的经济结构主要包括农业、工业、服务业三大产业。农业包括种植业、畜牧业、林业等；工业主要包括纺织、服装、制鞋、食品加工等产业；服务业主要有旅游、交通运输、金融等行业。

1.农业信息检索

农业是尼泊尔最重要的经济产业，尼泊尔的农业产值目前约占国内生产总值的32%。尼泊尔耕地面积约为 325 万公顷，从事农业的人口约占全国总人口的 80%。尼泊尔主要的粮食作物有水稻、玉米、小麦、大麦和小米。水稻产地主要集中于特莱平原，玉米产地主要集中于特莱平原和河谷地区，小麦产地主要集中于特莱平原以及山区和丘陵地区，大麦产地主要集中于中部山区和北部高山区，小米产地主要集中于山区。尼泊尔主要的经济作物有甘蔗、油菜、黄麻、土豆、棉花和茶叶。甘蔗是尼泊尔最重要的经济作物，主要产地集中于尼泊尔中部和东部地区数县，油菜主要产地集中于南部平原、中部山区和河谷地带，黄麻主要产地集中于尼泊尔东南部地区，土豆主要产地集中于东部山区，棉花主要产地集中于东南和西南地区，茶叶主要产地集中于尼泊尔东部数县。畜牧业是尼泊尔一个尚待开发的产业，养牛业在尼泊尔畜牧业中占了较大比重，养羊和养鸡分别次之。林业是尼泊尔经济体系的重要产业之一，木材出口是尼泊尔外汇收入的重要渠道。目前，由于过度和无序伐木导致森林破坏严重，加之水土流失等生态问题的影响，尼泊尔林业发展受到一定的制约。

农业发展部（Ministry of Agricultural Development）是尼泊尔主管农业发展和农村建设的政府部门，其官方网站"www.moad.gov.np"主要提供农业发展的政策规划、项目招标、对外合作、数据统计、法律文本等详细信息。

尼泊尔其他重要的涉及农业的网站主要有：

（1）土地改革与管理部（Ministry of Land Reform and Management）：www.molrm.gov.np；

（2）森林与土壤保护部（Ministry of Forests and Soil Conservation）：www.mfsc.gov.np；

（3）灌溉部（Ministry of Irrigation）：www.moir.gov.np；

（4）牲畜发展部（Ministry of Livestock Development）：www.mold.gov.np；

（5）农业局（Department of Agriculture）：www.doanepal.gov.np；

（6）畜牧服务局（Department of Livestock Services）：www.dls.gov.np；

（7）森林局（Department of Forests）：www.dof.gov.np；

（8）灌溉局（Department of Irrigation）：www.doi.gov.np；

（9）水文与气象局（Department of Hydrology and Meteorology）：www.dhm.gov.np。

2.工业信息检索

尼泊尔的工业基础十分薄弱，规模较小，发展缓慢，目前尚处于工业化的起步阶段。尼泊尔缺乏重工业，目前的工业领域主要是轻工业，主要行业有纺织、服装、制鞋、食品加工等产业。目前，尼泊尔工业产值约占国内生产总值的15%，为三大产业中比重最低的一个。

尼泊尔工业部（Ministry of Industry）是尼泊尔工业、商业和供应部（Ministry of Industry, Commerce & Supplies）的下属部门，是尼泊尔全国工业发展的领导部门，负责制定工业发展的计划、战略和政策，对国内各类工业企业进行管理。"工业部网站（www.moi.gov.np）"主要向用户提供包括尼泊尔工业发展规划、政策和工业投资法规等信息。尼泊尔工业局（Department of Industry）是尼泊尔工业部下属的主要业务部门，具体负责对尼泊尔国内各类工业企业进行管理、发布投资报告和投资法规、统计和发布工业发展数据等，其官方网站网址为"www.doind.gov.np"。

尼泊尔电力行业主要以水力发电为主。尼泊尔境内水电潜力巨大，但限于基础设施条件的制约，大部分水电潜力没有得到开发。为此，尼泊尔政府专门成立了能源部（Ministry of Energy），统管尼泊尔全国的能源事业。"尼泊尔能源部网站（www.moen.gov.np）"主要发布尼泊尔能源行业的发展规划、政策方针、招投标公告等信息。

尼泊尔其他重要的涉及工业的网站主要有：

（1）小型工业局（Department of Cottage and Small Industry）：www.dcsi.gov.np；

（2）矿业与地质局（Department of Mines and Geology）：www.dmgnepal.gov.np；

（3）电力发展局（Department of Electricity Development）：www.doed.gov.np。

3.交通运输业信息检索

尼泊尔是一个内陆国家，交通运输以公路为主，其次是航空运输，再次是铁路运输，水路运输几乎没有。公路运输方面，尼泊尔全国目前共有各等级公路总计 26935 千米。其中，沥青路为 11349 千米，砂石路 6192 千米，其他类型的公路有 9394 千米，公路质量总体不高。铁路方面，尼泊尔仅在南部与印度接壤地区有两条铁路线与印度铁路系统相连接，铁路里程短，设施老旧，运力差。航空运输方面，尼泊尔全国目前共有 50 个已建成机场，包括国际机场 1 个、地区中心机场 3 个、其他小规模机场 46 个，机场建设质量及设施配备水平较低。水路运输方面，尼泊尔境内河流众多，普遍落差大，水流湍急，全国基本不具备开展水运行业的条件。

尼泊尔重要的交通运输部门和公司网站主要有：

（1）基础设施和运输部（Ministry of Physical Infrastructure & Transport）：www.mopit.gov.np；

（2）文化、旅游与民航部（Ministry of Culture, Tourism and Civil Aviation）：www.touism.gov.np；

（3）道路局（Department of Roads）：www.dor.gov.np；

（4）运输管理局（Department of Transport Management）：www.dotm.gov.np；

（5）鱼尾航空公司（Fishtail Air）：www.fishtailair.com；

（6）佛陀航空公司（Buddha Air）：www.buddhaair.com；

（7）戈马航空公司（Goma Air）：www.gomaair.com；

（8）廓尔喀航空公司（Gorkha Airlines）：www.gorkhaairlines.com；

（9）马卡鲁航空公司（Makalu Air）：www.makaluair.com；

（10）莫朗航空公司（Manang Air）：www.manangair.com.np；

（11）尼泊尔航空公司（Nepal Airlines）：www.nepalairlines.com.np；

（12）斯里航空公司（Shree Airlines）：www.shreeairlines.com；

（13）西塔航空公司（Sita Air）：www.sitaair.com.np；

（14）希姆利克航空公司（Simrik Airlines）：www.simrikairlines.com；

（15）塔拉航空公司（Tara Air）：www.taraair.com；

（16）雪人航空公司（Yeti Airlines）：www.yetiairlines.com。

（三）财政金融信息检索

尼泊尔财政部（Ministry of Finance）是尼泊尔最重要的财政机构，主要负责国家财政收支和援助资金的管理，统筹管理公共财产、国有企业资金等。"尼泊尔财政部网站（www.mof.gov.np）"是尼泊尔境内最有影响力的经济类网站之一，向用户提供了大量有关尼泊尔财政方面的权威信息。网站主页设置了 4 个主要栏目，分别为：（1）हाम्रो बारेमा（关于我们），主要介绍尼泊尔财政部的基本情况，包括职能、任务、使命、战略目标等。（2）मन्त्रालय（部门机构），主要介绍尼泊尔财政部各级机构的设置情况以及各机构职员的基本信息等。（3）प्रकाशनहरू（出版物），主要是发布 बजेट वक्तव्य（国家预算报告）、एनपीपीआर（部门预算报告）、आर्थिक सर्वेक्षण（经济调查报告）、व्यय अनुमानको विवरण（开支预算明细）、सार्वजनिक संस्थाहरूको वार्षिक स्थिति समीक्षा（公共事业状况年度回顾）、बजेट तथा कार्यक्रम महाशाखा प्रकाशनहरू（预算和计划司出版物）、श्रोत पुस्तिका सेतो किताब（国际经济合作来源白皮书）、माननीय अर्थमन्त्रीका भनाइहरू（财政部长讲话）、राजस्व परामर्श समितिको प्रतिवेदन（税务咨询委员会报告）、अन्तर्राष्ट्रिय आर्थिक सहायता समन्वय महाशाखा प्रकाशनहरू（国际经济合作协调司出版物）、आर्थिक ऐन तथा विधेयक（经济法律与法案）、अनुगमन तथा मुल्याङ्कन महाशाखा प्रकाशनहरू（监督和评价司出版物）、प्रशासन महाशाखा प्रकाशनहरू（行政管理司出版物）、राजस्व व्यवस्थापन महाशाखा प्रकाशनहरू（收益管理司出版物）、आर्थिक नीति तथा विश्लेषण महाशाखा प्रकाशनहरू（经济政策研究司出版物）等各类财政金融文件、报告和统计数据等。（4）सम्पर्क（联系我们），主要提供尼泊尔财政部及部分下辖单位的联系方式，包括办公地址、电子邮箱地址、传真号码和音频布告栏号码等。此外，该栏目还提供了尼泊尔财政部首席发言人和助理发言人的基本信息，包括姓名、职务、电话号码和电子邮箱地址等。

尼泊尔国家银行（Nepal Rastra Bank）是尼泊尔的中央银行，也是尼泊尔最重要的金融机构，成立于 1956 年。尼泊尔国家银行总部位于尼泊尔加德满都，在全国拥有 7 个办事处。尼泊尔国家银行负责监督尼泊尔各类商业银行，授权金融机构和引导货币政策，还负责监督外汇汇率和国家外汇储备，调节外汇政策。"尼泊尔国家银行网站（www.nrb.org.np）"主要向用户提供尼泊尔金融领域的法律法规、政策方针、银行机构、注意事项和货币汇率等。

尼泊尔其他重要的财政金融部门、公司和银行网站包括：

（1）海关总署（Department of Customs）：www.customs.gov.np；

（2）税务调查局（Department of Revenue Investigation）：www.dri.gov.np；

（3）税务局（Inland Revenue Department）：www.ird.gov.np；

（4）税收管理训练中心（Revenue Administration Training Center）：www.ratc.gov.np；

（5）尼泊尔银行（Nepal Bank）：www.nepalbank.com.np；

（6）尼泊尔国家商业银行（Rastriya Banijya Bank）：www.rbb.com.np；

（7）尼泊尔农业发展银行（Agriculture Development Bank）：www.adbl.gov.np；

（8）纳比勒银行（Nabil Bank）：www.nabilbank.com；

（9）尼泊尔投资银行（Nepal Investment Bank）：www.nibl.com.np；

（10）喜马拉雅银行（Himalayan Bank）：www.himalayanbank.com；

（11）尼泊尔工商银行（Nepal SBI Bank）：www.nepalsbi.com.np；

（12）拉克西米银行（Laxmi Bank）：www.laxmi.laxmibank.com；

（13）尼泊尔证券交易所（Nepal Stock Exchange，NEPSE）：www.nepalstock.com。

六、阿富汗经济类网络信息检索

（一）基本经济情况

阿富汗历经 30 多年战乱，经济破坏殆尽，生产生活物资短缺，基础设施破坏严重。自 2001 年过渡政府成立以来，阿富汗积极利用国际援助，采取了诸多举措刺激国内经济。2002 年以来，阿富汗国民经济呈现"低水平的快速增长"。据阿富汗中央统计局统计，2014—2015 财年阿富汗国内生产总值 210.2 亿美元，人均 GDP 为 748 美元。但由于农业基础设施严重不足，产业结构严重畸形，建设资金严重不足，阿富汗国内经济造血功能恢复缓慢。到 2014 年，阿富汗全国失业率已超过 40%，近 35% 的人口生活在绝对贫困标准以下，通货膨胀率接近 10%，阿富汗仍然是世界上最不发达国家之一。

（二）国家宏观经济政策信息检索

阿富汗现行的国家宏观经济政策是 2008 年 5 月出台的《阿富汗国家发展战略》（Afghanistan National Development Strategy）。根据该战略，阿富汗修改和完善了行政和金融方面的程序，制定了保护性的货币政策，减少和降低了关税，更新了贸易法律，在可持续发展和社会经济增长方面取得了一定的成绩。有关《阿富汗国家发展战略》的具体内容，可访问 www.ands.gov.af。

（三）部门经济信息检索

阿富汗经济结构主要包括农业、工业、服务业三大产业。农业包括种植业、畜牧业、林业等；工业主要包括油气、矿产、电力、化工等重工业部门和纺织、服装、制鞋等产业；服务业主要有交通运输、电信、金融、保险等行业。

1.农业信息检索

阿富汗是个传统的农业国家，全国 55%的家庭从事农业生产。但由于多年的战乱以及国家对农业的投入不足，阿富汗农业基础设施严重不足，农业技术较为落后，农业生产力水平低下，停留在靠天吃饭的地步，粮食只能基本保证自给，耕地也非常有限。据阿富汗中央统计局统计，2013—2014 年度阿富汗耕地面积 784.5 万公顷，约占全国土地面积的 12.1%。其中，只有 209.2 万公顷土地有灌溉设施，152.4 万公顷的土地靠雨水自然灌溉，还有 422.9 万公顷的土地是临时耕地。阿富汗主要粮食作物有小麦、大麦、稻谷和玉米，2013—2014 年度粮食作物种植面积达 325.7 万公顷，总产量为 650.7 万吨。其中，小麦种植面积达 255.3 万公顷，占全部粮食作物面积的 78.4%，产量为 516.9 万吨，占全部粮食作物产量的 79.4%。阿富汗主要的经济作物有棉花、土豆、甘蔗、甜菜和油料作物。

畜牧产品是阿富汗农民的主要收入来源之一，对于游牧民来说，家畜更是唯一的收入来源。目前，阿富汗有固定的牧场 3000 万公顷，150 万游牧民直接从事畜牧业。阿富汗的家畜主要是绵羊、山羊和牛，家禽主要是鸡，个别地方少量饲养驴、马、骆驼和骡。羊皮和羊毛一直是阿富汗传统的出口商品，尤其是迈马纳地区的紫羔羊皮。2013—2014 年度，羊皮和羊毛出口达 3514.6 万美元，占出口总额的 6.8%。

阿富汗农业、灌溉和牲畜业部是阿富汗主管农业发展和农村建设的政府部门，其官方网站"www.mail.gov.af"提供农业发展的政策规划、项目招标、对外合作、数据统计、法律文本等详细信息。

其他重要的农业部门网站有：

（1）阿富汗博览会（Ag Fair）：www.agfair.gov.af，www.afghanistanagfair.com；

（2）农业知识管理基金（Paywand, Agriculture Knowledge Management Facility）：www.paywand.mail.gov.af；

（3）农业和农村综合发展基金（Comprehensive Agriculture and Rural Development – Facility，CARD-F）：www.cardf.gov.af；

（4）农业发展基金（Agricultural Development Fund）：www.adf-af.org。

2.工业信息检索

阿富汗新政府非常重视工业发展，为加快工业化步伐，促进经济发展，在全国多个地区建立了现代工业园区，逐步形成了轻工业和手工业为主的工业格局，主要有化工、建材、制造、制药、印刷、食品、纺织、皮革、地毯等行业，矿产业是阿富汗的国家战略重点产业。

阿富汗矿业和石油部负责统筹管理全国的矿产资源的勘探、开发和管理，其官方网站"www.mom.gov.af"提供阿富汗矿业发展战略、阿富汗国内地质与矿产的最新动态、矿业投资的相关法规以及矿业项目招标等信息。

阿富汗商业和工业部（简称"商工部"）是阿富汗工业发展的领导机构，负责制定工业发展的计划、战略和政策，对国内机械、化工、消费品、食品等生产部门的中小型企业进行管理。商工部官方网站"www.moci.gov.af"向用户提供的信息资源包括阿富汗工业发展计划、政策和战略以及工业投资相关法规等。

在美国国际发展署和世界银行的援助下，阿富汗已建成巴格拉米（Bagrami Industrial Park）、希萨尔·沙赫（Hesar-e-Shahi Industrial Park）、戈里马尔（Gorimar Industrial Park）、舒兰达姆（Shorandam Industrial Park）、赫拉特（Herat Industrial Park）等5个工业园，计划再新建4个工业园。2012年12月，阿富汗高级经济委员会（High Economic Commission）决定，所有工业园区的管理由商工部划归投资促进局（Afghanistan Investment Support Agency，AISA）负责。投资促进局成立了工业园发展部（Industrial Parks Development Department）来负责所有工业园的建设、发展和管理。通过简化行政审批程序，工业园发展部提高了投资者申请使用土地的效率，还给投资者在支付土地使用费用上以便利，这些措施吸引了一大批投资者到工业园投资创业。

部分工业部门、组织、公司网站有：

（1）阿富汗商业和工业协会（Afghanistan Chamber of Commerce and Industry）：www.acci.org.af；

（2）阿富汗工业协会（Afghanistan Industrial Association）：www.aia.org.af；

（3）阿富汗经济部重建和发展服务司信息中心（Afghanistan Reconstruction and Development Services）：www.ards.gov.af；

（4）阿富汗投资促进局（Afghanistan Investment Support Agency）：www.aisa.org.af；

（5）阿富汗能源信息中心（Afghan Energy Information Center）：www.aeic.af；

（6）阿富汗国家电力公司（Da Afghanistan Breshna Sherkat，Afghan National Electricity Company）：www.dabs.af；

（7）国家集团公司（Watan Group）：www.watan-group.com；

（8）哈利鲁德建筑公司（Harirod Construction Company）：www.harirod.af；

（9）拉赫马特·萨达特建筑公司（Rahmat Sadat Construction Company）：

www.rscc.af;

（10）西法特·纳吉布建筑公司（Sefat Najeeb Construction Company）：www.snccgroup.com;

（11）阿富汗石地质采矿工程服务公司（Afghanite Geo & Mining Engineering Services Company）：www.afghanite.net;

（12）奥姆兰岩土工程公司（Omran Geotechnical Company）：www.ogc.af;

（13）帕米尔岩土工程服务公司（Pamir Geotechnical Service Company）：www.pgs.af;

（14）佩曼冰淇淋公司（Peyman icecream）：www.peymanicecream.com。

3.交通运输业信息检索

阿富汗无出海口，交通运输以公路为主，其次是航空运输，铁路运输极不发达，全国铁路总里程仅为 106 千米。目前，阿富汗境内公路总里程近 3.4 万千米，其中连接邻国的区域公路（Regional Highway）3363 千米，国道 4884 千米，省际公路 9656 千米，乡村公路 17000 千米。目前，阿富汗有 67 座机场，其中喀布尔机场、坎大哈机场、赫拉特机场和马扎里沙里夫机场为国际机场。阿富汗现有四家在营的航空公司，分别是阿里亚纳航空公司（Ariana Afghan Airlines）、卡姆航空公司（Kam Air）、萨菲航空公司（Safi Airways）和阿富汗捷特国际航空公司（Afghan Jet International Airlines）。其中，阿里亚纳航空公司是阿富汗唯一一家国有航空公司。

阿富汗重要的交通运输部门和公司网站有：

（1）阿富汗铁路局（Afghanistan Railway Authority）：www.afra.gov.af;

（2）阿富汗民航局（Civil Aviation Authority）：www.acaa.gov.af;

（3）坎大哈国际机场（Kandahar International Airport）：www.kandaharinternationalairport.com;

（4）阿里亚纳航空公司（Ariana Afghan Airlines）：www.flyariana.com;

（5）卡姆航空公司（Kam Air）：www.kamair.com;

（6）萨菲航空公司（Safi Airways）：www.safiairways.com;

（7）阿富汗捷特国际航空公司（Afghan Jet International Airlines）：www.flyaji.com。

4.电信业信息检索

2001 年底，据估计阿富汗全国有 35000 部电话向 2700 万人口提供服务，只有在全国的六个主要城市地区才可以打电话，是当时世界上电话普及率最低的国家。阿富汗新政府成立后，公布了现代电信和互联网行业政策，鼓励私营经济参与阿富汗电信行业的发展，规定所有提供通信服务的公司每年必须拿出 2.5% 的收入投入通信发展基金。在政府的大力支持下，电信业成了阿富汗发展最快的行业之一，也是外资竞争最激烈的行业。阿联酋电信公司（Etisalat）、南非移动通信公司 MTN 集团、中国的华为技术有限公司和中兴通讯有限公司等相继进入阿富汗电信市场。2012 年，由中国中兴通讯有限公司承揽的阿富汗国家光纤骨干网建设项目正式投入运营。该项目铺设光缆全长 3131 千米，站点 70 多个，环绕和覆盖阿富汗全境，是阿富汗有史以来首张全国性规模最大、容量最高的传输网络，将提供与巴基斯坦、伊朗、乌兹别克斯坦和土库曼斯坦等国的国际业务接口，充分保障跨区域业务运营。截至 2015 年底，阿富汗 2860 万人口中约 2540 万是手机用户，其中有 191 万人是 3G 用户。阿富汗的互联网用户从 2002 年的 100 增长到 2012 年的 200 万，到 2014 年底，阿富汗个人使用互联网的百分比为 6.39%。截至 2016 年 5 月，阿富汗共有 57 家互联网服务供应商，其中 46 家是全国性互联网服务供应商，可以向阿富汗全境提供互联网服务。

阿富汗重要的电信部门和公司网站有：

（1）阿富汗邮政局（Afghan Post）：www.afghanpost.gov.af；

（2）阿富汗电信管理局（Afghanistan Telecom Regulatory Authority）：www.atra.gov.af；

（3）阿富汗电信公司（Afghan Telecom）：www.afghantelecom.af；

（4）阿富汗无线通信公司（Afghan Wireless）：www.afghan-wireless.com；

（5）罗尚电信公司（Roshan）：www.roshan.af；

（6）内达电信（Neda-Telecom）：www.neda.af；

（7）因斯塔电信（Insta-Telecom）：www.instatelecom.com；

（8）网络地带（Netzone）：www.netzone.af；

（9）网联公司（NETLINKS）：www.netlinks.af。

（四）经济统计数据信息检索

阿富汗中央统计局（Central Statistics Organization of Afghanistan）通过定期统计和发布经济运行的各项权威数据，反映执行国家宏观经济发展战略和实现各项指标的阶段性成果，对阿富汗的经济重建具有指导意义。

"阿富汗中央统计局网站（www.cso.gov.af）"有达里语、普什图语和英语三个版本。网站可查询 2006—2007 年度以来各年度的《阿富汗统计年鉴》（Afghanistan Statistical Yearbook），该年鉴包括人口、行政区划、农业、工业、交通、对外贸易、通货膨胀与居民消费价格指数、财政、援助、教育、卫生等方面的详细数据和信息，便于用户把握某一领域的发展状况。

（五）财政金融信息检索

阿富汗财政部（Ministry of Finance）的主要职能是负责国家财政收支和援助资金的管理，统筹管理公共财产、国有企业资金，负责国家进出境监督管理事务，管理保险行业等。"阿富汗财政部网站（www.mof.gov.af）"有达里语、普什图语和英语三个版本，提供的信息包括 Documents（财政部文件）、Reports（财政部报告）、Announcement（财政部公告）、Tender Notes（投标注意事项）等。

阿富汗银行（Da Afghanistan Bank）是阿富汗的中央银行，其主要职能是发行货币，监管所有商业银行的运营，维持国内物价稳定，培育稳定的金融体系，推行安全有效的国家支付系统，依法制定和执行货币政策，确定汇率政策，维护合理的汇率水平，实施外汇管理，持有、管理国家的外汇储备等。"阿富汗银行网站（www.dab.gov.af）"有达里语、普什图语和英语三个版本，提供的信息包括 Monetary Policy（货币政策）、Financial Supervision（财政监管）、Laws & Regulations（法律法规）、Financial Statements（财务报表）、Exchange Rates（汇率）、Procurement And Careers（采购和招聘）等。

其他重要的财政金融部门、公司和银行网站包括：

（1）税务局（Afghanistan Revenue Department）：www.ard.mof.gov.af；

（2）预算总局（Directorate General Budget）：www.budgetmof.gov.af；

（3）海关总署（Afghanistan Customs Department）：www.customs.gov.af；

（4）阿富汗小微金融协会（Afghanistan Microfinance Association）：www.ama.org.af；

（5）阿富汗金融公司（Afghanistan Finance Company）：www.afc.af；

（6）阿富汗农村金融公司（Afghan Rural Finance Company）：www.arfc.com.af；

（7）阿富汗国家保险公司（Afghan National Insurance Company）：www.anic.gov.af；

（8）阿富汗保险公司（Insurance Corporation of Afghanistan）：www.icaaf.co；

（9）阿富汗银行协会（Afghanistan Banks Association）：www.aba.org.af；

（10）阿富汗国民银行（Bank-e-Millie Afghan）：www.bma.com.af；

（11）普什图银行（Pashtany Bank）：www.pashtanybank.com；

（12）新喀布尔银行（New Kabul Bank）：www.newkabulbank.af；

（13）阿富汗国际银行（Afghanistan International Bank）：www.aib.af；

（14）阿齐兹银行（Azizi Bank）：www.azizibank.af；

（15）阿富汗联合银行（Afghan United Bank）：www.aub.af；

（16）阿富汗商业银行（Afghanistan Commercial Bank）：www.afgcommercialbank.com；

（17）巴赫塔尔银行（Bakhtar Bank）：www.bakhtarbank.com；

（18）第一小额信贷银行（The First Micro Finance Bank）：www.fmfb.com.af；

（19）梅旺德银行（Maiwand Bank）：www.maiwandbank.com；

（20）加赞法尔银行（Ghazanfar Bank）：www.ghazanfarbank.com。

七、不丹经济类网络信息检索

（一）基本经济情况

传统农业在不丹国民经济中占有很大比重，但自 1961 年起开始实行经济发展的"五年计划"，并从印度、瑞士、联合国开发计划署等国家和国际组织获得经济援助，不丹的经济结构发生了重要变化。2011 年至 2015 年，不丹 GDP 年均增长率为 5.46%，其中第三产业发展最快，其次分别为制造业、电力和建筑业。2015 年，不丹人均 GDP 为 2719 美元，通货膨胀率为 4.58%左右。2002 年开始，制造业和服务业率先对外资开放，外资控股最高可达 70%。由于自然条件的限制，不丹经济发展仍然十分落后。2014 年，在联合国发展署发表的全球人类发展报告中，不丹排名第 132 位，是最不发达国家之一。

（二）国家宏观经济政策信息检索

不丹现行的国家宏观经济政策是《第十一个五年计划》（2013—2018 年）。根据该计划，这期间不丹预计总投资约 2132.91 亿努，较上一个五年计划增长 45.8%，主要目标是实现社会经济自给自足、包容、绿色发展。有关不丹的宏观经济政策和规划，可访问国民幸福总值委员会（Gross National Happiness Commission）官方网站"www.gnhc.gov.bt"。

（三）部门经济信息检索

不丹经济结构单一，农业、旅游业和水力发电是其支柱产业。

1.农业信息检索

20 世纪 50 年代实行土地改革后，98%以上的农民拥有自己的土地、住房，平均每户拥有土地 1 公顷多。粮食基本自给。2015 年，农业、畜牧业、林业约占 GDP 的 16.6%，同比增长 9.7%。其中，农作物、畜牧业、林业分别占 GDP 的 10.1%、3.9%、2.5%。农业和林业劳动人口占总就业人口的 58%。可耕地面积占国土总面积的 16%，主要农作物有玉米、稻子、小麦、大麦、荞麦、马铃薯和小豆蔻。不丹盛产水果，苹果、柑橘等大量向印度和孟加拉国出口。森林覆盖率约为 70.46%，自然保护区面积占国土面积的 51.4%。物种丰富，每万平方千米上有植物 3281 种，主要树种有婆罗双树、橡树、松树、冷杉、云杉、桦树等，以丰富的名木花草闻名遐迩。

不丹农业与森林部（Ministry of Agriculture and Forests）是不丹主管农业、畜牧业和林业发展的政府部门，其官方网站"www.moaf.gov.bt"提供农业与森林部人员及组织机构的介绍、农业发展的政策规划、项目招标、对外合作、数据统计、法律文本等详细信息。

（1）不丹农业与森林部部分下属机构网站如下：

①农业机械中心（Agriculture Machinery Centre）：www.amc.gov.bt；

②农业与食品监督局（Bhutan Agriculture and Food Regulatory Authority）：www.bafra.gov.bt；

③森林与公园服务局（Department of Forests and Park Services）：www.dofps.gov.bt；

④农业市场与合作局（Department of Agricultural Marketing & Cooperatives）：www.agrimarket.gov.bt；

⑤国家种子中心（National Seed Centre）：www.nsa.gov.bt。

（2）其他重要的农业机构、公司网站有：

①国家动物卫生中心（National Centre for Animal Health）：www.ncah.gov.bt；

②国家水产养殖中心（National Centre for Aquaculture）：www.nca.gov.bt；

③国家植物保护中心（National Plant Protection Centre）：www.nppc.gov.bt；

④国家土地服务中心（National Soil Services Centre）：www.nssc.gov.bt；

⑤农村发展培训中心（Rural Development Training Centre）：www.rdtc.gov.bt；

⑥农机有限公司（Farm Machinery Corporation Limited）：www.fmcl.bt；

⑦自然资源开发有限公司（Natural Resources Development Corporation Limited）：www.nrdcl.bt。

2.工业信息检索

2010 年，不丹工业（包括电力、建筑业和制造业）总产值 293.95 亿努，同比增长 12%，占 GDP 的 40.6%。建筑业产值 103.089 亿努，增长 38%，占 GDP 的 14%。制造业产值 63.24 亿努，增长 26%，占 GDP 的 8.7%。不丹水电资源蕴藏量约为 3 万兆瓦，目前仅开发利用了 5%。近年来，对印度电力出口带动不丹水电站建设，水电及相关建筑业已成为拉动经济增长的主要因素。2010 年，不丹实现水电产值 127.636 亿努，增长 8%，占 GDP 的 17.6%。2015 年，不丹全国发电量为 77.31 亿千瓦时，出口 57.21 亿千瓦时。

不丹经济事务部（Ministry of Economic Affairs）是不丹工业经济的主管部门，下属有工业局（Department of Industry）、可再生能源局（Department of Renewable Energy）、水电与电力系统局（Department of Hydropower & Power Systems）、小型工业局（Department of Cottage & Small Industry）、地质矿产局（Department of Geology and Mines）等部门。在不丹经济事务部的官方网站"www.moea.gov.bt"可查询不丹工业经济的发展政策和规划、相关部门的介绍、各部门的研究和发展报告等信息。

不丹工程与人员安置部（Ministry of Work and Human Settlement）下属的工程服务局是不丹建筑业的主管部门。在不丹工程与人员安置部的官方网站"www.mowhs.gov.bt"可查询工程服务局的人员和部门设置、城市发展计划、工程会议等信息。

部分工业部门、组织、公司网站有：

（1）建筑发展委员会（Construction Development Board）：www.cdb.gov.bt；

（2）不丹工业协会（Association of Bhutanese Industries）：www.abi.org.bt；

（3）不丹商业和工业协会（Bhutan Chamber of Commerce and Industry）：www.acci.org.bt；

（4）本土艺术品促进局（Agency for Promotion of Indigenous Crafts）：www.apic.org.bt；

（5）不丹手工业协会（Handicraft Association of Bhutan）：www.handicraftsbhutan.org；

（6）不丹电力公司（Bhutan Power Corporation Limited）：www.bpc.bt；

（7）不丹建筑协会（Construction Association of Bhutan）：www.cab.org.bt；

（8）德鲁克绿色能源公司（Druk Green Power Corporation）：www.drukgreen.bt。

3.旅游业信息检索

旅游业是不丹外汇的重要来源之一。不丹自 1974 年起开放外国人入境，但控制较严，一般只接受团体旅游。出于环保考虑，不丹对外国游客每人每天收取 165 至 200 美元的最低消费费用。1987 年 7 月起，寺院、宗教圣地不对外开放。每年 3 月至 6 月、9 月至 12 月是旅游旺季，游客主要来自泰国、中国、日本、美国和欧洲等地。2015 年，入境游客 167379 人次，创收 7105 万美元。

不丹旅游局（Tourism Council of Bhutan）是全国旅游业的主管部门，主要职责是发展和促进旅游业，制定旅游政策和计划，实施相关法律、法规、政策和计划。"不丹旅游局网站（www.tourism.gov.bt）"主要提供不丹旅游信息、旅游政策、官方公告、旅行贴士、旅游预订指南、旅行需求等信息。

不丹重要的旅游机构网站有：

（1）不丹旅行社协会（Association of Bhutan Tour Operators）：www.abto.org.bt；

（2）不丹酒店和餐厅协会（Hotel & Restaurant Association of Bhutan）：www.hab.org.bt；

（3）德鲁克酒店（Hotel Druk）：www.drukhotels.com；

（4）芝瓦林酒店（Zhiwa Ling Hotel）：www.zhiwaling.com。

4.交通运输业信息检索

目前，不丹境内公路总里程 11177 千米（2016 年），拥有机动车辆 75190 辆（2015 年）。帕罗机场是不丹唯一的国际机场，距首都廷布 65 千米。不丹现有两家在营的航空公司：不丹皇家航空公司（Druk Air Corporation）和不丹航空公司（Bhutan Airlines）。不丹皇家航空公司成立于 1983 年 2 月，是不丹控股和投资公司下属的国有航空公司。该公司拥有 3 架空客 A319 型客机和 1 架 ATR-500 客机，国内航线包括从帕罗至布姆唐宗、Gelephug，国际航线包括从帕罗至巴格多格拉、新德里、嘎亚、加尔各答、高哈蒂、加德满都、达卡、曼谷和新加坡。

不丹重要的交通运输部门和公司网站有：

（1）道路安全和交通局（Road Safety and Transport Authority）：www.rsta.gov.bt；

（2）不丹皇家航空公司（Drukair，Royal Bhutan Airlines）：www.drukair.com.bt；

（3）不丹航空公司（Bhutan Airlines）：www.bhutanairlines.bt。

5.电信业信息检索

不丹电信公司 1999 年 1 月成立。1999 年，不丹建成全国计算机互联网，拥有自己的域名后缀.bt，并成立因特网服务商 Druknet。2015 年，不丹共有固定电话用户 21460 户，移动用户 486228 户，116 个邮局等邮政基础设施。

不丹重要的电信部门和公司网站有：

（1）不丹邮政局（Bhutan Post）：www.bhutanpost.com.bt；

（2）信息技术和电信局（Department of Information Technology & Telecom）：www.dit.gov.bt；

（3）不丹信息通信技术和培训协会（Bhutan ICT & Training Association）：www.bictta.org.bt；

（4）不丹电信公司（Bhutan Telecom Limited）：www.bt.bt；www.druknet.bt。

（四）经济统计数据信息检索

国家统计局（National Statistical Bureau）通过定期提供及时、可靠的各项权威统计数据，反映执行国家宏观经济发展战略和实现各项指标的阶段性成果，对不丹的经济发展具有指导意义。

"国家统计局网站（www.nsb.gov.bt）"为英文版本，网站可浏览和下载 1985—2016 年各年度的《统计年鉴》（Statistical Year Book）、2004—2016 年各年度的《不丹一览》（Bhutan at a Glance）、2010—2016 年《各宗年度统计》（Annual Dzongkhag Statistics）、2014—2017 各年度政府部门《年度绩效协议》（Annual Performance Agreement）、2008—2017 年消费价格指数、人口报告（Census Reports）等。其中，《统计年鉴》主要提供人口、卫生、教育、就业、土地使用和农业、环境数据、工业、交通和通信、能源、旅游、外贸和国际收支、货币以及银行和财政、公共财政、计划展望、国民账户、价格、犯罪等 17 个方面的详细数据。《不丹一览》主要提供不丹国土面积、人口统计、卫生、教育、就业、交通和通信、能源、旅游、农业、工业、国际收支、国民账户、公共财政、消费者价格指数等 14 个方面的总体数据，便于用户宏观把握某一领域的发展状况。

（五）财政金融信息检索

不丹财政部（Ministry of Finance）的主要职能是制定和实施国家财政政策、管理国家财政收支、统筹管理公共财产、监督管理国有企业、负责国家进出境监督管理事务等，下属的业务部门主要有宏观经济局（Department of Macroeconomic Affairs）、国家预算局（Department of National Budget）、国有财产局（Department of National Properties）、公共账目局（Department of Public Accounts）、税务和海关局（Department of Revenue & Custom）等。"不丹财政部网站（www.mof.gov.bt）"为英文版本，用户可检索到 Public Finance Act（公共财政法）、Revised Taxes and Levies Act of Bhutan（不丹税收和征收修订法）、Tax Revision Act（税务修订法）、Income Tax Act（所得税法）、Public Debt Policy（公共债务政策）、Bhutan Trade Classification and Tariff Schedule（不丹贸易分类和关税表）、Annual Financial Statements（年度财务报表）、Budget Reports（财政预算报告）、National Revenue Reports（财政收入报告）等重要的法律、法规、报告。

皇家货币局（Royal Monetary Authority）成立于 1982 年，是不丹的中央银行，主要职能是负责制定和执行政府的货币政策、发行货币、监督管理商业银行、外汇管理等。"皇家货币局网站（www.rma.gov.bt）"为英文版本，用户可检索到与货币和银行相关的法律法规、货币政策、外汇汇率等信息。

不丹银行（Bank of Bhutan）成立于 1968 年，曾是不丹的中央银行。2000 年改制为国家商业银行，是不丹最大的商业银行，在全国各地设有 45 个分支机构和办事处。不丹银行一度与印度国家银行合办，2002 年，印度国家银行将管理权移交给不丹，持股份额也由 40%降至 20%。"不丹银行网站（www.bob.bt）"为英文版本，提供包括 Personal Banking（个人银行）、Internet Banking（网上银行）、SMS Banking（手机银行）、Loans（贷款）、Foreign Exchange（外汇汇率）、Cards（信用卡）、Contact Us（联系我们）等服务和信息。

其他重要的财政金融部门、公司和银行网站包括：

（1）税务和海关局（Department of Revenue and Customs）：www.drc.gov.bt；

（2）不丹皇家保险公司（Royal Insurance Corporation of Bhutan Limited）：www.ricb.com.bt；

（3）不丹保险公司（Bhutan Insurance Limited）：www.bhutaninsurance.com.bt；

（4）GIC 不丹再保险公司（GIC-Bhutan Reinsurance Limited）：www.gicbhutanre.com；

（5）不丹国家银行（Bhutan National Bank）：www.bnb.bt；

（6）不丹发展银行（Bhutan Development Bank）：www.bdb.bt；

（7）德鲁克旁遮普国民银行（Druk PNB Bank Limited）：www.drukpnbbank.bt；

（8）T 银行（T Bank Ltd）：www.tbankltd.com；

（9）不丹环境保护信托基金（Bhutan Trust Fund for Environmental Conservation）：www.bhutantrustfund.bt。

八、马尔代夫经济类网络信息检索

马尔代夫是世界上著名的旅游胜地，拥有辽阔的海域、美丽的海岛和丰富的海洋资源。优越的地理条件和独特的岛国风光为马尔代夫的旅游业和渔业奠定了良好的基础。旅游业和渔业已发展成为马尔代夫经济的两大支柱。马尔代夫政府于 1989 年开始实施经济改革计划，在保护环境的基础上发挥自身资源优势，开放市场鼓励外国资金进入几乎所有领域，加快了经济的发展。

（一）政府经济部门信息检索

马尔代夫经济发展部（Ministry of Economic Development）是马尔代夫的经济管理部门，负责制定经济和贸易政策，监管和促进除旅游业以外的外国投资的审批和注册。经济发展部的下属机构有 Trade Facilitation Committee（贸易促进委员会）、Business Council（商业委员会）、Business Council（中小企业委员会）。

"马尔代夫经济发展部网站（www.trade.gov.mv）"提供包括贸易政策、投资促进、法规标准、消费者保护、商业合作等方面的详细信息。

（二）部门经济信息检索

1.旅游业

马尔代夫是世界第七大珊瑚礁覆盖的国家，其珊瑚礁面积占世界珊瑚礁总面积的5%。辽阔的海域、美丽的海岛为马尔代夫的旅游业发展奠定了良好的基础。马尔代夫从 19 世纪 70 年代开始大力发展旅游业，旅游业迅速成为第一支柱产业，常年占马尔代夫 GDP 总量的 30%左右，是马尔代夫主要的外汇收入来源。截至 2013 年底，马尔代夫全国各类正在运营的酒店共计 278 家，床位 2.66 万个。

旅游、艺术和文化部（Ministry of Tourism Arts & Culture），负责发展旅游业，在国家层面对旅游业进行长远规划和开发，并具有监管的职能，确保旅游业的可持续发展。根据中国政府和马尔代夫政府共同签署的相关协议，中国公民持因私护照赴马尔代夫旅游，可获得 30 天免费落地签证。"旅游、艺术和文化部网站（www.tourism.gov.mv）"提供部门架构、法律法规、注册设施、旅游项目、旅游开发、统计数据等信息。

马尔代夫市场营销和公共关系公司（Maldives Marketing & Public Relations Corporation）是马尔代夫国家旅游局下属机构，负责开展旅游宣传活动，保障当地旅游业服务质量以及旅游业可持续发展。"马尔代夫市场营销和公共关系公司网站（www.investtourism.gov.mv）"提供投资环境、经济视野、媒体新闻等信息。

马尔代夫旅游行业协会（MATI），是一家成立于 1982 年的非营利性的非政府组织，其宗旨是促进马尔代夫旅游业发展。"马尔代夫旅游行业协会网站（www.matimaldives.com）"提供协会成员信息、旅游动态、行业培训等信息。

旅游指南网站（www.visitmaldives.com），有英语、汉语、日语、俄语、法语、西班牙语、意大利语、德语等不同语言版本。该网站介绍马尔代夫国家概况、各类旅游项目、宾馆酒店以及旅游相关其他事项。

马尔代夫其他重要的旅游网站名称及网址有：

（1）马尔代夫旅游发展公司（Maldives Tourism Development Corporation Plc）：www.mtdc.com.mv；

（2）旅游概念（Tripconcept）：www.tripconcept.com；

（3）马尔代夫旅行者（Maldives Traveller）：www.maldivestraveller.mv；

（4）马尔代夫度假指南（Maldives Holiday Guide）：www.themaldives.net。

2.渔业

渔业是马尔代夫的传统经济产业和唯一的本国商品出口产业，也是马尔代夫非常重要的外汇收入来源。马尔代夫主要的水产品为黄鳍金枪鱼和鲣鱼，尚未发展水产养殖业。近年来渔业发展缓慢，主要原因是本国渔业发展政策和捕捞能力的局限。

渔业和农业部（Ministry of Fisheries and Agriculture & Marine Resources）网站"www.fishagri.gov.mv"详细介绍了该部门的概况和组织架构、信息服务、统计数据、法律法规等内容，其中统计数据版块中涵盖了丰富详尽的相关数据和信息。

马尔代夫水产实业有限公司（Maldives Industrial Fisheries Company Ltd.）是马尔代夫渔业行业的主导力量，拥有 30 多年的水产加工和出口历史。其官方网站为"www.mifco.com.mv"。

（三）经济统计数据信息检索

国家统计局（National Bureau of Statistics）是马尔代夫财政部下属机构。"国家统计局网站（www.statisticsmaldives.gov.mv）"是经济数据发布的重要渠道，提供重要的经济指标图表和数据。该网站为英文版本，通过主页的导航栏可以查询 Census（人口普查）、Consumer Price Index（消费者物价指数）、Gross Domestic Product（国内生产总值）、Key Economic Indicators（主要经济指标）、Millennium Development Goals（千年发展目标）、Producer Price Index（生产者物价指数）、Statistical Yearbook（统计年鉴）、Tsunami Reports（海啸报告）等数据信息。

（四）财政金融信息检索

马尔代夫金融领域对外资开放，外国金融机构可在马尔代夫设立分支机构。马尔代夫金融系统相对较小，以银行机构为主，主要构成为：中央银行，即马尔代夫货币局（Maldives Monetary Authority），网址为 www.mma.gov.mv；商业银行，即马尔代夫银行（Bank of Maldives）；外资银行分行，包括印度国家银行（State Bank of India）、斯里兰卡锡兰银行（Bank of Ceylon）、香港上海汇丰银行（Hong Kong Shanghai Banking Corporation Ltd.）、哈比卜银行（Habib Bank Limited）；伊斯兰银行，即马尔代夫伊斯兰银行（Maldives Islamic Bank）；合资银行，即毛里求斯商业银行马尔代夫有限公司（Mauritius Commercial Bank Maldives Pvt. Ltd.）。

非银行金融机构主要有本地的马尔代夫联合保险公司（Allied Insurance Company），网址为 www.allied.mv。

马尔代夫财政金融方面的信息可从以下部门获得：

（1）马尔代夫财政部（Ministry of Finance & Treasury）

马尔代夫财政部主要任务是为国家提供一个健全的宏观经济框架，通过采用可持续的财政政策，保持经济的持续增长，抑制通货膨胀。"财政部网站（www.finance.gov.mv）"主要提供财政部的机构设置和职能、立法、出版物、投标等信息。

（2）马尔代夫银行（Bank of Maldives）

马尔代夫银行是马尔代夫的国家银行，正式成立于 1982 年 11 月 11 日，其主要职能是建立零售银行业务，处理国内所有岛礁上的银行活动，其服务包括电子银行、贷款融资、信用卡和借记卡。马尔代夫银行官方网站"www.bankofmaldives.com.mv"提供个人银行（Personal）、商业银行（Business）、企业银行（Corporate）、伊斯兰银行（BML Islamic）、投资者关系（Investor Relations）以及新闻媒体（News&Media）等信息。

（3）资本市场发展局（Capital Market Development Authority，CMDA）

根据马尔代夫《证券法》（2006年）成立的资本市场发展局，主要负责监管和发展马尔代夫资本市场和养老产业，监管证券市场，通过法律法规保护投资者利益。资本市场发展局官方网站"www.cmda.gov.mv"提供了法律法规（Legal&Regulatory）、公众信息（Public）、授权许可（Licensing）、商业（Businesses）、养老金（Pension）等信息。

（4）马尔代夫股票交易公司（Stock Exchange Company Pvt. Ltd.）

马尔代夫证券交易所成立于2002年4月14日，成立之初是资本市场发展局的监管分支机构。2008年1月23日，资本市场发展局授权成立私人经济部门，即马尔代夫股票交易公司。马尔代夫股票交易公司的主要职能是通过发行新证券为企业筹集资金，为投资者提供一个规范的证券交易市场。

目前，马尔代夫可交易的股票共有6只，其中4只为国营公司的部分流通股份，包括马尔代夫银行、马尔代夫交通和建设公司（Maldives Transport and Contracting Company Plc）、国家贸易组织（State Trading Organization Plc）和马尔代夫旅游发展公司（Maldives Tourism Development Corporation Plc），另外2只为私营公司。马尔代夫股票交易公司官方网站地址为www.maldivesstockexchange.com.mv。

（五）检索示例

通过国家统计局网站检索马尔代夫2015年度的统计年鉴。

具体步骤如下：

（1）登录马尔代夫国家统计局网站主页www.statisticsmaldives.gov.mv；

（2）下拉主页导航栏"Publications"菜单，单击"Statistical Yearbook"（统计年鉴）选项，进入统计局发布的各年度统计年鉴界面；

（3）找到"Years Book 2016"即可查看最新数据。

第二节　南亚国家贸易类网络信息检索

一、印度贸易类网络信息检索

（一）贸易投资信息检索

1.政府机构信息检索

印度商业与工业部下辖的印度商务部（वाणिज्य विभाग）是主管印度贸易和商务的职能机关，主要管理国际贸易、对外贸易、国内贸易、贸易服务管理和经济特区，具体职责包括制定和实施外贸政策，发展双边与多边贸易关系，促进和管理国内贸易，促进出口，促进和规范某些出口导向型工业与商品的发展等。其下设八个机构：行政和总务司（प्रशासन तथा सामान्य प्रभाग）、金融司（वित्त प्रभाग）、经济司（आर्थिक प्रभाग）、贸易政策司（व्यापार नीति प्रभाग）、外贸区域管理司（विदेश व्यापार क्षेत्रक प्रभाग）、国内贸易与基础设施司（राज्य व्यापार एवं अवसंरचना प्रभाग）、供应司（पूर्ति प्रभाग）和特区司（बागान प्रभाग）。"印度商务部网站（www.commerce.gov.in）"主要提供印度进出口总量、贸易平衡状况、总贸易量、主要进出口商品等数据和信息。此外，印度商业与工业部下辖的工业政策和促进部（औद्योगिक नीति एवं संवर्द्धन विभाग）负责外国直接投资（FDI）事务，其官方网站"www.dipp.nic.in"提供外国直接投资政策及相关数据信息。

其他重要的政府机构网站有：

（1）商工部外贸总局（विदेशव्यापारमहानिदेशालय）：www.dgft.delhi.nic.in；

（2）印度贸易促进委员会（Trade Promotion Council of India）：www.tpci.in；

（3）工程出口促进会（Engineering Export Promotion Council of India）：www.eepcindia.org；

（4）印度贸易门户网站（Indian Trade Portal）：www.indiantradeportal.in；

（5）印度贸易促进组织（इंडियाट्रेडप्रमोशनआर्गनाइजेशन）：www.indiatradefair.com；

（6）印度棉纺织品出口促进会（The Cotton Textiles Export Promotion Council）：www.texprocil.org；

（7）服装出口促进会（Apparel Export Promotion Council）：www.aepcindia.com；

（8）合成纺织品出口促进会（The Synthetic & Rayon Textiles Export Promotion Council）：www.srtepc.org；

（9）印度丝织品出口促进会（Indian Silk Export Promotion Council）：www.theindiansilkexportpromotioncouncil.com；

（10）印度商业和工业联盟［भारतीयवाणिज्यएवंउद्योगमहासंघ (फिक्की)］：www.ficci.in；

（11）印度商业和工业联合会（भारतीयवाणिज्यएंवउद्योगमंडल）：www.assocham.org。

2.双边贸易、投资信息检索

印度与 190 多个国家和地区建立了贸易关系，主要贸易对象有阿联酋、中国、美国、沙特阿拉伯、瑞士、新加坡、德国、中国香港、印度尼西亚、伊拉克、日本等。2015 财年，印度主要出口市场前四名为美国、阿联酋、中国香港和中国，主要进口市场前四名为中国、沙特阿拉伯、瑞士和美国。印度的主要出口商品有精炼油、宝石、贵金属、汽车、工程机械、药品等，主要进口商品有原油、电子设备、机械、有机化学品等。

印度双边或多边贸易的重要网站有：

（1）印中贸易中心（India China Trade Center）：www.ictc.org.in；

（2）东盟印度贸易委员会（ASEAN India Business Council）：www.asean-india.org；

（3）南亚区域合作联盟工商会（SAARC Chamber of Commerce & Industry）：www.saarcchamber.org；

（4）欧洲印度商会（Europe India Chamber of Commerce）：www.eicc.be；

（5）欧盟驻印度商会理事会（The Council of EU Chambers of Commerce in India）：www.euindiachambers.com。

3.港口信息检索

印度有着漫长的海岸线和众多优良港口，国土轮廓像一个楔子插入印度洋中。印度海岸线总长度为 7516.6 千米，主要港口有孟买（Mumbai）、科钦（Cochin）、维沙卡帕特南（Vishakapatnam）、金奈（Chennai）、布莱尔港（Blair）、加尔各答（Calcutta）等等。印度主要港口、吞吐量、发展计划、运营细节均可以在"印度港口协会（भारतीयबंदरगाहसंघ）网站（www.ipa.nic.in）"上进行查询。其他与港口航运有关的网站有：

（1）港口税务局（महापत्तन प्रशुल्क प्राधिकरण）：www.tariffauthority.gov.in；

（2）印度内河运输管理局（भारतीय अंतर्देशीय जलमार्ग प्राधिकरण）：www.iwai.nic.in；

（3）孟买港务局（मुंबई पोर्ट ट्रस्ट，Mumbai Port Trust）：www.mumbaiport.gov.in；

（4）金奈港务局（Port of Chennai）：www.chennaiport.gov.in；

（5）加尔各答港务局（कोलकाता पत्तनन्यास）：www.kolkataporttrust.gov.in；

（6）科钦港务局（कोचिन पोर्ट ट्रस्ट）：www.cochinport.gov.in；

（7）维沙卡帕特南港务局（विशाखपट्टणम पोर्ट ट्रस्ट）：www.vizagport.com；

（8）国家船务局（राष्ट्रीय नोवाहन बोर्ड）：www.nsb.nic.in；

（9）印度海事大学（भारतीय समुद्री विश्वविद्यालय）：www.imu.edu.in；

（10）中央内河交通运输有限公司（केन्द्रीय अंतर्देशीय जलपरिवहन निगम लिमिटेड，CIWTC）：www.ciwtcltd.com；

（11）印度轮船公司（भारतीय नौवहन निगम लिमिटेड）：www.shipindia.com。

（二）法律法规信息检索

印度法律体系比较完善，联邦和各邦都有自己的立法机关，都可以依照宪法制定相关法律。印度现行的中央颁布的经济法律、法规主要有《金融法》（2016）、《竞争法》（2002）、《所得税法》（1995）、《公司（修正）法》（2015）、《保险（修正）法》（2015）、《消费税法》（1987）、《外贸（发展和管理）法》（2010）、《外汇管理法》（1999）、《税法（修正）》（2006）、《海关（修正并生效）法》（2011）、《银行（修正）法》（2012）、《印度进出口银行（修正）法》（2012）、《印度合同法》（1872）等等。印度的各项法律及其各种修正案全文都可以在"印度法律和司法部网站（www.lawmin.nic.in）"进行在线浏览和下载。此外，用户通过"印度法律网（www.lawsofindia.org）"可以检索到印度各邦的法律文件。

（三）电子商务信息检索

1.网上购物类网站

（1）Flipkart（www.flipkart.com）

Flipkart 成立于 2007 年，最初成立时仅仅是一家网络书店。经过十年的发展，Flipkart 已发展成为销售电子产品和其他各类产品的综合电商平台，是印度最大的本土购物网站和电子商务企业的旗舰公司。Flipkart 现有员工 30000 余人，2016 年估值已达 120 亿美元。Flipkart 的商品有电子产品、家用电器、男士、女士、儿童、家具、图书六大类，每一大类下又涵盖各种各样的产品。Flipkart 有自己的直营商品，也允许第三方厂商加盟，同时也自己打造了物流服务 eKart 和在线支付服务 PayZippy。Flipkart 在移动领域也很出色，目前有近一半销售额都通过移动通信终端完成。

（2）Snapdeal（www.snapdeal.com）

Snapdeal 成立于 2010 年，是印度第二大电子商务公司。Snapdeal 的运营模式为 C2C，既不负责卖家的商品库存，也不负责物流运输，只是一个交易平台。目前拥有近 30 万商家，超过 3000 万种商品，其服务覆盖了印度 6000 多个城市和乡镇。2016 年，Snapdeal 估值约 70 亿美元。

（3）Amazon India（www.amazon.in）

Amazon India 是美国电商巨头 Amazon 于 2013 年在印度启动的分支，虽然起步比印度两大本土电商都晚，但凭借其资金和品牌优势占据了大量印度市场份额，对印度本土的电子商务企业构成了巨大挑战。

（4）eBay India（www.ebay.in）

eBay India 是全球最大网络交易平台 eBay 在印度设立的分支，虽然 2004 年就进入了印度市场，但在访客量、销售额、活跃度等各方面都不如两大本土电商和亚马逊。

（5）Firstcry（www.firstcry.com）

Firstcry 成立于 2010 年，是印度最大的母婴产品电商平台。Firstcry 有超过 20 万种母婴产品，涵盖世界范围内的 2000 余种知名品牌，包括 Mattel、Ben10、Pigeon、Funskool、Hotwheels、Nuby、Farlin、Medela、Pampers、Disney、Barbie、Gerber、Fisher Price、Mee Mee 等。

（6）HealthKart（www.healthkart.com）

HealthKart 成立于 2011 年，是印度最大的医药品电商网站，为顾客提供医疗、减肥、养生等方面的药物及相关服务。HealthKart 提供 Android、iOS 和 Windows 系统的手机 APP 下载。截至 2016 年 8 月，HealthKart 仅 Android 系统手机 APP 就有超过 50 万下载量。

印度其他购物网站还有：

（1）Lenskart：www.lenskart.com；

（2）Myntra：www.myntra.com；

（3）Zomato：www.zomato.com；

（4）AaramShop：www.aaramshop.com；

（5）FabFurnish：www.fabfurnish.com；

（6）Buyt：www.buyt.in；

（7）Indiatimes Shopping：www.shopping.indiatimes.com。

2. B2B 类网站

（1）IndiaMART（www.indiamart.com）

IndiaMART 成立于 1996 年，主要为中小企业、全球买家和供应商提供服务，是印度最大的在线 B2B 市场网站。IndiaMART 拥有大约 150 万注册供应商和超过 1000 万买家。2014 年，IndiaMART 的门户网站收入达到 200 亿卢比，销售额达到 2 万亿卢比。根据《经济时报》（Economic Times）报道，2012 年，IndiaMART 成为仅次于阿里巴巴的世界第二大 B2B 交易平台。

（2）JimTrade（www.jimtrade.com）

JimTrade 成立于 1997 年，致力于为包括印度在内的国际供应商和消费者提供贸易信息，是消费者寻找印度产品和印度供应商挖掘交易机会、推广产品的优良平台。网站提供超过 15 万家供应商、21 个行业大类和 50 万种产品的相关信息，涵盖农业、工业、矿产品、电子产品等各个门类。

（3）ExportersIndia（www.exportersindia.com）

Exportersindia 成立于 1997 年，是印度领先的 B2B 门户网站之一。网站为世界各地制造商、批发供应商、进口商、出口商、服务提供商和消费者提供完整的商业解决方案。

其他重要的 B2B 网站有：

（1）TradeFord：www.tradeford.com；

（2）TradeIndia：www.tradeindia.com；

（3）WebDealIndia：www.webdealindia.com。

（四）检索示例

通过印度法律与司法部官方网站下载《公司法》。

具体检索步骤如下：

（1）输入网址"www.lawmin.nic.in"登录印度法律与司法部官方网站。

（2）单击网站上方导航栏"India Code"，进入印度法律文本数据库。

（3）用户可通过主页上六种搜索条件进行法律文件搜索："部分名称"（Short Title）、"法案编号"（Act Number）、"法案年份"（Act Year）、"法案目标"（Act Objective）、"法案全文"（Full Act Text）、"自由文本搜索"（FreeText Search）。例如，点击"部分名称"，在弹出的文本输入框中输入"companies act"，在显示出的法案中可以看到"THE COMPANIES (AMENDMENT) ACT 2006"，然后选择"Download full act"就可以下载全文。近几年修正过的法案可以直接在网站主页上选择年份进行查询下载。如果用户知道法案修正的具体年份，则可以直接在页面"议会 1947—2015 年发布的法案"中选择年份，然后在当年的法案中选择需要查询的法案进行下载即可。

二、巴基斯坦贸易类网络信息检索

（一）国际贸易信息检索

1.政府机构信息检索

巴基斯坦重视对外贸易，是世界贸易组织的创始成员国之一。巴基斯坦还与部分国家签订了一系列双边或多边自由贸易协定，如《巴基斯坦—斯里兰卡自贸协定》、《巴基斯坦—中国自贸协定》、《巴基斯坦—马来西亚更紧密经贸关系协定》、《南亚自贸区协定》等。

巴基斯坦市场辐射范围广。首先，巴基斯坦地处南亚与中亚、西亚的交接处，且与上述地区贸易关系紧密，对上述地区的出口额占其出口总额的 25%；其次，巴基斯坦与斯里兰卡、中国、马来西亚、伊朗以及南盟其他成员国间的贸易往来频繁。

巴基斯坦贸易结构不平衡，长期处于贸易逆差地位。根据巴基斯坦商务部 2016 年 9 月发布的对外贸易数据，巴基斯坦对全球多达 84 个贸易伙伴国的贸易呈现逆差，其中逆差最大的国家为中国，逆差额 91 亿美元；阿联酋、沙特分列第二、三位，逆差额分别为 48 亿美元和 26 亿美元。此外，巴基斯坦还存在出口市场过分集中问题。美国、中国、阿富汗、阿联酋、英国和德国 6 大市场占全国出口总额的一半以上，且绝大部分出口产品为初级产品和半成品，无法创造高附加值，出口大户食品和纺织品中原材料占比分别为74%和40%。

巴基斯坦可出口的商品种类较少，主要出口商品包括：纺织品、食品、化学产品（含药品）、石油产品、皮革及其制品，上述 5 类商品的出口额占巴基斯坦出口总额的比重超过了 80%。其他出口商品还有：体育用品、水泥、医疗用具、地毯、水产品、机械、交通工具及零部件、珠宝、果蔬等。巴基斯坦主要的进口商品包括：原油及石油产品、机械及运输工具、化学产品、食品、钢铁产品、煤炭，上述 6 类商品的进口额占巴基斯坦进口总额的比重超过 80%。其他进口商品包括：钢铁、金属制品、纸制品、轮胎、铁矿石、人造纤维等。2015 年，巴基斯坦货物进、出口额分别为 442.19 亿美元和 221.88 亿美元，同比下降 7%和 10%，占全球货物贸易的份额分别为 0.26%和 0.13%。

巴基斯坦的对外贸易由商务部总揽。商务部隶属于巴基斯坦商务和纺织业部，主要任务包括：通过贸易自由化和便利化为国民经济做出贡献；制定贸易政策；进行双边贸易谈判；促进出口；维护贸易公平（反倾销等）；降低商业成本；保持、提高市场准入。"巴基斯坦商务部官方网站（www.commerce.gov.pk）"为英文网站，向用户提供贸易协定、商业计划、一般特惠制国家、贸易代表团、外商保险、进出口项目培训等方面的信息，此外，还发布近期的贸易新闻。

巴基斯坦贸易发展局（Trade Development Authority of Pakistan）成立于 2006 年 8 月，其前身是出口促进局（Export Promotion Bureau）。该局主要负责组织巴基斯坦企业参加国际贸易展览，向海外派遣贸易代表团，组织巴基斯坦贸易博览会，管理博览中心，执行商务部制定的贸易发展举措，运用贸易发展基金实现部门发展等。"巴基斯坦贸易发展局网站（www.tdap.gov.pk）"为英文网站，主要向用户提供机构概况、领导人物、组织架构、职能任务、出口政策、驻外贸易代表团等方面的信息。

巴基斯坦贸易公司（Trading Corporation Of Pakistan）隶属于商务部，是该国主要的贸易职能机构。该机构主要负责商品进出口及其检验检疫、对销贸易（补偿贸易）、国内皮棉采购等，同时还拥有对国家出口信贷的使用权。"巴基斯坦贸易公司网站（www.tcp.gov.pk）"为英文版本，提供机构的发展历史、组织架构、经营活动、招标公告、财政概况、下属委员会简介、商品库存情况、董事长寄语等信息，此外还提供进出口查询和用户反馈服务。

国家关税委员会（National Tariff Commission）是巴基斯坦政府针对贸易和关税问题的独立调查机构。该委员会针对倾销性和对销性进口商品制定了贸易补偿法律，以防止其损害民族企业。同时，该委员会针对进口激增进行维护性调查，此外，还会在提升企业竞争力、促进出口和关税合理化等方面向政府提出建议。"国家关税委员会网站（www.ntc.gov.pk）"为英文网站。该网站提供反倾销、对销贸易、贸易保护、关税问题以及出口帮助等方面的信息，此外，还提供各项贸易研究报告的下载渠道。

出口加工区管理局（Export Processing Zones Authority）是主管巴基斯坦各出口加工区的政府机构。该局的主要职能包括加快国家工业化步伐，创造良好投资环境以吸引外资、引进先进技术，促进出口导向项目的发展，提升出口量等。"出口加工区管理局网站（www.epza.gov.pk）"为英文网站，提供机构简介、激励措施、设施设备、加工区概况、法规制度等方面的信息。

投资委员会（Board of Investment）是总理办公室（Prime Minister' Office）的下设机构，主要负责促进各经济部门的招商引资，协助投资者以加快国内外投资项目的实体化进程，提升巴基斯坦的国际竞争力。"投资委员会网站（www.boi.gov.pk）"为英文网站，提供机构简介、外资情况、投资指导、可投资领域、投资标准、投资新闻等方面的信息，此外，用户还可在该网站浏览招标公告、工作岗位、出版物以及海外巴基斯坦人等方面的内容。

2.双边贸易信息检索

巴基斯坦主要的贸易伙伴包括中国、阿联酋、美国、科威特、沙特、阿富汗、马来西亚、德国、日本和印度。美国、中国、阿联酋、阿富汗、英国、德国、法国、孟加拉国、意大利和西班牙是巴基斯坦主要的出口市场；阿联酋、中国、科威特、沙特、马来西亚、日本、印度、美国、德国和印度尼西亚是巴基斯坦主要的进口来源。

有关巴基斯坦双边贸易的重要网站包括：

（1）中国驻巴基斯坦经济商务参赞处（The Economic and Commercial Counsellor's Office of Embassy of China in Pakistan）：www.pk.mofcom.gov.cn；

（2）中国驻卡拉奇总领事馆经济商务参赞室（The Economic and Commercial Counsellor's Office of Consulate General of China in Karachi）：www.karachi.mofcom.gov.cn；

（3）巴基斯坦驻中国香港领事馆（Pakistan Consulate in HongKong）：www.pakconhk.com；

（4）巴基斯坦驻澳大利亚商务代表团（Pakistan's Mission in Australia）：www.pakistan.org.au；

（5）巴基斯坦长驻世界贸易组织代表团（Permanent Mission of Pakistan to the WTO）：www.wto-pakistan.org。

此外，用户还可通过点击巴基斯坦商务部网站（www.commerce.gov.pk）内的"巴基斯坦海外商务代表团"链接，查看巴基斯坦所有驻外商务代表团的详细信息。

3.港口信息检索

巴基斯坦有三大海港，分别是卡拉奇港、卡西姆港和瓜达尔港。卡拉奇港是巴基斯坦第一大海港，由东、西两个码头组成，东码头有 17 个多用途泊位，西码头有 13

个，两大码头各有 2 个集装箱码头和 2 个石油码头。卡西姆港是巴基斯坦的第二大港，每年大约承担国家 40% 的海上贸易量。卡拉奇港和卡西姆港共同承担了巴基斯坦 95% 的国际货物贸易量，二者在 2013 年的货物吞吐量分别为 3885 万吨和 2480 万吨。

表 5-3　卡拉奇港和卡西姆港的货物吞吐量统计（单位：万吨）

年度	2007—2008	2008—2009	2009—2010	2010—2011	2011—2012	2012—2013
卡拉奇港	3719.3	3873.2	4142.0	4143.2	3787.5	3885.0
卡西姆港	2642.4	2503.0	2562.6	2616.8	2402.5	2480.1

数据来源：2013—2014 年度巴基斯坦经济调查（交通与通信）。

由中国援建的瓜达尔港于 2007 年 3 月 20 日正式投入使用，2008 年 3 月开始商业运营，2016 年 11 月 13 日，瓜达尔港正式开航。由于瓜达尔港未能有效连接巴基斯坦国内的公路和铁路运输网，加之港口设施尚不完善，因此货物吞吐量比较有限（年均 100 万吨左右），投入商业运营以来主要用于接纳进口的尿素、小麦和煤炭。巴基斯坦各港务局名称及网址为：

（1）卡拉奇港务局（Karachi Port Trust）：www.kpt.gov.pk；

（2）卡西姆港务局（Qasim Port Authority）：www.portqasim.org.pk；

（3）瓜达尔港务局（Gwadar Port Authority）：www.gwadarport.gov.pk。

总体而言，巴基斯坦的海运能力有限，全国仅有 15 艘远洋货轮，载重总量为 63.6 万吨，因此进出口货物多依赖外国货轮。巴基斯坦国家航运公司（Pakistan National Shipping Corporation，PNSC，简称巴航运）是巴基斯坦最大的航运公司，也是该国唯一的国营航运公司，拥有 6 艘散装货轮和 3 艘"阿芙拉"型油轮（Aframax tanker），总载重量 642207 吨。巴航运主要为国家运送进口原油。巴基斯坦近 99% 的进口原油由巴航运负责运输。目前，巴航运正积极致力于扩大油轮规模，提升运送燃料油、高速柴油、喷气燃料、石脑油和汽油的能力。2013 年 7 月至 2014 年 3 月，巴航运的综合收入为 113.68 亿卢比，税后利润为 13.66 亿卢比，分别同比增长 38.5% 和 13.8%。在全球航运处于低迷状态的情况下，巴航运反而通过良好的经营策略提高了自身的盈利能力。

（二）国内贸易信息检索

1.政府机构信息检索

巴基斯坦的国内贸易由商务部统管。商务部的职能包括监管省际贸易和国内商务、组织并管控国内的商会和行业协会、管理附属机构、制定保险法律并管控保险公司等。商务部附属机构及其网站地址如下：

（1）巴基斯坦贸易发展局（Trade Development Authority of Pakistan）：www.tdap.gov.pk；

（2）巴基斯坦贸易公司（Trading Corporation Of Pakistan）：www.tcp.gov.pk；

（3）巴基斯坦贸易与发展研究所（Pakistan Institute of Trade and Development）：www.pitad.org.pk；

（4）巴基斯坦国家人寿保险公司（State Life Insurance Corporation of Pakistan）：www.statelife.com.pk；

（5）国民保险有限公司（National Insurance Company Limited）：www.nicl.com.pk；

（6）巴基斯坦再保险有限公司（Pakistan Reinsurance Company Limited）：www.pakre.org.pk；

（7）巴基斯坦烟草局（Pakistan Tobacco Board）：www.ptb.gov.pk；

（8）国家关税委员会（National Tariff Commission）：www.ntc.gov.pk；

（9）贸易组织总局（Directorate General of Trade Organisations）：www.dgto.gov.pk；

（10）巴基斯坦时尚与设计研究所（Pakistan Institute of Fashion and Design）：www.pifd.edu.pk；

（11）巴基斯坦园艺发展和出口公司（Pakistan Horticulture Development & Export Company）：www.phdeb.org。

巴基斯坦知识产权组织（Intellectual Property Organization of Pakistan）是内阁行政管理下的一个自治机构，负责国内知识产权的管理，商标注册办公室、版权办公室和专利与设计办公室是其主要职能部门。知识产权组织的职能包括管理、协调政府各部门保护、加强知识产权；管理全国知识产权办公室；强化知识产权意识；就知识产权政策向政府提出建议；保证维护知识产权的执法效力。登录"巴基斯坦知识产权组织网站（www.ipo.gov.pk）"可查询有关商标、专利、工业设计、集成电路、版权、产品地理标识、植物种植者权利等方面的信息。

巴基斯坦中小企业发展局（Small and Medium Enterprises Development Authority）隶属于工业和生产部，承担着发展巴基斯坦中小企业的任务，其职能包括：制定鼓励中小企业发展的政策，并就有关中小企业的财政和货币问题向政府提出建议；提升促进中小企业业务发展的服务水平；促进有代表性的中小企业协会、商会的发展；设立并管理面向中小企业的数据库；进行行业研究并制定行业发展战略；组织面向中小企业家的业务培训，召开研讨会等。登录"巴基斯坦中小企业发展局网站（www.smeda.org）"可查询针对中小企业的服务、计划、政策等方面的信息。

2.法律法规信息检索

巴基斯坦与国内贸易相关的法律体系比较完善，主要法律法规包括：《商业法》（Rules of Business）、《企业和工业改组公司法令》（Corporate And Industrial Restructing Corporation Ordinance）、《企业雇员法令》（Corporation Employees Ordinance）、《巴基斯坦投资公司法令》（Investment Corporation of Pakistan Ordinance）、《石油和天然气开发公司重组法令》（Oil and Gas Development Corporation Re-organization Ordinance）《贸易组织法令》（Trade Organizations Ordinance）、《贸易垄断与限制法令》（Trade Monopoly and Limit Ordinance）、《反倾销关税法令》（Anti Dumping Duties Ordinance）、《价格控制和预防暴利囤积法令》（Price Control and Prevention of Profiteering and Hoarding Ordinance）、《专利法令》（Patents Ordinance）、《伊斯兰堡消费者保护法案》（Islamabad Consumers Protection Act）等。读者可登录"巴基斯坦法典网（www.pakistancode.gov.pk）"，通过英文关键词查找方式检索并下载相关的法律法规，也可通过巴基斯坦法律、司法和人权部官方网站（www.molaw.gov.pk）的"法律"版块链接至巴基斯坦法典网进行检索和下载。

3.电子商务信息检索

巴基斯坦政府视电子商务为未来国家经济的增长点，因而大力推动电子商务活动的发展。巴基斯坦的电子商务覆盖范围极广，多数本土公司都开设有网站，方便客户进行网上咨询、购买并为用户提供售后服务。据调查，巴基斯坦的各类组织（包括各类公司）中，有84%开设了网络账户，59%拥有内部或供应商提供的网络服务器，67%建立了网络主页。

巴基斯坦的目录型搜索引擎都分类提供有电子商务类网站的网址，用户可登录相关网站进行检索。以下为巴基斯坦主要的电子商务类网站：

（1）B2B巴基斯坦网（www.b2bpakistan.com）

B2B巴基斯坦网被称为"巴基斯坦商业目录（Pakistan Business Directory）"，提供各个行业准确、可靠的信息。用户可通过网站设置的目录检索或关键词检索功能查找商务、产品、服务等方面的信息。

（2）巴基斯坦未来网（www.mustakbil.com）

巴基斯坦未来网建于 2004 年 7 月，是巴基斯坦最主要的招聘网站。它为求职者和雇主提供了一个理想的网络平台，雇主在该网站登出招聘广告，求职者则通过该网站向雇主投送简历、申请职位。未来网界面简洁易懂，操作方便，浏览迅速，功能设置丰富，因而深受巴基斯坦求职者的青睐。

（3）巴基斯坦车轮网（www.pakwheels.com）

巴基斯坦车轮网是巴基斯坦最受欢迎的汽车买卖网。当地人倾向于通过该网站查询车辆参数，比较性能和价格，部分用户将其作为出售车辆的快捷渠道。据统计，该网站的用户年龄集中于 18—44 岁，男性用户多于女性用户。

（4）哈菲兹中心网（www.hafeezcentre.pk）

哈菲兹中心网是巴基斯坦最大的电子产品买卖网。网站内容丰富，不仅分门别类地提供电子产品的文字和图片广告，而且实时公布成交信息，方便全国用户查询。此外，网站拥有条件检索功能，用户可以通过设定关键词、价格区间以及城市等条件快速查询所需要的电子产品信息。

三、孟加拉国贸易类网络信息检索

（一）政府贸易主管部门

孟加拉国商务部（Ministry of Commerce）是孟加拉国贸易主管部门，其主要职能包括制定进出口政策、促进出口、制定关税政策等。商务部下设办公厅、对外贸易协定局、出口促进局、进口和国内贸易局、世贸组织局、纺织局、计划局等部门。"商务部官方网站（www.mincom.gov.bd）"提供孟加拉语和英语两个版本，主页设有 প্রথম পাতা（主页）、আমাদের সম্পর্কিত（关于我们）、প্রশাসন ও বিভাগ（行政和部门）、ডাউনলোড（下载）、ফটোগ্যালারি（照片库）、যোগাযোগ ও মতামত（联系与反馈）、ওয়েব মেইল（网络邮件）等七个栏目。

孟加拉国部分贸易管理部门、机构、公司网站：

（1）进出口管制局（Import and Export Control Department）：www.ccie.gov.bd；

（2）孟加拉国出口加工区管理局（Bangladesh Export Processing Zones Authority）：www.epzbangladesh.org.bd；

（3）国家消费者权益保护局（Directorate of National Consumer Rights Protection）：

www.dncrp.portal.gov.bd；

　　（4）出口促进局（Bangladesh Export Promotion Bureau）：www.epb.gov.bd；

　　（5）孟加拉国贸易公司（Trading Corporation of Bangladesh）：www.tcb.gov.bd；

　　（6）孟加拉国关税委员会（Bangladesh Tariff Commission）：www.bdtariffcom.org；

　　（7）吉大港港务局（Chittagong Port Authority）：www.cpa.gov.bd。

（二）双边贸易、投资信息检索

　　孟加拉国与世界上 130 多个国家和地区保持着贸易关系，主要出口市场有美国、德国、英国、法国、荷兰、意大利、比利时、西班牙、加拿大和中国香港。主要出口产品包括：成衣、茶叶、水产、皮革和皮革制品、家纺、黄麻和黄麻产品、绒布毛巾等。主要进口市场有印度、中国、新加坡、日本、中国香港、韩国、美国、英国、澳大利亚和泰国。主要进口商品为生产资料、纺织品、石油及石油相关产品、钢铁等基础金属、食用油、棉花等。

　　孟加拉国贸易门户网（Bangladesh Trade Portal）是孟加拉国商务部下属的专门负责商品进出口贸易的子门户网，也是所有进出口交易监管信息的官方来源。"孟加拉国贸易门户网（www.bangladeshtradeportal.gov.bd）"为英文网站，主页设有六个栏目，分别为：（1）Home（主页）；（2）About Us（关于我们），提供该网站代表的所有政府组织和机构信息；（3）Guide to Export-Import（进出口指南），提供进出口商品所需登记、许可、技术要求等信息；（4）FAQs（常见问题）；（5）Contact Us（联系我们）；（6）Help（帮助）。

　　孟加拉国双边贸易和投资的重要网站包括：

　　（1）中国驻孟加拉国大使馆经济商务参赞处：www.bd.mofcom.gov.cn；

　　（2）孟加拉国对外贸易研究所（Bangladesh Foreign Trade Institute）：www.bfti.org.bd；

　　（3）孟加拉国贸易公司（Trading Corporation of Bangladesh）：www.tcb.gov.bd；

　　（4）投资局（Board of Investment）：www.boi.gov.bd；

　　（5）外国投资者商工会（The Foreign Investors' Chamber of Commerce & Industry）：www.ficci.org.bd；

　　（6）孟加拉国贸易网（Bangladesh Trades）：www.bangladeshtrades.com；

　　（7）孟加拉国贸易信息网（Bangladesh Trade Info）：www.bdtradeinfo.com；

　　（8）孟加拉国进出口有限公司（Bangladesh Export Import Company Limited）：

www.beximcoltd.com。

（三）电子商务信息检索

孟加拉国互联网市场的发展、外国投资的涌入以及相关技术的支持，一定程度上推动了孟加拉国新兴电子商务市场的发展和繁荣。目前，孟加拉国内有五大比较知名的商务类网站，包括：

1.买卖网（Bikroy.com）

"买卖网（www.bikroy.com）"为孟加拉语版本，是孟加拉国免费在线分类网站。该网站发布的商品信息种类丰富、品种齐全，比如汽车、手机、房子、电脑、宠物等。用户只需要注册一个免费的账户就可以发布分类信息。

2.此处网（Ekhanei）

"此处网（www.ekhanei.com）"是孟加拉国在线买卖市场。网站销售各类产品，提供孟加拉国最快、最简单、最方便的在线购买方式。

3.分类网（Rokomari）

"分类网（www.rokomari.com）"是孟加拉国在线购物门户网站。网站于 2012 年 1 月 19 日作为一个在线书店推出。目前主要销售：电子书、手机、电脑和配件、相机、消费电子、CD/DVD、绘画、工艺品、食品、玩具以及进口商品等。

4.点击网（ClickBD）

"点击网（www.clickbd.com）"创建于 2005 年 4 月，是孟加拉国首家电子商务门户网站。点击网致力于通过世界级的技术基础设施为孟加拉国不断扩大的在线社区提供简化的电子商务服务。点击网是一个在线市场，销售商品类别包括电子、相机、电话、电脑、CD、手机、时尚配饰、音乐和旅游。用户可以在线销售或购买各类商品。

5.展书网（Boi Mela）

"展书网（www.boi-mela.com）"是一个在线图书商城，拥有孟加拉国最大的网上书籍目录。该网站提供方便的搜索和浏览功能，用户可以根据出版商、作者、类别或者书名的一部分来检索书籍。

四、斯里兰卡贸易类网络信息检索

（一）国际贸易信息检索

斯里兰卡实行经济自由化政策，除石油由政府控制外，其他商品均可自由进出口。主要出口商品有纺织品、服装、茶叶、香料、橡胶、椰子制品、宝石等。近年来，斯里兰卡出口贸易结构发生根本变化，由过去的农产品为主转变为以工业产品为主。主要进口商品有原油、纺织面料、食品、机械、运输设备等。政府实行保护和吸引外资的政策，全国已建立 4 个自由贸易区。2015 年斯里兰卡的外国直接投资达到 15 亿美元，主要投资于基础设施建设项目、服务业和制造业。

1.政府机构信息检索

斯里兰卡有多个贸易促进和管理部门，从不同层面和领域促进、推动和管理对外贸易的发展。其中几个主要的机构分别为：

（1）商贸局（වාණිජ දෙපාර්තමේන්තුව）

商贸局隶属于斯里兰卡工业与商贸部，是负责对外贸易政策的制定、执行、监管的政府部门，其下属有四个部门，分别为：多边贸易部（බහු පාර්ශ්වික වෙළඳ කටයුතු）、双边贸易部（ද්වි පාර්ශ්වික වෙළඳ සබඳතා）、区域贸易部（කලාපීය සහයෝගිතාවය）和贸易促进部（වෙළඳ ප්‍රවර්ධනය）。"商贸局网站（www.doc.gov.lk）"提供僧伽罗语、英语、泰米尔语三个版本。商贸局网站主页导航栏有：①අපගේ සේවාවන්（服务）频道，提供贸易谈判、产地来源证发放、签证、海外商务代表事宜、贸易推广等服务内容的相关信息；②තොරතුරු（信息）频道，提供各类贸易协定、贸易数据、关税指南、全国主要贸易机构与协会等相关的资讯；③භාගත（下载）频道，提供各类贸易相关文件、表格的下载服务。

（2）出口促进局（අපනයන සංවර්ධන මණ්ඩලය，简称 EDB）

成立于 1979 年的出口促进局也是工业与商贸部下属的机构，其主要职能是负责促进和推动斯里兰卡的外贸出口。"出口促进局网站（www.srilankabusiness.com）"提供僧伽罗语和英语两个版本，但僧伽罗语版本仅网站框架标题为僧伽罗语，各频道内容仍为英语。出口促进局网站主页导航栏包括四个频道，分别为：①Export Development Board（出口促进局），主要提供出口促进局的简介、服务项目、贸易推广活动、重要成就、联系方式、合作伙伴等信息；②Export Products & Services（出口物品与服务）

频道，主要提供斯里兰卡茶叶、服装、橡胶及橡胶制品、宝石珠宝、食品饮料、香料、信息通信技术和业务流程外包服务、椰子及椰子制品、专业服务、海鲜、观赏鱼、陶瓷制品、水果蔬菜、园艺制品、电子产品、印刷及文具用品、船舶与船舶制造、塑料制品、鞋与皮革制品、礼品与玩具、手工织品、有机产品、阿育吠陀与草药制品、照明工程、木制品等 25 大类出口商品的详细介绍；③For Overseas Buyers（海外买家）频道，主要为海外进口商服务，提供相关服务、流程、手续方面的信息；④For Exporters（出口商）频道，主要为国内出口商服务，提供出口相关信息与活动的资讯、介绍和引导，以及一些出口重要数据的浏览与下载。除此之外，通过点击主页顶部中间的"EMARKETPLACE"（电子购物中心）图标，可进入出口促进局的电子购物网站。用户注册后可直接在网站上浏览出口商品并与买家进行沟通或订购。

（3）投资局（ශ්‍රී ලංකා ආයෝජන මණ්ඩලය，简称 BOI）

财政部下属的投资局是斯里兰卡为外国投资项目提供服务、促进外国投资生产和加工出口产品的政府机构。"投资局网站（www.investsrilanka.com）"提供英语、僧伽罗语、泰米尔语、印地语、日语、汉语、韩语、西班牙语和俄语等 9 种语言版本，用户可通过主页右上端的语言图标进行切换。网站内容主要有投资局介绍、各部门负责人信息、投资局的管理规定、相关法律法规、斯里兰卡投资环境与情况介绍、开展投资的方式和途径、投资局所提供的服务、斯里兰卡工业园区的情况、投资受理查询等信息。

（4）进出口管理局（ආනයන සහ අපනයන පාලන දෙපාර්තමේන්තුව）

进出口管理局成立于 1969 年，是斯里兰卡财政部下属的机构，其职能是根据进出口管理规定对货物和服务的进出口进行管理。"进出口管理局网站（www.imexport.gov.lk）"提供僧伽罗语、英语、泰米尔语三个版本。进出口管理局网站主页导航栏中除了常规的部门简介、机构人员构成介绍、服务范围介绍、相关数据等内容外，还提供不同类别商品进口和出口的许可证办理方式、所需材料、法律法规、进出口商品需求清单、各类申请表等文件的浏览和下载服务。

其他重要的国际贸易部门网站包括：

①斯里兰卡海关（ශ්‍රී ලංකා රේගුව）：www.customs.gov.lk；

②斯里兰卡标准局（ශ්‍රී ලංකා ප්‍රමිති ආයතනය）：www.slsi.lk；

③斯里兰卡出口信用保险公司（Sri Lanka Export Credit Insurance Corporation）：www.slecic.lk；

④农产品出口局（අපනයන කෘෂිකර්ම දෙපාර්තමේන්තුව）：www.exportagridept.gov.lk；

⑤锡兰商会（The Ceylon Chamber of Commerce）：www.chamber.lk；

⑥工业发展局（ලංකා කාර්මික සංවර්ධන මණ්ඩලය）：www.idb.gov.lk。

2.双边贸易信息检索

斯里兰卡的主要出口贸易对象为美国、英国、印度、意大利、德国等国，主要进口贸易对象为印度、中国、阿联酋、新加坡、日本等国。截至 2016 年底，中国已成为斯里兰卡最大的贸易伙伴、外资来源国和进口来源国，2016 年中斯双边贸易额达到 45.6 亿美元。

斯里兰卡双边贸易的重要网站包括：

（1）斯里兰卡—中国商务理事会（Sri Lanka – China Business Council）：www. srilankachinabusiness.cn；

（2）斯里兰卡美国商会（AmCham Sri Lanka）：www.amcham.lk；

（3）斯里兰卡—欧盟商务理事会（Sri Lanka – European Union Business Council）：www.sleubc.com；

（4）斯里兰卡—比荷卢经济联盟商务理事会（Sri Lanka – Benelux Business Council）：www.benelux.lk；

（5）斯里兰卡—英国商务理事会（The Council for Business with Britain）：www. cbb.lk；

（6）斯里兰卡—德国商务理事会（Sri Lanka – Germany Business Council）：www. slgbc.web.lk；

（7）斯里兰卡—巴基斯坦商务理事会（Sri Lanka – Pakistan Business Council）：www.srilankapakistanbiz.lk；

（8）斯里兰卡—澳大利亚商务理事会（Sri Lanka – Australia Business Council）：www.slanzbc.com；

（9）日本斯里兰卡商务理事会（Sri Lanka Business Council of Japan）：www. slbcj.com；

（10）斯里兰卡—马来西亚商务理事会（Sri Lanka – Malaysia Business Council）：www.slmbc.lk；

（11）斯里兰卡—印度尼西亚商务理事会（Sri Lanka – Indonesia Business Council）：www.slibc.com；

（12）新加坡—斯里兰卡商务协会（Singapore – Sri Lanka Business Association）：

www.sslba.org；

（13）斯里兰卡—大湄公河次区域商务理事会（Sri Lanka – Greater Mekong Subregion Business Council）：www.srilanka-greatermekongbiz.com；

（14）斯里兰卡—意大利商务理事会（Sri Lanka – Italy Business Council）：www.srilankaitaly.com；

（15）斯里兰卡—加拿大商务理事会（Sri Lanka – Canada Business Council）：www.srilankacanadabiz.lk。

3.港口信息检索

斯里兰卡港务局（Sri Lanka Ports Authority）隶属于港口与航运事务部，是斯里兰卡港务的政府管理机构，负责管辖斯里兰卡的 6 座海港，分别为科伦坡港（Colombo Harbour）、加勒港（Galle Harbour）、亭可马里港（Trincomalee Harbour）、汉班托塔港（Port of Hambantota，又名 Magampura Mahinda Rajapaksa Port）、奥卢维尔港（Oluvil Port）、康凯桑杜莱港（Kankesanthurai Port）。港务局官方网站为"www.slpa.lk"，提供英文版本，主要向用户提供与斯里兰卡港务相关的信息资源，以及一系列与港务相关的网上系统，包括集装箱管理信息系统、进出口货运管理系统、人力资源管理系统等，以供用户或工作人员进行在线信息查询。

斯里兰卡各个港口没有单独的网站，相关信息均在港务局网站上可以检索到。此外，斯里兰卡与港口相关的主要网站分别为：

（1）科伦坡国际集装箱码头（Colombo International Container Terminals）：www.cict.lk；

（2）南亚门户码头（South Asia Gateway Terminals）：www.sagt.com.lk；

（3）马哈波勒港口与海事学院（Mahapola Ports & Maritime Academy）：www.mpma.slpa.lk。

（二）国内贸易信息检索

1.政府机构信息检索

斯里兰卡与国内贸易相关的政府机构主要包括：（1）公司注册局（Department of the Registrar of Companies），主要负责公司和其他商业机构的注册、监管、协助相关的事务。公司注册局网站"www.drc.gov.lk"为英文版本，主要提供注册公司名称检索、公司法相关文件浏览与下载、公司注册流程介绍、注册进度在线查询、相关表格下载等服务。（2）消费事务局（පාරිභෝගික කටයුතු පිළිබඳ අධිකාරිය），主要负责保护消费者权益，规范贸易，确保公平的市场竞争。消费事务局网站"www.caa.gov.lk"提供僧伽罗语、英语、泰米尔语三个版本，主要提供消费相关法律法规、市场调研报告的浏览与下载、消费者投诉与贸易投诉的受理及相关表格文件下载、消费相关新闻资讯等信息与服务。（3）国家知识产权局（National Intellectual Property Office），该局的宗旨是通过对知识产权的保护，为国家创新和创造性活动、投资、创业等提供优良的环境。国家知识产权局网站"www.nipo.gov.lk"提供英文版本，主要提供知识产权相关法律法规、数据、报告、表格、文件、注册代理人信息的浏览与下载。

2.法律法规信息检索

斯里兰卡国内贸易法律法规体系比较完善，主要包括以下几个方面：

（1）国内贸易方面：《价格竞争法》（Price Competitions Act）、《反避税法》（Prevention of the Avoidance of Tax Act）、《商事登记法》（Business Registration Act）、《商业经营（收购）法》[Business Undertakings (Acquisition) Act]、《银行法》（Banking Act）、《保险法》（Insurance Act）、《保险公司法》（Insurance Corporation Act）、《特殊商品征税法》（Special Commodity Levy Act）、《增值税法》（Value Added Tax Act）、《合同法》（Public Contracts Act）、《证券交易委员会法》（Securities and Exchange Commission Act）、《贷款法》（Mortgage Act）；

（2）国际贸易方面：《进出口管制法》[Sri Lanka Import and Export (Control) Act]、《外汇管制法》（Exchange Control Act）、《农产品出口促进法》（Promotion of Export Agriculture Act）、《斯里兰卡出口促进法》（Sri Lanka Export Development Act）、《茶叶（税收与出口）法》[Tea (Tax and Control of Export) Act]；

（3）公司方面：《公司法》（Companies Act）、《公司税法》（Companies Tax Act）；

（4）消费者权益方面：《消费者信用法》（Consumer Credit Act）、《消费者事务局法》（Consumer Affairs Authority Act）、《消费者权益保护法》（Consumer Protection Act）；

（5）知识产权方面：《知识产权法》（Intellectual Property Act）、《商标法》（Trade Marks Act）。

用户可登录"斯里兰卡法律网（www.srilankalaw.lk）"进行相关法律法规的检索和下载。

（三）电子商务信息检索

近年来，随着电脑、网络和移动终端的日益普及，斯里兰卡的电子商务发展迅速。2006 年斯里兰卡政府颁布《电子交易法》（Electronic Transactions Act），为斯里兰卡国内、国际电子商务的发展扫除了很多法律上的障碍，保证了其法律确定性。斯里兰卡目录型搜索引擎提供各类电子商务类网站的网址信息，读者可登录进行检索。以下为斯里兰卡比较重要的电子商务类网站。

1.网上购物类

（1）Wow 网站（www.wow.lk）

Wow 网站成立于 2011 年，是目前斯里兰卡最大、访问量最多的网上购物网站，由 Dialog Axiata PLC 集团公司旗下的 Digital Commerce Lanka 有限公司经营。Wow 网站提供僧伽罗语、英语、泰米尔语三个版本。Wow 商城拥有 15 大类超过 3500 种、100 多个品牌的商品。此外，Wow 网站还与斯里兰卡最大的旅游公司 Walkers Tours 合作推出了 Wow 旅行，为消费者提供旅游优惠及预订服务。

（2）Daraz 网站（www.daraz.lk）

Daraz 网站，原名 Kaymu，是斯里兰卡一个广受欢迎的在线购物网站，提供电子产品、珠宝首饰、日常用品、家居装饰、电器、家具、服装、鞋类、书籍、护理用品、婴儿用品、体育用品等商品的在线购买服务。

（3）Takas 网站（www.takas.lk）

Takas 网站创建于 2012 年，是一家 B2C 购物网站，在线交易商品达到 30 多类近8000 种。Takas 网站拥有自己的配送服务，覆盖全国，也接受货到付款、在线付款、分期付款等多种付款方式。

（4）Kapruka 网站（www.kapruka.com）

Kapruka 网站由 Kapruka Pty 公司于 2003 年创建，是一个集购物、生活服务为一体的电子商务网站，曾获得斯里兰卡年度企业家奖、最佳电子商务应用软件奖、国家卓越商业奖等多项殊荣。Kapruka 网站提供超过 15000 种的商品和 30 多种服务。

2. B2B 类网站

（1）Emarketplace 网站（www.srilankabusiness.com/emarketplace）

Emarketplace 网站是斯里兰卡出口促进局建设并运营的企业对企业电子商务网站，主要为斯里兰卡出口服务，提供商贸供求信息、出口商品、出口商、供应商、制造商名录，并为供求双方提供相互联系的平台。

（2）斯里兰卡 B2B 网站（www.b2b.lk）

B2B 网站是斯里兰卡最大的企业对企业电子商务网站，主要服务对象是斯里兰卡中小型企业，旨在为他们提供在线平台，以促进和提高企业沟通的效率；同时为斯里兰卡当地公司提供与国际企业交流的机会，提高斯里兰卡公司的全球竞争力。

（3）Tradekey 斯里兰卡网站（www.srilanka.tradekey.com）

Tradekey 斯里兰卡网站是全球知名的 B2B 网站 Tradekey 在斯里兰卡设立的站点，为斯里兰卡当地公司与全球市场建立商业合作，提供强大的搜索引擎、贸易匹配和产品推广工具。

（四）检索示例

通过斯里兰卡国家知识产权局网站检索并下载《知识产权法》中有关专利的内容。

具体检索步骤如下：

（1）通过网站 www.nipo.gov.lk，进入斯里兰卡国家知识产权局网站主页。

（2）将光标放在主页顶部导航栏"Act & Regulations（法案法规）"一栏，下侧自动出现子菜单，从中选择"Act（法案）"并点击，进入《知识产权法》页面。

（3）下拉页面列表找到"PATENT（专利）"一栏，点击其左侧的"Chapter-XI（第 11 章）"，进入《知识产权法》中有关专利的章节的 PDF 版页面。

（4）浏览内容，点击页面右上角的下载图标即可下载所需信息。

五、尼泊尔贸易类网络信息检索

（一）政府机构信息检索

1.商业部（Ministry of Commerce）

商业部是尼泊尔工业、商业和供应部（Ministry of Industry, Commerce & Supplies）的下属部门，是尼泊尔贸易主管部门，主要职责是制定有关贸易法律和政策、签订经贸条约、出口促进、管理和监督对外贸易活动和负责尼泊尔与商业、贸易和过境运输有关国际机构的联络等。

"尼泊尔商业部网站（www.moc.gov.np）"有尼泊尔语和英语两个版本，默认语言为尼泊尔语。网站主页设置了 7 个主要栏目，分别为：（1）मन्त्रालयबारे（关于我们）。该栏目下设 8 个二级栏目，分别为：परिचय（情况简介）、उद्देश्यहरू（战略目标）、कार्यक्षेत्र（业务范围）、संगठन संरचना（组织结构）、महाशाखा तथा महाशाखा प्रमुख（各司及其负责人）、विभाग（各局概况）、संस्थानहरू（研究所概况）和 आयोजनाहरू（工程项目概况）。（2）कानूनी दस्तावेजहरू（法律文件）。该栏目下设 5 个二级栏目，分别为：नीतिहरू（商贸政策）、ऐनहरू（商贸法律）、नियमहरू（商贸规则）、कार्यविधिहरू（商贸程序）和 आदेशहरू（商贸指令）。（3）सम्झौताहरू（条约协议）。该栏目下设 3 个二级栏目，分别为：बहुपक्षीय व्यापार सम्झौता（多边贸易协定）、क्षेत्रीय व्यापार सम्झौता（区域贸易协定）和 द्विपक्षीय व्यापार सम्झौता（双边贸易协定）。（4）सूचना कन्द्र（信息中心）。该栏目下设सूचना（通知公告）、प्रेस बिज्ञसि（新闻公报）、नियमित प्रकाशनहरू（定期出版物）等 3 个二级栏目。（5）व्यापार सूचना（商贸信息）。网页浏览者点击一级栏目"贸易和出口促进中心"，可进入尼泊尔商业部下辖的"尼泊尔贸易和出口促进中心"的专门网站。该网站提供了大量有关尼泊尔国内商贸和进出口贸易的资料和信息。（6）प्रकाशन / प्रतिवेदन（出版物/报告）。该栏目主要提供由尼泊尔商业部编写的各类出版物名单。网页上列举的所有出版物名单都提供了标题、封面照片和文件下载链接。文件语言包括尼泊尔语和英语两种语言，文件格式为"pdf"。（7）डाउलोड（下载）。该栏目主要提供"个人信息表格"的下载服务。此外，该网站还提供站内检索服务。

2.商务、供应和消费者保护局（Department of Commerce, Supply & Protection of Consumers）

商务、供应和消费者保护局是尼泊尔商业部下辖的主要办事机构之一，主要职责是具体落实商业部的各项规章制度，对尼泊尔全国的商业活动进行监督管理。商务、供应和消费者保护局官方网站的网址为"www.doc.gov.np"。

3.尼泊尔海关总署（Department of Customs）

尼泊尔海关总署是负责管理尼泊尔进出口贸易的专门机构，正式成立于 1967 年，前身是 1963 年成立的海关税务局。尼泊尔海关总署下辖 4 个主要机构，分别为：关税司、行政管理司、检验司和估价司，具体办事机构遍布全国，对尼泊尔进出口贸易的影响力巨大。"尼泊尔海关总署网站（www.customs.gov.np）"提供了大量的有关尼泊尔进出口贸易的信息，包括机构介绍、法律规范、税务制度、数据统计等。

4. 工业局（Department of Industry）

尼泊尔主管国内投资和外国投资的政府部门是工业部（Ministry of Industry）下属的工业局。工业局主要设立了 5 个分支机构，分别为：计划处、外国投资处、技术处、工业资产处和监督处。尼泊尔工业局的官方网站网址为"www.doind.gov.np"。该网可检索尼泊尔的各种投资信息。

其他重要的贸易和投资部门网站有：

（1）税务调查局（Department of Revenue Investigation）：www.dri.gov.np；

（2）税务局（Inland Revenue Department）：www.ird.gov.np；

（3）税收管理训练中心（Revenue Administration Training Center）：www.ratc.gov.np；

（4）小型工业局（Department of Cottage and Small Industry）：www.dcsi.gov.np。

（二）法律法规信息检索

尼泊尔的贸易法律及政策主要包括：（1）《进出口管理法（1957）》。该法制定于 1957 年，最近一次修订是在 2013 年，是尼泊尔关于进出口贸易总的法律文件，在该领域具有最高法律效力。（2）《贸易政策法案（2015）》。该法案是尼泊尔目前最新的一部贸易政策法规，具体规定了尼泊尔各领域的贸易政策。（3）《尼泊尔标准（证明标志）法（1980）》。该法案主要用作检验进出口商品的规范。（4）《动物健康和畜牧业服务法（1999）》。该法案主要用作动物类产品的检验检疫。（5）《药品法（1978）》。该法案主要用作检验进出口药物类商品的规范。（6）《海关法（2007）》和《海关规则（2007）》。这两部法案是尼泊尔海关管理制度的集中体现，规定了海关机构设置、任务职责、工作程序等。（7）《外国在尼泊尔投资程序（2005）》。该法案对外国在尼泊尔投资的优先支持领域、限制领域和禁止领域做出了详细划分，并对投资条件、投资程序等作出了详细的规定。

在以下网站能检索到包括以上法律法规在内的各类贸易法律和政策：

（1）司法和议会事务部（Ministry of Law, Justic and Parliamentary Affairs）：www.moljpa.gov.np；

（2）商业部（Ministry of Commerce）：www.moc.gov.np；

（3）海关总署（Department of Customs）：www.customs.gov.np；

（4）工业局（Department of Industry）：www.doind.gov.np；

（5）畜牧服务局（Department of Livestock Services）：www.dls.gov.np；

（6）商务、供应和消费者保护局（Department of Commerce, Supply & Protection of Consumers）：www.doc.gov.np；

（7）药物管理局（Department of Drug Administration）：www.dda.gov.np。

（三）电子商务

随着互联网的普及和技术进步，电子商务这一重要的互联网应用形式在全球迅速成为重要的商务手段之一。尼泊尔虽然互联网发展水平较低，但也出现了少量电子商务类网站。这些网站提供了大量的商务信息，这极大地便利了尼泊尔人民的生活，也有利于贸易投资者了解尼泊尔的商业动态。

"我们的市场网"（Hamro Bazaar）是尼泊尔目前电子商务类网站中影响力最大的一个。"我们的市场网（www.hamrobazaar.com）"为英文版本，提供了尼泊尔大量商品和服务的在线交易信息。"我们的市场网"把商品和服务划分为多个门类，均包括销售和需求两方面的信息。该网站相关交易主要由在线支付手段完成。

尼泊尔其他重要的电子商务类网站主要有：

（1）尼泊尔股票世界网（Share Sansar）：www.sharesansar.com；

（2）科亚姆商务网（Kyamu）：www.kaymu.com.np；

（3）尼泊尔股票网（NEPSE）：www.nepalstock.com.np。

六、阿富汗贸易类网络信息检索

（一）贸易、投资信息检索

1.政府机构信息检索

阿富汗主管贸易的政府部门是阿富汗商工部，其下属的对外贸易司主管贸易政策制定和外贸的协调管理。外交部内设经济事务司，负责政府层面的对外经济贸易关系的协调。出口促进局（Export Promotion Agency Afghanistan，EPAA）是阿富汗为鼓励出口而专设的商工部下属机构，负责政策贯彻、贸易推动、组织会展、出口手续、出具单证等事务。此外，商工部注册局负责贸易类公司的注册登记，财政部海关负责进口货物的监管。

阿富汗投资主管部门是投资高级委员会、阿富汗商工部和阿富汗投资促进局。投资高级委员会是阿富汗投资政策的最高制定单位，由商工部、财政部、外交部、经济部、石油和矿业部、农业部、中央银行、投资促进局和阿富汗商工会的代表组成，商工部部长任投资高级委员会主席。阿富汗投资促进局是在投资高级委员会主管下，专门组织和推动所有对阿富汗投资活动并负责为有意愿在阿富汗投资的投资者办理注册、发放营业执照和排忧解难的"一站式"投资管理和服务机构。阿富汗投资促进局官方网站"www.aisa.org.af"提供 Service（服务）、Laws & Procedures（法律和程序）、Statistics（数据统计）、Papers and Market Studies（研究报告和市场研究）、Tenders（招标公告）等信息。

其他重要的贸易和投资部门网站有：

（1）出口促进局（Export Promotion Agency Afghanistan）：www.epaa.org.af；

（2）阿富汗商业和工业协会（Afghanistan Chamber of Commerce and Industry）：www.acci.org.af。

2.双边贸易、投资信息检索

2014 年，阿富汗同世界上 60 多个国家和地区有贸易往来，主要贸易伙伴为巴基斯坦、伊朗、俄罗斯、中国、印度、欧盟、海湾地区和中亚国家。伊朗和巴基斯坦是阿富汗主要进口伙伴国；巴基斯坦和印度是阿富汗的主要出口伙伴国；阿富汗投资来源地依次为：南非、土耳其、阿联酋、加拿大。

阿富汗双边贸易和投资的重要网站包括：

（1）中国驻阿富汗大使馆经济商务参赞处：www.af.mofcom.gov.cn；

（2）阿富汗—美国商会（Afghan-American Chamber of Commerce）：www.a-acc.org；

（3）迪拜阿富汗商会（Afghan Business Council-Dubai）：www.abcdxb.com；

（4）澳大利亚阿富汗商会（Australian-Afghan Business Council）：www.australianafghanbc.com.au；

（5）加拿大阿富汗商会（Canada Afghanistan Business Council）：www.cabconline.org。

（二）法律法规信息检索

阿富汗现行经济法律法规与贸易相关的有《海关法》、《合同法》、《保险法》、《仲裁法》、《调解法》、《阿富汗中央银行法》、《货币和商业银行法》等。

阿富汗政府不限制外商投资方式，可以是独资，也可以采用与当地或外籍自然人或法人实体合资的方式，对外资持股比例没有限制。与投资相关的法律有《阿富汗私营投资法》、《公司法》、《合资法》、《仲裁法》、《调解法》等。

"阿富汗司法部网站（www.moj.gov.af）"的"Collection of Afghanistan Laws"栏目和"阿富汗投资促进局网站（www.aisa.org.af）"的"Laws & Procedures"栏目都能检索到阿富汗各项经济法律法规的全文。

七、不丹贸易类网络信息检索

不丹对外贸易主要在南亚合作联盟成员国间进行。印度是最大贸易伙伴，与不丹签有自由贸易协定。2014—2015 财年，不丹进口额 619.23 亿努，出口额为 359.01 亿努。不丹对印度进、出口额分别占总进、出口额的 78%和 85%。其他主要贸易伙伴有中国、韩国、泰国、新加坡、日本等。不丹主要出口产品为电力、化学制品、木材、加工食品、矿产品等，主要进口产品为燃料、谷物、汽车、机械、金属、塑料等。

不丹主管贸易的政府部门是不丹经济事务部，其下属的贸易局主管贸易政策制定和外贸的协调管理。访问不丹经济事务部网站（www.moea.gov.bt），可检索到 2011 年以来的《不丹贸易数据》（Bhutan Trade Statistics）以及不丹签订的贸易协定。

不丹重要的贸易、投资机构的名称及网站有：

（1）贸易局（Department of Trade）：www.trade.gov.bt；

（2）不丹商业和工业协会（Bhutan Chamber of Commerce and Industry）：www.bcci.org.bt；

（3）不丹控股和投资公司（Druk Holding and Investments）：www.dhi.bt；

（4）不丹国家贸易公司（State Trading Corporation of Bhutan）：www.stcb.bt。

八、马尔代夫贸易类网络信息检索

马尔代夫大部分的生产资料和生活用品都依赖进口，主要进口国家为阿联酋、新加坡、印度、斯里兰卡、马来西亚、泰国和中国。出口的主要商品为黄鳍金枪鱼、鲣鱼和其他各类海产品，主要出口国家为泰国、法国、斯里兰卡、意大利和英国。2013年，马尔代夫贸易总额为20.64亿美元，其中进口17.33亿美元，出口3.31亿美元。

中国与马尔代夫的贸易往来源远流长，史称马尔代夫为"溜山国"或"溜洋国"，郑和曾两度率商队抵达马尔代夫。中马两国经贸合作关系始于1981年。新世纪以来中马贸易发展迅速，双边贸易额从2000年的136万美元增长到2013年的9800万美元。

经济发展部是马尔代夫的贸易主管部门，主要负责贸易政策的制订和实施。2014年，政府推出了一站式投资服务机构"投资马尔代夫"（Invest Maldives）。外国投资者可访问其网站"www.investmaldives.org"了解马尔代夫的投资政策。

马尔代夫部分电子商务网站有：

（1）马尔代夫在线商店（Maldives Online Shop）：www.shopping.com.mv；

（2）太阳购物（SunStore）：www.store.sun.mv；

（3）ibay交易（ibay）：www.ibay.com.mv。

第六章　南亚国家教育与文化类网络信息检索

第一节　南亚国家教育类网络信息检索

一、印度教育类网络信息检索

印度的近现代教育从英国人征服并统治印度时开始。英印当局自 19 世纪开始在印度大力推行英语教育。1854 年英国东印度公司高级官员查尔斯·伍德提出《伍德报告》，以立法的形式制定了印度的教育政策，明确提出印度要建立从初级学校到大学的现代教育体系。1857 年，印度第一所现代大学——加尔各答大学建立。印度独立后，历届政府高度重视教育。1950 年，印度宪法规定了教育的原则和目的，列入条款指导国家教育发展。1968 年，印度政府制定《国家教育政策》，大力推进教育事业的发展。1976 年，印度政府重新制定《国家教育政策》，将教育视为国家统一与安全、经济发展与文化进步、国力昌盛和人民幸福的重要因素，同时为新政策的推行制定了《行动计划》。

（一）主要教育部门网络信息检索

1.印度政府教育管理部门

印度联邦和邦一级都设有教育行政管理部门。联邦的教育管理部门由人力资源开发部负责。人力资源开发部下设教育司负责教育相关事务的管理。教育司下设教育局，主要有：初等教育局、中等教育局、大学和高等教育局、成人教育局、奖学金与中央直辖区局、语言局、行政规划与联合国教科文组织局、技术教育局、综合财政局等。

主要教育部门名称及网站地址如下：

（1）人力资源开发部（Ministry of Human Resource Development）：www.mhrd.gov.in；

（2）高等教育局（Department of Higher Education）：www.mhrd.gov.in/higher_

education。

2.全国性教育管理委员会

除了政府部门外，印度还设有一些全国性的教育咨询、管理机构。中央教育咨询委员会（Central Advisory Board of Education）成立于1920年，主要职责是就全国性的教育问题向联邦和邦两级政府提出建议。该委员会由著名教育家、联邦和邦两级政府及中央直辖区的代表、议会代表、大学代表组成。1986年，该机构撰写了《国家教育政策》《行动计划》。

印度大学拨款委员会（University Grants Commission）于1956年成立，主要职责是：促进和协调大学教育事业发展；制定大学教育标准和测试标准；负责调查大学的财政状况，向大学拨款，以经济手段对大学进行调控和制约；对各大学的教育管理进行指导，提供咨询。

全国教育研究与培训委员会（National Council of Educational Research and Training）于1961年成立，是人力资源开发部的主要学术研究和信息咨询机构。该委员会主要职能为：进行教育研究，向人力资源开发部提出改进教学管理和教学方法的建议；监督教育政策和教学计划的实施；制定师资培训计划；编纂、修订教材和教学参考书；主办教学研究期刊。相关主要教育委员会名称及网站地址如下：

（1）印度大学拨款委员会（University Grants Commission）：www.ugc.ac.in；

（2）全国教育研究与培训委员会（National Council of Educational Research and Training）：www.ncert.nic.in；

（3）印度社会科学研究委员会（Indian Council of Social Science Research）：www.icssr.org；

（4）印度历史研究委员会（Indian Council for Historical Research）：www.ichrindia.org；

（5）印度哲学研究委员会（Indian Council of Philosophical Research）：www.icpr.nic.in；

（6）全印技术教育委员会（All India Council for Technical Education）：www.aicte-india.org。

（二）基础教育信息检索

根据印度《国家教育政策》，印度基础教育的学制为"10+2"模式，分为初等教育

（八年）和中等教育（四年）两个阶段。小学、初中、高中的分类标准被普遍采纳，但每一阶段的年级数目和入学年龄的规定各邦各有不同，情况较为复杂。一般而言，印度基础教育"10+2"的学制可表述为：普通初等教育阶段/小学（5年）、高级初等教育阶段（3年）、普通中等教育阶段/初中（2年）、高级中等教育/高中（2年）。其中，高级初等教育阶段相当于小学和初中之间的过渡阶段。

印度主要基础教育机构名称及网站地址如下：

（1）中等教育中央委员会（Central Board of Secondary Education）：www.cbse.nic.in；

（2）印度学校证书考试委员会（Council for the Indian School Certificate Examinations）：www.cisce.org；

（3）德里高级中等教育委员会（Board of Higher Secondary Education Delhi）：www.bhsedelhie.org；

（4）安得拉邦中等教育委员会（Board of Secondary Education of Andhra Pradesh）：www.bse.ap.gov.in；

（5）阿萨姆中等教育委员会（Board of Secondary Education, Assam）：www.sebaonline.org；

（6）中央邦中等教育委员会（Board of Secondary Education, Madhya Pradesh）：www.mpbse.nic.in；

（7）拉贾斯坦邦中等教育委员会（Board of Secondary Education, Rajasthan）：www.rajeduboard.rajasthan.gov.in。

（三）高等教育网络信息检索

印度的现代高等教育始于英印殖民统治时期，独立后高等院校数量有了巨大的增长。印度的高等教育体系中，中央政府主要制定宏观计划，由人力资源开发部负责，具体事务性工作主要通过一些专门机构来完成。这些机构中最重要的是大学拨款委员会，该委员会负责监督全国高等院校的运作，就高等教育问题向政府提出意见、建议和计划。印度现有大学785所，主要大学网络信息检索如下：

1.部分公立大学及其网址

（1）印度理工学院（Indian Institute of Technology）：www.iitsystem.ac.in；

（2）印度科技学院（Indian Institute of Science）：www.iisc.ac.in；

（3）德里大学（University of Delhi）：www.du.ac.in；

（4）全印医学院（All India Institute of Medical Science）：www.aiims.edu；

（5）旁遮普大学（Panjab University）：www.puchd.ac.in；

（6）尼赫鲁先进科学研究中心（Jawaharlal Nehru Centre for Advanced Scientific Research）：www.jncasr.ac.in；

（7）贝拿勒斯印度教大学（Banaras Hindu University）：www.bhu.ac.in；

（8）尼赫鲁大学（Jawaharlal Nehru University）：www.jnu.ac.in；

（9）海德拉巴大学（University of Hyderabad）：www.uohyd.ac.in；

（10）安那大学（Anna University）：www.annauniv.edu；

（11）加尔各答大学（University of Calcutta）：www.caluniv.ac.in；

（12）马德拉斯大学（University of Madras）：www.unom.ac.in；

（13）国家英国研究中心（National Brain Research Centre）：www.nbrc.ac.in；

（14）古鲁纳那克大学（Guru Nanak Dev University）：www.gndu.ac.in；

（15）班加罗尔大学（Bangalore University）：www.bangaloreuniversity.ac.in；

（16）孟买大学（University of Mumbai）：www.mu.ac.in；

（17）印度工程科技学院（Indian Institutes of Engineering Science and Technology）：www.iiests.ac.in；

（18）印度统计学院（Indian Statistical Institute）：www.isical.ac.in；

（19）阿拉哈巴德大学（University of Allahabad）：www.allduniv.ac.in；

（20）奥斯马尼亚大学（Osmania University）：www.osmania.ac.in。

2.部分私立大学及其网址

（1）韦洛尔科技大学（Vellore Institute of Technology University）：www.vit.ac.in；

（2）博拉理工学院（Birla Institute of Technology and Science）：www.bits-pilani.ac.in；

（3）曼尼普尔大学（Manipal University）：www.manipal.edu；

（4）甘露大学（Amrita University）：www.amrita.edu；

（5）萨斯特拉大学（SASTRA Universtiy）：www.sastra.edu；

（6）巴拉迪大学（Bharati Vidyapeeth）：www.bharatividyapeeth.edu；

（7）SRM 大学（SRM Universtiy）：www.srmuniv.ac.in；

（8）塔伯尔大学（Thapar University）：www.thapar.edu；

（9）阿米提大学（Amity University）：www.amity.edu；

（10）国际信息技术大学（International Institute of Information Technology）：www.iiit.ac.in；

（11）尼勒马大学（Nirma University）：www.nirmauni.ac.in；

（12）能源研究所大学（TERI University）：www.teriuniversity.ac.in；

（13）卡林佳工业技术大学（KIIT University）：www.kiit.ac.in；

（14）卡伦扬大学（Karunya University）：www.karunya.edu；

（15）巴拉特大学（Bharath University）：www.bharathuniv.ac.in；

（16）甘地科技管理学院（Gandhi Institute of Techology and Management）：www.gitam.edu；

（17）尼特大学（Nitte University）：www.nitte.edu.in；

（18）温斯特利大学（Banasthali University）：www.banasthali.org；

（19）JSS 大学（Jagadguru Sri Shivarathreeswara University）：www.jssuni.edu.in；

（20）德鲁拜·安巴尼信息通信技术学院（Dhirubhai Ambani Institute of Information and Communication Technology）：www.daiict.ac.in。

（四）主要教育类网站

（1）入学新闻（Admission News）：www.admissionnews.com；

（2）印度教育（India Education）：www.indiaeducation.net；

（3）教育（Shiksha）：www.shiksha.com；

（4）百思特印度教育（Bestindiaedu）：www.bestindiaedu.com；

（5）印度教育新闻（Indiaedunews）：www.indiaedunews.net；

（6）海外留学（Study Abroad Universities.com）：www.studyabrorduniversities.com；

（7）无限课堂（Infinite Courses）：www.infinitecourse.com；

（8）觉醒 JOSH（Jagran JOSH）：www.jagranjosh.com；

（9）阿格拉森教育（Aglasem）：www.aglasem.com

（10）学校教育（Schoolsedu）：www.schoolsedu.com。

（五）检索示例

通过印度社会科学研究委员会（Indian Council of Social Science Research）网站检索印度自治运动相关历史文献。

（1）在浏览器中输入网址"www.icssr.org"，进入印度社会科学研究委员会网站主页。

（2）点击首页导航栏中的"Library Catalogue"（图书馆目录）选项卡，进入电子图书馆检索页面。

（3）在"National Social Science Documentation Centre"（国家社会科学文献中心）电子图书馆检索首页检索栏输入关键词"Swaraj"（自治运动），点击"Database"（数据库）下拉选项，选择"Books"（图书），在时间选项卡中选中"All"（全部），点击"Go"（检索）按钮。

（4）在弹出的"Results"（检索结果）页面中点击第一个检索结果"Fifty years of swaraj highlights and shadows"，进行阅读、下载。

二、巴基斯坦教育类网络信息检索

为提高劳动者的知识和技能，使其满足现代社会要求，巴基斯坦政府十分重视教育事业。巴基斯坦宪法第 25 条 A 款规定，国家应向 5—16 岁的巴基斯坦儿童提供免费义务教育。根据 2009 年颁布的国家教育政策，巴基斯坦教育系统致力于向儿童和青少年提供优质教育，充分发掘其个人潜力，使之对社会和民族发展做出贡献，此外还致力于提升巴基斯坦人的民族意识，增强公民容忍、公正和民主的观念，发展宪法规定的基于伊斯兰基本意识形态的文化。在宪法第 18 修正案的指导下，巴基斯坦各省级政府（包括自由克什米尔政府）签署联合声明，承诺通过立法，保护儿童享受免费义务教育的权利。

巴基斯坦教育的目标是：教育服从伊斯兰意识形态和民族文化传统，使受教育者成为道德情操高尚、知识丰富、技能娴熟的人才。为此，巴基斯坦将本国教育分为伊斯兰教育、普通教育和其他教育等三个部分。

（一）教育法规和教育部门信息检索

巴基斯坦现行教育政策的主要依据包括：《1975 年联邦中等和中间教育委员会法案》（Federal Board of Intermediate and Secondary Education Act, 1975）、《1976 年联邦课程监管、教科书以及教育标准维护法案》（Federal Supervision of Curricula, Text Books and Maintenance of Standards of Education Act, 1976）、《2002 年国家教育基金会法令》（National Education Foundation Ordinance, 2002）、《2002 年高等教育委员会法令》

（Higher Education Commission Ordinance, 2002）、《国家宗教学校教育委员会法令》（Pakistan Madrasah Education Board Ordinance）、《2009年国家职业技术教育委员会法令》（National Vocational and Technical Education Commission Ordinance, 2009）、《2012年免费和义务教育权法案》（Right to Free and Compulsory Education Act, 2012）等。读者可在"巴基斯坦法典网（www.pakistancode.gov.pk）"利用关键词检索功能浏览和下载上述法令。

巴基斯坦宪法将教育列入了联邦立法议程，规定联邦政府有权力制定各种教育的政策、计划和措施。联邦政府设教育和职业培训部（简称教育部），各省设教育厅，各级学校均由专门的政府部门或人员负责管理。

巴基斯坦教育部是巴基斯坦普通教育和其他教育的领导和管理部门，其下属重要机构及其网站地址包括：

（1）高等教育委员会（Higher Education Commission）：www.hec.gov.pk；

（2）国家职业和技术培训委员会（National Vocational and Technical Training Commission）：www.navttc.org；

（3）教育规划管理研究院（Academy of Educational Planning and Management）：www.aepam.edu.pk；

（4）联邦中等教育委员会（Federal Board of Intermediate and Secondary Education）：www.fbise.edu.pk；

（5）国家教育评估系统（National Education Assessment System）：www.neas.gov.pk；

（6）国家人类发展委员会（National Commission for Human Development）：www.nchd.org.pk；

（7）国家人才库（National Talent Pool）：www.talentpool.gov.pk；

（8）国家培训局（National Training Bureau）：www.ntb.gov.pk；

（9）巴基斯坦联合国教科文组织国家委员会（Pakistan National Commission for UNESCO）：www.pncugovpk.com；

（10）巴基斯坦人力资源研究所（Pakistan Manpower Institute）：www.pmi.gov.pk；

（11）国家教育基金会（National Education Foundation）：www.nef.gov.pk。

巴基斯坦的宗教教育由工业和生产部负责管理。目前，巴基斯坦按照传统的伊斯兰教育形式，将国内的宗教学校分为两类。第一类是马克塔布（Maktab），也称古兰经学校，这类学校往往设在清真寺内、民居后院中甚至村口露天广场的树荫下。马克塔布并非专门为教授《古兰经》或教授其他伊斯兰知识而设，但学生在这里的主要任务是诵读、记忆《古兰经》，完成日常的宗教义务，此外还学习算数、写作、阿拉伯语、波斯语等。马克塔布的主要目的是启蒙学生的宗教意识，教导学生从伊斯兰教的角度去认识人生、了解社会。马克塔布建立在自愿基础上，形式松散，只要有教师就能运转，一旦教师离开，马克塔布就宣告停办，因而不能被视为正规的宗教教育机构。在马克塔布内学习的大部分学生是未成年人，他们在接受宗教教育的同时还要接受正规学校提供的基础教育。

第二类宗教学校是马德拉萨（Madrasah）。马德拉萨是正规的宗教教育机构，分中、高两级。中级部分主要传授伊斯兰知识，其课程主要有：《古兰经》注释、圣训学、教法学、教义学等，此外还开设阿拉伯语、波斯语、数学、逻辑学、哲学、天文学等课程。高级部分专门为培养神职人员而设，主要指导学生阅读大量有关伊斯兰教的阿拉伯语书籍，侧重于帮助学生深化对伊斯兰教教法、教义的理解。

巴基斯坦的宗教学校依据学生层次选择不同学制，教学大纲一般按 8 年制或 16 年制来制定，各教育阶段均没有正式的考试制度。马克塔布阶段主要考查学生背诵《古兰经》的能力，学生只要能流利背诵每阶段学习的《古兰经》经文就算通过阶段性测试，当学生达到能背诵《古兰经》全文并掌握其基本读写的程度后，便可从马克塔布毕业，进入马德拉萨学习。马德拉萨教育按级别由低到高，可分为穆达瓦萨德（Mutawassat，初中）、塔纳威亚（Thanawiya，高中）、阿里亚（Aaliya，本科）和阿拉米亚（Aalamiya，研究生），其中，穆达瓦萨德属于伊斯兰教育的中级部分，后三者属于高级部分。巴基斯坦宗教学校的互联网普及率极低，基本没有学校开设网站。用户可在教育规划管理研究院网站（www.aepam.edu.pk）内点击"2013—2014 年在线学校目录"（Online School Directory 2013-14）快速链接，进入"巴基斯坦教育机构名录"（Pakistan Educational Institutes Directory）网页，在"选择标准"（Select Level）一栏选择"清真寺"（Mosque）作为检索条件，查询各个县区内进行宗教教育的学校。

（二）普通教育信息检索

巴基斯坦的普通教育分为三个层次，小学和初中教育为初等教育，高中、中间学院和中等技术学校教育为中等教育，学位专科学院和大学教育为高等教育。巴基斯坦的普通教育由国家、地方和私人共同兴办，学校分为国立、省立、地方、私立等四种，私立学校经过政府认证方能招生。

1.初等教育

巴基斯坦政府十分重视初等教育，教育部设公共教育处，专门负责初等教育的管理。初等教育被划分成两个阶段，即小学和初中。各地小学由当地教育官员和督学管理，小学的适宜入学年龄为 5 岁，学制 5 年，初中学制 3 年。巴基斯坦宪法规定，国家实行免费的义务性初等教育。然而从实际情况来看，宪法的这一规定没有得到有效落实。公立学校由于资金不足无法接纳所有的适龄儿童，约 34%的小学生不得不选择教学条件优越、学费昂贵的私立学校。此外，由于得不到充足的经费支持，公立学校往往会向学生收取一定的费用。

巴基斯坦政府鼓励私人办学，希望利用私人资金弥补国家教育经费的不足，争取使初等教育惠及每名适龄儿童。巴基斯坦目前约 12%的小学和约 61%的初中属于私立学校。私立学校的教学设备和师资力量俱佳，一般采用英语教学，其中有一些是由英国人或美国人开办的，这类学校不招收普通家庭的孩子，只有少数家境富裕的儿童才能进入此类学校学习。公立学校归国家所有，其各方面条件均不如私立学校，大多采用乌尔都语教学，英语只作为一门课程，学生多来自工薪阶层家庭。此外，在巴基斯坦还有一类专门面向失学儿童的名为"基础教育社区学校"（Basic Education Community Schools）的非正规小学。该类学校源于联邦政府自 1986 年开始实施的非正规基础教育学校计划，由国家教育基金会提供资金并实施监督管理。

巴基斯坦初等学校没有统一的教学大纲，不同学校根据自己的计划开设课程。尽管各个学校自成体系、各有特点，但所开设课程大同小异，一般包括语言、算术、穆斯林教育、历史、地理、通俗科学、艺术和美术、古典文学、民间故事等课程。部分小学为低年级开设儿童连环画课程，以塑造儿童的健康思维，激发其想象力。初等学校通过每年的期末考试决定学生是否升级。

2.中等教育

中等教育为学生提供技能和职业道德训练，为大学和专科学院培养可造之材，是巴基斯坦教育体系中非常重要的环节，由各个县的中等教育局管理。

巴基斯坦中等教育的学制为四年。在前两年，所有学生都要在高中学习文化必修课，如乌尔都语、英语、算术、历史、巴基斯坦研究、普通科学、穆斯林研究等，还可以选修职业技术方面的课程。高中毕业后，一些不打算接受高等教育但又渴望继续深造的学生会进入中等技术学校学习技术，学习期为两年；打算上大学或专科学院的学生则会根据自身实际情况选择专业，而后进入中间学院学习相关课程，学习期同样为两年。

巴基斯坦的中等技术学校种类多样，开设的课程包括电子学、汽车电工、家用电器装置、奶牛饲养、家禽饲养、蔬菜种植、桑蚕养殖、农作物管理、速记、打字、交通运输、海运业务、家政管理、烹饪、急救护理等。各中等技术学校根据自身定位和师资情况开设其中某一方面或几方面的课程，以便集中力量培养出有一技之长的学生，帮助其获得在社会中的立身之本。

中间学院又被称为预科学院，其任务是向高等院校输送人才，教学上受相关大学的监督和指导，分文科、理工科、经贸科和医科。各科开设的课程不同，但都要开设伊斯兰教教义和巴基斯坦研究两门必修课。通过考试的理工科、经贸科和医科的毕业生进入相应的学位专科学院学习两年，毕业后获得技术学士学位（专业学士学位），亦可通过参加大学招生考试进入大学学习。文科毕业生则留在中间学院接受为期两年的大学预科教育。中间学院实行校长负责制，地方政府委派教育秘书主管各学院的经费使用和教师聘任。

中等学校的教学设备先进，建筑设施齐全，教师队伍知识丰富、能力突出。一些私立学校有更优秀的师资队伍，但学费很高，一般只招收富家子弟。与初等学校类似，中等学校也分为两类，一类以英语为教学语言，另一类则用乌尔都语授课。

巴基斯坦初等教育和中等教育阶段的互联网普及率较低，只有少数学校建立了自己的网站。用户可在教育规划管理研究院网站（www.aepam.edu.pk）内点击"2013—2014年在线学校目录"（Online School Directory 2013-14）快速链接，进入"巴基斯坦教育机构名录"（Pakistan Educational Institutes Directory）网页。通过输入学校名称查询该学校详细信息，也可通过设定检索条件，如省、县、学校类型、学生性别等，查询所有符合条件学校的详细信息。

3.高等教育

巴基斯坦的高等教育又被称为学位教育，分为专科教育、本科教育和研究生教育三个阶段。其中，专科和本科的学制为两年，硕士研究生的学制一般为两年，博士研究生的学制不固定。高等教育阶段所颁发的学位包括学士、硕士和博士。高等院校分为学位专科学院和大学两级。二者一般都是按照政府法令和条例履行职责的自治团体，某些学位专科学院直属所在省的教育部。

巴基斯坦的高等院校基本上由政府拨款建立，由高等教育委员会领导，各省政府负责管理本省的高等院校。高等教育委员会下设的联邦大学管理委员会负责各个高校间的联系，此外它还负责提供资金，组织高校教师的夏季研讨班。联邦教育部负责制定教育政策以及海外奖学金在各高校间的分配。伊斯兰堡首都区的高校校长一般由巴基斯坦总统兼任，省立高校的校长一般由各省省长兼任，省教育局局长代校长行使职权。每所高校由 1 名副校长主持日常工作，同时，该副校长还掌握学校的财政权。高校一般设 3 个委员会，分别是：管理委员会、评议会和学术委员会。管理委员会是高校的最高权力机构，直接领导评议会和学术委员会，由 20 人组成，其中一半是政府官员。评议会成员均为高校在职教师，数量不定，负责管理经费使用。学术委员会由高校各院院长、各系主任和教授代表组成，负责制定学校的发展规划、规章制度和学术标准，审批课程设置，审查教师资格，评定和授予学位等事务。

目前，巴基斯坦国内得到高等教育委员会认证的高等院校共 177 所，其中公立院校 103 所，私立院校 74 所。读者可登录高等教育委员会网站的"委员会认证的大学和学位授予机构"（www.hec.gov.pk/OurInstitutes/Pages/Default.aspx）页面浏览各高校信息，并通过链接进入各高校的网站。下面列举部分重要高等院校及其网站地址：

（1）公立院校

①阿拉玛·伊克巴尔开放大学（Allama Iqbal Open University）：www.aiou.edu.pk；

②达乌德工程技术大学（Dawood University of Engineering & Technology）：www.dcet.edu.pk；

③国际伊斯兰大学（International Islamic University）：www.iiu.edu.pk；

④国立纺织大学（National Textile University）：www.ntu.edu.pk；

⑤国立现代语言大学（National University of Modern Languages）：www.numl.edu.pk；

⑥国立科学技术大学（National University of Sciences & Technology）：www.nust.edu.pk；

⑦伟大领袖大学（真纳大学）（Quaid-i-Azam University）：www.qau.edu.pk；

⑧联邦乌尔都语艺术、科学与技术大学（Federal Urdu University of Arts, Sciences & Technology）：www.fuuast.edu.pk；

⑨法蒂玛·真纳女子大学（Fatima Jinnah Women University）：www.fjwu.edu.pk；

⑩旁遮普大学（University of the Punjab）：www.pu.edu.pk；

⑪巴里亚大学（Bahria University）：www.bahria.edu.pk。

（2）私立院校

①阿迦·汗大学（Aga Khan University）：www.aku.edu；

②首都科学技术大学（Capital University of Science and Technology）：www.cust.edu.pk；

③拉合尔管理科学大学（Lahore University of Management Sciences）：www.lums.edu.pk；

④国立计算机与新兴科学大学（National University of Computer and Emerging Sciences）：www.nu.edu.pk；

⑤基础大学（Foundation University）：www.fui.edu.pk。

（三）主要教育类网站

（1）年度教育状况报告网/阿萨尔网（Annual Status of Education Report/列）：www.aserpakistan.org；

（2）国家考试服务中心（National Testing Service）：www.nts.org.pk；

（3）国家图书馆（National Library of Pakistan）：www.nlp.gov.pk；

（4）基础教育社区学校（Basic Education Community Schools）：www.becs.gov.pk；

（5）虚拟大学网（Virtual University of Pakistan）：www.vu.edu.pk；

（6）总理青年人计划网（Prime Minister's Youth Programme）：www.youth.pmo.gov.pk；

（7）国家商业教育认证委员会（National Business Education Accreditation Council）：www.nbeac.org.pk；

（8）语言工程中心网（Center for Language Engineering）：www.cle.org.pk；

（9）巴基斯坦教育地图集网（Pakistan Education Atlas）：www.atlas.edu.pk。

（四）重点网站推荐——年度教育状况报告网

网址：www.aserpakistan.org

网站语言：英语

网站简介：年度教育状况报告网是一家民间网站，旨在对全国县一级地区 3 至 16 岁儿童的受教育情况和基础学习水平（阅读和算数水平）提供可靠的评估。

年度教育状况报告网主页整体可分为上、下两部分。上半部分由导航栏、机构介绍和快速链接栏等三个版块组成。导航栏包含 7 大类目内容，分别是：简介、时间线、学习资源、出版物、博客、图片廊和联系方式。其中，时间线一栏主要介绍该网站组建过程中的重要时间节点；学习资源一栏提供网站公布的各类文件的下载；出版物一栏提供网站公开出版物的电子版下载；博客一栏提供网站研究员、助理以及合作机构人员的博客链接。机构介绍版块与导航栏中的简介栏目功能相同，均介绍了网站的性质、成立意义、功能和目标等内容。快速链接栏提供了该网站发布的报告、讲话、研究方法、研究工具、备注、数据、纪录片、创新点等内容的链接。网站下半部分由 6 个独立版块构成，分别是学习行动、新闻和重要事件、实时更新、博客、备注和政策简报、网站推荐。

图6-1　年度教育状况报告网主页

三、孟加拉国教育类网络信息检索

孟加拉国独立伊始，就推出了一系列教育改革的政策法规，以期解决民众受教育程度低的问题。"让所有人都受教育"（Education For All）是孟加拉国政府始终坚持的目标追求。经过多次改革，孟加拉国的教育体系呈现出公立学校与私立学校、现代教育与传统宗教教育并举的多元化特点。目前，孟加拉国主要采取普通教育、宗教教育与职业技术教育相结合的教育模式，小学学制五年、中学七年、大学四年，八年级以下女生享受免费义务教育。截至 2014 年，孟加拉国有公立大学 21 所，私立大学 53 所，国立医学院 13 所，普通学院 1225 所，工艺学校 77 所，伊斯兰学校 8410 所，专业培训学院 64 所，中学 17386 所，小学 78000 所。

（一）教育机构部门信息检索

1.初等与大众教育部（Ministry of Primary and Mass Education）

孟加拉国初等与大众教育部曾是教育部下属的初等与大众教育局。为进一步提高初等教育普及范围和程度，切实做好初等教育各项工作，孟加拉国政府决定以初等与大众教育局为基础组建初等与大众教育部，负责全面管理初等教育。初等与大众教育部的主要职责是管理初等教育体系，管理和监督包括招聘和调配教职员工、安排教师进修、发放免费教材等初等教育工作，对各类初等教育学校进行督察等。"初等与大众教育部网站（www.mopme.gov.bd）"有孟加拉语和英语两个版本，支持站内搜索服务，主要栏目包括：হোম（主页）、মন্ত্রণালয় সম্পর্কিত（关于该部）、অধিনস্ত দপ্তরসমূহ（下属部门）、কর্মসূচি এবং প্রকল্প（计划和项目）、সবার জন্য শিক্ষা（全民教育）、পরিসংখ্যান（数据统计）、জিপিএমএস（GPMS）、ওয়েবমেইল（网络邮箱）、কেস ম্যানেজমেন্ট সিস্টেম（案件管理系统）、অভিযোগ নিস্পত্তি ব্যবস্থা（申诉机制）、বাংলাদেশে প্রাথমিক শিক্ষা（孟加拉国初等教育）等。

孟加拉国初等与大众教育部下属部分网站有：

（1）初等教育局（Directorate of Primary Education）：www.dpe.gov.bd；

（2）非正式教育局（Bureau of Non- Formal Education）：www.bnfe.gov.bd；

（3）国家初等教育学院（National Academy for Primary Education）：www.nape.gov.bd；

（4）初等义务教育实施监测（Compulsory Primary Education Implementation Monitoring Unit）：www.cpeimu.gov.bd。

2.孟加拉国教育部（Ministry of Education）

孟加拉国教育部是主管孟加拉国中等和高等教育的政府部门。教育部对包括宗教教育、职业技术教育在内的中等和高等教育制定相关政策和方案，制定对中等和高等教育部门机构实施监督管理的法律、规章和条款。"孟加拉国教育部网站（www.moedu.gov.bd）"有孟加拉语和英语两个版本，支持站内搜索服务，设有 প্রথম পাতা（首页）、মন্ত্রণালয় সম্পর্কিত তথ্য（部门信息）、শিক্ষা পদ্ধতি（教育系统）、পলিসি এন্ড কমিশন（政策和委员会）、বাজেট（预算）、প্রকল্প/কর্মসূচী（项目/计划）、প্রকাশনা（出版刊物）、পূর্বতন ওয়েবসাইট（旧版网站）等八个栏目。孟加拉国教育部网站主要提供教育部门机构设置、教育体系简介、教育法律、教育方针政策、教育项目、出版物及新闻等内容。

孟加拉国教育部下属部分部门网站有：

（1）伊斯兰教育局（Directorate of Madrasha Education）：www.dme.gov.bd；

（2）中等和高等教育局（Directorate of Secondary and Higher Education）：www.dshe.gov.bd；

（3）技术教育局（Directorate of Technical Education）：www.techedu.gov.bd；

（4）国家课程与教科书委员会（National Curriculum and Textbook Board，NCTB）：www.nctb.gov.bd；

（5）检查和审计局（Directorate of Inspection and Audit）：www.dia.gov.bd；

（6）国际母语学院（International Mother Language Instiute）：www.imli.gov.bd。

（二）政府教育类网站

互联网的发展，为孟加拉国政府推广教育提供了行之有效的途径。近年来孟加拉国政府致力于推广电子教育、远程教育等新型教育模式，推动建立起各类教育网站，丰富各类教学资源，努力在教育方面发挥出互联网的互联互通优势。

孟加拉国国家图书馆（National Library of Bangladesh，NLB），1972 年在达卡建立，隶属于孟加拉国文化部图书馆和档案局管辖。该图书馆现收藏有 50 万本书籍，注册会员 8200 名，共有 98 名员工。孟加拉国国家图书馆的建设深受孟加拉国政府的重视，独立之初国家图书馆建设就被列入国家"第一个五年计划"。"国家图书馆网站（www.nlb.gov.bd）"为英文版本，支持站内搜索服务，主要栏目包括：Home（主页）、About Us（关于我们）、Collection（收集）、Preservation（保存）、Publications（出版物）、Service（服务）、Event（事件）、Location（位置）、Officials（官员）、Photo Gallery（图库）。

其他部分政府教育类网站还包括：

（1）电子书网（E-Book）：www.ebook.gov.bd；

（2）古兰经（Al-Quran）：www.quran.gov.bd；

（3）数字图书馆（Digital Library）：www.rthd.gov.bd/elibrary.php；

（4）教师门户网（Teachers Portal）：www.teachers.gov.bd；

（5）孟加拉国科学技术文献中心（Bangladesh National Scientific and Technical Documentation Centre）：www.bansdoc.gov.bd。

（三）高等教育网络信息检索

1971 年独立之初，孟加拉国仅有达卡大学、拉吉沙希大学、吉大港大学、贾汗吉尔纳加尔大学等四所综合性大学，以及一所工科大学——孟加拉国工程技术大学和一所农业大学——孟加拉国农业大学。独立之后，政府加大教育投入力度，大力发展高等教育，着力提高办学质量和水平。1973 年，根据第 10 号总统令，大学教育资助委员会（University Grants Commission）正式成立。该委员会的主要职能是监督、维系、促进和协调大学教育，至今仍然发挥作用，其网站为 www.ugc.gov.bd。到 20 世纪 80 年代，伊斯兰大学、沙贾拉尔科技大学和库尔纳大学相继创办并开始招生。90 年代初，私立大学在首都达卡和周边城市陆续出现。根据孟加拉国教育部网站数据显示，截至 2016 年底，孟加拉国已经开办 37 所公立大学、92 所私立大学。

孟加拉国部分大学名称及网址如下：

（1）达卡大学（Dhaka University）：www.du.ac.bd；

（2）孟加拉国国立大学（Bangladesh National University）：www.nu.edu.bd；

（3）孟加拉国工程技术大学（Bangladesh University of Engineering and Technology）：www.buet.ac.bd；

（4）孟加拉国农业大学（Bangladesh Agricultural University）：www.bau.edu.bd；

（5）拉杰沙希大学（Rajshahi University）：www.ru.ac.bd；

（6）沙贾拉尔大学（Shahjalal University）：www.sust.edu；

（7）孟加拉国开放大学（Bangladesh Open University）：www.bou.edu.bd。

（四）重点网站推介——达卡大学网站

网址：www.du.ac.bd

网站语言：英语、孟加拉语

网站简介：达卡大学（University of Dhaka，ঢাকাবিশ্ববিদ্যালয়）创办于 1921 年 7 月，由英属印度政府推动建立，是孟加拉国历史最悠久的大学之一。建校之初，达卡大学只有 3 个学院，12 个部门，60 位老师，877 位学生以及 3 个学生宿舍。达卡大学以英国牛津大学的教育模式为模板，曾一度被称为"东方牛津"。目前，达卡大学是孟加拉国最大的公立大学，拥有 13 个学院、77 个部门、11 个研究所、51 个研究中心，老师 1885 名，学生人数达到 37064 名。2013 年，达卡大学被《亚洲新闻周刊》（Asiaweek）评为亚洲前一百的大学之一，在 2016 年《QS 亚洲大学排名》中，达卡大学排在第 109 位。

达卡大学网站支持站内搜索服务，主要栏目包括：（1）Home（主页）；（2）The University（大学），主要介绍大学历史、荣誉、章程、重要访客、年度报告等；（3）

Academic（学术），主要介绍大学学科门类和机构划分，包括艺术学院、科学院、法学院、商业研究学院、社科学院、生物科学院等；（4）Admission（入学），主要介绍入学须知情况；（5）Research（研究），主要介绍大学的研究中心、当前研究课题以及开展的研究合作等；（6）Co-Curricular（课外），主要介绍大学丰富的课外活动、学生组织、教师学生中心等。

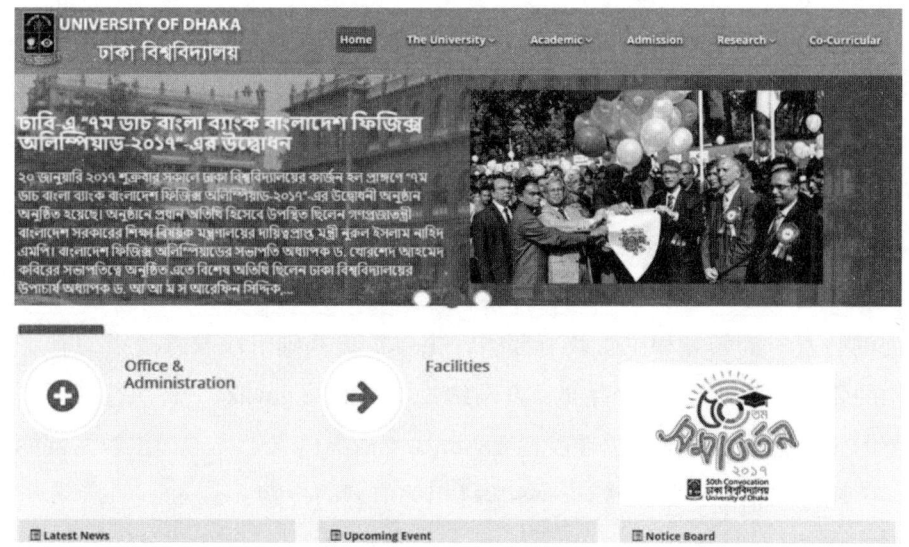

图6-2　达卡大学网站主页

四、斯里兰卡教育类网络信息检索

斯里兰卡现代教育体系由英国殖民政府于 19 世纪中期建立，现行的教育体制与英国的教育体制基本相同。自 20 世纪 90 年代后期以来，斯里兰卡的成人识字率一直保持在 90%以上，并呈逐年上升趋势，2015 年斯里兰卡的成人识字率达到 92.63%，多年来一直居于南亚乃至亚洲地区的领先位置。这不得不归功于斯里兰卡政府对教育的重视，教育在斯里兰卡国家各项事业中占有极其重要的地位。斯里兰卡的免费教育政策（නිදහස් අධ්‍යාපනය）于 1947 年开始推行，适用于政府开办的公立学校，免费教育政策覆盖范围包括小学至大学本科，具体内容包括学杂费、书本、校服、午餐、保健、奖学金、交通补助等费用的免除。斯里兰卡绝大部分学校均为公立学校，由政府管理和运营。国家教育体制分为基础教育、高等教育、职业教育三大部分，分别由斯里兰卡教育部、斯里兰卡高等教育与高速公路部、斯里兰卡技能发展与职业培训事务部等三个政府部门领导。

（一）主要教育部门信息检索

斯里兰卡国家教育委员会（ජාතික අධ්‍යාපන කොමිෂන් සභාව）是根据 1991 年斯里兰卡议会第 19 号法令设立的，直属于总统办公室管辖，主要负责对斯里兰卡教育政策（基础教育和高等教育）进行审查和监督，其工作内容具体包括对教育政策的制定、执行、效果以及教育改革方案进行审查、研究和分析，定期向总统提交报告并建言献策。"国家教育委员会网站（www.nec.gov.lk）"提供僧伽罗语、泰米尔语、英语三个版本。主页中的 අප ගැන（关于我们）频道提供国家教育委员会的任务宗旨、历史沿革、组织结构等方面的信息，පර්යේෂණ（研究报告）、ප්‍රතිපත්ති（政策建议）、පුවත් සහ සිද්ධි（新闻与事件）、විමසීම（资讯建议）等其他频道供互联网用户检索相关资讯。除此之外，网站还提供斯里兰卡政府教育相关主管部门的网站链接。

斯里兰卡教育部（අධ්‍යාපන අමාත්‍යාංශය）是斯里兰卡政府针对基础阶段教育（进入大学之前的教育）的领导和主管政府部门，主要负责基础阶段教育政策的制定和公共教育机构的管理。"斯里兰卡教育部官方网站（www.moe.gov.lk）"提供僧伽罗语、泰米尔语、英语三个版本。网站主页导航栏 තොරතුරු（情况信息）频道提供教育部简介、领导团队、下属部门信息、数据统计、各学科相关信息的检索，පළාත්කලාප（各省、市、区、县教育主管部门信息）、අධ්‍යාපන සේවා（教育服务）、මාධ්‍ය（媒体）、නැණස（教育电视台）、විභාග（考试）等其他频道提供相关的信息检索。网站主页导航栏最右侧还提供基础教育阶段学生在线学习的门户入口 "e-තක්සලාව"。学生或其他用户进入该频道后，可以通过点击相应的年级和科目进入在线学习界面进行自学。斯里兰卡教育部下辖三个主要部门，分别为：（1）考试局（ශ්‍රී ලංකා විභාග දෙපාර්තමේන්තුව），负责基础教育阶段考试相关的事宜，网站为 www.doenets.lk；（2）教育出版局（අධ්‍යාපන ප්‍රකාශන දෙපාර්තමේන්තුව），负责教科书的编撰、印刷及发放，网站为 www.edupub.gov.lk；（3）国家教育研究所（ජාතික අධ්‍යාපන ආයතනය），负责制定基础教育阶段教学大纲、教师培训和教育研究，网站为 www.nie.lk。

斯里兰卡大学拨款委员会（විශ්වවිද්‍යාල ප්‍රතිපාදන කොමිෂන් සභාව）成立于 1978 年 12 月 22 日，是斯里兰卡负责高等教育事务的核心部门，直接对总统负责。工作职责包括：规划高等教育机构的建设、划拨经费、监督学术规范、对高等教育机构工作进行管理、规范招生制度等。"大学拨款委员会官方网站（www.ugc.ac.lk）"只提供英文版本，通过其主页可以检索关于大学拨款委员会简介、组织结构、人员信息、下属机构、预算报告、拨款信息、国内所有大学及其他高等教育机构信息、大学录取信息及相关文件、高教新闻、重要通告等方面的信息。

　　斯里兰卡负责高等教育的行政管理部门为高等教育部（උසස් අධ්‍යාපන අමාත්‍යාංශය）。斯里兰卡现任总统麦德利巴勒·西里塞纳（මෛත්‍රීපාල සිරිසේන）于 2015 年 1 月当选，同年 10 月将原先的"高等教育部"与"高速公路部"两个部委合并，成立"高等教育与高速公路部"（උසස් අධ්‍යාපන හා මහාමාර්ග අමාත්‍යාංශය）。其下分管高等教育和高速公路事务的两个部门仍被称为"部"（අමාත්‍යාංශය），即"高等教育部（උසස් අධ්‍යාපන අමාත්‍යාංශය）"和"高速公路部"（මහාමාර්ග අමාත්‍යාංශය），部门最高领导称为国务部长（රාජ්‍ය අමාත්‍ය）。这两个部分别拥有自己的网站。其中，"高等教育部网站（www.mohe.gov.lk）"提供僧伽罗语、泰米尔语、英语三个版本，网站主要内容包括：අමාත්‍යාංශ පිළිබඳ（部门简介）、ශිෂ්‍යාත්ව（奖学金信息）、සිසුන්ගේ අදහස්（学生观点）、විශ්වවිද්‍යාල හා අධ්‍යාපන ආයතන（大学及高教机构信息）、කාලීන ක්‍රියාකාරකම්（重要活动）、නවතම ප්‍රවෘත්ති（实时新闻）、විදේශ අධ්‍යාපන（留学海外）、සම්මාන සහ තරඟ（比赛与获奖）等。用户可通过点击主页导航栏中相应的标题进行信息检索。

　　斯里兰卡技能发展与职业培训事务部（නිපුණතා සංවර්ධන හා වෘත්තීය පුහුණු අමාත්‍යාංශය）是斯里兰卡负责职业教育与技能教育的主管和领导部门，主要任务是根据劳动力市场需求提供高质量的技能与职业培训，以增强斯里兰卡青年的就业能力。"技能发展与职业培训事务部网站（www.skillsmin.gov.lk）"为英文版本，包括 Institutes（下属机构）、News & Events（新闻与事件）、Recent Activities（近期活动）、Contact Us（联系我们）等频道供用户进行资讯搜索和信息查询。技能发展与职业培训事务部下属的重要机构和部门有：（1）技术教育与培训司（කාර්මික අධ්‍යාපන හා පුහුණු කිරීමේ දෙපාර්තමේන්තුව），网址为 www.dtet.gov.lk；（2）锡兰—德国技术培训中心（ලංකා-ජර්මන් කාර්මික අභ්‍යාස ආයතනය），网址为 www.cgtti.lk；（3）国家实习与工业培训局（ජාතික ආධුනිකත්ව සහ කාර්මික පුහුණු කිරීමේ අධිකාරිය），网址为 www.naita.gov.lk；（4）国家工商管理研究所（ජාතික ව්‍යාපාර කළමනාකාරිත්ව ආයතනය），网址为 www.nibm.lk。

（二）基础教育信息检索

　　斯里兰卡现行的基础教育学制可概括为"5+4+2+2"，即小学教育（ප්‍රාථමික අධ්‍යාපනය）5 年，初中教育（කනිෂ්ඨ අධ්‍යාපනය）4 年，高中教育（ජ්‍යෙෂ්ඨ අධ්‍යාපනය）2 年以及大学预科教育（පූර්ව විශ්වවිද්‍යාල අධ්‍යාපනය）2 年，共 13 年。基础教育覆盖的学生年龄为 5 至 18 岁，其中 5 至 14 岁（小学、初中教育）为义务教育阶段。学前教育（මුල් ළමාවිය සංවර්ධන අධ්‍යාපනය）虽然没有被纳入基础教育范畴，但受到政府重视，由斯里兰卡妇女儿童事务部（කාන්තා හා ළමා කටයුතු අමාත්‍යාංශය）主管。

斯里兰卡基础教育阶段学校共分为三类，分别是：公立学校（පොදු පාසැල්）、私立学校（පෞද්ගලික පාසැල්）和国际学校（ජාත්‍යන්තර පාසැල්）。公立学校，有时也被称为政府学校（රජයේ පාසැල්），由政府负责筹建、运营和管理，是斯里兰卡基础教育的主体。根据斯里兰卡教育部网站 2015 年的统计显示，斯里兰卡共有公立学校 10144 所，学生 4129534 名，师生比约为 1：17.45。公立学校还可分为两类，分别是国立学校（ජාතික පාසැල්）和省级学校（ප්‍රාදේශීය පාසැල්）。国立学校是直属教育部的学校，由教育部资助和管理。大部分国立学校都历史悠久，成立于国家独立之前，被认为是斯里兰卡的精英学校。这些学校硬件和软件设施精良，师资力量雄厚，截至 2015 年斯里兰卡共有 352 所国立学校。省级学校是由各省级和地方政府资助并管理的学校，截至 2015 年共有 9792 所。斯里兰卡各省级政府都设有省级教育厅（පළාත් අධ්‍යාපන දෙපාර්තමේන්තු），负责本省的基础教育事务，省级教育厅同时受国家教育部监管。省教育厅以下的二级教育主管部门为地区教育办公室（Zonal Education Office），每个地区教育办公室下辖 100 至 150 所学校。

在斯里兰卡，还有一类由教育部资助和管理的学校，即佛教学校（පිරිවෙන්）。佛教学校的学生均为佛教僧侣，课程体系与普通学校不同，主要围绕佛教教育展开。课程以巴利语、梵语、僧伽罗语、英语、数学、三藏研究、哲学、语言学、历史学、星相学、传统医药学等科目为主。佛教学校的学生也可以和普通学生一样参加国家统一的普通水平考试（අ.පො.ස සාමාන්‍ය පෙළ/GCE "O" Level）和高级水平考试（අ.පො.ස උසස් පෙළ/GCE "A" Level），成绩合格可进入普通高校进行宗教、语言、文学等科目的学习深造。

有关斯里兰卡基础教育信息的检索除使用搜索引擎查找关键词以外，还可以通过以下途径：

（1）登录教育部网站，点击主页导航栏中的"省/区（පළාත්/කලාප）"按钮，从下拉菜单中选择所要查询的省、区、县的名称，即可查询该区教育主管机构的信息。

（2）通过 9 个省的教育厅网站，查询该省即该省下辖各区、县的教育概况、学校信息、新闻咨询等信息。这些网站分别为：

①西方省教育厅（බස්නාහිර පළාත් අධ්‍යාපන දෙපාර්තමේන්තු）：www.edudept.wp.gov.lk；

②中央省教育厅（මධ්‍යම පළාත් අධ්‍යාපන දෙපාර්තමේන්තු）：www.centralpedu.sch.lk；

③南方省教育厅（දකුණු පළාත් අධ්‍යාපන දෙපාර්තමේන්තු）：www.edudept.sp.gov.lk；

④西北省教育厅（වයඹ පළාත් අධ්‍යාපන දෙපාර්තමේන්තු）：www.edudept.nw.gov.lk；

⑤北方省教育厅（උතුරු පළාත් අධ්‍යාපන දෙපාර්තමේන්තු）：www.edudept.np.gov.lk；

⑥北中省教育厅（උතුරු මැද පළාත් අධ්‍යාපන දෙපාර්තමේන්තු）：www.edudept.nc.gov.lk；

⑦东方省教育厅（නැගෙනහිර පළාත් අධ්‍යාපන දෙපාර්තමේන්තු）：www.edudept.ep.gov.lk；

⑧乌瓦省教育厅（ඌව පළාත් අධ්‍යාපන දෙපාර්තමේන්තු）：www.edudept.up.gov.lk；

⑨萨巴拉加穆瓦省教育厅（සබරගමුව පළාත් අධ්‍යාපන දෙපාර්තමේන්තු）：www.edudept.sgp.gov.lk。

（三）高等教育信息检索

斯里兰卡的高等教育机构由公立大学（රජයේ විශ්වවිද්‍යාලය）、公立学院（පොදු ආයතනය）、私立学院（පෞද්ගලික ආයතනය）和高等技术学院（උසස් තාක්ෂණ ආයතන）构成。斯里兰卡大学教育一直严格地由政府掌控，绝大部分有学位授予权的大学和学院都是政府所有或者由政府资助。目前，斯里兰卡共有 20 所大学、18 所公立学院和 43 所私立学院。在 20 所大学中，15 所由大学拨款委员会管辖，两所由高等教育部管辖、两所由技能发展与职业培训事务部管辖、一所由国防部管辖。18 所公立学院则全部由大学拨款委员会管辖。

1.斯里兰卡公立大学及其网站地址

（1）科伦坡大学（කොළඹ විශ්වවිද්‍යාලය）：www.cmb.ac.lk；

（2）佩拉戴尼亚大学（පේරාදෙණිය විශ්වවිද්‍යාලය）：www.pdn.ac.lk；

（3）斯里·贾亚瓦勒普勒大学（ශ්‍රී ජයවර්ධනපුර විශ්වවිද්‍යාලය）：www.sjp.ac.lk；

（4）凯拉尼亚大学（කැළණිය විශ්වවිද්‍යාලය）：www.kln.ac.lk；

（5）莫勒杜瓦大学（මොරටුව විශ්වවිද්‍යාලය）：www.mrt.ac.lk；

（6）贾夫纳大学（යාපනය විශ්වවිද්‍යාලය）：www.jfn.ac.lk；

（7）鲁乎努大学（රුහුණ විශ්වවිද්‍යාලය）：www.ruh.ac.lk；

（8）斯里兰卡开放大学（ශ්‍රී ලංකා විවෘත විශ්වවිද්‍යාලය）：www.ou.ac.lk；

（9）斯里兰卡东部大学（නැගෙනහිර විශ්වවිද්‍යාලය, ශ්‍රී ලංකා）：www.esn.ac.lk；

（10）斯里兰卡东南大学（ශ්‍රී ලංකා අග්නිදිග විශ්වවිද්‍යාලය）：www.seu.ac.lk；

（11）拉贾拉德大学（රජරට විශ්වවිද්‍යාලය）：www.rjt.ac.lk；

（12）斯里兰卡萨巴拉加穆瓦大学（ශ්‍රී ලංකා සබරගමුව විශ්වවිද්‍යාලය）：www.sab.ac.lk；

（13）斯里兰卡西北大学（ශ්‍රී ලංකා වයඹ විශ්වවිද්‍යාලය）：www.wyb.ac.lk；

（14）乌瓦维尔拉瑟大学（ඌව වෙල්ලස්ස විශ්වවිද්‍යාලය）：www.uwu.ac.lk；

（15）视觉与表演艺术大学（සෞන්දර්ය කලා විශ්වවිද්‍යාලය）：www.vpa.ac.lk；

（16）约翰·科德拉瓦将军国防大学（ජනරාල් ශ්‍රීමත් ජෝන් කොතලාවල ආරක්ෂක විශ්වවිද්‍යාලය）：www.kdu.ac.lk；

（17）斯里兰卡佛教与巴利大学（ශ්‍රී ලංකා බෞද්ධ හා පාලි විශ්වවිද්‍යාලය）：www.bpu.ac.lk；

（18）斯里兰卡比丘大学（ශ්‍රී ලංකා භික්ෂු විශ්වවිද්‍යාලය）：www.busl.ac.lk；

（19）职业技术大学（වෘත්තීය තාක්ෂණ විශ්වවිද්‍යාලය）：www.univotec.ac.lk；

（20）斯里兰卡海洋大学（ශ්‍රී ලංකා සාගර විශ්වවිද්‍යාලය）：www.ocu.ac.lk。

2.主要公立学院及其网站地址

（1）医学研究生院（Postgraduate Institute of Medicine）：www.pgim.cmb.ac.lk；

（2）农学研究生院（Postgraduate Institute of Agriculture）：www.pgia.ac.lk；

（3）凯拉尼亚大学巴利语与佛学研究院（Postgraduate Institute of Pali & Buddhist Studies）：www.pgipbs.kln.ac.lk；

（4）建筑学研究生院（Postgraduate Institute of Archaeology）：www.pgiar.kln.ac.lk；

（5）管理学研究生院（Postgraduate Institute of Management）：www.pim.lk；

（6）科学研究生院（Postgraduate Institute of Science）：www.pgis.lk；

（7）人力资源发展学院（Institute of Human Resource Advancement）：www.ihra.cmb.ac.lk；

（8）传统医学学院（Institute of Indigenous Medicine）：www.iim.cmb.ac.lk；

（9）岗巴哈·维克勒马拉奇阿育吠陀学院（Gampaha Wickramarachchi Ayurveda Institute）：www.gwai.kln.ac.lk；

（10）图书馆与信息科学国家学院（National Institute of Library and Information Science）：www.nilis.cmb.ac.lk；

（11）生物化学、分子生物学与生化科技学院（Institute of Bio-Chemistry, Molecular Biology and Bio Technology）：www.ibmbb.cmb.ac.lk；

（12）人文与社会科学国家研究中心（The National Centre for Advanced Studies in Humanities & Social Sciences）：www.ncas.ac.lk；

（13）斯旺米·维普拉南德美学研究院（Swamy Vipulananda Institute of Aesthetic Studies）：www.esn.ac.lk/svi。

3.主要私立学院及其网站地址

（1）斯里兰卡信息技术学院（Sri Lanka Institute of Information Technology）：

www.sliit.lk；

（2）阿奎那高等研究学院（Aquinas College of Higher Studies）：www.aquinas.lk；

（3）国家工商管理学院（National Institute of Business Management）：www.nibm.lk；

（4）斯里兰卡国立发展管理学院（Sri Lanka Institute of Development Administration）：www.slida.lk；

（5）国家社会发展学院（National Institute of Social Development）：www.nisd.lk；

（6）测绘学院（Institute of Surveying and Mapping）：www.ism.ac.lk；

（7）南亚技术与医学学院（South Asian Institute of Technology and Medicine）：www.saitm.edu.lk；

（8）国家工商管理学校（National School of Business Management）：www.nsbm.lk；

（9）斯里兰卡国际佛教研究院（Sri Lanka International Buddhist Academy）：www.sibacampus.com；

（10）斯里兰卡注册会计师学院（The Institute of Chartered Accountants of Sri Lanka）：www.casrilanka.com；

（11）KAATSU 高等医疗技术培训中心（KAATSU Highly Advanced Medical Technology Training Centre）：www.kiu.lk；

（12）亚瑟·克拉克现代技术学院（Arthur C Clarke Institute of Modern Technologies）：www.accimt.ac.lk。

（四）留学信息检索

斯里兰卡高等教育属英联邦教育体制，英语被广泛运用于教育领域。斯里兰卡留学生招生事务由大学拨款委员会主管，目前共有 14 所公立大学、3 所大学分校、5 所公立学院的 87 个专业拥有招收外国留学生的资质。申请斯里兰卡大学的外国留学生需要提交等同于高级水平考试（GCE "A" Level）的证书，而非英语母语留学生还需达到托福 550 或雅思 6.5 的水平。有意留学斯里兰卡的学生可通过斯里兰卡驻本国的大使馆向斯里兰卡大学拨款委员会提交申请。斯里兰卡政府和各个接收外国留学生的大学还提供各类奖学金，为从本科到博士各阶段的留学生提供资助。有关接受外国留学生的大学、学科、学制、资质、申请方法等信息可登录斯里兰卡高等教育部网站或大学拨款委员会网站进行检索，也可登录相关大学网站进行查找。

（五）主要教育类网站

（1）斯里兰卡高等技术教育学院（Sri Lanka Institute of Advanced Technical Education）：www.sliate.ac.lk；

（2）斯里兰卡职业技术大学（University of Vocational Technology）：www.univotec.ac.lk；

（3）斯里兰卡职业培训局（ශ්‍රී ලංකා වෘත්තීය පුහුණු）：www.vtasl.gov.lk；

（4）高等职业教育委员会（තෘතීයික හා වෘත්තීය අධ්‍යාපන කොමිෂන් සභාව）：www.tvec.gov.lk；

（5）斯里兰卡印刷学院（Sri Lanka Institute of Printing）：www.sliop.edu.lk；

（6）高等教育皇家学院（Imperial Institute of Higher Education）：www.iihe.lk；

（7）教育兰卡（Edulanka）：www.edulanka.lk；

（8）学校网（SchoolNET）：www.schoolnet.lk。

（六）重点网站推介——科伦坡大学网站

网址：www.cmb.ac.lk

网站语言：英语

网站简介：科伦坡大学（University of Colombo）是斯里兰卡最古老的大学，其前身是创办于1870年的锡兰大学（University of Ceylon），1978年更名为科伦坡大学。科伦坡大学的校训为"Buddhi Sarvathra Bhrajate"（梵文，意思是由智慧启迪），目前拥有7个系，43个专业，7所研究院，是斯里兰卡规模最大、学科最全、实力最强的大学。网站主页按其内容可分为4个版块：（1）导航。位于网页上部，包括八大类目的内容，分别为：①Home（主页）；②About（关于），主要介绍科伦坡大学的历史、组织机构、主要校领导、学校发展规划等信息；③Academic（学术），提供各个院系、研究院、研究中心、项目、分校等机构的信息；④Administration（行政），提供各行政部门、财务部门、行政人员等信息，以及各类行政文件下载的链接地址；⑤Courses（课程），提供各类校内外相关课程、培训项目等信息；⑥Library（图书馆），提供主图书馆、医学图书馆、科学图书馆等3大图书馆的信息和链接，以及分校、研究机构图书馆的链接和科伦坡大学出版物的信息；⑦Students（学生），提供学生的入学、考试、会议、生活、奖学金等信息；⑧Notices（通知），提供档案、时间、新闻、招聘、研究基金等信息。（2）新闻。位于网页中部，主要提供科伦坡大学相关的新闻资讯，主页上显示最新的四条新闻，读者可以通过点击"ALL NEWS"（全部新闻）按钮进入所有新闻的列表页面进行检索。（3）特色课程。位于页面中部，新闻版块下方，提供不同学科的重点、特色课程的简介。主页显示最新提供的四门课程，读者可通过点击"All Courses"（全部课程）按钮进入所有特色课程的列表页面进行检索。（4）校园事件。位于网页底部，提供学校近期大事件的介绍。主页显示当月主要的四个事件，读者可通过点击"All Events"（全部事件）按钮进入所有事件的列表页面进行相关信息检索。

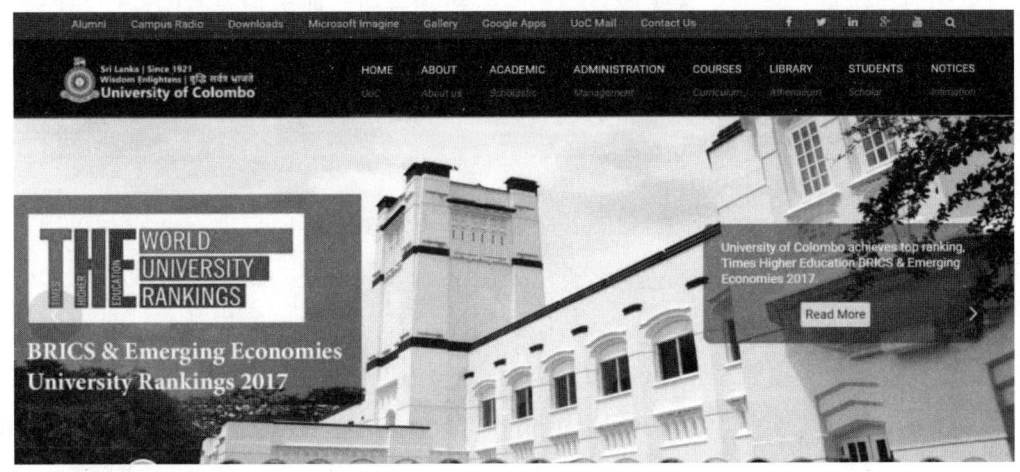

图6-3　科伦坡大学网站主页

（七）检索示例

通过斯里兰卡高教部网站检索接收留学生的大学信息。具体步骤如下：

（1）在浏览器中输入"www.mohe.gov.lk"，登录斯里兰卡高教部网站主页。

（2）移动鼠标光标至主页导航版块的"Scholarships"（奖学金）栏目标题上，在自动弹出的下拉菜单中，将鼠标光标移至"For Foreign Students"（留学生）栏目，然后再从自动弹出的右侧菜单中选择"General Information"（基本信息）并单击。

（3）页面显示与留学相关的信息列表，点击"Degrees and Subjects"（学位与专业）标题下的"Degree Progammes"（学位课程）栏目右侧的"Download Now（现在下载）"。

（4）有关学位课程的 PDF 文件在新的标签页中显示，其中包括斯里兰卡全国可以接收留学生的学校列表。

（5）浏览相关数据，结束本次检索。

五、尼泊尔教育类网络信息检索

由于长期的政治动荡、内战和经济发展滞后的原因，尼泊尔教育发展缓慢。尼泊尔的现代教育体制分为初等教育、中等教育和高等教育三个层次，由尼泊尔政府下属的教育部进行领导。随着尼泊尔信息通信技术的发展，互联网已经较为广泛地应用于尼泊尔的教育领域。尼泊尔各级教育部门、学校和科研院所大都建有网站，向广大用户提供丰富的网上教育信息和资源。

（一）教育部门与教育法规信息检索

尼泊尔教育部是负责尼泊尔全国各级教育事业的主管部门，下设的职能机构主要有：教育局、行政管理局、计划局、考试办公室、远程教育办公室、开放式教育办公室、教育研究中心、课程开发中心。其中，尼泊尔教育局是尼泊尔教育部最重要的下属职能机构，具体负责管理全国的教育事业，其官方网站网址为"www.doe.gov.np"。

"尼泊尔教育部网站（www.moe.gov.np）"有英语和尼泊尔语两个版本，默认语言为尼泊尔语。该网站主要发布尼泊尔的各类教育信息，主要有教育界新闻动态、教育法规制度、教育政策规划、教育机构简况、教育数据、通知公告和大量的教育类出版物等，是检索尼泊尔教育信息最重要的网站之一。网站主页设置了 9 个一级栏目，分别为：

（1）हाम्रो बारे（关于我们）。该栏目主要支持检索尼泊尔教育部的各类基本信息，包括历史沿革、组织结构和人员信息等。该栏目下设置了 4 个二级栏目：①परिचय（情况简介），主要是关于尼泊尔教育部基本信息的文字介绍，包括尼泊尔教育部的成立时间、历史沿革、职能定位和下属机构设置情况等。②सदस्यहरू（机构成员），提供了尼泊尔教育部机构的成员单位信息。③ऐतिहासिक पृष्ठभूमि（历史背景），提供了尼泊尔教育部成立和历次改革发展的背景材料。④Organizational Structure（组织结构），提供了尼泊尔教育部组织结构的介绍材料。

（2）योजना र नीतिहरू（计划与政策）。该栏目主要提供了尼泊尔有关教育的各项法律、规章、政策和计划类文件。该栏目下设 5 个二级栏目，分别为：①राष्ट्रिय शिक्षा योजना（国家教育计划），主要提供尼泊尔教育部搜集整理的部分全国性教育规划材料；②नीति र निर्देशन（政策和指令），主要提供由尼泊尔教育部发布的部分教育政策和指令；③पाठ्यक्रम（课程），提供经尼泊尔教育部审查确定的部分课程信息；④रिपोर्ट（报告），主要提供由尼泊尔教育部发布的部分关于尼泊尔国家教育发展情况的全面报告和专题报告；⑤ऐन तथा नियम（法律法规），主要提供由尼泊尔教育部搜集整理的部分有关尼泊尔教育事业的法律法规。

（3）छात्रवृत्ति（奖学金）。该栏目主要发布由尼泊尔教育部发布的有关各类别、各层次奖学金事宜的各种通知公告等信息，具体包括奖学金发放通知、奖学金评定与发放标准、获奖者名单公示等内容。

（4）सूचनाहरू（信息公告）。该栏目主要发布尼泊尔教育部等政府机构有关教育的各类公告等。

（5）प्रकाशन（出版物）。该栏目主要发布尼泊尔教育部出版的各类与尼泊尔教育有关的刊物。该栏目下设了3个二级栏目，分别为：①Nepal Education in Figures（尼泊尔教育数据），主要提供由尼泊尔教育部发布的关于尼泊尔教育的年度数据统计；②शैक्षिक सूचना（尼泊尔教育信息），主要提供由尼泊尔教育部发布的年度教育信息汇总；③बुलेटिन（尼泊尔教育简报），主要提供由尼泊尔教育部发布的各类教育简报。

（6）बोलपत्र（招投标）。该栏目主要提供由尼泊尔教育部发布的各类招投标信息列表。

（7）ग्यालरी（图库）。该栏目主要提供由尼泊尔教育部整理发布的有关尼泊尔教育事业的各种图片。

（8）सञ्चार केन्द्र（媒体中心）。该栏目主要发布尼泊尔教育部与传媒界的各种互动信息与相关资料。该栏目下设了4个二级栏目，分别为：①प्रवक्ताको कार्यालय（发言人办公室），主要提供关于尼泊尔教育部发言人办公室的一些基本信息；②समाचार（新闻），主要提供各类有关尼泊尔教育事业的新闻报道；③प्रेस बिज्ञप्ति（新闻公报），主要提供尼泊尔教育部发布的一些重要的新闻公报，如年度审计报告等；④मिडिया ब्रिफिङ（媒体见面会），主要提供尼泊尔教育部历次媒体见面会的书面材料、照片集和现场视频等。

（9）सम्पर्क（联系我们）。主要提供尼泊尔教育部各机构的电话号码、传真号码、官方网站、电子邮箱等联系方式。

尼泊尔现行的教育方针和政策依据主要是：《教育法》《国家教育规划》和教育部下属主要机构制定的专项规定和计划等。用户可登录尼泊尔教育部和教育局网站检索查询与下载所需法律、法规的具体内容。

（二）教育机构信息检索

同尼泊尔的教育体制相对应，尼泊尔的教育机构主要分为初等教育机构、中等教育机构和高等教育机构 3 个层次。尼泊尔的各种教育机构又可分为公立和私立两个领域。目前，尼泊尔的教育机构网站主要是由各个大学或学院主办的官方网站。以下为尼泊尔部分大学和独立学院的名称及网站地址：

（1）加德满都大学（Kathmandu University）：www.ku.edu.np；

（2）博卡拉大学（Pokhara University）：www.pu.edu.np；

（3）马亨德拉梵语大学（Mahendra Sanskrit University）：www.msu.edu.np；

（4）普班查尔大学（Purbanchal University）：www.purbuniv.edu.np；

（5）蓝比尼佛教大学（Lumbini Bauddha University）：www.lbu.edu.np；

（6）农业与林业大学（Agriculture and Forestry University）：www.afu.edu.np；

（7）中西部大学（Mid- Western University）：www.mwu.edu.np；

（8）远西部大学（Far- Western University）：www.fwu.edu.np；

（9）尼泊尔梵语大学（Nepal Sanskrit University）：www.nsu.edu.np；

（10）尼泊尔旅游与酒店管理学院（Nathm Academy）：www.nathm.edu.np；

（11）阿培克斯学院（APEX College）：www.apexcollege.edu.np；

（12）加德满都工程学院（Kathmandu Engineering College）：www.keckist.edu.np；

（13）比斯特学院（BST College）：www.bstcollege.edu.np；

（14）布鲁克菲尔德学院（Brookfield College）：www.brookfield.edu.np；

（15）坎提普尔工程学院（Kantipur Engineering College）：www.kec.edu.np；

（16）戴维学院（Dav College）：www.davcollege.edu.np；

（17）全球管理学院（Global College of Management）：www.proed.edu.np；

（18）希望国际学院（Hope International College）：www.hopenepal.com；

（19）坎提普尔城市学院（Kantipur City College）：www.kcc.edu.np；

（20）坎提普尔管理与信息技术学院（Kantipur College of Management and Information Technology）：www.kcmit.edu.np；

（21）巴格玛提学院（Bagmati College）：www.bmcollege.edu.np；

（22）卡纳利卫生学院（Karnali Academy of Health Sciences）：www.kahs.edu.np；

（23）帕坦卫生学院（Patan Academy of Health Sciences）：www.pahs.edu.np；

（24）国家医学院（National Academy of Medical Sciences）：www.nams.org.np；

（25）尼泊尔工程学院（Nepal Engineering College）：www.nec.edu.np；

（26）加德满都管理学院（Kathmandu College of Management）：www.kcm.edu.np；

（27）加德满都科技学院（Kathmandu Institute of Science And Technology）：www.kist.edu.np；

（28）拉利特普尔学院（Lalitpur College）：www.lalitpurcollege.edu.np；

（29）国家综合学院（National Multiple College）：www.nationalmultiplecollege.com；

（30）国家开放学院（National Open College）：www.noc.edu.np；

（31）尼泊尔管理学院（Nepal College Of Management）：www.ncm.edu.np；

（32）人民学院（People's Campus）：www.peoplescampus.edu.np；

（33）尖峰学院（Pinnacle College）：www.pinnacle.edu.np；

（34）喜马拉雅工程学院（Himalaya College of Engineering）：www.hcoe.edu.np；

（35）达姆斯国际学院（Thaames International College）：www.thaamescollege.edu.np；

（36）阿克米工程学院（Acme Engineering College）：www.acme.edu.np；

（37）通用学院（Universal College）：www.uc.edu.np；

（38）B.P.柯依拉腊卫生学院（B.P. Koirala Institute of Health Sciences）：www.bpkihs.edu；

（39）曼尼普尔医学院（Manipal College of Medical Sciences）：www.manipal.edu.com；

（40）尼泊尔医学院（Nepal Medical College）：www.nmcth.edu。

（三）重点网站推荐——特里普文大学网站

网址：www.tribhuvan-university.edu.np

网站语言：英语、尼泊尔语双语混用，以英语为主

网站简介：特里普文大学（Tribhuvan University）始建于 1959 年，是国内最著名的高等教育机构，也是尼泊尔办学规模最大、教学实力最强的一所大学。经过历年的不断发展和多次合并扩建，特里普文大学校本部位于首都加德满都基尔提普尔地区，目前共有 60 所公立学院和 400 余所私立学院。其中，较为著名的学院有：梵文学院、农学院、商业管理学院、法学院、工程技术学院和教育学院等。

图6-4　特里普文大学网站主页

随着互联网的普及，特里普文大学在尼泊尔众多教育机构中较早地开设了自己的官方网站。特里普文大学网站资源丰富，提供了大量和特里普文大学自身及其教育事业相关的信息。网站主页设置了8个主要栏目，分别为：

（1）About Us（关于我们）。该栏目主要提供特里普文大学的基本情况介绍，如学校的历史沿革、校区分布、未来发展目标与规划等。

（2）TU Authorities（特里普文大学领导机构）。该栏目主要提供特里普文大学最高领导机构的基本信息。目前，特里普文大学校长由尼泊尔总理担任，第一副校长由尼泊尔教育部部长担任，另有4名中央政府高级官员参与特里普文大学的领导工作。

（3）TU Officials（特里普文大学领导）。该栏目主要提供特里普文大学管理委员会的基本信息。管理委员会在最高领导机构的指导下开展工作，实际负责特里普文大学的各项事务。

（4）Institutes（研究所）。该栏目下设 5 个二级栏目，分别为："Institute of Engineering"（工程研究所）、"Institute of Medicine"（医学研究所）、"Institute of Forestry"（林业研究所）、"Institute of Agriculture and Animal Science"（农业与动物科学研究所）和 "Institute of Science and Technology"（科学技术研究所），主要提供特里普文大学下属的重要研究所的基本信息，如历史沿革、研究领域、科研成就等。

（5）Faculties（系）。该栏目下设4个二级栏目，分别为："Faculty of Law"（法律系）、"Faculty of Humanities and Social Sciences"（人文与社会学系）、"Faculty of Management"（管理系）和 "Faculty of Education"（教育系），主要提供特里普文大学

下属重要教学系的基本信息，如历史沿革、发展目标、机构设置等。

（6）Academics（所属学院）。该栏目下设"Central Departments"（校本部学院）、"Constituent Campuses"（分属学院）、"Affiliated Campuses"（附属学院）等二级栏目，主要提供特里普文大学下属学院的学院名称、历史沿革、校区地址、专业设置、联系方式等基本信息。

（7）Research Centres（研究中心）。该栏目下设"Centre for Economic Development and Administration (CEDA)"（经济发展与管理研究中心）、"Centre for Nepal and Asian Studies (CNAS)"（尼泊尔与亚洲研究中心）、"Research Centre for Applied Science and Technology (RECAST)"（应用型科学技术研究中心）、"Research Centre for Educational Innovation and Development (CERID)"（教育创新与发展研究中心）等4个二级栏目，主要提供特里普文大学下属 4 个研究中心的历史沿革、发展目标、机构设置、研究范围、当前活动等基本信息。这 4 个研究中心既是特里普文大学最重要的学术研究机构，也是尼泊尔国内最重要的智库之一，在尼泊尔具有巨大的影响力。

（8）Notices（通知公告）。该栏目主要提供由特里普文大学各机构发布的重要通知信息，是了解特里普文大学最新动态的重要渠道。

六、阿富汗教育类网络信息检索

由于长期的战乱和经济发展滞后的原因，阿富汗教育发展缓慢，有 300 万儿童仍然无学可上，估计有 1100 万阿富汗人是文盲。阿富汗的现代教育体制分为基础教育、高等教育、职业和技术教育、宗教教育四个层次，由阿富汗教育部、阿富汗高等教育部分别领导。随着阿富汗信息通信技术的发展，互联网已经广泛应用于阿富汗的教育领域，各级教育部门、学校和科研院所大都建有网站，向广大客户提供丰富的网上教育信息和资源。

（一）教育部门与教育法规信息检索

阿富汗教育部是阿富汗基础教育、职业和技术教育以及宗教教育的主管部门，其职责主要有负责拟定阿富汗教育工作的方针、政策；起草有关教育的法律、法规草案；研究提出阿富汗教育发展战略和规划；管理国外对阿富汗的教育援助、教育贷款；统筹并指导提高阿富汗公民文化水平的工作等。阿富汗教育部官方网站"www.moe.gov.af"有达里语、普什图语、英语三个版本，提供阿富汗教育部概况、教育发展政策和规划、教育新闻、奖学金、教室设计规定等信息。

阿富汗高等教育部是阿富汗高等教育的主管部门，主要职责有承担高等教育的宏观管理工作；指导高等教育教学基本建设和改革工作；拟定高等学校学科专业目录、教学指导文件等。阿富汗高等教育部官方网站"www.moe.gov.af"有达里语、普什图语、英语三个版本，提供阿富汗高等教育部概况、高等教育发展战略和政策、高等教育法律法规、公立和私立高等学校名单、奖学金等信息。

阿富汗现行的教育方针和政策依据主要是：2008 年《教育法》（Education Law）、《第三个国家教育战略计划（2015—2020）》（National Education Strategic Plan III 2015-2020）、私立学校规定（Private School Regulation）、2012 年《社区教育政策指引》（Policy Guidelines for Community-Based Education）等。用户可登录阿富汗教育部和高等教育部网站检索查询与下载所需法律、法规的具体内容。

（二）基础教育信息检索

阿富汗基础教育根据办学模式分为公立和私立，学制为小学 6 年，初、高中各 3 年，职业中学 6 年（招收应届小学毕业生）。根据阿富汗中央统计局发布的《2015—2016 年度阿富汗统计年鉴·教育》显示，截至 2015—2016 年度，阿富汗在校中小学生约 919.9 万人（包括小学、中学、职业中学、宗教学校），公立中小学 14479 所，私立中小学 905 所，职业中学 141 所。

截至 2013 年，阿富汗宗教学生达 26 万多名，其中 20% 为女性。阿富汗拥有 1001 所宗教教育中心，其中 707 所宗教学校（Madrasa，设有 1—12 年级）、61 所宗教学院（Darululum，设有 13—14 年级）、144 所诵经学校（Darulhuffaz）和 89 所宣教学校（Outreach School）。

阿富汗职业和技术教育学生从 2009 年的 18361 名（11% 为女性）增加到 2013 年的6.1 万名（13% 为女性）。截至 2013 年，阿富汗有职业和技术教育学院 89 所。

部分私立学校以及职业和技术学院网站有：

（1）阿富汗国际学校（Afghanistan International School）：www.ais.edu.af；

（2）新未来私立高中（Mustaqbil Naween Private High School）：www.mustaqbilnaween.edu.af；

（3）阿富汗银行和财政学院（The Afghanistan Institute of Banking and Finance）：www.aibf.af；

（4）国家管理与行政学院（National Institute of Management and Administration）：

www.nima.edu.af；

（5）外交和国际研究高等教育学院（Diplomacy and International Studies Institute of Higher Education）：www.dis.af；

（6）信息和通信技术学院（Information and Communication Technology Institute）：www.icti.edu.af。

（三）高等教育信息检索

阿富汗的高等教育根据办学模式分为公立、私立等形式，学制为大专 6 年（招收应届初中 2 年级学生），大学本科 4 年，硕士研究生 2 年，博士研究生 3 年。到 2015—2016 年度，阿富汗在校大学生 30 万，大专院校 145 所，其中公立院校 36 所，私立院校 109 所。

1.部分公立大学及其网址

（1）阿卜杜拉·伊布尼·马苏德塔哈尔大学（Abdullah Ebni Masoud Takhar University）：www.tu.edu.af；

（2）阿富汗国立农业科技大学（Afghanistan National Agriculture Science and Technology University）：www.anastu.edu.af；

（3）阿尔比鲁尼大学（Alberoni University）：www.au.edu.af；

（4）巴达赫尚大学（Badakhshan University）：www.badakhshan.edu.af；

（5）巴格兰大学（Baghlan University）：www.baghlan- un.edu.af；

（6）巴米扬大学（Bamyan University）：www.bu.edu.af；

（7）法里亚布大学（Faryab University）：www.faryab.edu.af；

（8）加兹尼大学（Ghazni University）：www.gu.edu.af；

（9）赫拉特大学（Herat University）：www.hu.edu.af；

（10）朱兹詹大学（Jozjan University）：www.ju.edu.af；

（11）喀布尔教育大学（Kabul Education University）：www.keu.edu.af；

（12）喀布尔医科大学（Kabul Medical University）：www.kmu.edu.af；

（13）喀布尔理工大学（Kabul Polytechnic University）：www.kpu.edu.af；

（14）喀布尔大学（Kabul University）：www.ku.edu.af；

（15）坎大哈大学（Kandahar University）：www.kandahar- un.edu.af；

（16）昆都士大学（Kundoz University）：www.kundoz.edu.af；

（17）楠格哈尔大学（Nangarhar University）：www.nu.edu.af；

（18）帕克提亚大学（Paktya University）：www.pu.edu.af；

（19）帕尔万大学（Parwan University）：www.parwan.edu.af；

（20）谢赫·扎伊德霍斯特大学（Shekh Zayed Khost University）：www.szu.edu.af。

2.部分私立院校及其网址

（1）阿富汗美国大学（American University of Afghanistan）：www.auaf.edu.af；

（2）巴赫塔尔大学（Bakhtar University）：www.bakhtar.edu.af；

（3）卡特布大学（Kateb University）：www.kateb.edu.af；

（4）萨拉姆大学（Salam University）：www.salam.edu.af；

（5）卡尔丹大学（Kardan University）：www.kardan.edu.af；

（6）霍拉桑大学（Khorasan University）：www.khurasan.edu.af；

（7）达瓦特大学（Dawat University）：www.dawat.edu.af；

（8）拉纳大学（Rana University）：www.ru.edu.af；

（9）阿里亚大学（Aria University）：www.aria.edu.af；

（10）卡尔万大学（Karwan University）：www.karwan.edu.af；

（11）马夏尔大学（Mashal University）：www.mashal.edu.af；

（12）加利卜大学（Ghalib University）：www.ghalib.edu.af；

（13）伊本·西拿大学（Ibnesina University）：www.ibnesina.edu.af；

（14）梅旺德高等教育学院（Maiwand Institute of Higher Education）：www.maiwand.edu.af；

（15）萨达特高等教育学院（Sadat Institute of Higher Education）：www.sadat.edu.af；

（16）阿里亚纳大学（Ariana University）：www.ariana.edu.af；

（17）白山大学（Spinghar University）：www.spingharuniversity.edu.af；

（18）塔贝什高等教育学院（Tabesh Institute of Higher Education）：www.tabesh.edu.af；

（19）灯塔大学（Khana-e-Noor University）：www.khana-e-noor.edu.af；

（20）贾汗高等教育学院（Jahan Institute of Higher Education）：www.jahan.edu.af。

（四）其他重要教育类网站

（1）阿富汗妇女教育中心（Afghan Women's Educational Centre）：www.awec.info；

（2）阿富汗国家成人教育协会（Afghan National Association for Adult Education）：www.anafae.af；

（3）阿富汗教育部教育管理信息系统（Education Management Information System）：www.emis.af；

（4）阿富汗数字图书馆（Afghanistan Digital Libraries）：www.afghandigitallibraries.org；

（5）阿富汗童子军协会（Afghanistan Scout Association）：www.afghan-scouts.org；

（6）阿富汗研究和评估单元（Afghanistan Research and Evaluation Unit）：www.areu.org.af；

（7）阿富汗战略研究院（Afghan Institute for Strategic Studies）：www.aiss.af；

（8）喀布尔大学阿富汗中心（Afghanistan Center at Kabul University）：www.acku.edu.af；

（9）喀布尔大学信息技术中心（Information Technology Center of Kabul University）：www.itck.ku.edu.af。

（五）重点网站推介——喀布尔大学网站

网址：www.ku.edu.af

网站语言：英语、达里语、普什图语

网站简介：喀布尔大学创办于 1932 年，其前身是 1932 年在法国里昂大学帮助下成立的喀布尔医学院，是阿富汗历史最悠久、办学规模最大的国立综合性大学，也是阿富汗全国的知识中心。截至 2015—2016 年度，喀布尔大学在校学生 22469 人，其中女生 5342 人，约占 23.8%，教师 840 人。喀布尔大学设有 16 个学院，分别为：农学院、计算机学院、经济学院、工程学院、环境学院、美术学院、地球科学学院、信息和通信技术学院、伊斯兰研究学院、新闻学院、文学院、心理学院、药学院、理学院、社会科学学院、兽医学院，计划设置公共政策与管理学院，还设有喀布尔大学孔子学院、国家法律教育中心、国家政策研究中心等机构，开设有汉、英、法、德、西、俄、土、阿拉伯、普什图、达里等 10 种语言课程。

喀布尔大学网站主页包括以下主要内容：（1）About Kabul University（关于喀布尔大学）：提供喀布尔大学的历史、愿景、办学目标等信息。（2）Administration（行政部门），介绍喀布尔大学的领导、行政服务部门的相关情况。（3）Master's Degree Programs（硕士学位课程），提供关于伊斯兰法学院、心理和教育科学学院的硕士学位课程的相关信息介绍。（4）National Legal Learning Center（国家法律教育中心），提供该中心领导、设置目的、组织机构、近况等信息的介绍。（5）Science（理学），提供关于农学院、计算机学院、工程学院、环境学院、地球科学学院、信息和通信技术学院、药学院、理学院、兽医学院的历史、近况、目标、组织结构、院系领导、教学系等信息的介绍。（6）Social Science（社会科学），提供关于经济学院、美术学院、伊斯兰研究学院、新闻学院、文学院、心理学院、社会科学学院的历史、近况、目标、组织结构、院系领导、教学系等信息的介绍。（7）Students（学生），提供喀布尔大学本科生和硕士研究生的招生情况信息。（8）Services（服务），提供喀布尔大学信息技术中心、网络运营中心、政策研究中心、诊所等机构的信息介绍。（9）Sport（体育），主要介绍喀布尔大学体育活动的开展情况。（10）Media（媒体）：提供喀布尔大学相关图片、视频、新闻、文件、通知的浏览和下载服务。（11）Library（图书馆），提供喀布尔大学图书馆以及阿富汗电子图书馆的信息介绍。（12）E-mail（电子邮箱），为喀布尔大学的邮件系统，用户注册登录后可收发电子邮件。（13）Contact Us（联系我们），提供喀布尔大学分别负责教学、行政管理的两位副校长的电子邮箱、联系电话等信息。

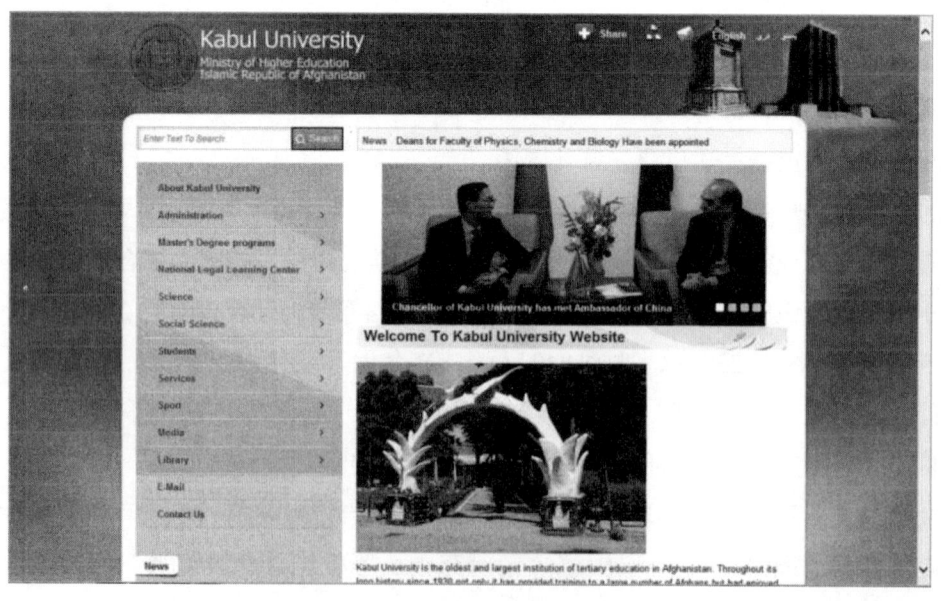

图6-5　喀布尔大学网站主页

通过访问喀布尔官方网站，访客可以全面了解喀布尔大学的情况，把握喀布尔大学的实时动态，浏览并下载喀布尔大学的通知、文件、规定等重要文献，还可以通过点击链接访问阿富汗其他公立大学的官方网站。

七、不丹教育类网络信息检索

由于历史原因，不丹的现代教育的全面开展相对较晚，2003 年 6 月才建立第一所大学——不丹皇家大学（Royal University of Bhutan）。2015 年，不丹毛入学率为 17%，适龄儿童入学率为 95.2%。随着不丹信息技术的发展，互联网已经广泛应用于不丹的教育领域，大部分教育部门、大学都建有网站，向广大客户提供丰富的网上教育信息和资源。

（一）教育部门信息检索

不丹教育部是主管全国教育工作的政府部门。教育部下设皇家教育委员会、成人与高等教育局、学校教育局、青年与体育局、秘书处等机构。不丹教育部的职能使命主要是制定健全教育政策，以建设一个知识性社会；向所有青少年提供公平、优质的受教育和终身学习机会；为所有青少年传授适当的知识、技能和价值观等。不丹教育部官方网站"www.education.gov.bt"为英文版本，提供不丹教育部概况、教育发展政策和规划、教育新闻报道等信息。

（二）基础教育信息检索

不丹基础教育根据办学模式分为公立和私立，学制为小学 7 年，初中 4 年，高中 2 年。根据不丹教育部的《2016 年年度教育数据》（Annual Education Statistics 2016）显示，截至 2016 年，不丹在校中小学生 169560 人，小学 321 所（公立 307 所，私立 14 所），各类中学 201 所。

不丹部分高中、初中网站如下：

（1）白令高中（Bayling Higher Secondary School）：www.baylinghss.edu.bt；

（2）伦奇高中（Lhuntse Higher Secondary School）：www.lhss.edu.bt；

（3）沙里高中（Shari Higher Secondary School）：www.sharihss.edu.bt；

（4）雅迪高中（Yadi Higher Secondary School）：www.yadihss.edu.bt；

（5）察普察初中（Chapcha Middle Secondary School）：www.chapchamss.edu.bt；

（6）唐马楚初中（Tangmachu Middle Secondary School）：www.tangmachumss.

edu.bt；

（7）萨姆德鲁琼卡尔初中（Samdrup Jongkhar Middle Secondary School）：www. sjmss.edu.bt。

（三）高等教育信息检索

不丹高等教育情况比较落后，目前该国主要的高等学府有不丹皇家大学、不丹皇家纺织学院、皇家管理学院、皇家旅游和酒店学院等，2016 年在校大学生 11383 人。

不丹皇家大学创办于 2003 年 6 月，是不丹办学规模最大的国立综合性大学。2016年，不丹皇家大学在校学生 10423 人，教师 630 人。不丹皇家大学下设 9 个学院，分别为：语言和文化研究学院（College of Language and Culture Studies）、自然资源学院（College of Natural Resources）、科技学院（College of Science and Technology）、商学院（Gaeddu College of Business Studies）、工程学院（Jigme Namgyal Engineering College）、帕罗教育学院（Paro College of Education）、萨姆奇教育学院（Samtse College of Education）、谢鲁布奇学院（Sherubtse College）、皇家廷布学院（Royal Thimphu College）。"不丹皇家大学网站（www.rub.edu.bt）"为英文版本，其主页包括以下主要内容：

（1）The University（大学）：提供不丹皇家大学校长、副校长等主要行政领导的信息。（2）Teaching & Learning（教学与学习），介绍不丹皇家大学的学习项目、学院、学习和教学中心的相关信息。（3）Admission（入学），提供关于不丹皇家大学招生简章、入学要求、招生政策的相关信息介绍。（4）Research（研究），提供不丹皇家大学研究政策、研究中心、学术会议、研究资助、研究合作、研究成果等信息的介绍。（5）E-mail（电子邮箱），为不丹皇家大学的邮件系统，用户注册登录后可收发电子邮件。（6）On-line Application-2017（2017 年网上申请），提供不丹皇家大学 2017 年网上申请入学的注意事项、说明、步骤等信息。（7）Key Documents（主要文件），提供不丹皇家大学的章程、战略规划、年度报告、年度数据的在线浏览和下载服务。（8）Online Journals（在线期刊），提供一些世界知名在线期刊网站的链接。（9）Virtual Learning Environment（网络课程），提供不丹皇家大学开设的所有网络课程的授课老师、课程要求等信息。（10）Contact Us（联系我们），提供不丹皇家大学的联系人、校址、联系电话、传真等信息。

不丹其余高等学校名称及网址如下：

（1）皇家管理学院（Royal Institute of Management）：www.rim.edu.bt；

（2）皇家旅游与酒店学院（Royal Institute for Tourism and Hospitality）：www.rith.edu.bt；

（3）不丹皇家纺织学院（Royal Textile Academy of Bhutan）：www.royaltextileacademy.org。

（四）其他重要教育类网站

（1）不丹生态学会（Bhutan Ecological Society）：www.bhutanecologicalsociety.org.bt；

（2）不丹学校考试和评估委员会（Bhutan Council for School Examinations and Assessment）：www.bcsea.bt；

（3）宗卡语发展委员会（Dzongkha Development Commission）：www.dzongkha.gov.bt；

（4）不丹国家图书馆（National Library of Bhutan）：www.library.gov.bt。

八、马尔代夫教育类网络信息检索

近几十年以来，马尔代夫政府非常重视教育事业的发展，投入了大量的资金为各环礁行政区购置教学设备，并实行免费教育。马尔代夫是发展中国家识字率最高的国家之一，全国已消除文盲。

（一）教育法规和教育部门信息检索

教育部（Ministry of Education）是马尔代夫教育事业的主管部门，负责贯彻实施教育文化等领域相关的政策，下属部门包括：Minister's Beuro（部长办公室）、Finance Section（财务部门）、Foreign Relations Section（对外关系部门）、School Administration Section（学校管理）、Human Resource Management Section（人力资源管理部门）、Policy, Planning and Research Section（政策规划及研究部门）、Educational Supervision and Quality Improvement Division（教育督导与质量改进部门）、Corporate Services Section（企业服务部门）、Procurement Unit（采购局）、Information Technology Services（信息技术服务）。

（二）教育概况

马尔代夫的现代教育体系建立之前，三岁以上的儿童都会在伊斯兰宗教学校学习算术、迪维希语和初级阿拉伯语，教室通常设在简陋的房间或树下。1927 年 4 月，首都马累建立了第一所西式学校——"Majeediyya"学校，该校只招收男性学生。1944 年建立了第一所女子学校——"Aminiya"学校。

根据联合国教科文组织的建议，马尔代夫政府于 1976 年 10 月 6 日开始实施教育发展计划，包括初级教育、教师培训、课程开发、教育电台、成人社区教育等内容。

截至 2015 年 3 月，马尔代夫全国高中以下学校共计 459 所，其中公立学校 213 所，私立学校 122 所，各种社区、团体学校 124 所，全部在校学生约 88025 人。首都马累共有学校 38 所，在校学生 30179 人。

1998 年以前，马尔代夫没有大学，只有卫生、师范、航海、管理等专业的教育培训机构。1998 年 10 月，在上述机构的基础上，组建了第一所高等院校——马尔代夫高等教育学院（Maldives College of Higher Education）。2011 年，在高等教育学院的基础上，成立了第一所大学——马尔代夫国立大学（Maldives National University）。

（三）公立大学信息检索

马尔代夫卫生部于 1973 年成立保健服务培训中心（Allied Health Services Training Centre），1975 年设立职业培训中心，后该中心更名为职业技术教育学院。1984 年马尔代夫设立师范教育学院。1987 年设立酒店餐饮服务学校。1991 年设立行政管理教育中心，培训公共和私人服务行业行政管理人员，后该中心更名为行政管理学院。1998 年，在上述机构基础上成立了高等教育学院。1999 年所有的中心和学院合并为大学并开放远程教育。马尔代夫国立大学（Maldives National University）于 2011 年 2 月正式成立，设有工程、健康科学、教育、旅游和管理等专业，是该国唯一一所学位授予单位。国立大学下属院系有文学院（Faculty of Arts）、教育学院（Faculty of Education）、工程技术学院（Faculty of Engineering Technology）、健康科学学院（Faculty of Health Sciences）、酒店与旅游学学院（Faculty of Hospitality and Tourism Studies）、管理与计算机学院（Faculty of Management and Computing）、理学院（Faculty of Science）、伊斯兰教法和法律学院（Faculty of Shari'ah and Law）、海事研究中心（Centre for Maritime Studies）、开放学习中心（Centre for Open Learning）、迪维希语中心（Centre for Dhivehi）、伊斯兰研究学院（Faculty of Islamic Studies）。"马尔代夫国立大学网站（www.mnu.edu.mv）"为英文版本，网站主要发布大学新闻、通知公告以及各类课程信息。

（四）其他学校及培训机构网站

（1）Cyryx 学院（Cyryx College）：www.cyryxcollege.edu.mv；

（2）现代专业研究院（Modern Academy for Professional Studies）：www.maps.edu.mv；

（3）Mandhu 学院（Mandhu College）：www.mandhucollege.edu.mv；

（4）Villa 学院（Villa College）：www.villacollege.edu.mv；

（5）伊斯兰学校（Dharumavantha School）：www.dharuma.edu.mv。

第二节　南亚国家文化类网络信息检索

一、印度文化类网络信息检索

（一）政府文化机构信息检索

1.印度文化部（Ministry of Culture）

印度文化部是印度主管文化事务的政府部门，主要职责是保护、促进和传播印度各种文化艺术，具体包括：保护和维护文化历史遗产和古迹；促进文学、视觉艺术和表演艺术的发展；管理图书馆；举行重大人物及事件的纪念和庆典；促进佛教和藏学机构及组织的发展；促进文化艺术领域非官方活动；与世界各国签订文化合作协定和执行计划。该部职责所涉及的范围包括从基层到国际文化交流各个层面的文化工作。该部在文化部长领导下开展工作，办公机构的最高官员为常秘（Secretary，相当于副部长），下设若干司局级官员，包括辅秘（Additional Secretary）和联秘（Joint Secretary）。文化部下属有印度考古局（新德里）、国家档案馆（新德里）、中央政府秘书处图书馆（新德里）、印度人类学研究所（加尔各答）、中央参考图书馆（加尔各答）、国家图书馆（加尔各答）、国家现代美术馆（新德里）、国家博物馆（新德里）、国家保护文化财产研究实验室（勒克瑙）等 9 个直属机构以及全国各地由政府全额拨款的 36 个"自治"文化机构。"印度文化部网站（www.indiaculture.nic.in）"有英语和印地语两个版本，主要提供文化部的历史、职能使命、下属机构、工作计划、国际文化关系、联系方式等信息。通过文化部网站，用户还可检索印度相关文化政策和法律。

2.印度文化关系委员会（The Indian Council for Cultural Relations）

印度文化关系委员会隶属印度外交部，主管印度对外文化交流，成立于 1950 年。总部设在新德里，在孟买、班加罗尔、加尔各答、金奈等地设有分支机构。该委员会主要职责是负责实施印度政府与外国文化交流计划项目，在海外举办或与外国互办文化年或文化艺术节，负责与外国的学者和留学生交流，设立和管理印度海外文化中心。该委员主席一般由印度较有影响力的人物担任，日常事务由主任和副主任管理。迄今，该委员会主任均担任过印度驻外大使，副主任一般都担任过印度驻外使馆参赞。"印度文化关系委员会网站（www.iccr.gov.in）"有英语和印地语两个版本，主要提供文化关系委员会的简况、领导机构、文化交流项目、文化奖项和讲座、图书馆等信息。

3.印度考古局（The Archaeological Survey of India）

印度考古局是文化部的直属机构，位于新德里，是全国考古研究者和国家文化遗产保护的主要机构。其职能是保护国家重要历史古迹、遗址和古文物。根据印度 1958 年关于历史古迹、遗址和古文物法律条款，印度考古局归口管理印度国内所有的考古及挖掘活动。它还负责拟订了《1972 年古文物和艺术品法案》。该局下设总部、片区部（印度全国被划成了 24 个片区）、博物馆部、发掘部、史前文物部、碑铭部、科学部、园艺部、建筑勘测项目部和水下考古部。"印度考古局网站（www.asi.nic.in）"有英语和印地语两个版本，主要提供考古局简况、古迹的挖掘与保护情况、书法研究、博物馆、文物立法、中央考古图书馆的相关信息。

4.国家博物馆（The National Museum of India）

印度国家博物馆位于新德里。该馆成立于 1949 年 8 月 15 日，于 1960 年 12 月 18 日正式开馆。该馆起初仅有 1000 多件藏品，目前已拥有贯穿 5000 年历史的 20 多万件来自国内外的文物及艺术珍品。1989 年，国家博物馆成立了自己的博物馆学院，招收硕士及博士生。该馆下属的图书馆目前拥有 48163 册图书，内容涉及古代史、中世纪史、考古、美术及人类学等。该馆除了举办各种国际性展览，也经常举办现代主题的展览。根据印度与外国政府签订的文化交流协定，国家博物馆在过去 60 年中与 160 多个国家建立了密切的联系，开展博物馆人员互访、互办展览、相互提供有关艺术出版物及仿真艺术品等。"国家博物馆网站（www.nationalmuseumindia.gov.in）"有英语和印地语两个版本，主要提供印度国家博物馆的历史、使命、教育等简况以及该博物馆的藏品、展厅、出版物、展览、服务、开放时间、门票等信息。

5.国家现代美术馆（The National Gallery of Modern Art）

国家现代美术馆成立于 1954 年，属于文化部直属机构，旨在促进印度当代艺术的发展。该馆收藏了约 1000 位当代印度艺术家的近 14500 件艺术作品，包括绘画、雕塑及摄影作品等。这些作品的来源主要通过购买，也包括馈赠。该馆定期为其藏品举办展览，还通过政府文化交流计划到国外举办展览。1996 年，该馆在孟买设立了分馆，21 世纪初，另一分馆也在班加罗尔开馆。"国家现代美术馆网站（www.ngmaindia.gov.in）"有英语和印地语两个版本，主要提供该馆的简况、历史、展览、藏品、出版物、联系方式、开放时间等信息。

6.国家美术院（Lalit Kala Akademi, National Academy of Fine Art）

国家美术院成立于 1954 年，属文化部下属自治机构。该院是印度全国美术事业专业管理机构，经费由文化部拨款，业务自主管理。该院主要职责包括促进和支持美术研究和创作，为专业人员的创作和学习提供便利和资助，发掘和培养人才，参与国际美术交流，定期举办全国美术展并定期参加海外举办的国际美术展。该院在加尔各答、金奈、勒克瑙、西姆拉及新德里其他区域设有地区中心，包括展馆及绘画、雕刻、版画印制和制陶等美术创作场所。"国家美术院网站（www.lalitkala.gov.in）"有英语和印地语两个版本，主要提供国家美术院的历史、目标、领导机构、年度报告、大事记、管理规定、出版物、展览、地区中心等信息。

7.英迪拉·甘地国家艺术中心（Indira Gandhi National Centre for the Arts）

英迪拉·甘地国家艺术中心是由印度政府资助的艺术团体，它作为印度文化部的一个自治机构，是为纪念已故印度总理英迪拉·甘地而成立的。"英迪拉·甘地国家艺术中心网站（www.ignca.nic.in）"有英语和印地语两个版本，用户可以检索到英迪拉·甘地国家艺术中心的目标、组织结构、董事会、行政委员会、地区中心、分支机构、出版物、各类文化资源重要事件等信息。

8.印度人类学研究所（Anthropological Survey of India，AnSI）

印度人类学研究所于 1945 年在瓦拉纳西成立，并于 1948 年迁到加尔各答。该机构在印度文化部领导下开展活动，总部位于加尔各答，在布莱尔港（安达曼和尼科巴）、西隆、台拉登、乌代浦尔、那格浦尔和迈索尔设有分支机构。印度人类学研究所是从事印度人类学研究以及实地调研人类和文化方面数据的顶尖机构。该机构主要以体质人类学和文化人类学领域研究为主，同时还关注印度土著居民，也试图记录其他社区和宗教团体文化活动。"印度人类学研究所网站（www.ansi.gov.in）"有英语和印地语两个版本，用户可以检索到该所的基本目标、咨询委员会、组织结构、预算、取得的成绩、研究情况、分支机构、相关新闻等信息。

（二）文化团体与文化组织网络信息检索

除印度文化部及其下属的各政府机构部门外，印度社会还活跃着一些非政府的文化团体与文化组织。

1.国家文化基金（National Culture Fund）

国家文化基金于 1996 年 11 月成立，由理事会和执行委员会负责管理，其职能是支持各类组织或个人参与艺术文化建设活动，从而保护印度的文化遗产和传统文化。"国家文化基金网站（www.ncf.nic.in）"有英语和印地语两个版本，用户可以检索到基金的简况、目标、开展的项目、年度报告、重要事件等信息。

2.印度电影事业部（Films Division of India）

印度电影事业部成立于 1948 年，是一家隶属于印度信息产业和广播部的电影制作工作室，主要为印度各级政府部门制作各类影片。70 年来，印度电影事业部主要负责制作有关印度社会、政治、文化以及国家现实的纪录片，现存档有包括印度新闻评论（India News Review）、纪录片、短片和动画电影在内的各类影片 8000 多部。印度电影事业部总部位于孟买，在新德里、加尔各答、班加罗尔设有电影制作分部。印度电影事业部向全国各类机构和组织出售该部制作的各类影片的放映权。印度电影事业部还在班加罗尔、孟买、加尔各答、海德拉巴、勒克瑙、金奈、马杜赖、那格浦尔、特里凡特琅和维杰亚瓦达设立了电影分销办事处，负责向全国数千家电影院发行影片。同时，印度电影事业部还在全国各地组织电影节，放映该部制作的各类主题的纪录片、短片和动画电影。印度电影事业部网址为：www.filmsdivision.org。

3.毛拉·阿布·卡拉姆·阿扎德亚洲研究所（Maulana Abul Kalam Azad Institute of Asian Studies）

毛拉·阿布·卡拉姆·阿扎德亚洲研究所是以印度第一位教育部长毛拉·阿

布·卡拉姆·阿扎德来命名，是印度一家独立的研究机构，总部位于加尔各答。毛拉·阿布·卡拉姆·阿扎德亚洲研究所致力于南亚、中亚和西亚的区域研究，尤其是19 世纪到现在的亚洲社会、文化、经济、政治、行政发展等方面的研究。"毛拉·阿布·卡拉姆·阿扎德亚洲研究所网站（www.makaias.gov.in）"为英文版本，用户可检索到该研究所的简史、举办的国际国内会议、出版的期刊和图书、领导以及研究人员等信息。

（三）主要文化类网站

（1）印度语言中心（भारतीय भाषा संस्थान）：www.ciil.org；

（2）印度博物馆（Museums of India）：www.museumsofindia.gov.in；

（3）国家戏剧学院（राष्ट्रीय नाट्य विद्यालय）：www.nsd.gov.in/delhi；

（4）文化资源与培训中心（Centre for Cultural Resources and Training）：www.ccrtindia.gov.in；

（5）音乐戏剧学院（संगीतनाटक अकादेमी）：www.sangeetnatak.gov.in；

（6）不可思议的印度（Incredible India）：www.incredibleindia.org；

（7）这是我的印度（This is my India）：www.thisismyindia.com；

（8）文化印度（Cultural India）：www.culturalindia.net；

（9）印度事实（Facts about India）：www.facts-about-india.com；

（10）印度遗产（Indian Heritage）：www.indian-heritage.org。

（四）重点网站推介——印度文学院网站

网址：www.sahitya-akademi.gov.in

网站语言：英语、印地语

网站简介：印度文学院（साहित्य अकादेमी）成立于 1954 年 3 月，是文化部下属自治机构。文学院的主要职责是促进和推动印度文学事业的发展，实施政府制定的一系列鼓励政策。该院通过研究、翻译、整理、出版印度各地文学作品，保护、推广、传播印度多元文化，开展与其他国家的文学交流。该院自成立后设立了国家最高文学奖。1989 年，该院设立了翻译作品奖，授予外国文学印地语或印度其他地方语言的翻译作品。1996 年，该院设立了以阿南达·库马拉斯瓦米（Ananda Coomaraswamy）命名的奖学金，鼓励亚洲国家的优秀作家到印度从事三个月至一年的文学研究。2005 年，又设立南盟成员国的优秀文学家奖学金，又称普列姆昌德奖学金，鼓励南亚国家文学家到印度学习。印度国家文学院与包括中国在内的多国文学机构和作家建有合作和交流关系。

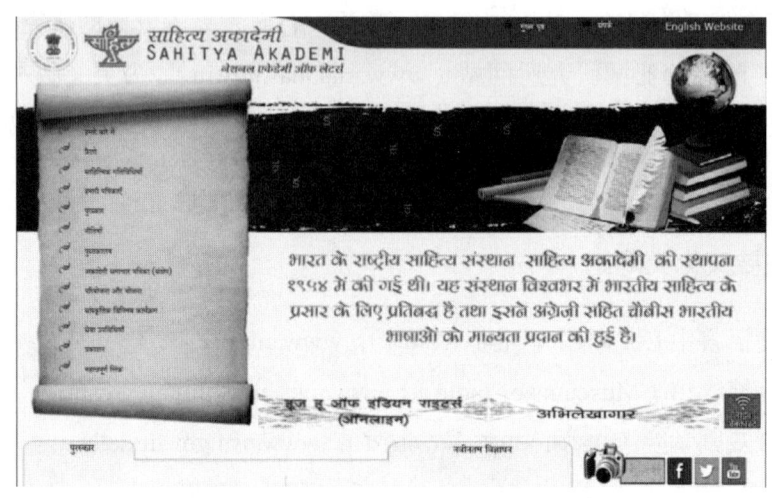

图6-6　印度文学院网站印地语版主页

　　印度文学院网站下设栏目主要有：（1）हमारे बारे में（关于我们），主要介绍印度文学院的概况、组织机构、成员等；（2）फेलो（院士），提供 1968—2014 年间历届印度文学院院士名单信息；（3）साहित्यिक गतिविधियाँ（文学活动），提供文学节、作家见面会、文学讲座等与文学相关的活动信息；（4）हमारी पत्रिकाएँ（文学院期刊），提供印度文学院主办的四本期刊的相关信息；（5）पुरस्कार（奖项），提供包括"印度文学院奖"在内的五个奖项的相关信息；（6）नीतियाँ पस्तकालय（图书馆），介绍印度文学院图书馆，提供 24 种语言图书的在线搜索服务；（7）अकादेमी समाचार पत्रिका（文学院新闻），提供 2014 至 2016 年印度文学院新闻通讯电子稿；（8）परियोजन और योजना（项目与方案），介绍印度文学院开展的项目活动；（9）नीतियाँ（政策），包括出版政策、奖项遴选政策等；（10）सांस्कृतिक विनिमय कार्यक्रम（文化交流项目），介绍印度文学院的文化项目以及与联合国教科文组织的合作项目；（11）प्रकाशन（出版），提供印度文学院出版书籍的目录检索和电子书；（12）महत्वपूर्ण लिंक（重要的链接），提供 8 个相关外部网站的链接。

二、巴基斯坦文化类网络信息检索

　　巴基斯坦是伊斯兰教最盛行的国家之一，其 97%的公民是穆斯林，他们的生活习俗和饮食起居深受伊斯兰教的影响。由于巴基斯坦的大多数民族都信仰伊斯兰教，且生活区域接近，民族间往来频繁，相互影响较大，故各民族的文化十分相近，均属于伊斯兰文化范畴。

（一）政府文化机构信息检索

巴基斯坦文化部（网址 www.culture.gov.pk）是巴基斯坦文化事业的领导机构，负责保护、开发该国多样的文化遗产，促进艺术发展。文化部具体工作包括：组织艺术表演、组建文化艺术团体、奖励艺术家、保护考古遗址和历史名胜、支持并监管电影产业以及促进与其他国家的文化交流等。文化部下属的主要机构有：中央电影审查委员会（Central Board of Film Censors）、考古和博物馆管理局（Department of Archaeology and Museums）、巴基斯坦国家艺术委员会（Pakistan National Council of the Arts）、国家民间和传统文化遗产协会（National Institute of Folk & Traditional Heritage）、伊克巴尔学院（Iqbal Academy）、真纳学院（Quaid-i-Azam Academy）、巴基斯坦历史遗迹博物馆（Pakistan Monument Museum）、巴中友谊中心（Pakistan-China Friendship Center）。部分机构建立了自己的官方网站，具体为：

1.巴基斯坦国家艺术委员会（Pakistan National Council of the Arts）

巴基斯坦国家艺术委员会是领导巴基斯坦艺术发展的政府部门，其具体职责包括：为艺术家提供资金、住房、培训、工作及海外交流机会等支持；组织重大节日的庆祝表演和平时的艺术演出；组织音乐和写作竞赛；评选优秀艺术家并颁发奖项等。该委员会下设四个主要部门，即视觉艺术部（Visual Arts Division）、表演艺术部（Performing Arts Division）、儿童艺术工坊（Children Art Workshop）和国家木偶戏剧院（National Puppet Theatre）。"巴基斯坦国家艺术委员会网站（www.pnca.org.pk）"为英文版，导航栏设部门简介、重要事件、图片集、部门、设备、下属办公室等栏目；菜单栏提供伟大领袖诞辰日庆祝活动、艺术俱乐部、出版物、联系方式等方面的信息，此外还提供关键词检索服务。

2.伊克巴尔学院（Iqbal Academy）

伊克巴尔学院成立于 1962 年，是政府推广、传播巴基斯坦民族诗人、哲学家——阿拉玛·伊克巴尔作品的法定组织。伊克巴尔学院的主要工作包括：研究伊克巴尔的作品；研究、编辑伊克巴尔所处时代的文化、文学、哲学等方面的材料；组织相关研讨会、讲座、会议，成立研究团队；建立研究档案，举办展览，出版研究成果。"伊克巴尔学院网站（www.allamaiqbal.com）"为英语和乌尔都语双语混合网站，主页中部显示学院的地址、联系方式、网络工作人员等信息；右侧边栏滚动显示学院新闻的标题；导航栏位于主页底部，设有伊克巴尔生平、作品、伊克巴尔研究组织、数据库等栏目。

（二）文化团体与文化组织信息检索

除文化部及其下属政府部门和机构外，巴基斯坦社会还活跃着一些官方和民间的文化团体、文化组织。这些团体和组织以传承和发扬传统文化为己任，为巴基斯坦文化事业的繁荣做出了重要贡献。

巴基斯坦主要的文化团体和文化组织及其网址如下：

1.国家文化遗产基金会（National Fund for Cultural Heritage）

国家文化遗产基金会成立于 1994 年，其根本目的是通过提供资金和技术保护和发展巴基斯坦民族遗产，培养人民对考古、建筑、历史和文化遗产的鉴赏能力。"国家文化遗产基金会网站（www.heritage.gov.pk）"为英文版，网站主页主题鲜明、内容丰富。主页中部显示包含犍陀罗雕塑、真纳墓、巴德夏希清真寺、摩亨佐达罗古城遗址等名胜古迹的图片，这充分体现出基金会的性质。导航栏采取纵列排布，包含文化遗址、巴基斯坦地图、文化与传统、乌尔都语诗歌、其他链接等栏目。其中，文化遗址栏目下设有印度河文明、犍陀罗文明、伊斯兰时代、锡克时代、英国人（殖民）时代、独立后、巴基斯坦历史、博物馆和艺术馆、园林、风景名胜、百年前的拉合尔等子栏目。

2.国家表演艺术学院（National Academy of Performing Arts）

国家表演艺术学院是巴基斯坦专门的音乐和戏剧学院，旨在培养有天赋的学生，使其获得独特的艺术表达方式。"国家表演艺术学院网站（www.napa.org.pk）"为英文版，网站主页导航栏设有学院简介、戏剧学院、音乐学院、入学、校园设施、图片与视频库、联系方式等栏目。其中，戏剧学院和音乐学院均设有简介、课程、师资力量、学生资源等四个子栏目；图片和视频库按照学院划分提供图片和视频资源。

3.巴基斯坦时尚与设计学院（Pakistan Institute of Fashion and Design）

巴基斯坦时尚与设计学院是一所专业设计学院，旨在培养具备设计能力和生产技艺的设计师，倡导设计出的产品兼顾功能和美学吸引力。"巴基斯坦时尚与设计学院网站（www.pifd.edu.pk）"为英文版，用户可以检索到该学院的教学系、入学条件、校园生活、图书馆等信息。

（三）主要文化类网站

（1）伊斯兰基本要素网（IslamBasics.COM）：www.islambasics.com；

（2）巴基斯坦电影杂志（Pakistan Film Magazine）：www.mazhar.dk/film；

（3）哈拉巴古城网（Harappa.COM）：www.harappa.com；

（4）文学杂志（Adeeb Magazine）：www.adeeb.8k.com；

（5）伊斯兰在线（Islam Online）：www.islamonline.net；

（6）古兰经和伊斯兰网（Quran and Islam）：www.qurandislam.com；

（7）伊斯兰图书馆（Islamic Library）：www.minhajbooks.com；

（8）古兰经和圣训网（Quran-o-Sunnah）：www.quran-o-sunnah.com；

（9）巴基斯坦文化网（Pakistan Culture）：www.pakistanculture.org；

（10）乌尔都语驿站（اردو منزل）：www.urdumanzil.com；

（11）巴基斯坦本地人网（Native Pakistan）：www.nativepakistan.com；

（12）巴基斯坦自然历史博物馆（Pakistan Museum of Natural History）：www.pmnh.gov.pk；

（13）巴基斯坦建筑师与城市规划师理事会（Pakistan Council of Architects and Town Planners）：www.pcatp.org.pk。

（四）重点网站推荐——国家民间和传统遗产协会（National Institute of Folk & Traditional Heritage，لوک ورثہ）

网址：www.lokvirsa.org.pk

网站语言：英文

巴基斯坦国家民间和传统遗产协会旨在通过收集、记录、保存和传播民间及传统文化遗产，培养国民的文化遗产意识。该研究所是联合国教科文组织、世界工艺理事会、国际音乐理事会、国际博物馆协会等文化组织的附属成员。该协会网站主页以图片为主，色彩艳丽，内容丰富。网站主页包含五大类目的内容，分别是：（1）About Us（简介），介绍该协会的实质、成立原因、目标和功能；（2）Deparment（部门），介绍该协会的下属机构，如民族和文化博物馆、媒体中心、研究中心、出版社、图书馆、音视频档案馆等；（3）Projects（计划），介绍该协会已经完成或正在实施的文化促进计划，如巴基斯坦文化百科全书计划、公民伙伴关系计划、巴基斯坦—挪威制度性合作计划等；（4）Events（重大事件），提供该协会发生的重要事件的基本信息；（5）Contact US（联系我们），提供该协会的具体联系方式。

图6-7　国家民间和传统遗产协会网站主页

三、孟加拉国文化类网络信息检索

"在那榕树下，在河岸上，你铺开你的长裙，它的样子多么神奇。你的话语有如甘露，令人心旷神怡，金色的孟加拉国，我的母亲，我爱你。"在泰戈尔的诗歌《金色的孟加拉》中，孟加拉国是一个令人向往的地方。文化是孟加拉国引以为傲的民族符号，是串联各民族各地区人民的黏合剂。随着互联网的发展，文化交流、碰撞、融合更加深远而剧烈。为了提高文化影响力和文化自信，记录和传承多元文化，孟加拉国政府鼓励个人和企业通过建设文化类网站对外宣传孟加拉国文化。

（一）政府文化机构信息检索

孟加拉国文化事务部（Ministry of Cultural Affairs）主要负责孟加拉国的文化相关事务，包括维护国家博物馆和纪念碑，保护和发展孟加拉国各类艺术（比如戏剧、音乐、舞蹈、建筑、文学、电视和电影）以及管理国家档案等。孟加拉国文化事务部的主要作用是，通过设立各级文化机构、组织开展各类文化活动来加强文化认同，增强国家凝聚力和文化软实力等。

"孟加拉国文化事务部网站（www.moca.gov.bd）"有孟加拉语和英语两个版本，支持站内信息检索。该网站版块清晰、图文并茂，便于用户快速检索相关信息。主页主要有以下九个栏目：প্রথম পাতা（首页）、মাননীয় মন্ত্রী（部长）、সচিব（秘书）、মন্ত্রণালয় সম্পর্কিত（关于我们）、বিজ্ঞপ্তি（通知）、ফরম（表格）、গুরুত্বপূর্ণ অর্জন（重要成果）、তথ্য অধিকার（知情权）、দপ্তর/সংস্থা（部门机构）。

孟加拉国文化事务部下属部分机构名称及网站地址：

（1）考古学司（প্রত্নতত্ত্ব অধিদপ্তর）：www.archaeology.gov.bd；

（2）公共图书馆司（গণগ্রন্থাগার অধিদপ্তর）：www.publiclibrary.gov.bd；

（3）图书和档案局（আর্কাইভস ও গ্রন্থাগার অধিদপ্তর）：www.nanl.gov.bd；

（4）版权局（কপিরাইট অফিস）：www.copyrightoffice.gov.bd；

（5）孟加拉国学院（বাংলা একাডেমি）：www.banglaacademy.org.bd；

（6）艺术学院（বাংলাদেশ শিল্পকলা একাডেমী）：www.shilpakala.gov.bd；

（7）国家博物馆（বাংলাদেশ জাতীয় জাদুঘর）：www.bangladeshmuseum.gov.bd。

（二）常见文化类网站

（1）达卡艺术中心（Dhaka Art Center）：www.dhakaartcenter.org；

（2）孟加拉国网（Bangladesh）：www.bangladesh.com/culture；

（3）独立孟加拉国网（Independent Bangladesh）：www.independent-bangladesh.com/culture；

（4）虚拟孟加拉国网（Virtual Bangladesh）：www.virtualbangladesh.com/culture；

（5）发现孟加拉国（Discovery Bangladesh）：www.discoverybangladesh.com/meetbangladesh/art；

（6）媒体孟加拉国（Media Bangladesh）：www.mediabangladesh.net/art-culture-bangladesh。

四、斯里兰卡文化类网络信息检索

斯里兰卡是一个多民族国家，主体民族为僧伽罗族和泰米尔族。与此同时，佛教、印度教、伊斯兰教、基督教等世界主要宗教在斯里兰卡都拥有许多信众。因此，民族和宗教的多样性造就了斯里兰卡多彩纷呈的文化。由于长达四百年的殖民历史，斯里兰卡文化也受到西方文化的深刻影响，呈现出多元化的特征。宗教在斯里兰卡的社会文化生活中占有主导地位，作为一个拥有两千多年佛教历史的古国，目前斯里兰卡佛教徒的数量占总人口的 70%以上。因此，佛教文化被认为是斯里兰卡文化的核心和主导。斯里兰卡政府十分重视对民族文化、传统文化的保护、传承和发扬，同时也对外来文化保持开放、包容的态度。斯里兰卡文化类的网络信息主要通过检索相关的文化机构、部门、团体、组织的网站获得。

（一）政府文化机构信息检索

1.文化事务局（සංස්කෘතික කටයුතු දෙපාර්තමේන්තුව）

在 2015 年 9 月成立的斯里兰卡内阁中，内政部、文化部和西北部发展部合并成立内政、西北部发展与文化部（අභ්‍යන්තර කටයුතු, වයඹ සංවර්ධන හා සංස්කෘතික කටයුතු අමාත්‍යාංශය），该部下属的"文化事务局"为主管斯里兰卡文化事务的政府部门。"文化事务局网站（www.culturaldept.gov.lk）"提供僧伽罗语、英语、泰米尔语三个版本，用户可通过点击相应语言的图标进入不同语言的网站主页。主页顶端导航栏包含 12 个频道，分别为：මුල් පිටුව（首页）、අප ගැන（关于我们）、රාජ්‍ය උපදේශක මණ්ඩල（国家顾问委员会）、ආයතන（机构）、ව්‍යාපෘති（项目）、අංශ（部门）、වෙන්කිරීම（配置）、මාධ්‍ය（媒体）、පැන විසඳුම（常见问题）、පොත්හල（书店）、අප අමතන්න（联系我们）、පිටු පෙළගැස්ම（网站地图）。主页中部提供实时更新的斯里兰卡文化事务相关的新闻链接。主页左侧为从上至下排列的一系列图标，均为相关重要网址或信息链接，包括 ප්‍රකාශන（出版物）、දැන්වීම（通知）、ජාතික ගීය බාගත කිරීම（国歌下载）、සංස්කෘතික කලායතන තොරතුරු නාමාවලිය（各级文化部门信息列表）、Sri Lanka Culture Portal（斯里兰卡文化门户网站）、Facebook（脸书）、Events Calendar（事件日历）。

此外，隶属于斯里兰卡文化事务局的主要文化类机构和部门还包括：

（1）斯里兰卡艺术委员会（ශ්‍රී ලංකා කලා මණ්ඩලය）

斯里兰卡艺术委员会创建于 1952 年，旨在普及、推广和发展斯里兰卡艺术，保护、传承并提升斯里兰卡传统工艺水平并对政府和民间各级艺术机构提供咨询和指导。斯里兰卡艺术委员会下设有 6 个分委会，分别为：Visual Art Panel（视觉艺术分委会）、Literature Panel（文学分委会）、Drama Panel（戏剧分委会）、Music Panel（音乐分委会）、Dance Panel（舞蹈分委会）和 Panel for Intangible Cultural Heritage（非物质文化分委会）。通过点击其网站（www.artscouncil.lk）主页导航栏中各分委会对应的频道，即可进入相关网页进行信息检索。

（2）文学与出版事务处（සාහිත්‍ය හා ප්‍රකාශන අංශය）

文学与出版事务处负责文学和文学作品出版相关事宜，同时也负责国家级、省市级各类文学赛事、展览、活动的组织与协调。其下有三个主要部门，分别为僧伽罗语辞典事务办公室（සිංහල ශබ්දකෝෂ කාර්යාලය）、僧伽罗语百科全书办公室（සිංහල විශ්වකෝෂ කාර්යාලය）和《大史》汇编工作办公室（මහාවංශය සංග්‍රහ කිරීමේ අංශය）。

2.国家博物馆事务局（ජාතික කෞතුකාගාර දෙපාර්තමේන්තුව）

斯里兰卡第一家博物馆——科伦坡博物馆始建于 1877 年，目前斯里兰卡全国共有10 座国家级博物馆。国家博物馆事务局隶属于内政、西北部发展与文化部管辖，主要负责国家博物馆的运营、维护、文物保护、馆藏研究、成果出版、古籍再版等相关工作。"国家博物馆事务局网站（www.museum.gov.lk）"提供僧伽罗语、英语、泰米尔语三个版本。主页中部为国家博物馆事务局简介，右侧为滚动的实时新闻，用户可通过点击直接进入新闻链接。主页上部导航栏包含 9 个频道，从左至右分别为：（1）මුල් පිටුව（首页）；（2）කෞතුකාගාර（博物馆），提供全国 10 座国家级博物馆的地图、链接和相关信息；（3）අංශ（部门），提供文化、科学、公共服务、图书馆等四个下属部门的链接和信息；（4）සේවාවන්（服务），提供国家博物馆事务局各项服务的信息检索，包括购票、团体参观、商店、游客须知、电子博物馆等；（5）පුවත්（新闻），提供国家博物馆的相关新闻等信息；（6）ඇමතුම්（联系），提供国家博物馆事务局主要工作人员的信息和联系方式；（7）පුරප්පාඩු（招聘）：提供国家博物馆事务局工作职位的招聘信息；（8）බාගත කිරීම（下载），提供表格、文件等的下载链接；（9）අඩවි සැලැස්ම（网站地图），提供网站主体结构列表，用户可通过点击相应标题直接进入浏览。

3.佛教事务部（බුද්ධශාසන අමාත්‍යාංශය）

2015 年新成立的内阁中，斯里兰卡的宗教事务由分设在四个不同部委的机构负责。其中，只有佛教事务部为部级单位。佛教事务部是斯里兰卡主管佛教事务的机构，其主要职能包括：扶持佛教、宣扬上座部佛法、组织与协调各项佛教事务，促进社会道德建设与发展等。"佛教事务部网站（www.mbra.gov.lk）"提供僧伽罗语和英语两个版本。网站主页中上部为滚动的新闻图片，主页中部为部领导照片和简介，主页下部提供了 9 家相关机构的网址链接。其主页顶端导航栏设有 10 个频道，分别为：（1）මුල් පිටුව（首页）；（2）අප ගැන（关于我们），提供关于历史沿革、人员组成、组织结构等方面的信息；（3）දෙපාර්තමේන්තු（部门），提供下属部门的链接和信息；（4）

 සේවාවන්（服务），提供服务内容列表；（5）වැඩසටහන්（项目），提供佛教事务部主持的各类项目的信息检索；（6）මාධ్（媒体），提供相关新闻、图片和视频的阅读和浏览；（7）බාගැනීම（下载），提供相关文件的下载链接；（8）ప్రకాశన（出版物），提供相关书籍和杂志的信息及购买方式；（9）නිතර අසන ప్రశన（常见问题），提供网络用户常见的问题与解答；（10）සම්බන్ధతා（联系我们），提供佛教事务部所在地的地图、地址、主要工作人员的联系方式等信息。

4.印度教宗教与文化事务局（හින్දු ආගమික සහ සංస్కృతిక కటయుతు දෙపార్తమేన్తువ）

印度教宗教与文化事务局 2015 年并入监狱改革、改造、安置事务与印度教事务部，成为该部的下属机构。该局的主要职能包括：保护、宣扬、传播印度教及其宗教文化、宗教艺术和宗教教育。"印度教宗教与文化事务局网站（www.hindudept.gov.lk）"提供僧伽罗语、英语、泰米尔语三个版本，主页导航栏位于页面左侧，从上至下排列，分别为：（1）මුల් පිටුව（首页）；（2）අప గැన（关于我们），提供关于历史沿革、人员组成、组织结构等方面的信息；（3）සේవా（服务），提供注册、考试、签证邀请、课程、培训、展览等服务内容的列表，用户可通过点击相应标题检索所需服务的信息；（4）සම్బన్ధిత ආයతన（相关协会），提供印度宗教与文化事务局直属的 හින్දు සంస్కృతిక අරముదల（印度教文化基金）、ශ్రీ కన్దస్వామి కోవిల（斯里坎达丝瓦米神庙）、තిరుమురికణ్డి కోవిల（迪鲁姆里康迪神庙）等三家机构的详细信息；（5）ప్రకాశనය（出版物），提供印度宗教与文化事务局出版的书籍和作者的信息；（6）බాගత（下载），提供相关文件和表格的下载链接；（7）ప్రువత్ హා సిదువීమ（新闻与事件），提供相关新闻、事件报道的阅读和浏览，但在英文和僧伽罗文版的网页中，这一栏目中的新闻均为泰米尔文；（8）పింతుర గැలరිය（图片库），提供相关图片的浏览与下载；（9）అప అమతన్న（联系我们），提供印度教宗教与文化事务局所在地的地图、地址、主要工作人员的联系方式等信息；（10）සిතు పెళగැస్మ（网站地图），提供网站主体结构列表，用户可通过点击相应标题直接进入浏览。在主页导航栏的下侧，设有 కోవిల් నామావలිయ（神庙名单）图标，用户点击该图标可进入检索页面，通过神庙的名称、所在省市、神职人员名称等关键词对斯里兰卡全国的印度教神庙的详细信息进行检索。

5.穆斯林宗教事务局（ముస్లిమ ආగమික కటయుతు దెపార్తమేన్తువ）

穆斯林宗教事务局 2015 年并入邮政与穆斯林宗教事务部，成为该部的下属机构。穆斯林宗教事务局没有单独的网站，用户需首先登录"邮政与穆斯林宗教事务部网站（www.minpost.gov.lk）"，在主页导航栏中找到 దెపార్తమేన్తువ（部门）频道，在该频道的下拉菜单中找到并点击 මුස්ලිම් ආගමික කටයුතු දෙපාර්තමේන්තුව（穆斯林宗教事务局）即可进入该局页面，进行信息检索。

6.基督教事务局（ක්‍රිස්තියානි ආගමික කටයුතු දෙපාර්තමේන්තුව）

基督教事务局于 2015 年斯里兰卡新内阁组建后，并入旅游及基督教事务部，成为该部下属的一个二级单位。基督教事务局没有单独的网站，用户需首先登录"旅游及基督教事务部网站（www.tourismmin.gov.lk）"，在主页导航栏中单击进入 ආයතන（机构）频道，页面从左至右设有 5 个竖排文本框，分别为该部下属的 5 个二级单位的图标、名称和简介，最右侧一列即为基督教事务局。用户通过点击文本框底端的 read more（更多）图标即可进入该局的相关页面进行信息检索。

（二）文化团体和文化组织信息检索

1.斯里兰卡图书馆协会（ශ්‍රී ලංකා පුස්තකාල සංගමය）

斯里兰卡图书馆协会创建于 1960 年，原名锡兰图书馆协会，是英联邦图书馆协会（Commonwealth Library Association）和国际图书馆协会联合会（International Federation of Library Associations and Institutions）的成员。作为图书馆、文献和信息服务的专业机构，斯里兰卡图书馆协会的使命主要包括提供图书馆教育方案、制定相关专业标准、促进对图书馆事务感兴趣的所有个人和组织之间的合作、保护和提高图书馆员、信息学家的权利和地位等。"斯里兰卡图书馆协会网站（www.slla.org.lk）"为英文网站，内容十分丰富，包括协会的详细介绍，组织的各类活动、论坛、讲座、工作室的情况，出版的期刊、通讯、报告等相关信息，以及协会有关新闻资讯等都可在其网站检索到。

2.斯里兰卡英联邦文学与语言研究协会（Sri Lanka Association for Commonwealth Literature and Language Studies）

斯里兰卡英联邦文学与语言研究协会是英联邦文学和语言研究协会（Commonwealth Literature and Language Studies）在斯里兰卡设立的分支机构，成立于 20 世纪 70 年代末。协会的宗旨是支持并推进斯里兰卡英联邦文学和语言研究的开展，同时鼓励和推动斯里兰卡国内英文写作的普及和发展。"斯里兰卡英联邦文学与语言研究会网站（www.slaclals.org）"为英文网站，主要提供协会介绍、往期和正在筹办的研讨会的相关情况、会议注册等信息。

（三）重点网站推介——斯里兰卡文化网

网址：www.culture.lk

网站语言：僧伽罗语、泰米尔语、英语

网站简介：斯里兰卡文化网是由电子斯里兰卡项目建设的一个全方位介绍斯里兰卡文化的综合信息门户网站。网站提供僧伽罗语、英语、泰米尔语三个版本，主要围绕历史、古迹、视觉艺术、表演艺术、语言文学、生活方式、体育运动等方面详尽介绍斯里兰卡文化。网站主页可分为上下两个版块，上部版块包括主页面顶端的导航栏，中部的滚动图片以及位于图片右上侧的搜索引擎。导航栏设有三个频道，分别为：（1）අපගැන（关于我们），通过点击进入该频道可查阅有关网站建设和管理机构的相关情况；（2）විමසීම（问询），通过点击进入该频道可查阅网站开发方——斯里兰卡信息通信技术社（Information and Communication Technology Agency of Sri Lanka）的地址和联系方式；（3）ජාවර්ග（目录），通过点击该频道按钮将直接跳转至主页下部详细目录版块。主页的下部版块包括呈长方形排列的八个栏目图标，图标下侧为该栏目的名称，分别为：ඉතිහාසය（历史）、ස්ථාන（古迹）、දෘශ්‍ය කලාව（视觉艺术）、නාට්‍ය හා රංග කලාව（戏剧表演艺术）、භාෂාව සහ සාහිත්‍යය（语言文学）、ජීවන රටාව（生活方式）、ක්‍රීඩා සහ තරහ（体育运动）、රාජ්‍ය ආයතන（政府部门）。用户点击不同栏目图标后，即出现与此栏目相关的系列网页小图，可通过点击左右箭头在网页间切换，将鼠标移至某个网页小图上即会出现该网页的简介，若点击某个网页小图，则进入该网页浏览。

图6-8　斯里兰卡文化网主页

斯里兰卡作为一个文明古国，拥有辉煌的文明和灿烂多元的文化，通过浏览斯里兰卡文化网、查询各种文化要素的信息，用户能够增进对斯里兰卡的传统文化和民族文化主体内容的了解和认识。

（四）主要文化类网站

（1）兰卡音乐网（Music.lk）：www.music.lk；

（2）兰卡手工艺术网（Laksala）：www.laksala.gov.lk；

（3）兰卡诗歌网（Sri Lanka Poems）：www.srilankapoems.com；

（4）斯里兰卡国家遗产网（Sri Lanka Heritages）：www.srilankaheritages.com；

（5）斯里兰卡仪式戏剧（ශාන්තිකර්ම）：www.shanthikarma.org；

（6）斯里兰卡国家档案馆（ජාතික ලේඛනාරක්ෂණ දෙපාර්තමේන්තුව）：www.archives.gov.lk；

（7）斯里兰卡考古局（පුරාවිද්‍යා දෙපාර්තමේන්තුව）：www.archaeology.gov.lk；

（8）斯里兰卡歌唱家协会（ශ්‍රී ලංකීය ගායක ගායිකා සංගමය）：www.srilankasingers.com；

（9）传统木偶艺术博物馆（ශ්‍රී ලංකාවේ රූකඩ කෞතුකාගාරය）：www.puppet.lk；

（10）斯里兰卡美术馆（Sri Lankan Art Gallery）：www.srilankanartgallery.com；

（11）纪念马丁·维克拉玛辛哈网（Martin Wickramasinghe）：www.martinwickramasinghe.info。

（五）检索示例

通过"纪念马丁·维克拉玛辛哈网站"检索马丁·维克拉玛辛哈创作的所有短篇小说的信息。

具体步骤如下：

（1）登录"纪念马丁·维克拉玛辛哈网站"主页"www.martinwickramasinghe.info"。

（2）在网页顶端导航栏内找到"books"（书籍）频道并点击。

（3）页面显示马丁·维克拉玛辛哈所有作品的分类列表，在列表中找到"short stories"（短篇小说）选项并点击。

（4）页面自动跳转至马丁·维克拉玛辛哈所创作的短篇小说列表处，逐条显示僧伽罗语书名、书名的英文翻译和该书出版年月。

五、尼泊尔文化类网络信息检索

尼泊尔是个多族群的国家，不同族群间的相互交流促进了各种文化的相互融合发展。尼泊尔文化以印度教文化为主体，汲取了南亚佛教文化、阿拉伯伊斯兰文化、中华传统文化特别是藏文化的要素，近代以来还逐渐受到西方文化的影响，形成了多元的文化特点。尼泊尔文化类的信息主要通过相关的文化机构、部门、组织和负责文化活动的一些单位的网站获取。

（一）政府文化机构信息检索

尼泊尔文化、旅游与民航部（Ministry of Culture, Tourism and Civil Aviation）是尼泊尔的最高文化管理机构，负责管理尼泊尔国内的文化事业，如历史建筑遗产保护、自然保护区管理、对外文化传播等。"尼泊尔文化、旅游与民航部网站（www.tourism.gov.np）"提供尼泊尔语和英语两种版本。用户可通过该网站检索大量尼泊尔文化领域的资料信息，了解尼泊尔国内文化动态。网站主页上设置有 10 个一级栏目，分别为：（1）हाम्रो बारेमा（关于我们），主要提供尼泊尔文化、旅游与民航部的基本信息，如组织结构和人员信息等内容。（2）नागरिक बडापत्र（公民宪章），主要提供与尼泊尔文化、旅游与民航部有关的涉及公民宪章的一些文件，文件格式为"pdf"，文件语言包含尼泊尔语和英语两种语言。（3）महाशाखाहरू（主要部门），主要提供尼泊尔文化、旅游与民航部下属的 जनशक्ति व्यवस्थापन तथा पर्यटन प्रबर्धन महाशाखा（人力资源管理与旅游发展司）、योजना तथा मूल्याङ्कन महाशाखा（规划与评价司）、हवाई उद्योग व्यवस्थापन महाशाखा（航空产业管理司）、हवाई सुरक्षा तथा प्राधिकरण सुपरिवेक्षण महाशाखा（航空安全监察司）、संस्कृति महाशाखा（文化司）和 कानुन महाशाखा（法律司）等主要部门的基本信息。（4）संस्कृति（尼泊尔文化），主要介绍尼泊尔文化、旅游与民航部下属的 पुरातत्व विभाग（尼泊尔考古局）和 विकास समितिहरू（发展委员会）的基本信息。（5）पर्यटन（尼泊尔旅游），主要提供 पर्यटन विभाग（尼泊尔旅游部）、NATHM（尼泊尔旅游与酒店管理学院）、नेपाल पर्यटन बोर्ड（尼泊尔旅游门户）、पर्यटन समितिहरू（旅游委员会）、पर्यटन कार्यालयहरू（旅游局）、पर्यटन पूर्वाधार विकास आयोजना（旅游基础设施发展计划）、पर्यटक प्रहरी（旅游警察）等主要旅游业机构和旅游资源的基本信息。（6）नागरिक उड्डयन（尼泊尔民航），主要提供 नेपाल नागरिक उड्डयन प्राधिकरण（尼泊尔民航局）、नेपाल वायु सेवा निगम（尼泊尔航空公司）、हवाई दुर्घटना सम्बन्धी विवरण（航空事故详情）、अन्तर्राष्ट्रिय नागरिक उड्डयन संगठन（国际民航组织）等组织机构的基本信息。（7）सूचना तथा समाचार（通知公告与新闻报道），主要提供尼泊尔文化、旅游与民航部网站发布的各类通知公告与新闻报道，从中可以检索出大量与尼泊尔文化相关的信息。（8）प्रकाशन（出版物），主要提供由尼泊尔文化、旅游与民航部出版的各类法规、章程、报告等出版物的信息。（9）डाउनलोड（下载），主要提供涉及尼泊尔文化的资料，如文化发展报告、数据统计的在线下载服务。（10）सम्पर्क निर्देशिका（互动指南），主要为用户提供与尼泊尔文化、旅游与民航部在线互动和申请投诉的服务。

尼泊尔考古局（Department of Archaeology）是尼泊尔文化、旅游与民航部的重要下属机构，主要负责尼泊尔境内古代文化遗存的勘探、保护与研究工作。用户可登录"尼泊尔考古局网站（www.doa.gov.np）"检索有关尼泊尔古代文化遗存发掘、保护与研究的大量信息。

尼泊尔国家博物馆（National Museum of Nepal）是尼泊尔历史最悠久的博物馆，始建于19世纪前期。该博物馆是目前尼泊尔唯一一座国家级博物馆，由尼泊尔文化、旅游与民航部领导管理，实际的日常领导管理工作由尼泊尔考古局负责。尼泊尔国家博物馆位于首都加德满都西郊斯瓦扬布山（The Swayambhu Mountain）山脚下，前身是兵器陈列馆，后改建为尼泊尔国家博物馆，成为一所综合类博物馆。尼泊尔国家博物馆内收藏有大量尼泊尔古代兵器、钱币、雕塑和绘画等，还收藏有大量近现代尼泊尔皇室用品和外国赠予尼泊尔皇室的礼品。除了人文类藏品以外，尼泊尔国家博物馆还收藏了大量尼泊尔的珍贵矿石和动植物标本。随着互联网应用的普及，为了让更多的人感受尼泊尔国家博物馆的风采，领略尼泊尔独特的文化，尼泊尔国家博物馆建立了官方网站，网址为"www.nationalmuseum.gov.np"。用户可登录该网站检索有关尼泊尔文化的相关资料信息。

（二）尼泊尔其他重要的文化类网站

（1）尼泊尔自然历史博物馆（Natural History Museum）：www.nhmnepal.edu.np；

（2）帕坦博物馆（Patan Museum）：www.patanmuseum.gov.np；

（3）尼泊尔音乐中心（Nepal Music Center）：www.nepalmusiccenter.com；

（4）尼泊尔教科文组织全国委员会（Nepal National Commission for UNESCO）：www.nncu.org.np。

六、阿富汗文化类网络信息检索

阿富汗是个多民族国家，不同民族间的相互交流促进了各民族文化的相互融合发展。阿富汗文化还汲取了阿拉伯、波斯、印度、西方文化的要素，形成了多元文化的特点。阿富汗文化类的信息主要通过相关的文化机构、部门、组织和负责文化活动的一些单位的网站获取。

（一）政府文化机构信息检索

阿富汗信息和文化部负责管理阿富汗的文化艺术、出版、旅游、青年事务的行政机构，用户可登录"阿富汗信息和文化部官方网站（www.moic.gov.af）"检索与阿富汗相关的文化信息。

阿富汗朝觐和宗教事务部是阿富汗主管宗教事务的政府机构，用户可登录"阿富汗朝觐和宗教事务部官方网站（www.mohia.gov.af）"检索阿富汗的宗教政策、宗教教育、宗教文化等信息。

此外，隶属于阿富汗政府的文化机构还包括：

1.阿富汗国家博物馆（National Museum of Afghanistan）

阿富汗国家博物馆，也称喀布尔博物馆（Kabul Museum），建立于 1919 年，位于喀布尔市中心西南 9 千米的达鲁拉曼宫（Darulaman Palace）对面，是阿富汗唯一一座国家级博物馆。该博物馆收藏有 3.6 万多件文物，许多文物可以追溯到史前时代。阿富汗国家博物馆曾经保存了中亚地区最为完整的历史，但 1992 年爆发的内战造成博物馆内 70% 的文物被毁和被盗。阿富汗国家博物馆重建后，在一些国际组织的帮助下，约 8000 件文物得到了修复，上千件流失海外的文物送还该馆。"阿富汗国家博物馆网站（www.nationalmuseum.af）"有达里语、普什图语、英语 3 个版本，提供博物馆历史、博物馆机构设置、开放时间、门票价格等信息。

2.阿富汗国家音乐学校（Afghanistan National Institute of Music）

阿富汗国家音乐学校是在阿富汗教育部以及世界银行、美国驻阿富汗大使馆、德国政府和其他捐赠者的全力支持下，于 2010 年 6 月 20 日正式成立。阿富汗国家音乐学校是阿富汗唯一一所专业的音乐学校，下设阿富汗音乐系、西方音乐系，同时组建了阿富汗青年管弦乐团（Afghan Youth Orchestra）、阿富汗妇女管弦乐团（Afghan Women's Orchestra）、管乐团（Wind Ensemble）、阿富汗青年民乐团（Young Afghan Traditional Ensemble）、阿富汗少年民乐团（Junior Afghan Traditional Ensemble）、西塔琴和沙罗德琴合奏团（Sitar and Sarod Ensemble）、克瓦利组合（Qawwali Group）、合唱团（Choir）。该校招收 4 年级至 14 年级学生，实行男女同校，目前在校学生约 250 名。学生学习期间不仅接受专业的音乐培训，还要进行由阿富汗教育部提供的完整的文化基础知识学习，比如数学、物理、社会科学、达里语、普什图语、阿拉伯语、英语、《古兰经》研读、伊斯兰研究等。"阿富汗国家音乐学校网站（www.anim-music.org）"为英文版本，主页包括以下主要内容：（1）About（关于）：提供阿富汗国家音乐学校的办学任务、校长寄语、学校理事会、学生会、入学申请等信息。（2）Education（教学），提供关于阿富汗国家音乐学校的教师、教学机构、冬令营等情况的介绍。（3）Events（活动），提供阿富汗国家音乐学校师生参加国际交流和校外活动的情况介绍。（4）News（新闻），提供该校通告的浏览以及新闻媒体关于该校报道的链接。（5）Support（援助），提供关于该校贫困生资助计划以及捐赠机构的情况介绍。（6）Gallery（图库），提供关于阿富汗国家音乐学校的图片浏览，访客点击阿富汗音乐集的链接后，可在线欣赏该校师生创作的音乐作品。（7）Contact（联系），提供阿富汗教育部主管音乐教学的领导的电子邮箱、联系电话以及资助和捐赠查询联系人的电子邮箱等信息，介绍了该校的上班时间。

（二）主要文化类网站

（1）阿富汗 123 网（Afghan123）：www.afghan123.com；

（2）阿富汗博客作家协会（كانون وبلاگ نويسان افغانستان）：www.afghanpenlog.com；

（3）阿富汗文化网（Afghanistan Culture）：www.afghanistan-culture.com；

（4）贝纳瓦网（Benawa）：www.benawa.com；

（5）喀布尔艺术项目（Kabul Art Project）：www.kabulartproject.com；

（6）扎勒迈摄影（Zalmai Photography）：www.zalmai.com。

七、不丹文化类网络信息检索

（一）政府文化机构信息检索

不丹内政和文化部是不丹主管文化事务的政府机构。其下属的文化局（Department of Culture）的主要任务是保存、保护、发展和促进不丹所有有形和无形的文化遗产；支持重要文化形式的延续和发展；管理文化资源，推动其可持续发展；支持推广文化研究。用户可登录"文化局官方网站（www.departmentofculture.gov.bt）"检索不丹文化局的简介、组织结构、文化政策、宗教政策、文化项目等信息。

不丹是一个宗教王国，全国人民普遍信教。宗教在不丹政治、经济、文化和人们的日常生活中影响极深。在政治上，宗教领袖的地位仅次于国王；在经济上，宗教事务的开支占全国总收入的四分之一以上；就是在不丹皇家陆军中，宗教的影响也是根深蒂固。寺院团是宗教事务的唯一仲裁机构，由中央寺院团和地方寺院团组成。中央寺院团的最高层是至高无上的基堪布（Je Khenpo），即大方丈，又称法王，由寺院选举并经国王批准的一名高僧担任，负责掌管全国的宗教事务。地方寺院团分为以下几类：各个地区的寺庙主持人称为朗内滇（Lam Neten），佛学院主持人称为院长，冥想中心主持人称为冥想大师。不丹全国共注册了 20 个僧伽中心（Sangha Centre），这些僧伽中心下设 19 所学校、13 所佛学院、27 个冥想中心、214 个居士中心和 13 个尼姑庵。

宗教组织委员会（Commission for Religious Organizations）隶属于文化局，其主要职责是维护宗教界的合法权益；推动宗教组织发展；促进政府与宗教界之间的关系和谐等。"宗教组织委员会官方网站（www.cro.gov.bt）"有英语、宗卡语两个版本，主要提供宗教组织委员会的职能使命、组织架构、合法的宗教组织名单、《不丹宗教组织法》、部分宗教组织链接等信息。

此外，隶属于不丹政府的文化机构还包括：

（1）不丹国家博物馆（National Museum of Bhutan）

不丹国家博物馆，位于不丹西部重镇帕罗境内的帕罗宗堡旁，古时用作帕罗宗瞭望塔的"塔宗"，1968 年被不丹政府改为国家博物馆向公众开放。博物馆的圆形外观据说是佛教吉祥法器海螺的形状。博物馆分 6 层，藏有多达 3000 件艺术品，各层的文物有所不同，包括宗教、国家发展历程、邮票、老照片、生产生活、动植物等各方面。"不丹国家博物馆网站（www.nationalmuseum.gov.bt）"为英文版本，提供博物馆历史和职能、博物馆的架构、展厅、藏品、新闻、开放时间、门票价格等信息。

（2）不丹皇家遗产博物馆（The Royal Heritage Museum）

不丹皇家遗产博物馆，也称作通萨瞭望塔博物馆（Tower of Trongsa），建于 1652年，由一座巨大的圆筒形 5 层塔楼和两侧的低层塔楼组成。2005—2008 年，奥地利政府出资修复通萨塔并改建成博物馆，陈列着佛教和王室历史相关的展品。"不丹皇家遗产博物馆网站（www.toweroftrongsa.gov.bt）"为英文版本，主要提供博物馆历史、组织结构、工作人员、开放时间、门票价格、联系方式等信息。

（二）主要文化类网站

（1）阿里亚·塔雷基金会（Arya Tarey Foundation）：www.aryataray.bt；

（2）不丹电影协会（Bhutan Film Association）：www.bhutan- film.org；

（3）不丹尼姑基金会（Bhutan Nuns Foundation）：www.bhutannuns.org；

（4）廷布鹿公园（Deer Park Thimphu）：www.deerparkthimphu.org；

（5）德鲁克·奥蒂亚娜基金会（Druk Odiyana Foundation）：www.drukodiyana.org.bt；

（6）佛教青年协会（Young Buddhist Association）：www.ybab.org。

八、马尔代夫文化类网络信息检索

学界根据口头语言、文化传统和习俗的比较研究，普遍认为马尔代夫的早期定居者是达罗毗荼人，很可能是于公元前 300 年左右从印度次大陆南部和斯里兰卡西海岸迁移来的渔民。目前，马尔代夫北部居民外貌接近印度的达罗毗荼人，中部居民受阿拉伯影响较多，南部居民近似斯里兰卡僧伽罗人。马尔代夫的国教为伊斯兰教，属逊尼派。伊斯兰教对马尔代夫居民的社会生活产生了重要的影响。

马尔代夫主要文化类机构和网站如下：

（1）马尔代夫故事（Maldives Story）

"马尔代夫故事网站（www.maldivesstory.com.mv）"是一个马尔代夫简史网站，介绍了马尔代夫地理环境、前伊斯兰教时期历史、伊斯兰教时期到 20 世纪初历史、20 世纪历史以及 2020 年远景规划等信息。

（2）马尔代夫国家美术馆（National Art Gallery）

马尔代夫国家美术馆位于苏丹公园（Sultan's Park）一角，内设有国家图书馆，是全世界各国文化交流的中心，也是定期展出马尔代夫艺术作品的展馆。"马尔代夫国家美术馆网站（www.artgallery.gov.mv）"提供了各类馆藏作品图片、最新活动、新闻动态等信息。

（3）马尔代夫国家图书馆（National Library of Maldives）

马尔代夫国家图书馆始建于 1945 年 7 月，其官方网站"www.nlm.gov.mv"提供了馆内机构、图书分类查询、职位招聘等方面的信息。

（4）马尔代夫皇室（Maldives Royal Family）

"马尔代夫皇室网站（www.maldivesroyalfamily.com）"是一个介绍马尔代夫历史文化特别是重要历史人物的英文网站。

（5）马尔代夫国家艺术中心（National Centre for the Arts）

马尔代夫国家艺术中心始建于 2005 年 12 月 29 日，致力于通过资金援助等方法，支持和鼓励各类艺术团体和艺术家开展活动。该中心网站"www.nca.gov.mv"提供了历史活动、最新动态等信息。

附录 南亚国家热门网站

1.印度

排名	网站名称	网站地址	网站类别	网站语言
（1）	Google India	www.google.com.in	搜索引擎	印地语、英语
（2）	Yahoo India	www.in.yahoo.com	门户	印地语、英语
（3）	Rediff	www.rediff.com	门户	印地语、英语
（4）	Indiatimes	www.indiatimes.com	新闻	印地语、英语
（5）	Press Trust of India	www.ptinews.com	新闻	印地语、英语
（6）	Dainik Bhaskar	www.bhaskar.com	新闻	印地语、英语
（7）	Dainik Jagran	www.jagran.com	新闻	印地语、英语
（8）	Times of India	www.timesofindia.indiatimes.com	新闻	英语
（9）	Hindustan Times	www.hindustantimes.com	新闻	英语
（10）	The Hindu	www.thehindu.com	新闻	英语
（11）	Indian Express	www.expressindia.com	新闻	英语
（12）	Economic Times	www.economictimes.indiatimes.com	新闻	英语
（13）	The New Indian Express	www.newindiaexpress.com	新闻	英语
（14）	Star- TV	www.hotstar.com	媒体	印地语、英语
（15）	Zee- TV	www.ozee.com	媒体	印地语、英语
（16）	Aaj Tak	www.aajtak.intoday.in	媒体	印地语、英语
（17）	Sun TV	www.sunnetwork.in	媒体	泰米尔语
（18）	Colors	www.viacom18.com	媒体	印地语、英语
（19）	E TV	www.etv.co.in	媒体	泰卢固语
（20）	Flipkart	www.flipkart.com	购物	印地语、英语
（21）	Irctc	www.irctc.co.in	电子订票	英语
（22）	Kat	www.kat.cr	搜索分享	印地语、英语
（23）	Hdfcbank	www.hdfcbank.com	金融	印地语、英语
（24）	Paytm	www.paytm.com	金融	印地语、英语

排名	网站名称	网站地址	网站类别	网站语言
（25）	Snapdeal	www.snapdeal.com	电子商务	印地语、英语

2.巴基斯坦

排名	网站名称	网站地址	网站类别	网站语言
（1）	Urdupoint	www.urdupoint.com	门户	乌尔都语
（2）	Javed Chohdari	www.javedch.com	新闻	乌尔都语
（3）	Daraz Pakistan	www.daraz.pk	购物	英语
（4）	Hamari Web	www.hamariweb.com	新闻	英语
（5）	Express Pakistan	www.express.pk	新闻	乌尔都语
（6）	Daily Pakistan	www.dailypakistan.com.pk	新闻	乌尔都语
（7）	OLX Pakistan	www.olx.com.pk	分类信息	英语
（8）	Express	www.express.com.pk	新闻	乌尔都语
（9）	National Test Service	www.nts.org.pk	政府	英语
（10）	The Express Tribune	www.tribune.com.pk	新闻	英语
（11）	Jang	www.jang.com.pk	新闻	乌尔都语
（12）	Dodear	www.dodear.com	门户	英语
（13）	Whatmobile	www.whatmobile.com.pk	通信公司	英语
（14）	Dawn News TV	www.dawnnews.tv	新闻	乌尔都语
（15）	Paper Pakistan	www.paperpk.com	求职	英语
（16）	Zemtv	www.zemtv.com	视频	英语
（17）	High Education Commission	www.hec.gov.pk	政府	英语、乌尔都语
（18）	Rozee	www.rozee.pk	求职	英语
（19）	Dunya News	www.dunyanews.tv	新闻	英语
（20）	Pakwheels	www.pakwheels.com	汽车交易	英语
（21）	Drama Online	www.Dramaonline.com	视频	英语
（22）	Stream-it.Online	www.stream-it.online	电台	英语
（23）	Watch Online Movies	www.watchonlinemovies.com.pk	电影	英语
（24）	Kaymu	www.www.kaymu.pk	购物	英语
（25）	Roznama Dunya	www.dunya.com.pk	新闻	乌尔都语
（26）	Playit	www.playit.pk	视频搜索	英语

排名	网站名称	网站地址	网站类别	网站语言
（27）	Punjab Portal	www.punjab.gov.pk	政府	英语
（28）	Virtual University of Pakistan	www.vu.edu.pk	教育	英语
（29）	GEO	www.geo.tv	视频	英语
（30）	Vulearning	www.vulearning.com	求职	英语
（31）	Samaa TV	www.samaa.tv	新闻	英语
（32）	Propakistani	www.propakistani.pk	论坛	英语
（33）	Federal Board of Revenue	www.www.fbr.gov.pk	政府	英语
（34）	Songx	www.songx.pk	音乐	英语

3.孟加拉国

排名	网站名称	网站地址	网站类别	网站语言
（1）	Prothom- alo	www.prothom- alo.com	新闻	孟加拉语、英语
（2）	Google Bangladesh	www.google.com.bd	搜索引擎	孟加拉语、英语
（3）	Kaler Kantho	www.kalerkantho.com	新闻	孟加拉语
（4）	Bd24live	www.bd24live.com	新闻	英语、孟加拉语
（5）	NTV Bangladesh	www.ntvbd.com	电视	孟加拉语、英语
（6）	BD Jobs	www.bdjobs.com	求职	英语、孟加拉语
（7）	Grameen Phone	www.grameenphone.com	电信公司	英语、孟加拉语
（8）	Bd News 24	www.bangla.bdnews24.com	新闻	孟加拉语、英语
（9）	BD Pratidin	www.bd- pratidin.com	新闻	孟加拉语
（10）	Bikroy	www.bikroy.com	电商	孟加拉语、英语
（11）	Teletalk	www.teletalk.com.bd	电信公司	英语、孟加拉语
（12）	National University	www.nu.edu.bd	教育	英语
（13）	Jago News 24	www.jagonews24.com	新闻	孟加拉语、英语
（14）	Bangla News 24	www.banglanews24.com	新闻	孟加拉语、英语
（15）	Daraz	www.daraz.com.bd	电商	英语、孟加拉语
（16）	Zoom Bangla	www.zoombangla.com	新闻	孟加拉语、英语
（17）	Bangladesh Government Portal	www.bangladesh.portal.gov.bd	政府	孟加拉语、英语
（18）	The Daily Star	www.thedailystar.net	新闻	英语

4.斯里兰卡

排名	网站名称	网站地址	网站类别	网站语言
(1)	Sri Lanka Telecom	www.slt.lk	电信服务	僧伽罗语、英语、泰米尔语
(2)	Top Jobs	www.topjobs.lk	求职	英语
(3)	Dialog	www.dialog.lk	电信服务	僧伽罗语、英语、泰米尔语
(4)	Divaina	www.divaina.com	新闻	僧伽罗语、英语、泰米尔语
(5)	Wow	www.wow.lk	电子商务	僧伽罗语、英语、泰米尔语
(6)	Mobitel	www.mobitel.lk	电信服务	僧伽罗语、英语、泰米尔语
(7)	Tharunaya	www.tharunayaweb.lk	社区	僧伽罗语、英语、泰米尔语
(8)	BIT	www.bit.lk	教育	英语
(9)	Sri Lankan Airlines	www.srilankan.com	交通	英语
(10)	Sunday Leader	www.thesundayleader.lk	新闻	英语
(11)	Sampath Vishwa	www.sampathvishwa.com	商务	英语
(12)	LK Domin Registry	www.nic.lk	网络服务	英语
(13)	Sampath Bank	www.sampath.lk	银行	英语
(14)	Ministry of Defence	www.defence.lk	政府	僧伽罗语、英语、泰米尔语
(15)	University of Sri Jayewardenepura	www.sjp.ac.lk	教育	僧伽罗语、英语、泰米尔语
(16)	Hatton National Bank	www.hnb.lk	银行	英语
(17)	Central Bank of Sri Lanka	www.cbsl.gov.lk	政府	僧伽罗语、英语、泰米尔语
(18)	Buy Abans	www.buyabans.com	电子商务	英语
(19)	Bank of Ceylon	www.boc.lk	银行	僧伽罗语、英语、泰米尔语
(20)	Development Lotteries Board	www.dlb.lk	娱乐	僧伽罗语、英语、泰米尔语
(21)	My Dialog	www.mydialog.lk	电信服务	僧伽罗语、英语、泰米尔语

排名	网站名称	网站地址	网站类别	网站语言
(22)	University of Peradeniya	www.pdn.ac.lk	教育	英语
(23)	Sliit	www.sliit.lk	教育	英语
(24)	ICTA	www.icta.lk	政府	英语
(25)	Rainbow Pages	www.rainbowpages.lk	黄页	英语
(26)	University of Colombo	www.cmb.ac.lk	教育	英语
(27)	President's Media Division	www.pmdnews.lk	政府	僧伽罗语、英语、泰米尔语
(28)	University of Moratuwa	www.mrt.ac.lk	教育	英语
(29)	Nations Trust Bank	www.nationstrust.com	银行	英语
(30)	Rupavahini	www.rupavahini.lk	娱乐	英语
(31)	Etisalat	www.etisalat.lk	电信服务	英语
(32)	Navaliya	www.navaliya.com	杂志	僧伽罗语
(33)	Government of Sri Lanka	www.gov.lk	政府	僧伽罗语、英语、泰米尔语
(34)	Siyabas	www.siyabas.lk	语言	僧伽罗语、英语、泰米尔语
(35)	Ministry of Public Administration and Home Affairs	www.pubad.gov.lk	政府	僧伽罗语、英语、泰米尔语
(36)	National Institute of Business Management	www.nibm.lk	政府	英语
(37)	E- channeling	www.echannelling.com	医疗	英语
(38)	Jobsjobs	www.jobsjobs.lk	求职	英语
(39)	Sri Lanka Tourism	www.srilankatourism.org	旅游	英语
(40)	Asha Phillp Securities	www.ashaphillip.net	金融	英语
(41)	Tamil Mirror	www.tamilmirror.lk	新闻	泰米尔语
(42)	Ministry of Health, Nutrition and Indigenous Medicine	www.health.gov.lk	政府	僧伽罗语、英语、泰米尔语
(43)	National Institute of Education	www.nie.lk	教育	英语
(44)	Sri Lanka Export Development Board	www.srilankabusiness.com	政府	僧伽罗语、英语、泰米尔语
(45)	Happy Life	www.happylife.lk	医疗	英语

排名	网站名称	网站地址	网站类别	网站语言
(46)	Department of Census and Statistics	www.statistics.gov.lk	政府	僧伽罗语、英语、泰米尔语
(47)	Sri Lanka Broadcasting Corporation	www.slbc.lk	政府	僧伽罗语、英语、泰米尔语
(48)	Review LK	www.reviews.lk	贸易	英语
(49)	Parliament of Sri Lanka	www.parliament.lk	政府	僧伽罗语、英语、泰米尔语
(50)	Department of Motor Traffic	www.motortraffic.gov.lk	政府	僧伽罗语、英语、泰米尔语
(51)	Sri Lanka Customs	www.customs.gov.lk	政府	僧伽罗语、英语、泰米尔语
(52)	University of Ruhuna	www.ruh.ac.lk	教育	英语
(53)	University of Kelaniya	www.kln.ac.lk	教育	英语
(54)	Government Information Center	www.gic.gov.lk	政府	僧伽罗语、英语、泰米尔语
(55)	Bureau of Foreign Employment	www.slbfe.lk	政府	僧伽罗语、英语、泰米尔语
(56)	Sri Lanka Police Service	www.police.lk	政府	英语
(57)	NDB Bank	www.ndbbank.com	银行	英语
(58)	Sri Lanka Railways	www.railway.gov.lk	政府	僧伽罗语、英语、泰米尔语
(59)	Telecommunications Regulatory Commission of Sri Lanka	www.trc.gov.lk	政府	僧伽罗语、英语、泰米尔语
(60)	Sri Lanka Navy	www.navy.lk	军事	僧伽罗语、英语、泰米尔语
(61)	Sri Lanka Tourism Development Authority	www sltda.gov.lk	政府	英语
(62)	Eureka Technology	www.eureka.lk	信息技术	英语
(63)	Department of Immigration and Emigration	www.immigration.gov.lk	政府	僧伽罗语、英语、泰米尔语
(64)	Vidusara	www.vidusara.com	杂志	僧伽罗语
(65)	e-Swabhimani	www.eswabhimani.lk	信息技术	英语
(66)	Ministry of Finance	www.treasury.gov.lk	政府	僧伽罗语、英语、泰米尔语

排名	网站名称	网站地址	网站类别	网站语言
(67)	Sri Lanka Air Force	www.airforce.lk	军事	僧伽罗语、英语、泰米尔语
(68)	Sri Lanka Army	www.army.lk	军事	僧伽罗语、英语、泰米尔语
(69)	Airport & Aviation Services	www.airport.lk	交通	英语
(70)	Board of Investment of Sri Lanka	www.boi.lk	政府	英语
(71)	Sri Lanka Cricket	www.srilankacricket.lk	体育	英语
(72)	Ministry of External Affairs	www.mfa.gov.lk	政府	英语
(73)	Registrar of Companies	www.drc.gov.lk	政府	英语
(74)	Ministry of Education	www.moe.gov.lk	政府	僧伽罗语、英语、泰米尔语
(75)	Department Of Post	www.slpost.gov.lk	政府	僧伽罗语、英语、泰米尔语
(76)	Sumathi	www.sumathi.lk	商贸	英语

5.尼泊尔

排名	网站名称	网站地址	网站类别	网站语言
(1)	Google Nepal	www.google.com.np	搜索引擎	尼泊尔语、英语
(2)	Online Khabar	www.onlinekhabar.com	新闻	尼泊尔语、英语
(3)	Setopati	www.setopati.com	新闻	尼泊尔语、英语
(4)	eKantipur	www.ekantipur.com	新闻	尼泊尔语、英语
(5)	Nagariknews	www.nagariknews.com	新闻	尼泊尔语
(6)	Ratopati	www.ratopati.com	新闻	尼泊尔语
(7)	Annapurnapost	www.annapurnapost.com	新闻	尼泊尔语
(8)	Mero Job	www.merojob.com	求职	英语
(9)	PahiloPost	www.pahilopost.com	新闻	尼泊尔语
(10)	NH	www.nepaliheadlines.com	新闻	英语
(11)	Kathmandu Today	www.kathmandutoday.com	新闻	尼泊尔语、英语
(12)	RSS	www.rss.com.np	新闻	尼泊尔语、英语
(13)	Hamrobazaar	www.hamrobazaar.com	电子商务	英语
(14)	Bizmandu	www.bizmandu.com	门户	尼泊尔语

排名	网站名称	网站地址	网站类别	网站语言
(15)	eSewa	www.esewa.com.np	手机软件	英语
(16)	Ik	www.imagekhabar.com	新闻	尼泊尔语、英语
(17)	Dainik Nepal	www.dainiknepal.com	新闻	尼泊尔语、英语
(18)	Republica	www.myrepublica.com	门户	英语
(19)	ShareSansar	www.sharesansar.com	金融	英语
(20)	नेपालीपत्र	www.nepalipatra.com	门户	尼泊尔语
(21)	Media	www.medianp.com	新闻视频	尼泊尔语、英语
(22)	FNN	www.sambadmedia.com	门户	尼泊尔语
(23)	स्वास्थय	www.swasthyakhabar.com	健康	尼泊尔语、英语
(24)	मेरो संसार	www.mysansar.com	博客	尼泊尔语
(25)	Deerwalk	www.deerwalk.com	公司门户	英语
(26)	Kyamu	www.kaymu.com.np	电子商务	英语
(27)	Real HR Soft	www.realhrsoft.com	公司门户	英语
(28)	Xnepali	www.xnepali.net	影视	英语
(29)	News Abhiyan	www.newsabhiyan.com	新闻	尼泊尔语、英语
(30)	नेपालपाटी	www.nepalpati.com	新闻	尼泊尔语
(31)	Nepalese	www.nepalese.org	新闻	尼泊尔语
(32)	नेपाल इन्भेष्टमेण्ट बैंक लि	www.nibl.com.np	银行	英语
(33)	हाम्रा कुरा	www.hamrakura.com	新闻	尼泊尔语
(34)	Khabar Dabali	www.khabardabali.com	门户	尼泊尔语
(35)	Sudur Sansar	www.sudursansar.com	门户	尼泊尔语
(36)	WorldLink	www.worldlink.com.np	网络服务	英语
(37)	NEPSE	www.nepalstock.com.np	股票	英语
(38)	A	www.ashesh.com.np	博客	英语
(39)	Nyapage	www.nayapage.com	门户	尼泊尔语、英语
(40)	साझा सबाल	www.sajhasabal.com	新闻	尼泊尔语
(41)	Goal Nepal	www.goalnepal.com	体育	英语
(42)	ONS News	www.onsnews.com	新闻	尼泊尔语
(43)	नेपाल राष्ट्र बैंक	www.nrb.org.np	银行	英语
(44)	नेपाल सन्देश	www.nepalsandesh.com	新闻	尼泊尔语、英语

排名	网站名称	网站地址	网站类别	网站语言
(45)	Gorkhapatra Online	www.gorkhapatraonline.com	新闻	尼泊尔语

6.阿富汗

排名	网站名称	网站地址	网站类别	网站语言
(1)	Jobs in Afghanistan	www.jobs.af	招聘	英语
(2)	حزب همبستگى افغانستان	www.hambastagi.org	政党门户	英语、达里语、普什图语、乌兹别克语、意大利语、西班牙语、德语、荷兰语
(3)	Azadiradio	www.azadiradio.com	新闻	达里语、普什图语
(4)	Ariana Afghan Airlines	www.flyariana.com	航空公司	英语
(5)	Khaama Press	www.khaama.com	新闻	英语、达里语、普什图语
(6)	Safiairways	www.safiairways.com	航空公司	英语
(7)	Pajhwok Afghan News	www.pajhwok.com	新闻	英语、达里语、普什图语
(8)	شبکه اطلاع رسانى افغانستان	www.afghanpaper.com	新闻	达里语
(9)	تاند	www.taand.com	新闻	英语、普什图语
(10)	Tolonews	www.tolonews.com	新闻	英语、达里语、普什图语
(11)	هشت صبح	www.8am.af	新闻	英语、达里语、普什图语
(12)	1sada	www.1sada.com	新闻	英语、达里语、普什图语
(13)	Kam Air	www.kamair.com	航空公司	英语
(14)	ازاد بازار	www.azadbazar.af	分类信息	英语、达里语、普什图语
(15)	Amtaa	www.amtaa.com	分类信息	英语、达里语、普什图语
(16)	Gharjistan University	www.ghu.edu.af	教育	达里语

7.不丹

排名	网站名称	网站地址	网站类别	网站语言
(1)	Department of Revenue & Custom	www.drc.gov.bt	政府	英语
(2)	Kuensel Online	www.kuenselonline.com	新闻	宗卡语、英语
(3)	Royal Civil Service Commission	www.rcsc.gov.bt	政府	英语
(4)	Bhutan Broadcasting Service Corporation	www.bbs.bt	新闻	宗卡语、英语
(5)	Ministry of Education	www.education.gov.bt	政府	英语

排名	网站名称	网站地址	网站类别	网站语言
(6)	Royal University of Bhutan	www.rub.edu.bt	教育	英语
(7)	Royal Bhutan Police	www.rbp.gov.bt	政府	英语
(8)	Ministry of Labour & Human Resources	www.molhr.gov.bt	政府	英语
(9)	Bhutan Power Corporation Limited	www.bpc.bt	电力公司	英语
(10)	G2C	www.citizenservices.gov.bt	政府	英语
(11)	Bhutan Telecom Limited	www.bt.bt	电信	英语
(12)	Bhutan Council for School Examination and Assessment	www.bcsea.bt	教育	英语
(13)	Anti-Corruption Commission	www.acc.org.bt	政府	英语
(14)	Bhutan Telecom Limited	www.druknet.bt	电信	英语
(15)	Ministry of Finance	www.mof.gov.bt	政府	英语
(16)	Royal Insurance Corporation of Bhutan Limited	www.ricb.com.bt	金融	英语
(17)	Ministry of Home and Cultural Affairs	www.mohca.gov.bt	政府	英语
(18)	Ministry of Agriculture and Forests	www.moaf.gov.bt	政府	英语
(19)	Bank of Bhutan	www.bob.bt	金融	英语

8.马尔代夫

排名	网站名称	网站地址	网站类别	网站语言
(1)	Sun Online	www.sun.mv	新闻	英语、迪维希语
(2)	Avas Online	www.avas.mv	新闻	英语、迪维希语
(3)	Mihaaru	www.mihaaru.com	新闻	英语、迪维希语
(4)	Vaguthu Online	www.vaguthu.mv	新闻	英语、迪维希语
(5)	Gazette	www.gazette.gov.mv	政府	迪维希语
(6)	Dhiraagu	www.dhiraagu.com.mv	电信公司	英语、迪维希语
(7)	V Online	www.vnews.mv	新闻	英语、迪维希语
(8)	TVM TV	www.psmnews.mv	新闻	英语、迪维希语
(9)	Ooredoo	www.ooredoo.mv	电信公司	英语
(10)	PSM	www.psm.mv	媒体公司	英语
(11)	Yell	www.yell.mv	搜索引擎	英语
(12)	Miadhu Daily	www.miadhu.com	新闻	英语、迪维希语

排名	网站名称	网站地址	网站类别	网站语言
（13）	Ihavandhoo	www.ihavandhoo.com	新闻	迪维希语

参考文献

[1] 刘霞,李漠. 网络信息检索[M]. 北京:清华大学出版社,2010.

[2] 曾祥瑞. 互联网信息检索[M]. 武汉:华中科技大学出版社,2002.

[3] 张增良,李生元. 计算机网络实用教程[M]. 西安:西安交通大学出版社,2004.

[4] 付尧. 网络信息资源的开发与利用研究[J]. 科技论坛,2005(16):85.

[5] 王胜利. 网络信息资源的组织与检索利用[J]. 现代情报,2005(10):37-39.

[6] 郑爽. 网络信息资源的开发利用[J]. 北京理工大学学报(社会科学版),2001,3(2):92-94.

[7] 何朝荣. 南亚概论[M]. 广州:世界图书出版广东有限公司,2015.

[8] 孔亮. 巴基斯坦概论[M]. 广州:世界图书出版广东有限公司,2016.

[9] 刘建. 列国志:孟加拉国[M]. 北京:社会科学文献出版社,2011.

[10] 缪敏,王静,何杰. 阿富汗概论[M]. 广州:世界图书出版广东有限公司,2016.

[11] 任佳,李丽. 列国志:印度[M]. 北京:社会科学文献出版社,2016.

[12] 王宏纬. 列国志:尼泊尔[M]. 北京:社会科学文献出版社,2015.

[13] 王兰. 列国志:斯里兰卡[M]. 北京:社会科学文献出版社,2004.

[14] 朱在明,陈好敏,朱婷. 列国志:马尔代夫[M]. 北京:社会科学文献出版社,2015.

[15] 朱在明,高明超,宋旭如. 列国志:不丹[M]. 北京:社会科学文献出版社,2004.

[16] 白净,朱延生,徐济涵. 2016年印度互联网发展报告[J]. 汕头大学学报(人文社会科学版),2016(4).

[17] 何杰. 阿富汗互联网发展现状、问题与前景[J]. 国际研究参考,2016(8).

[18] Alexa网站:www.alexa.com

[19] Internet Stats Today网站:www.internetstatstoday.com

[20] Internet Usage World Stats网站:www.internetworldstats.com

[21] 国际电信联盟网站:www.itu.int

[22] 国际货币基金组织网站：www.imf.org

[23] 世界贸易组织网站：www.wto.org

[24] 维基百科网站：www.wikipedia.org

[25] 亚洲开发银行网站：www.adb.org

[26] 中华人民共和国外交部网站：www.fmprc.gov.cn

[27] 中国驻阿富汗大使馆经济商务参赞处网站：www.af.mofcom.gov.cn

[28] 中国驻巴基斯坦大使馆经济商务参赞处网站：www.pk.mofcom.gov.cn

[29] 中国驻尼泊尔大使馆经济商务参赞处网站：www.np.mofcom.gov.cn

[30] 中国驻马尔代夫大使馆经济商务参赞处网站：www.mdv.mofcom.gov.cn

[31] 中国驻孟加拉国大使馆经济商务参赞处网站：www.bd.mofcom.gov.cn

[32] 中国驻斯里兰卡大使馆经济商务参赞处网站：www.lk.mofcom.gov.cn

[33] 中国驻印度大使馆经济商务参赞处网站：www.in.mofcom.gov.cn

后 记

随着网络技术的兴起与发展，网络信息的传播速度达到了空前水平。同时，网络信息的内容也极为丰富，涉及范围十分广泛；但由于信息来源分散、无序，没有统一的管理机构和统一的发布标准，使得用户要从海量信息中提取所需信息变得相当不易。近年来，南亚国家互联网产业发展迅猛，面对快速增长的网络信息资源，掌握高效、快捷的网络使用及信息检索技术，对于南亚语种专业在校大学生以及需要了解南亚国家信息的读者显得至关重要。

《南亚国家网络信息检索导论》紧扣网络信息资源检索和利用这两个主题，对网络信息检索的基本知识进行了介绍，讲解了南亚国家自主研发的搜索引擎的使用方法和技巧，以帮助读者了解南亚国家的互联网发展概况，熟悉南亚国家网络信息资源分类形式和分布特点，掌握部分重要网站信息检索和获取的方法。

《南亚国家网络信息检索导论》的编者为解放军外国语学院南亚语种群的青年学者，北京外国语大学的江潇潇老师也参与了本书的编写工作。他们精通英语和南亚语言，分别承担相关章节的撰写。其中，第一章第一节、第二章第一节由金鑫负责编写；第一章第二节、第二章第二节以及第三、四、五、六章由其他编写人员共同负责完成，具体为：南亚区域合作联盟、阿富汗、不丹部分，由何杰编写；印度部分，由毛磊、邓聪、何杰编写；巴基斯坦部分，由孔亮编写；孟加拉国部分，由帅洪福编写；斯里兰卡部分，由江潇潇编写；尼泊尔部分，由黄恒超编写；马尔代夫部分，由彭波编写。何杰负责拟定全书的框架、统稿、审稿和修改。本书在策划和编写过程中得到了解放军外国语学院亚非语系主任、博士生导师钟智翔教授的大力支持和帮助，在此表示衷心的感谢。

需要说明的是，由于互联网信息资源的变化、更迭、新生、消亡等时有发生，加之南亚地区的某些国家由于政权交替、政局动荡，会导致书中介绍的网站和网页地址可能发生变化，个别网站会出现无法登录的现象。读者可用搜索引擎通过书中列出的关键词检索所需信息。

由于编者水平有限，本书难免有错漏和不足之处，欢迎广大读者批评指正。

编　者

2018 年 7 月于解放军外国语学院